The Marx Alive
200th Birth Anniversary Version

活着的马克思

（皕年诞辰纪念版）

程建宁　丁宏远　刘常仁　袁德金 ◎ 编著

出版说明

《活着的马克思》2015年2月出版、2016年1月再出升级版以来，受到广大读者热烈欢迎。该书的策划和主要撰写者、原中央军委办公厅主任程建宁，为进一步发挥该书作用，让更多人了解马克思、走进马克思，提出用书法撰写书中马克思的经典名句，运用喜闻乐见的形式，让大家在欣赏翰墨文化的同时学习马克思主义，这个创意受到不少专家学者的认同。在中联国兴书画院等单位的组织下，于2016年2月27日在中国人民革命军事博物馆隆重举行首场"马克思名言书法展"，接着先后在湖南、湖北、云南、广东、安徽等地巡回展出，2018年4月23日开始又在中共中央党校举行为期半个月的展出。这一系列活动引起广泛热烈的反响，有些地方出现阅读《活着的马克思》热潮。

2018年是光辉的一年，这是贯彻党的十九大精神的开局之年，这是中国改革开放40周年，这是《共产党宣言》发表170周年，这又是马克思诞辰200周年。我们作为《活着的马克思》编写者，情不自禁地写了"马克思永远活在人民心中"的纪念文章，倾诉对马克思的无限敬仰之情，倾诉对马克思主义中国化的最新理论成果——习近平新时代中国特色社会主义思想的坚定信念。我们结合编写后的新体会和宣传马克思主义中的新领悟，提纲挈领地从理论和实践联系上，阐释为什么不能忘记"老祖宗"，为什么说马克思"永远活着"，旨在用马克思主义武装头脑、坚定理想信念。

为纪念马克思诞辰200周年,中央编译出版社决定出版《活着的马克思·晒年诞辰纪念版》,并把这篇纪念文章放在书前,同时把青年学子阅读该书的感悟心得体会中的精彩片段作为摘录附在书后。

我们期盼《活着的马克思·晒年诞辰纪念版》,能吸引更多的读者,为推进马克思主义中国化时代化大众化发挥积极作用。

目 录
contents

马克思永远活在人民心中
——纪念马克思诞辰200周年 ·················· 1
升级版·前言 ································ 19
前　言 ···································· 21

历史的巨人

一、特里尔小公民 ···························· 2
　　母亲眼中的"幸运儿" ···················· 3
　　孩童"首领" ··························· 4
二、勤奋的求学生涯 ·························· 6
　　家中上小学 ···························· 7
　　中学生活 ······························ 9
　　对职业选择的回答 ······················ 11
　　初入波恩大学 ·························· 13
　　转学柏林大学 ·························· 16
　　赢得爱情 ······························ 19
　　热心诗歌创作 ·························· 21
　　参加青年黑格尔派俱乐部 ················ 24
　　撰写博士论文 ·························· 26
三、点亮共产主义明灯 ························ 29
　　探索科学社会主义理论 ·················· 31

创建无产阶级政党……………………………… 46
　　　撰写《资本论》………………………………… 53
四、为真理而斗争……………………………………… 63
　　　革命风暴中的雄鹰……………………………… 65
　　　巴黎公社的英勇旗手…………………………… 75
　　　反对机会主义的斗争…………………………… 86
　　　反对冒牌社会主义的斗争……………………… 93
五、奋斗不息的晚年…………………………………… 98
　　　在同疾病抗争中顽强工作……………………… 99
　　　继续指导革命运动的发展……………………… 101
　　　学无止境的典范………………………………… 104
六、永生的马克思……………………………………… 106

天才的头脑

一、从宗教批判到现实批判
　　——学习《〈黑格尔法哲学批判〉导言》………… 116
二、对"异化劳动"的理论阐述
　　——学习《1844年经济学哲学手稿》…………… 131
三、辩证唯物论实践观的提出
　　——学习《关于费尔巴哈的提纲》………………… 142
四、历史唯物主义的奠基之作
　　——学习《德意志意识形态》……………………… 153
五、世界上最早的共产党纲领
　　——学习《共产党宣言》…………………………… 173
六、对物质生产各要素关系的分析
　　——学习《〈政治经济学批判〉导言》…………… 192

七、揭露资本家剥削的秘密
　　——学习《资本论》……………………… 207
八、对巴黎公社经验的理论总结
　　——学习《法兰西内战》……………………… 224
九、科学社会主义的重要文献
　　——学习《哥达纲领批判》……………………… 233

伟大的人格

一、坚定的理想信念……………………… 247
二、勤奋的学习精神……………………… 257
三、无畏的斗争气概……………………… 262
四、高尚的道德情操……………………… 267
五、真挚的革命友谊……………………… 275

结　束　语……………………… 284
编　后　话……………………… 287

附　录

一、马克思名言……………………… 291
二、《活着的马克思》编写散记……………………… 336
三、《活着的马克思》评介文章……………………… 351

摘　录

《活着的马克思》读后感·精彩片段……………………… 382

马克思永远活在人民心中
——纪念马克思诞辰200周年

"马克思永远活着",这是历史的回声,这是时代的强音,这是人民的心声!《活着的马克思》2015年2月出版以来,受到专家的肯定和读者的好评,2016年1月又出了升级版,并多次重印,给编写者极大鼓舞。在马克思诞辰200周年之际,我们四个作者心情难以平静。四年前和伟人在文字中朝夕相处、奋笔疾书的日日夜夜,犹在眼前;重温《活着的马克思》,心中的信仰之火仍在熊熊燃烧。我们以"马克思永远活在人民心中"为题,分"马克思活在历史""马克思活在当代""马克思活在未来""马克思主义的活力在创新发展""马克思的崇高人格是全人类的楷模"五个方面,再次表达对马克思的敬仰之情。

200岁的马克思青春永驻。历史的丰碑上,镌刻着他为人类解放事业所建树的丰功伟绩;历经岁月,他鲜红旗帜上的"共产主义"四个大字,熠熠生辉,经久弥新。他用毕生心血创造的科学理论,焕发着勃勃生机,成为共产党人认识和改造世界的锐利武器。马克思开启的历史巨轮,不断乘风破浪,驶向崇高理想的彼岸!

中国共产党在中国特色社会主义进入新时代的关键时期,召开的第十九次全国代表大会,交出了一份马克思主义中国化的新答卷。大会确立的习近平新时代中国特色社会主义思想,是中国共产党人赓续相传、接力奋斗所创造的最新理论成果,继承和发扬马克思主义理论精髓,实现了马克思主义中国化的新飞跃,展现出21世纪当代中国马克思主义的强大生机和活力。

蓝图已经绘就,号角已经吹响。这是实现中华民族伟大复兴中国梦的新长征,是实现共产主义崇高理想的接力赛,让我们用热血和青春拥抱这伟大的时代,撸起袖子加油干,献出自己的光和热!

马克思活在历史

历史是一部百科全书,它承载着人类改造世界的辉煌和奇迹,见证着社会发展的客观规律,也记录着人类社会的成败和兴衰。在这波澜壮阔的历史大舞台上,马克思植根于人民,奔波于社会,游走于历史,以非凡的智慧,经过艰苦的实践和理论探索,深刻剖析了人类社会发展特别是资本主义社会发展的基本矛盾,揭示了人类历史前进的客观规律,同他的亲密战友恩格斯一起,共同创造和完善了科学社会主义理论,被人们称之为"马克思主义"。这个理论一经诞生,就成为无产阶级和劳动人民求解放的指路明灯,以磅礴的生命力影响着世界、改造着世界,不断推动人类历史发展的进程。社会主义在世界的历史发展,充分彰显了马克思主义强大的思想伟力。

1871年爆发的法国巴黎公社起义,是具有划时代意义的事件。这是无产阶级推翻资产阶级统治、建立无产阶级专政的第一次实践,是人类历史上诞生的第一个无产阶级政权。"冲天的巴黎人"不仅以阶级斗争的最高形式——武装起义,摧毁了敌人阵地,赶走了反动政府,而且以历史创新精神成立了为人民利益服务的政府组织,废除了旧军队，建立了人民自己的国防自卫军，实行各级领导人由普选产生的民主制度，免缴部分房租以减轻人民负担……开始了人民当家作主的新生活。虽然巴黎公社成立很短时间就被反扑的反动统治阶级推翻了，但这是科学社会主义理论的初步尝试，其伟大意义永载史册。在这场伟大斗争中诞生的《国际歌》，以其"要为真理而斗争""旧世界打个落花流水"的歌声唱遍全世界，成为全世界无产者、全世界被压迫人民和被压迫民族联合起来的战斗号角。马克思在评价这场震撼世界的革命时说，它是把人类从阶级社会中永远解放出来的伟大新型革命的曙光。

马克思逝世34年后的1917年，列宁领导的俄国十月社会主义革命取得了胜利，科学社会主义理论首先在一个大国得到了实践。列宁依据马克思主义基本原理，从本国经济文化相对落后的实际出发，提出了著名的新经济政策，制定了一系列新的治国方略，苏联人民经过长期的艰苦奋斗，把一个"小农国家"建设成为工业强国。在第二次世界大战期间，社会主义苏联依靠强大的综合国力，和同盟国一道战胜了德意日法西斯，为赢得世界反法西斯战争胜利和人类和平作出了重大贡献。第二次世界大战结束后，社会主义向东欧和亚洲发展，成为一种世界性的制度和体系。占世界人口三分之一、占世界领土面积四分之一的社会主义阵营，极大地改变了世界政治力量的对比，形成了抗衡帝国主义的强大力量。社会主义运动发展和社会主义优越性，迫使许多资本主义国家不断调整政策，修补自己的弊端，缓和资本主义制度日趋尖锐的矛盾，以新的斗争形式和策略维护自己的统治地位，并同新生的社会主义国家进行殊死的抗争。苏联和东欧的一些国家社会主义制度没有坚持下去原因很多（如封闭僵化、忽视民生、缺乏民主法治等等），但根本原因是，放弃甚至背离了马克思主义。

马克思逝世38年后的1921年，诞生了以马克思主义为指导思想的中国共产党。我们党近100年的奋斗历程，为中华民族作出了三大历史贡献：第一个历史贡献是，从1921年到1949年，中国共产党团结带领中国人民经过28年浴血奋战，摧毁了压在中国人民头上的三座大山，建立新中国，完成了新民主主义革命；第二个历史贡献是，从1949年到1978年，中国共产党团结带领中国人民进行了社会主义革命和社会主义建设，为当代中国的发展奠定了根本的制度前提和物质基础；第三个历史贡献是，从1978年到现在，中国共产党带领中国人民实行改革开放的伟大实践中，走出了一条中国特色的社会主义道路。在进行这些伟大斗争中，中国共产党把马克思主义普遍真理同中国革命、建设、改革的实践紧密结合，形成了中国化的马克思主义，这就是毛泽东思想、邓小平理论、"三个代表"重要思想、科学发展观、习近平新时代中国特色社会主义思想。正是在这些创新科学理论指导下，中国的各项事业取得了一个又一个的胜利。实践证明，只有社会主义才能救中国，只有中国特色社会主义才能发展中国，只有坚持和发展中国特色社会主义才能实现中华民族伟大复兴！马克思主义是我们立党立国的根本指导思想。不可否认，中国共产党也多次出现过"左"的或右的错误，特别是出现了给党、国家和各族人民带来严重灾难的"文化大革命"。但是，我们党敢于面对错误和挫折，善于总结反思，大胆探索，开拓创新，不断推进马克思主义中国化，不忘初心，继续以昂扬的姿态奋勇向前。

社会主义前进的潮流不可抗拒。社会主义从空想到科学，从理论到现实，从一国到多国，从探索到深化，从低潮到高潮，从失败到胜利，始终代表着人类前进的方向，不断推进着社会的伟大变革。马克思恩格斯所创立的科学社会主义作为人类的先进思想，其所追求的消灭压迫剥削，实现每个人的自由而全面发展，实现人类彻底解放的理论和价值，永远占据着人类道义的制高点。这是社会主义具有不可比拟吸引力的根本原因。历史潮流浩浩荡荡，共产主义伟业奔腾向前。

马克思没有死，他是人类历史天空中永不落的启明星。

马克思活在当代

纪念马克思诞辰200周年，最值得庆贺的是，一个占世界人口五分之一的大国、一个世界上最大的发展中国家，坚持中国特色社会主义，已经进入了新时代。

在30多年改革开放的基础上，党的十八大以来，以习近平同志为核心的党中央以巨大的政治勇气和强烈的责任担当，提出一系列新理念新思想新战略，出台一系列重大方针政策，推出一系列重大举措，推进一系列重大工作，解决了许多长期想解决而没有解决的难题，办成了许多过去想办而没有办成的大事，推动党和国家事业取得历史性成就、发生历史性变革。经过长期努力，中国特色社会主义进入了新时代。这意味着：近代以来久经磨难的中华民族迎来了从站起来、富起来到强起来的伟大飞跃，迎来了实现中华民族伟大复兴的光明前景；意味着科学社会主义在21世纪的中国焕发出强大生机活力，在世界上高高举起了中国特色社会主义伟大旗帜；意味着中国特色社会主义道路、理论、制度、文化不断发展，拓展了发展中国家走向现代化的途径，给世界上那些既希望加快发展又希望保持自身独立性的国家和民族提供了全新选择，为解决人类问题贡献了中国智慧和中国方案。

在习近平新时代中国特色社会主义思想的指引下，在中国的大地上开启了一个史无前例的壮阔而雄伟的新征程。我们既要全面建成小康社会、实现第一个一百年奋斗目标，又要乘势而上开启全面建设社会主义现代化国家的新征程，向第二个百年奋斗目标进军。

第一个阶段，从二〇二〇年到二〇三五年，在全面建成小康社会的基础上，再奋斗十五年，基本实现社会主义现代化。到那时，我国经济实力、科技实力将大幅跃升，跻身创新型国家前列；人民平等参与、平等发展权力得到充分保障，法治国家、法治政府、法治社会基本建成，各方面制度更加完善，国家治理体系和治理能力现代化基本实现，社会文明程度达到新的高度，国家文化软实力显著增强，中华文化影响更加广泛深入；人民生活更为宽裕，中等收入群体比例明显提高，城乡区域发展差距和居民生活水平差距显著缩小，基本公共服务均等化基本实现，全体人民共同富裕迈出坚实步伐；现代社会治理格局基本形成，社会充满活力又和谐有序；生态环境根本好转，美丽中国目标基本实现。

第二个阶段，从二〇三五年到本世纪中叶，在基本实现现代化的基础上，再奋斗十五年，把我国建成富强民主文明和谐美丽的社会主义现代化强国。到那时，我国物质文明、政治文明、精神文明、社会文明、生态文明将全面提升，实现国家治理体系和治理能力现代化，成为综合国力和国际影响力领先的国家，全体人民共同富裕基本实现，我国人民将享有更加幸福安康的生活，中华民族将以更加昂扬的姿态屹立于世界民族之林。

中国特色社会主义走进新时代,确立习近平新时代中国特色社会主义思想,这是马克思主义基本原理同中国具体实际相结合的又一次飞跃,是马克思主义中国化的最新成果。它再次证明,马克思主义对共产党人如同布帛菽粟须臾不可离开,是我们的根和魂。中国特色社会主义"风景这边独好"的实践,充分彰显了中国特色社会主义道路自信、理论自信、制度自信、文化自信的底气。我们党从中国实际出发,坚持不懈地沿着马克思指引的道路走下去,就一定能够创造新的成就造福中国人民,为社会主义的发展作出新贡献。

有些人曾认为马克思主义已经过时,可是当经济危机在西方世界一经出现,其中许多人发现,要科学认识和理解当今世界,马克思的论述依然极有价值。从马克思所处年代到今天,资本主义社会发生了巨大变化,但其核心本质没有改变。马克思提出的历史唯物主义是对人类历史包括对资本主义社会的概括总结,仍然是科学准确和切中要害的。在当今时代,马克思主义还适用于分析西方社会的制度性弊端,如生产资料私有制和生产社会化之间的矛盾、财富高度集中在少数人手里以及由此产生的种种社会问题。所以,马克思主义依然是认识和改造当今世界有力的思想理论武器。正如习近平总书记指出的:"时代在变化,社会在发展,但马克思主义基本原理依然是科学真理。尽管我们所处的时代同马克思所处的时代相比发生了巨大而深刻的变化,但从世界社会主义500年的大视野来看,我们依然处在马克思所指明的历史时代。这是我们对马克思主义保持坚定信心、对社会主义保持必胜信念的科学根据。"

马克思没有死,他活在我们的时代,不断指引着我们沿着中国特色社会主义道路奋勇前进,也不断指引世界前进的方向。

马克思活在未来

历史告诉未来，未来也必将告诉历史。马克思主义的光芒，随着岁月的久远，将愈加磅礴四射！

1894年，在恩格斯逝世的前一年，有记者问他，可否用一句话来描述你和马克思奋斗一生的理想社会。他说："除了《共产党宣言》里的那句话，再也找不到合适的了。"恩格斯指的"那句话"，即："代替那存在着阶级和阶级对立的资产阶级旧社会的，将是这样一个联合体，在那里，每个人的自由发展是一切人的自由发展的条件。"这就是马克思恩格斯为我们描画的共产主义的美好蓝图。在那个美好的社会里，没有阶级对立，国家已消亡；物质财富极大丰富，人的觉悟极大提高，人人能得到全面发展；这是一个幸福的、平等的、自由的、和谐的人类理想社会。

共产主义的崇高理想，是共产党人奔向未来的远大目标。习近平同志指出："共产主义决不是'土豆烧牛肉'那么简单，不可能唾手可得、一蹴而就，但我们不能因为实现共产主义理想是一个漫长的过程，就认为那是虚无缥缈的海市蜃楼，就不去做一个忠诚的共产党员。革命理想高于天。实现共产主义是我们共产党人的最高理想，而这个最高理想是需要一代又一代人接力奋斗的。"

马克思认为，按照共产主义的成熟程度可分为初级和高级两个阶段。社会主义是共产主义的低级阶段，共产主义是高级阶段。而我国仍处于并将长期处于社会主义初级阶段，即共产主义低级阶段的"初级阶段"。从共产主义低级阶段向物质财富、精神境界等各方面都达到极高程度的高级阶段过渡，将是一个非常漫长而曲折的过程。正如邓小平同志指出的，"巩固和发展社会主义制度，还需要一个很长的历史阶段，需要我们几代人、十几代人，甚至几十代人坚持不懈地努力奋斗。"

根据马克思恩格斯的论述，共产主义是一个有着丰富内涵的科学概念，包括三层含义：共产主义是一种思想体系；共产主义是一种社会制度；共产主义是一种实践运动。

共产主义作为无产阶级的思想体系，作为人类追求的最理想的社会制度，是马克思恩格斯通过分析人类社会发展的基本矛盾，揭示人类社会发展的普遍规律和发展趋势，在总结和概括无产阶级革命斗争的经验基础上提出来的。它不是主观的臆想，而是科学的真理；它不是一个不可能实现的口号，而是人类社会充满生机与活力的壮丽事业。认识决定行动，有什么样的认识，就有什么样的行动。只有对马克思主义坚信不疑，才能为共产主义奋斗。理论清醒是信仰坚定的根基和前提。因此，共产党员特别是党员领导干部，必须认真深入地学习马克思主义基本原理，做到真学、真懂、真信，并切实落实到行动上。

马克思恩格斯不仅看重共产主义的理论性、制度性，而且看重其实践性。他们把共产主义看作是"消灭现实状况的现实的运动"，即对社会不断变革和改造的一种运动。实现共产主义的过程，是由许多不同阶段组成的。每个阶段都有自己的目标和任务。完成一个阶段的目标和任务，正是向共产主义的大目标不断迈进。对我们每个人来说，坚定共产主义的远大理想，首先应该体现在努力实现和完成当前的目标和任务上。

在共产主义的实践运动中，会不断涌现出具有共产主义思想意识、道德品质的新人。正如马克思恩格斯指出的，在先进的工人阶级中"产生出必须实行彻底革命的意识，即共产主义的意识"。在我国革命战争中涌现的无数革命先烈，在我国革命、建设、改革中涌现的大量焦裕禄式的好干部、雷锋式的好战士，以及在各条战线上的英雄楷模，都是具有共产主义思想意识和道德品质的新人。我们应该以他们为榜样，把自己锻炼成共产主义的新人。

共产主义既是远大的理想，又是当下的实践活动，两者是有机统一的一个整体。作为当代的中国共产党人，都应该响应习近平同志的庄严号召："共产党员特别是党员领导干部要做共产主义远大理想和中国特色社会主义共同理想的坚定信仰者和忠实践行者。我们既要坚定走中国特色社会主义道路的信念，也要胸怀共产主义的崇高理想，矢志不移贯彻执行党在社会主义初级阶段的基本路线和基本纲领，做好当前每一项工作。"

马克思没有死，他活在未来，永远引领着解放全人类、实现共产主义理想的伟大事业蓬勃向前！

马克思主义的活力在创新发展

马克思主义为人类提供了科学的世界观方法论。马克思有一句名言："辩证法在对现存事物的肯定的理解中同时包含对现存事物的否定的理解，即对现存事物的必然灭亡的理解；辩证法对每一种既成的形式都是从不断的运动中，因而也是从它的暂时性方面去理解；辩证法不崇拜任何东西，按其本质来说，它是批判的和革命的。"这就说明，马克思主义是一个科学开放的体系，根据时代的特点和条件的变化而不断创新发展，它绝不是凝固、停滞、僵化的教条。马克思恩格斯反复强调，科学社会主义原则的运用必须随时随地以具体的历史条件为转移，要从客观的事实出发得出自己的论断，坚决反对教条式预测未来和规定未来的具体细节。他们都曾不断地充实修正甚至推翻自己的观点。《共产党宣言》出版过七次，每次出版都写了序言，从中可以看出，基本原理没有变化，但具体的提法是有变化和修正的。马克思在世时根据形势的变化，不断修正过自己的观点；马克思去世后，恩格斯根据资本主义的发展，又提出了很多新的见解，如除发动群众外还要注重参加议会的斗争，对暴力革命要慎重，等等。

习近平同志说过："当代中国的伟大社会变革，不是简单延续我国历史文化的母版，不是简单套用马克思主义经典作家设想的模板，不是其他国家社会主义实践的再版，也不是国外现代化发展的翻版。社会主义并没有定于一尊、一成不变的套路，只有把科学社会主义基本原则同本国具体实际、历史文化传统、时代要求紧密结合起来，在实践中不断探索总结，才能把蓝图变为美好现实。"中国特色社会主义制度，从理论和实践的结合上，回答了在中国这样一个人口众多、底子太薄的东方大国，建设什么样的社会主义和怎么样建设社会主义这个根本问题。新中国的日益强大，彰显了马克思主义的强大生命力，具有重大的世界意义。

在编写《活着的马克思》过程中，我们认识到马克思的论述大体可以分为四种情况：第一种情况是，在当时是正确的，现在依然正确，例如关于世界观方法论的论述、关于人类社会发展规律的论述、关于人民群众的论述、关于共产主义根本特征是实现每个人的自由而全面发展的论述等等。在马克思的论述中，这是大量的。第二种情况是，当时的认识是正确的，随着客观情况的发展变化，后来已不适用或者不完全适用。第三种情况是，当时提出的一些预测或设想，不符合或不完全符合后来发展的实际。第四种情况是，马克思的原意未被完全理解，甚至被理解错了。在国际共产主义运动实践中，有过因机械搬用或错误理解马克思的论述而产生不好后果的教训。学习马克思主义理论，必须全面准确掌握其立场观点方法，领会其精神实质。

在编写过程中，我们特别重视阐述"马克思主义的活力在创新发展"的思想。

例如，在学习《共产党宣言》中，指出这篇世界上第一个共产党纲领，从历史唯物主义原理出发，科学论证了人类社会发展的各个历史阶段和总趋势，深刻阐明了"两个必然"，即"资产阶级的灭亡和无产阶级的胜利是同样不可避免的"科学论断。根据资本主义的新变化，马克思恩格斯对资本主义的生命力和扩张力有了新思考。马克思从资本主义渡过1857年危机并得到进一步发展的事实中意识到了这个问题，因而1859年在《政治经济学批判》序言中，从理论上提出了"两个决不会"的思想，即："无论哪一个社会形态，在它所能容纳的全部生产力发挥出来以前，是决不会灭亡的；而新的更高的生产关系，在它的物质存在条件在旧社会的胎胞里成熟以前，是决不会出现的。""两个必然"深刻揭示了社会主义代替资本主义的必然性，"两个决不会"深刻揭示了社会主义代替资本主义的长期性，这是我们观察和认识世界大局和形势变化的根本出发点和落脚点。

又如，在学习《哥达纲领批判》中，强调马克思提出的过渡时期的理论和共产主义发展阶段的学说是正确的。但一些国家的执政者，在实践这些理论和学说的过程中，往往脱离实际，忽视马克思科学预测所必需的条件性和特殊性，只从良好的主观愿望出发，硬性地推动这些预测向现实转化，结果只能使其变为空想。历史的经验教训，值得认真吸取。每一个国家必须紧密结合本身的实际，正确运用和发展马克思的这些理论和学说。应该看到，生产力落后的国家和发达的资本主义国家，进入社会主义的方式必然会是多样化的；各个国家实现社会主义的模式，也必然会是多样化的。

人们常说：马克思主义提供了观察自然和社会问题的立场观点方法——辩证唯物论和历史唯物论，交给了人类一把认识、分析和解决问题的"万能钥匙"。但是，使用这把"金钥匙"，必须对"锁"（要解决的问题）进行具体分析，提出"开锁"的途经和办法，才能把它打开。这就是说，我们既要掌握马克思主义的立场观点方法，又要下功夫具体问题具体分析，提高创新发展的能力。

习近平同志深刻指出："解放思想、实事求是、与时俱进，是马克思主义活的灵魂，是我们适应新形势、认识新事物、完成新任务的根本思想武器。全党同志首先是各级领导干部必须坚持马克思主义的发展观点，坚持实践是检验真理的唯一标准，发挥历史的主动性和创造性，清醒认识世情、国情、党情的变和不变，永远要有逢山开路、遇河架桥的精神，锐意进取，大胆探索，敢于和善于分析回答现实生活中和群众思想上迫切需要解决的问题，不断深化改革开放，不断有所发现、有所创造、有所前进，不断推进理论创新、实践创新、制度创新。"我们应当按照这一要求，认真学习马克思主义的经典著作，从源头上完整准确地理解马克思主义，掌握其精神实质，深化对中国特色社会主义的理解和运用，同时要加强对具体问题的调查研究，把科学理论同具体实际紧密结合起来。

马克思没有死，马克思主义的活力推动着这个科学理论不断创新发展，永远生气勃勃。

马克思的崇高人格是全人类的楷模

马克思的思想博大精深，穿越历史的时空，为全世界无产阶级指明了前进的方向。而他在几十年艰苦卓绝的斗争实践中所显示的崇高而又独特的人格魅力，具有极大的感染力和凝聚力。同他的思想体系一样，他的人格魅力是人类文明极其重要的精神遗产，将对世界产生巨大的、深刻的、长远的影响。

马克思年轻时候的崇高志向令人难忘。 他17岁中学毕业论文《青年在选择职业时的考虑》，就反映了他的理想抱负。在论文结尾写了一段至今为后人传诵的名言："如果我们选择了最能为人类幸福而劳动的职业，那么重担就不能把我们压倒，因为这是为大家献身；那时我们所感到的就不是可怜的、有限的、自私的乐趣，我们的幸福将属于千百万人，我们的事业将默默地但是永恒发挥作用地存在下去，而面对我们的骨灰，高尚的人们将洒下热泪。"

马克思的勤奋学习令人难忘。 马克思只活了65年，他却用40年的时间钻研、创作人类的巨著《资本论》。前15年，他主要是学习、研究各方面的资料。1850—1853年，光这三年摘录的材料就有24个笔记本。为了写好《资本论》，马克思40岁以后又精心研究数学前后达20多年。他留下1000多页的数学手稿，恩格斯曾评价说，马克思精通数学，而且有独到的发现。为了了解各国的实际情况，他学习多国的语言文字，精通英文、法文、拉丁文、西班牙文。51岁时他为了研究俄国社会情况，又下功夫攻克俄文，竟用一年时间就能阅读俄文原著。为了用准确的语言表达丰富的思想，他在遣词造句上下功夫，仔细阅读歌德、莱辛、莎士比亚、但丁、塞万提斯的作品。马克思有时风趣地对朋友说："我们在努力争取8小时工作制，可是我自己却常常一昼夜做超过两倍于 8 小时的工作。"

马克思的艰苦奋斗令人难忘。马克思和燕妮均出生在富裕之家，但他们为无产阶级革命而奔走呼号、颠沛流离，常处于饥寒交迫之中，靠借贷、典当、战友接济为生。他在极端贫困中，由于无法及时治疗，接连失去了几个孩子。小女儿去世时因无钱购买棺材，好久没有下葬。燕妮在日记中写到："三个活着的孩子同我们睡在一起，我们都为停放在邻室的小天使而痛苦。"马克思对自己的女婿拉法格说："我把全部的财产献给革命斗争，但丝毫不感到后悔，要是重新开始生命的历程，仍然会这样。"

马克思的革命斗志令人难忘。马克思从青年时期走上革命道路，直到年老，一直在欧洲各国同反动的统治阶级作斗争，同机会主义、冒牌社会主义论战，屡遭逮捕和驱逐，连国籍都失去了，过着流浪的生活。面对残酷的现实，马克思笑称自己是"世界公民"，走到哪里战斗在哪里。1842 年，马克思刚刚博士毕业，就先后参与创办了《莱茵报》和《德法年鉴》，同当时的普鲁士专制政府展开论战。在 1848—1849 年的欧洲革命风暴中，马克思始终站在斗争的最前沿。手头十分拮据的马克思，为了支援革命，慷慨地从刚刚得到的父亲的遗产中拿出数千塔勒，供购买武器用。马克思的革命行动，遭到比利时反动政府的镇压，他被警察逮捕，燕妮也被关进了监狱。释放后，押送到边境予以驱逐。受到迫害的马克思来到巴黎后，未及调整心情和养息，便立即投入新的战斗。维也纳发生流血事件后，他又不顾安危，亲自动身前往，指导斗争深入发展。他意志坚定，无所畏惧，在斗争中既是英勇的旗手，更是冲锋陷阵的勇士。

马克思同战友的真挚友谊令人难忘。特别是马克思恩格斯的友谊，列宁曾称赞说：他们的关系超过了古人关于人类友谊的一切传说。许多经典著作都是马克思恩格斯共同写作或反复协商完成的。两人分离时，彼此频繁通信，寄托深情。恩格斯为了马克思的生计，违背自己的意愿，在他父亲的工厂工作20年，牺牲了自己的精力和心血来支持和成就马克思的事业。马克思逝世后，恩格斯毅然放弃手头一切工作，包括自己正在写作的《自然辩论法》，把整理出版《资本论》作为最紧迫的任务。除了完成第一卷的整理外，还用12年的时间整理第二、三卷。但恩格斯把一切荣誉都归于马克思，《资本论》的作者只有马克思一个人的名字。马克思对其他战友同样满怀深情，听说一个不熟知的年轻编辑出狱，他亲自去迎接；他把资助过自己的战友沃尔弗的名字镌刻在《资本论》的扉页上。在家庭生活中，马克思和燕妮的恋情也受到世人推崇。他把自己炽热的感情倾注在一篇篇诗文中，在两年内就写过三本诗文集送给燕妮。

习近平同志指出："我们党作为马克思主义执政党，不但要有强大的真理力量，而且要有强大的人格力量；真理力量集中体现为我们党的正确理论，人格力量集中体现为我们党的优良作风。"对我们每个共产党员来说，真理力量集中体现在对共产主义的坚定理想信念上，人格力量集中体现在全心全意为人民服务的党的根本宗旨上。有了强大的真理力量和强大的人格力量的支撑，我们的党、我们的党员就会永远和人民在一起，在实现中华民族伟大复兴中国梦的伟大斗争中无往不胜。

马克思没有死，他的崇高人格永远深深感染着我们。

滔滔江河，记录着马克思为人类解放事业建立的丰功伟绩；昭昭日月，可鉴马克思崇高人格的万丈光芒。他是一面鲜红的旗帜，是一个光辉的榜样，引领和鼓舞着全世界的无产阶级和劳动人民，为实现共产主义的宏伟目标而奋勇前行！

纪念马克思诞辰200周年，我们深切地感受到马克思就活在我们的时代中，活在我们的党、我们的国家、我们的军队中，活在我们的社会、我们的家庭中。在决胜全面建成小康社会、开启建设富强民主文明和谐美丽社会主义现代化强国的新征程上，我们必须长期坚持并不断发展习近平新时代中国特色社会主义思想，让当代中国马克思主义放射出更加灿烂的真理光芒。

马克思没有死，他永远活在人民心中！

在写完这篇纪念文章后，我们怀着非常兴奋的心情聆听了习近平总书记在纪念马克思诞辰200周年大会上非常深刻又非常精彩的重要讲话。他最后说："今天，我们纪念马克思，是为了向人类历史上最伟大的思想家致敬，也是为了宣示我们对马克思主义科学真理的坚定信念。""前进道路上，我们要继续高扬社会主义伟大旗帜，让马克思、恩格斯设想的人类社会美好前景不断在中国大地上生动展现出来！"习近平同志作为党的核心、军队统帅、人民领袖，这段铿锵有力的结束语，道出了全党全军全国人民的共同心声！

升级版·前言

《活着的马克思》2015年2月出版以来,受到广大读者欢迎,销量持续上升,已加印四次。为使读者更好地阅读理解该书,这次再版升级,以附录的形式增加了三部分内容。第一部分,收录了《马克思名言》;第二部分,收录了《活着的马克思》主要编著者程建宁的《编写散记》;第三部分,收录了专家学者的评介文章。

《马克思名言》,是作者编书过程中逐渐辑录,最后根据中央编译局编印的《马克思恩格斯列宁哲学论述摘编》校订而成的。在选辑中,紧紧围绕马克思主义三个组成部分,既注重体现科学理论的系统性完整性,又注重选取言简意赅、朗朗上口的经典,便于读者学习引用。相信会为读者提供一份思想性高、生动鲜活的学习读本。

第二部分、第三部分内容源于为配合《活着的马克思》发行而编辑的《都来读〈活着的马克思〉》宣传小册子。许多读过这本小册子的人都感到它对理解《活着的马克思》很有帮助。编著者的"编写散记"感情真挚,立意高,思考深,具有很强的针对性;专家学者的评介文章,提纲挈领,观点鲜明,阐释深刻,具有很高的理论性;对学习能起到很好的启迪引导作用。

希望升级版的《活着的马克思》，以其更加丰富的内容和通俗化的新成果，成为广大读者学习的良师益友。作为编著者能为马克思主义的宣传普及再做一些有益的工作，我们深感荣耀，将继续努力。

前　言

马克思，一个响亮的名字。1989年在法国巴黎的一次国际会议上，有人喊出"马克思没有死，他还活着"的口号，2008年世界金融危机爆发以后，更多的人喊出了这个口号。"马克思还活着"成为时代的强音。

马克思主义已载入《中国共产党章程》和《中华人民共和国宪法》，是我们党和国家的指导思想。习近平总书记强调要巩固马克思主义在意识形态领域的指导地位，号召广大党员、干部认真学习马克思主义。

应该看到，在当前社会思潮多元化的形势下，一些同志忽视马克思主义的学习，有的人对马克思知之甚少，却盲目接受西方传播的诸多非马克思主义观点，这是造成理想信念缺失现象的重要原因之一。坚定理想信念、树立社会主义核心价值观，需要马克思主义的指导，需要我们认识马克思、学习马克思主义。为此，我们编写了《活着的马克思》这本通俗读物，旨在帮助读者了解马克思的革命生涯、思想理论和伟大人格。

马克思主义诞生以来，时代和世界都发生了巨大而深远的变化，特别是人类创造的生产力远远超过了过去一切时代创造的全部生产力。但是，马克思主义在俄国、中国和其他许多地方的实践，无论是胜利或挫折都反复证明它的世界观方法论、它指引人类解放的道路的无比正确性,马克思的基本理论和精神力量是永存的、鲜活的。在编写过程中,适逢《十八大以来重要文献选编(上册)》、《习近平谈治国理政》出版发行,通过学习我们更深切地感受到中国特色社会主义是在中国革命、建设、改革的实践中创造性地运用和发展马克思主义而形成的,坚持中国特色社会主义就是坚持马克思主义,全面准确地领会马克思主义的基本理论就能深入地理解中国特色社会主义的道路、理论、制度。由此,更增强了编写的自觉和自信。

在编写过程中,我们按照真实性、鲜明性、生动性、通俗性的要求,选取最能反映马克思思想的史料,用大众化的语言引读理论观点,对原著中的名言警句进行阐释,使广大读者了解和学习真实的马克思、睿智的马克思、崇高的马克思,用其科学理论指导实践,为实现中华民族伟大复兴的中国梦而努力奋斗。

这本读物分为三部分:历史的巨人,天才的头脑,伟大的人格。第一部分由刘常仁执笔,第二部分由程建宁、袁德金执笔,第三部分由丁宏远执笔。由刘常仁负责统一体例、文字修饰工作,经过集体讨论后,由程建宁定稿。书中插图工作由王磊负责。在讨论修改过程中,广泛征求并吸取了专家学者和各方面人士的意见。

我们衷心期待,这本普及性读物能在实现马克思主义大众化方面发挥有益作用。

由于水平有限,不当之处在所难免,敬请广大读者提出宝贵意见。

历史的巨人

马克思(1875)

一、特里尔小公民

1818年5月5日,全世界无产阶级革命导师、共产主义理论创始人——卡尔·马克思诞生于德国莱茵省特里尔城。家庭居住在离摩泽尔河不远的布吕肯大街664号,一幢普通的二层小楼,淡黄色的墙,棕色的大门,乳白色的窗扉,典型的德式建筑。

马克思的父母都是犹太人。父亲出生于法律学家的家庭,子承父业,是一名著名的律师。母亲婚后相夫教子,是料理家务的家庭主妇。马克思有三个兄弟和五个姐妹,其中三个兄弟和两个妹妹死得很早,姐姐索菲亚后来嫁给一个律师,妹妹爱米莉娅嫁给了一个工程师,另一个妹妹路易莎嫁给了一个商人。

在所有兄弟姐妹中,马克思的身体最好,聪明、活泼,深得父母和姐妹的喜爱。马克思的童年生活是快乐和幸福的。

马克思的故乡——1830年的特里尔城

母亲眼中的"幸运儿"

马克思的出生地特里尔城,依山傍水,景色秀丽,清澈的摩泽尔河静静地流经市区,山丘上成片的葡萄点缀着美丽的原野,郁郁葱葱的林木中坐落着一幢幢别致的房屋,一派典型的田园风光。这还是一座历史悠久的文化古城,留有大量的古代文明遗迹。这里有古罗马时代的皇帝行宫、公共澡堂和著名的"黑门"(罗马城墙的北门),还有各个时期的教堂。在18世纪时,进行了大革命的法国曾兼并了莱茵省,此后20年莱茵省的居民享受着法国革命带来的成果。秀美的自然景观和浓厚的文化氛围,为马克思的成长营造了优越的天然和人文环境。

马克思的父亲亨利希·马克思,是特里尔高等上诉法院的律师。他原来信奉犹太教,后来改信新教;学识渊博,除精通法律外,对古典文学和哲学都颇有研究;特别推崇法国伟大启蒙学者的著作,憧憬法国式的自由宪法和现代制度。他是一个思想开明的资产阶级自由主义人士,关心人民疾苦,在当地声誉很高,深受人们的尊敬,曾被推荐为特里尔律师协会会长,还获得过司法参事的荣誉称号。同时在他的身上也深深地刻有德国资产阶级的烙印,缺乏革命的勇气,把改革的希望

马克思在特里尔的故居(1818年5月5日马克思诞生在这里)

马克思诞生的房间

寄托在国王的明智和恩赐上。马克思的母亲是一位荷兰人，信奉宗教，以《圣经》上说的夫妻间要相亲相爱的原则来塑造自己的形象，谦和温柔，整天忙于家务，关心孩子们的成长。她指望马克思将来能跻身上流社会，成为一个有名望的大法官、大律师，却始终没有理解儿子为解放全人类而献身的志向。如同列宁说的那样，马克思的家庭是"富裕的文明的，但不是革命的"。

卡尔·马克思是家中第三个孩子，第一个是哥哥，两岁时不幸夭折，第二个是姐姐，这样马克思就成了家中的长子，备受父母的呵护和关爱。父亲对他的聪颖和机敏感到欣慰，期望将来能充分发挥聪明才智造福人类，母亲则称他为"幸运儿"。

孩童"首领"

马克思的童年是快乐的。富裕的家庭条件，为他的健康成长提供了优厚的物质基础，衣食无忧，营养充足；知书达理的父亲，注重对他的良好习惯的培养，更以自身的修养为他带来潜移默化的良好教育。童年的马克思，聪明伶俐，充满朝气，如一棵扎根沃土的幼苗，不断地茁壮成长着。

他是一个既活泼又有爱心的孩子，和姐妹们在一起，嬉笑玩耍，打打闹闹，充满着稚气。作为长子，他又像一个小大人，懂得谦让和照顾，处

一 历史的巨人

处呵护着弟妹。左邻右舍中，许多年龄相仿的孩子也成了他的忠实小伙伴。不到两岁的时候，全家从先前的住宅搬到了西梅翁街1070号，和父亲的老朋友、特里尔城的枢密顾问路德维希·冯·威斯特华伦一家成了相距不远的邻居。少儿时代，马克思同威斯特华伦的两个孩子，姐姐燕妮和弟弟埃德加，情投意合，经常在一起玩耍，做游戏，尽享着童年的欢乐。

同所有的儿童一样，马克思的童年充满了好奇心，

《童年》（中国画） 高莽 作

是一个可爱的小顽童。他有时恶作剧起来，把姐妹们当作驾车的马，驱赶着她们奔跑，从山坡上直冲而下，充满着刺激和危险；有时，他用肮脏的小手将和成的面揉成面团，做成"小蛋糕"让姐妹们分享"美味"，让人哭笑不得……

然而，姐妹们、小伙伴都乐意跟他玩，愿意听他的调遣，他成了孩子们信赖的"小首领"。原来，马克思有着让他们心悦诚服的本领：他的脑袋里盛满了各种各样的知识，做游戏时，总能玩出新的花样；有时绘声绘色地讲述一些美妙动听的故事，让大家听得兴奋入迷。有了马克思，小伙伴们就有了笑声，就充满着乐趣。

二、勤奋的求学生涯

同万千莘莘学子一样,马克思的学生时代,在知识的海洋里遨游,在社会广阔的大课堂里汲取营养,勤奋且善思,执着而热烈。他脚踏实地、锲而不舍、攀登知识高峰的顽强意志,追求真理、目标远大、蓬勃向上的进取精神,为他后来成长为伟大的思想家、革命家奠定了坚实的基础。

1836年的马克思画像

马克思酷爱学习的勤奋精神令人敬佩。他有着强烈的求知欲,刚入波恩大学时,一下选修了九门课程,由于废寝忘食地看书学习,导致体力不支病倒了。到了柏林大学,主攻法律的他,深感哲学对于法律的重要性,又集中精力阅览大量哲学著作,醉心于哲学的研究中。他兴趣广泛,不论自然科学、社会科学、物理学,都热心学习、倾心钻研。勤奋地学习,成就了马克思的广博学识。

善于思考,是马克思学习中的一个显著特点。马克思的学习,不论在中学、大学，都有出色的成绩。这是他善于学习、勇于探索、独立思考的结果。马克思在中学时期就注意培养自己的学习方法，养成了探索思考的良好习惯。他写的作文，都要经过深思熟虑的酝酿，因而独树一帜，语言犀利，具有独到的见解，受到老师青睐。大学学习中，他研究的课题，所写的论文，从不吃别人嚼过的馍，而是坚持埋头钻研、缜密思考、反复论证，有着鲜明的思想和深刻的见解。良好的学习习惯，是成就学识的倍增器，在这方面，马克思堪称榜样。

理论联系实际，是马克思学习中的又一亮点。马克思不满足于课堂上的书本学习，从中学起，就注意接近工农群众，同情劳动人民的遭遇，在社会这个大课堂中接受教育，锻炼成长。进入大学后，他心系社会，用诗歌做武器抨击反动当局，并参加青年黑格尔派俱乐部，追求革命真理。在中学毕业论文《青年在选择职业时的考虑》和大学毕业的博士论文中，马克思庄严申明了"为人类服务"的崇高理想和向旧世界宣战的决心。这表明，经过十几年的学习生涯，马克思正在把自己锻造成一个有知识、造福于人类社会的全面发展的人才。

学生时代的马克思，充满朝气，自强不息，以自己的热血青春和艰辛努力，走出了一条知识分子成长成才的成功之路。

家中上小学

马克思没有进过小学，他的小学就是自己的家庭，老师就是自己的父亲。他在父亲的指点下完成了小学的启蒙课程。父亲除了教他学德文、算术、图画等课程外，还经常带他去参观各种展览，游览名胜，给他讲历史故事，讲各国各地的文化习俗和最新的科学成果。马克思对学习具有浓厚

1830年前后的西梅翁街。在这里,马克思经常能聆听到近邻威斯特华伦的教诲。

的兴趣,每当爸爸讲课,他都瞪圆双眼,认真听讲,而且还经常提出带有稚气的稀奇问题。爸爸总是尽其所能不厌其烦地满足这个学生的要求。还需要提到的是,他家的近邻、父亲的朋友威斯特华伦,是一位有民主思想的官员,非常喜欢马克思,经常给他讲希腊故事,背诵莎士比亚的剧本,对马克思影响也很大。日积月累,少年时期的马克思,虽然没有进过学校,但知识水平却超过了许多同龄的孩子。

少年马克思在学习中对于不明白的问题,总是寻根问底,直到彻底弄清楚为止。初次接触哲学时,他对"抽象"是指从复杂的事物中排除非本质的属性,透过现象抽出其本质特征的思维过程弄不明白,就问妈妈:"什么叫具体,什么叫抽象?"妈妈说:"具体就是看得见,摸得着;抽象就是看不见,摸不到。"马克思眨巴着眼睛,经过悉心琢磨,一会儿在作文簿上写道:"今天早上起来,看见妈妈在烧饭,我打开具体的窗户,吸了一口抽象的空气。"——很幼稚形象地理解这两个词。但马克思并不满足似懂非懂的状况,带着这个问题,他又看了很多的书,经过一段时间的消化,将一个又一个问号在小脑瓜里拉抻直了,终于弄清了这两个词的真正含义。

中学生活

1830年秋天，12岁的马克思进入特里尔中学学习。特里尔中学校长威登巴赫是一位进步学者，学识丰富，治学严谨。他聘用了一些有教学经验的优秀教师，建立了正规的教学秩序，加强对学生的教育管理，保持了较高的教学水平。

在这样的环境下，马克思十分重视文化知识的学习。他勤奋好学，认真探求，各门功课成绩优良。语文课是基础，为此他狠下苦功掌握语法知识，而且不满足于课堂上的知识，还阅读了大量外文翻译的文学作品。由于学习中具有独立思考能力和创造性思维，他的作文总是思想丰富，语言鲜活，出类拔萃。他还练习写诗，尤其是讽刺诗，针砭时弊，尖锐辛辣。他的外语成绩很好，老师的评价是：他的拉丁语，即使是思想脉络难以把握的地方，也能够翻译和解释得准确得体；用拉丁语写的作文，内容丰富，表达流畅；他的希腊语和法语学得也一样好，基础牢固，阅读能力强。

特里尔中学

中学校长约翰·胡果·威登巴赫（1767—1848）

校长威登巴赫是个知识渊博的历史学家，他讲授的历史课，内容充实，形象生动，这让马克思受益匪浅，并对这门课程情有独钟，潜心地在历史长河中游弋。他还经常利用课余和节日时间参观特里尔城的一些历史古迹、大主教中心等，以增加对历史文化的感性知识。马克思的数学成绩也很优秀，他认为一种科学只有在成功地运用数学时，才算达到了真正完善的地步。因此，他对学习数学非常重视，经常利用休息时间，演算试题，掌握求解方法。

在马克思的艰辛努力下，中学毕业时，考试委员会给他的鉴定是：资质良好，学习勤勉，多门功课令人满意。

在中学读书的时候，马克思就关心国家的前途和人民的命运。1830年，法国爆发了推翻波旁王朝的七月革命。巴黎人民的胜利在欧洲引起震动，德国境内也爆发了反对封建统治的起义。1832年，德国各地2万人齐聚法尔茨的汉巴哈宫，举行全德人民大会。许多民主人士发表演说，批判德国封建专制制度，要求实现民主、自由和国家的统一。马克思和一些同学密切关注大会的活动，秘密传阅大会的文件，并在一起热烈讨论大会提出的一些革命要求。这次活动，唤起了他对德国专制制度的痛恨。在学校，他深切同情进步师生，尤其是尊敬威登巴赫校长，甚至在毕业时打算写一首诗向这位老人表示敬意。而对普鲁士政府派来的反动副校长，他极为厌恶，在毕业时无视当时的社会礼节，故意不去向他告别。

中学时的马克思还很注意接触社会，同情劳苦大众。马克思每天上学都要经过特里尔市中心广场，这里到处可以看到衣衫褴褛的贫穷市民、肩挑叫卖的小贩、沿街乞讨的穷孩子。在贫民救济所门口，饥饿的人们为了得到一碗稀汤，排着长长的蛇阵。农村的情况更为悲惨。摩泽尔河畔的农民，祖祖辈辈辛勤耕作，种植了一片片葡萄园，酿造的葡萄酒誉满欧洲，然而这里并不是田园诗里描写的旖旎风光。由于官吏、牧师的巧取豪夺，苛捐杂税的猛增，债主、商人的勒索，农民困不聊生。在同劳动人民的接触中，社会最底层血淋淋的被压迫被剥削的现实，使少年马克思的心中播下了仇恨的种子，以后随着岁月的增长和实践的锻炼，思想里逐渐孕育出革命的萌芽。

马克思的中学生活，在收获了丰硕学习成果的同时，也受到了民主先进思想的熏陶，为他的全面成长打下了坚实的基础。

对职业选择的回答

马克思在特里尔中学求学期间，受到自由、民主精神的熏陶，特别受到了校长威登巴赫和一些具有民主主义思想教师的影响，他的理论思维不断增强，人格不断完善，对人生的思考达到了一种新的境界。

1835年秋天，马克思和他的同学就要中学毕业了，面临着升学和就业的选择。在确立人生的道路时，有的把诗人、文学家、科学家作为自己的向往目标；有的把高官厚禄、奢华生活，作为追求的理想；有的想走发财致富的经商之路；有的愿当获取来世幸福的传道士；还有人希望从军，在战场上创造辉煌。每个人都憧憬着自己的前程。

17岁的马克思在选择职业时，有自己的理想抱负和价值观念。他抛弃传统的旧观念，站在新的思想高度，在《青年在选择职业时的考虑》的毕业论文里，作出了响亮的回答。

马克思认为，人们在选择职业时，往往反映出他的理想和人生观，这是关系到个人生活目的和生活道路的重大问题。一个青年学生不应为一时的兴趣、渺小的激情、个人的虚荣所左右，而必须采取严肃的态度，选择一种最有尊严的职业，选择一种建立在深信其正确思想上的职业，选择一种能提供广阔场所为人类进行活动的职业。所应遵循的指针，是人类的幸福和自身的自我完善。人们只有为了同时代人的完善，为了他们的幸福而工作，他自

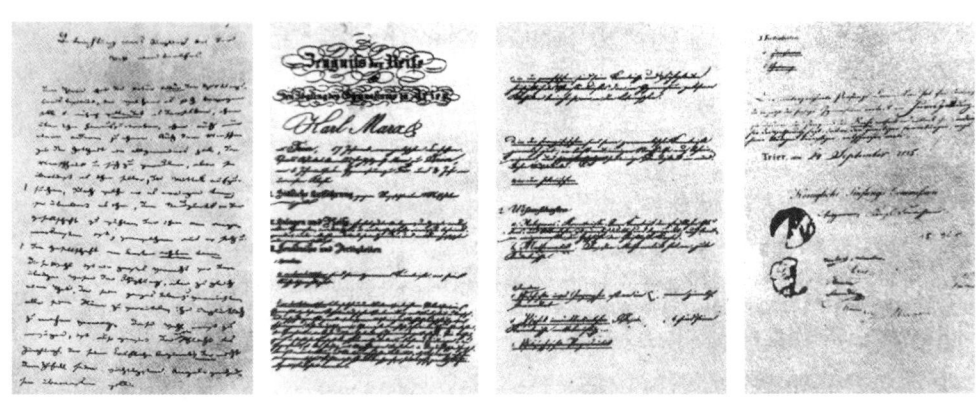

左一为毕业作文《青年在选择职业时的考虑》，左二至四为中学毕业证书。王室考试委员会在毕业证书上写的评语："对待师长和同学态度良好"，"古代语言、德语和历史学习很勤勉"，"作文显得思想丰富，对事物有较深的理解"。

己才能达到完善。

马克思在论文中批判了剥削阶级的"人人为自己，上帝为大家"的利己主义人生哲学。他说，只为个人争得一个可以炫耀一番的职位，那是十分庸俗和低级的。如果一个人只是为自己而劳动，他也许能成为著名的学者、绝顶的聪明人、出色的诗人，但他永远不能成为一个完美的伟人。

马克思把职业的选择和崇高理想联系在一起。他认为只有那些能深入生活，把理想变为现实、思想和行动紧密结合起来的职业，才是一个有为青年所向往的。只有这样的职业才有可能发挥自己的才能。他在论文中写到，那些为共同的利益工作而使自己变得更加高尚的人，历史承认他们是最伟大的人；那些为大多数人带来幸福的人，经验赞扬他们是最幸福的人！

在论文的结尾，马克思写下了一段铿锵有力、气势磅礴的名言："如果我们选择了最能为人类福利而劳动的职业，那么重担就不能把我们压倒，因为这是为大家而献身；那时我们所感到的就不是可怜的、有限的、自私的乐趣，我们的幸福将属于千百万人，我们的事业将默默地但是永恒发挥作用地存在下去，而面对我们的骨灰，高尚的人们将洒下热泪。"[①]

[①] 《马克思恩格斯全集》第40卷，人民出版社2009年版，第7页。

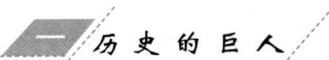

"为人类服务"这个崇高的思想，贯穿论文的始终。它表明少年马克思在启蒙思想和人道主义的影响下，已经从一个懵懂的孩子成长起来了。他对选择职业的铮铮回答，彰显着他对生活的崇高志向和奋斗的坚强意志，人小志大，振聋发聩。

初入波恩大学

1835年10月，卡尔·马克思告别了家人，前往波恩大学读法律系。

波恩是莱茵河畔一座宁静的山城，著名的莱茵河由南而北纵贯其间，距特里尔市有100多公里的路程，城市规模比特里尔也大不了多少。不过，波恩是一座有着两千多年历史的文明古城，莱茵河两岸留存不少罗马时代的遗迹。从13世纪到18世纪，这里一直是选帝侯的首府。波恩还是一座文化名城，有"大学城"之称。波恩大学坐落在莱茵河边，创建于1818年，他的校园就是当年选侯的府邸。学校环境幽静，师资力量雄厚，著名诗人海涅也曾在这里学习。当时大学中盛行自由主义风气，学生们可以在一起评说政治、谈论国事，还可以建立学生组织。

19世纪40年代的波恩

波恩大学,马克思1835年10月至1836年8月在此学习。

马克思一入校,犹如来到了浩瀚的知识海洋,马上全身心投入到学习中。旺盛的求知欲使他一开始,除了法律外,还对文学史和诗歌产生了浓厚兴趣,为此又选修了希腊罗马神话、荷马史诗和近代史等九门课程。一切妥当后,马克思致信父亲,汇报了对大学的新鲜印象和自己的学习安排。

父亲非常了解儿子的生活和学习习惯,既希望马克思勤奋学习,多掌握知识,又担心新增加的九门课程对孩子的负担过重。父亲在信中向儿子提出忠告:"别忘记,在这个悲惨世界上,身体是你智慧的永恒的伴侣,整个机器的良好状况都取决于它。"

父亲的担心是有道理的。马克思学习十分辛苦,废寝忘食地读书,在三个多月时间里,只给家里写了两封信。为了索取新知识,他经常去书店购书,尤其是历史书。在寄给父亲的账单中,书款是一项不少的开支。马克思忘我地学习和埋头钻研,不久就感到身心疲惫,到第二学期开始就病倒了,课程不得不减少到四门。再后来,正常的课程都坚持不了了,只得靠自学,最后不得不去荷兰的姨夫家休养了一段时间,才得以继续学业。

大学生活中的马克思,充满激情,热血奔放。他学习努力,却不是一个循规蹈矩的书呆子,而是一个思想敏锐、有独立见解、主持正义的活跃人物。他入学不久就参加了特里尔同乡会,后被选为理事,很快就融入了充满朝气的大学生群体。课余时间,他和同学们一起学骑马,练击剑;参加诗歌小组,通过诗作抒发对反动当局的不满,歌颂光明、正义和自由;经常参加同学间的小型聚餐,开怀畅饮,一醉方休。

在聚餐饮酒、忘乎所以之时,马克思也做出过违反校规的荒唐事情。一次和一群同学酒后夜半喧哗,被校方给予关一昼夜禁闭的处分。而这帮闹将们,在禁闭室里,还不安分,竟拿起外面同学偷送进来的酒,继续狂饮。当马克思转学时,他的大学肄业证上记下了这一违纪事件。

在父亲看来,波恩大学那种自由松散的气氛把马克思惯坏了,这不利

波恩大学有各种同乡会组织,马克思参加了特里尔同乡会。图为1836年特里尔同乡会的大学生在哥德斯堡的"白马"酒店前。(当时的石版画)

于孩子的成长。而柏林大学位于国家首都,以学习严谨著称。因此,马克思的父亲决定让他转学柏林大学。马克思只得遵从父命,前往柏林大学法律系学习。

转学柏林大学

  1836年10月,马克思由波恩大学转入柏林大学,开始了新的学习生活。
  柏林是普鲁士王国的首府,拥有30万人,是一座现代化的大都市。同时柏林又是全国政治、经济、文化中心,多所大学聚集于此。柏林大学是当时德国最有名望的最高学府,也是一所校风极为严谨的世界名牌大学,拥有一流的教学设施,建筑宏伟别致,馆藏图书非常丰富。这里聚集着数百名专家学者和著名教授。德国最著名的古典哲学的代表人物黑格尔曾在这里讲过学,马克思到这里时,许多讲座还是由他的门生主持。这里有着浓厚的学习气氛,正如杰出的唯物主义哲学家费尔巴哈在这里上学时说的

柏林大学,马克思1836年10月—1841年3月在此学习。

历史的巨人

柏林皇家图书馆,马克思经常到此阅览图书。

那样,这里根本用不着考虑饮宴、决斗之类的事情,和这里的学习环境比起来,其他大学简直就是酒馆。这所大学的宗旨是:既要发展大学生的智力,又要促进大学生的个性自由发展。

马克思十分喜爱这里的学习环境。一入学他就在大学附近租了一间房子,开始发奋读书,埋头于学习研究。按照父亲的意见,马克思继续研究法律。但他最喜欢的是哲学,其次是历史,而把法律当作辅修专业。

马克思喜欢哲学并不是偶然的。当时,德国处在威廉二世的反动统治下,革命群众运动遭到残酷镇压,反对专制的斗争主要在哲学领域进行。哲学革命成了政治变革的前导。马克思"专攻哲学",正是缘于当时革命的形势;同时,哲学是确立正确的世界观和方法论的基础,缺乏哲学指导,就无法深入研究法律和其他科学。马克思在给父亲的信中说:在民法的结构中,我看到了全部体系的虚伪,基本形式是以康德哲学为依据的,而在实际上却完全不是那样的,这又一次使我心痛了。没有哲学,我是不能前进的!

在学校里,马克思最喜欢听爱德华·甘斯教授的课。甘斯是黑格尔的学生,在政治上追求进步,讲课中经常发出要求自由的呼声。他拥戴空想

— 17 —

挂在马克思在柏林上学期间居住过的路易森街60号墙上的纪念牌

社会主义的学说，同情工人阶级和社会平民的疾苦，指责贴着资本主义标签的原封不动的奴隶制。马克思总是非常认真地倾听甘斯的刑法课，悉心研读甘斯的著作，十分欣赏甘斯对社会矛盾的分析："正如先前是主人和奴隶，稍后是贵族和平民，后来又是领主和家仆相互对立一样，目前则是游手好闲的人和劳动者的对立。"

马克思认为，哲学和法学这两门学科是相互联系的，他在研究哲学的同时，也研读了大量的法学著作，从多种理论体系和学说中深入研究法学和哲学的关系，力图建立一个新的法学哲学体系。他计划写作一部包括"形而上学"和"法哲学体系"的巨著，准备在这部著作中阐述若干哲学原理、确立一系列原则、思维、概念和定义。但写了300多页后，发现观点不正确，就此搁笔。

第一次写作尝试的失败，并没有使马克思气馁。为此，他又夜以继日地学习研讨，涉猎的范围更广，不仅有哲学、历史和法学，还有自然科学，最后完成了一部对话体的哲学著作。它虽然算不上一部成熟之作，却是学习道路上的一个锻炼和收获。

马克思还利用业余时间，阅读了大量文艺作品，研究文艺和艺术史，欣赏舞蹈和音乐，解读黑格尔的美学，听了一些著名文学教授关于希腊神话、关于荷马和普罗波士的哀歌、关于新艺术的讲座。这些自修得来的知识，大大开阔了他的视野，获取了他在大学课堂上得不到的东西。

永不满足的探索精神，形成了马克思自己的学习态度。那就是要透彻深入地了解和学习研究对象的一切方面，直到把有关的内在联系弄懂为止。

为此，马克思总是以无情的、自我批判的态度反复论证，深入探讨，直至找出满意的答案，绝不浅尝辄止、吃夹生饭。这种严谨的态度，为马克思的学习研究增强了效果和深度，同时也带来了很大困难，学习时间和难度都成倍增加。但马克思为了获取真知灼见，总是以苦为乐，每天奔波于课堂和图书馆，潜心于知识的海洋，度过了一个又一个不眠之夜。可以说，这是马克思在柏林大学学习期间一个重要的收获。这为他以后著作具有的严密性和逻辑性打下了坚实的基础。

赢得爱情

大学生马克思是一个感情奔放的热血青年。随着年龄的增长，青梅竹马的燕妮·威斯特华伦的身影，经常映现在他的脑海中。萌动的爱情如同燃烧的火焰，越烧越烈，成了他大学生活中充满激情的一种动力和快乐的追求。

燕妮比马克思大四岁，这时已成长为身材苗条、丰姿绰约的女子，是特里尔城舞台上公认的舞后，被称之为"特里尔第一美人"。出身名门的高身价，使她成了不少名家子弟和帅气青年追求的热门对象。马克思的爱情能被燕妮接受吗？

利用暑假，马克思向心仪已久的燕妮郑重地表露了爱慕之情。出人意料的是，他的心迹竟被心爱的姑娘爽然接受，并彼此私定了终身。

19世纪30年代燕妮的画像

马克思和燕妮，从相识、相知到相爱，经过了岁月的考验，是顺理成章的结晶。燕妮是一位重感情的姑娘，她深知马克思的品行和为人。在她的心中，马克思是一个充满爱心的阳光青年，是可以终身作为依靠的人。更重要的是燕妮是一位有追求的女子，在她的眼中，马克思热爱学习，充满智慧，是一个将来会有作为和担当的人。视富贵如浮云、视才华为神圣的姑娘，在爱情的选择上，也和她的外貌美一样，追求的是高尚和忠贞的心灵美。

然而，一位平民的大学生和一位贵族小姐的恋情，在世俗的眼光里却是门户不当，遭到了非议。最为激烈的是来自燕妮同父异母的哥哥斐迪南·冯·威斯特华伦的反对。他一脑袋贵族等级观念，把这对年轻人的爱情视为门不当户不对的荒唐事，极尽诋毁和阻挠。家里其他亲属也轮番做燕妮的工作，劝她不要和马克思交往。向往美好爱情的燕妮，不为世俗的偏见而动心，而是用沉默来对抗。沉重的心理压抑，使燕妮病倒了，不得不寻医诊治。这时马克思的信，就成了慰藉她受伤心灵的灵丹妙药。她盼着马克思的来信，每每收到信，都悉心捧读，有时会流下激动泪水。

燕妮时刻想念着心爱的人。她在给马克思的信中，激情地写道："卡尔，卡尔，我多么爱你呀！我的所有心事，所有想法和念头，一切一切，过去、现在、将来，只归结一个声音，一个象征，一个语调，如果它响起来，那就只能是：我爱你！这是难以用言语形容的，无时间限制和无限度的。"在另一封信中，她写道："你的形象在我面前是多么的光辉灿烂，多么威武堂堂啊！我从心里多么渴望着你能常在我的心旁。我的心啊，是如何满怀喜悦和欢欣为你跳动，我的心啊，是何等焦虑地在你走过的道路上跟随着你。"

马克思和燕妮的心息息相通。学习之余，他更加想念在特里尔的燕妮，深深挂念着深处逆境的心上人。他把自己的炽热感情，倾注在一篇篇诗稿中，表达了对燕妮的忠贞情怀。在一首诗中，马克思写道：

燕妮，任它物换星移，天旋地转，
你永远是我心中的蓝天和太阳，
任世人怀着敌意对我的诽谤中伤，
燕妮，只要你属于我，我终将使他们成为败将。

在另一首诗中，马克思深情鼓励燕妮：

燕妮，你会不会犹豫动摇，畏缩不前？
你那崇高的心灵会不会因害怕而震颤？
爱情是铭心刻骨的思念，
而痛苦只是瞬间即逝的云烟。

两个年轻人纯真的爱情，终于感动了燕妮的父亲老威斯特华伦。这位深受自由思想影响、多年从事上层活动的贵族，心胸开阔，通情达理，同意了马克思的求婚。这对两位年轻人来说是天大的喜讯，高兴得心花怒放，互致祝贺。然而，好事多磨，1842年，久病不治的老威斯特华伦撒手人寰。燕妮的亲属们又兴风作浪，开始施压，要她解除同马克思的婚约，嫁给另一个有钱有势的青年。然而，纯真的爱情是任何力量也拆不散的！两个年轻人历经风风雨雨，相爱的心贴得更紧了！

马克思和燕妮的爱情，如流向伊甸园的清清溪水，源远流长，甘甜而清凌；似春天百花园中的牡丹，含苞待放，将迎来姹紫嫣红的明天。

热心诗歌创作

马克思非常喜欢诗歌。大学时期，他阅读了大量诗歌作品，尤其是精读了一些伟大诗人的作品，收集了欧洲各国许多优秀的民歌。从1836年到

1837年，他写作了献给燕妮的三本诗集，献给父亲55岁诞辰的一本诗集，还写作了大量针砭时弊的诗。

在封建专制统治下，诗歌是进行革命斗争的武器。在一些民主主义的诗歌中，"夹杂着兵器的铿锵之音"，震响着轰向封建专制的猛烈排炮。马克思被鼓舞着，也拿起诗歌的武器，表达对封建专制制度和一切反动势力的憎恨，抒发为革命而斗争的决心。

在《人的自豪》这首诗里，马克思的诗歌锋芒直指反动统治阶级，他写道：

等待着你们的当然是灭亡，
你们都得在华丽的宫殿腐烂精光，
不管你们是否保持着无忧无虑的神采，
还是直截了当地化为尘土飞扬。

德国资产阶级和小资产阶级在反对封建主义的斗争中，缺乏斗争的勇气和与人民群众共命运的情怀。马克思将他们斥之为庸俗的市侩，在一首诗中他写道：

德意志人在安乐椅上，
痴呆呆地坐着，一声不响。
四周的疾风暴雨在发怒，
天上的阴霾黯黯，浓云密布，
雷声隆隆，闪电蜿蜒似蛇舞，
他们的脑海里却风平浪静，安之若素。

而对于在废墟上建立新社会的资产阶级，马克思却以强烈的正义感，对其决心摧毁旧世界的勇气，予以热情歌颂：

一 历 史 的 巨 人

　　面对着整个奸诈的世界，
　　我会毫不留情地挑战，
　　让世界这庞然大物塌倒，
　　它自身扑灭了这火苗。
　　那时我会像上帝一样，
　　在这宇宙的废墟上漫步；
　　我的每一句话都是行动，
　　我是尘世生活的造物主。

　　马克思的诗歌，合着时代的节拍，充满着向旧世界宣战的激情。在《海上船夫歌》里，他以无所畏惧的精神和必胜的信心写道：

　　我不能安安静静地生活，
　　我常常在深夜里被唤醒，
　　我经常听见警钟敲响，
　　还有大风的咆哮呻吟。

　　在漫长的决死战斗里，
　　我浑身是喜悦的活力。
　　我充满了粗犷的热情，
　　我唱出了豪迈的歌声。

　　马克思对自己的诗歌创作并不满意，认为内容还不够充实，语言不够洗练，过多地考虑修辞等。但他的诗歌却紧贴火热的生活，充满着"热烈的感情和对蓬勃朝气的追求"，把诗歌作为一种战斗的武器，歌颂光明，鞭挞黑暗。

参加青年黑格尔派俱乐部

大学时的马克思属于青年黑格尔派。参加青年黑格尔派俱乐部,是他研究黑格尔哲学、探索真理过程中的一个重要活动,这对于形成他的哲学观点起了重要作用。

这个俱乐部是一些思想活跃、喜爱辩论和志趣相投的年轻人聚会之处。在这里,黑格尔的哲学是学习活动的主题,经过探讨、交流和热烈的交锋,一些重要论著和富有战斗性作品,完成构思、撰稿并接受批判,使这些年轻人在哲学理论上以及政治思想上得到发展和提高。马克思加入青年黑格尔派俱乐部,虽然比大多数成员小十来岁,但很快成为研究黑格尔哲学的佼佼者,是具有强大思想推动力的几个成员之一。

乔治·威廉·弗里德里希·黑格尔,是德国唯心主义哲学家,德国古典哲学的集大成者。他建立的客观唯心主义体系,认为精神是第一性,自然界是第二性,把"宇宙精神"或"绝对观念"看作是自然界和人类社会一切现象的基础与创造本原。但在黑格尔的哲学中,包含着辩证法这个"合理的内核",认为一切都是互相联系,一切都处在不断运动、变化和发展过程中,由低级走向高级,世界上没有什么东西是永恒不变的,事物发展的原因在于内在的矛盾。

黑格尔哲学本身是自相矛盾的。一方面,他认为世界上没有什么静止不动的事物,不承认绝对真理,他的辩证法是革命的;另一方面,他又认为精神的发展有一个终极,在思想体系上他是唯心主义的。

黑格尔在政治上是保守的。他在《法哲学》中提出的"凡是合乎理性的东西都是现实

乔治·威廉·弗里德里希·黑格尔(1770—1831),德国唯心主义哲学家,德国古典哲学的集大成者。

的,凡是现实的东西都是合乎理性的"①命题,可以被用来为普鲁士专制制度和一切反动行为作辩护,因而受到反动统治阶级的青睐,被誉为普鲁士国家的哲学。

在德国的精神和政治生活中,黑格尔的哲学一度影响巨大。然而在黑格尔去世后,他的保守的哲学体系和革命的方法论之间的矛盾,使他的弟子分成两派。一派固守黑格尔体系中的保守因素,为宗教和专制制度辩护,被称为老黑格尔派;一派坚持黑格尔的辩证法,批判封建专制和宗教,被称为青年黑格尔派。

马克思在参加俱乐部期间,阅读了大量的哲学著作,其中有黑格尔的自然哲学、亚里士多德的《论灵魂》以及休谟、康德和其他哲学家的著作。马克思从黑格尔的著作里找到了辩证法的奥秘,思想豁然开朗。他说:"开头我搞的是我慨然称为法的形而上学的东西,也就是脱离了任何实际的法和法的任何形式的原则、思维、定义,这一切都是按费希特的那一套,只不过是我的东西比他的更现代化,内容更空洞而已。……在生动的思想世界的具体表现方面,例如,在法、国家、自然界、全部哲学方面,情况就完全不同:在这里,我们必须从对象的发展上细心研究对象本身,决不应任意分割它们;事物本身的理性在这里应当作为一种自身矛盾的东西展开,并且在自身求得自己的统一。"②正是黑格尔的辩证方法引领马克思走出唯心主义的死胡同。他旗帜鲜明地表明自己是青年黑格尔派,积极参加青年黑格尔派批判封建专制和反对宗教的斗争,写了一些批判老黑格尔派的论文,探讨了哲学和现实斗争的关系。

马克思虽然参加了青年黑格尔派的活动,但他并没有停留在青年黑格尔派的立场、观点上。在斗争实践中他看到,青年黑格尔派在摧毁普鲁士制度的精神支柱方面曾起到过积极作用,但是他们死抱着唯心主义世界观,

---

① 〔德〕黑格尔:《法哲学》,张企泰、范扬译,商务印书馆1961年版,序言,第11页。
② 《马克思恩格斯全集》第40卷,人民出版社1982年版,第10—11页。

只相信"自我意识"是历史发展的动力,否定革命实践的意义,蔑视人民群众的作用。马克思和青年黑格尔派的分歧日益加深,终于分道扬镳。

撰写博士论文

1840年下半年起,即将大学毕业的马克思开始撰写博士论文。博士论文的题目是《德谟克利特的自然哲学和伊壁鸠鲁的自然哲学的差别》,历时半年多时间,于1841年3月完成。

博士论文是马克思在大学期间的重要理论研究成果。为了研究古希腊哲学,马克思进行了长期的准备工作。他收集了大量的古代史料、古典文献、古代和现代有关作家的论著,阅读了亚里士多德、塞克斯都·恩披里柯、第欧根尼·拉尔修等古代作家的著作,研究了伽桑狄、斯宾诺莎、霍尔巴赫、谢林、黑格尔的有关论著,写下了大量的哲学笔记。

马克思在博士论文中,通过宣扬德谟克利特和伊壁鸠鲁的唯物主义,公开向宗教和黑暗势力宣战。德谟克利特是古希腊的伟大唯物主义者,他

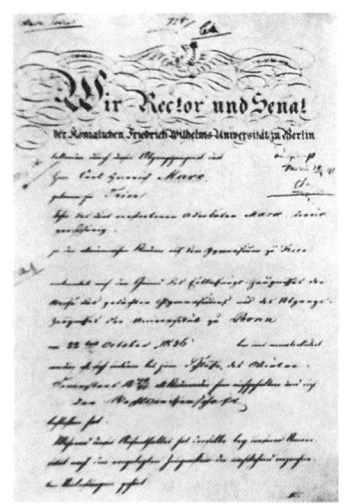 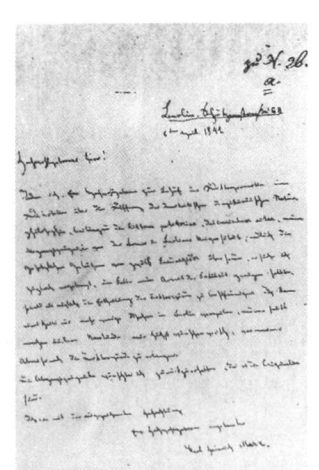 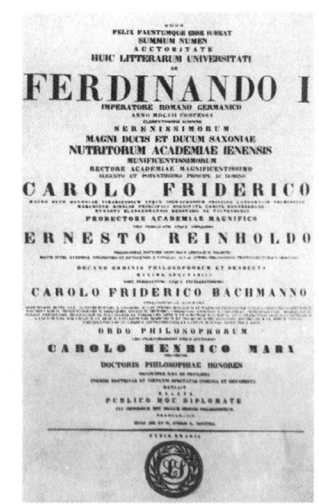

左图为马克思的柏林大学毕业证书;中图为马克思写给耶拿大学哲学系请求审阅通过博士论文的信;右图为马克思的博士学位证书。

历 史 的 巨 人

《马克思写作博士论文》（木刻） 许颖松 作

认为自然界的变化是由本身的规律所支配，而不是由什么"神"的意志所决定。他用原子来解释万物的起源，认为世界万物由原子构成，原子在虚空中不断直线降落和相互冲击的运动，使自然千变万化，否定了上帝创造万物的邪说。伊壁鸠鲁则继承了德谟克利特的唯物主义和无神论，并加以补充。他认为，原子不仅具有物质属性，而且具有精神本质。不同重量的原子在"虚空"中下降时，由于自身原因而发生偏斜，与其他原子碰撞，从而形成万物。马克思在研究对比他们的自然观时，更重视伊壁鸠鲁的观点，把伊壁鸠鲁所说的"自发偏斜"解释为能动原则的体现。认为只有从这个原则出发，人们才能不怕神威，不畏强暴，勇敢地去反对宗教黑暗势力，去改造不合理的世界。他还阐明了哲学和生活的辩证统一原则，强调世界的哲学化，同时也就是哲学的世界化。哲学应当成为改造世界的工具，同时哲学也在同现实生活的联系中不断得到完善。马克思的博士论文的最大功绩，是高度评价了伊壁鸠鲁的哲学所具有的独特革命精神和深远影响，澄清了人们对伊壁鸠鲁哲学的歪曲和误解，解决了一个在古希腊哲学史上一直未解决的问题。

马克思的博士论文,把自己的无神论向前推进了一大步。在充满激情的《序言》中,马克思公开宣布自己是同宗教势不两立的无神论者。他竭力推崇普罗米修斯,称他是"哲学日历中最高尚的圣者和殉道者"。他借用普罗米修斯的话自白:"我痛恨所有的神!"——公然申明自己的无神论思想。马克思认为,对神的信仰反映了意识发展的低级阶段,人的自我意识高于神灵,神是不能同人的自我意识相提并论的。马克思的这种战斗的无神论思想,促使了他后来思想向唯物主义的转变。

博士论文也是马克思运用黑格尔辩证法分析重大问题的第一次尝试,处处闪耀着继承前人、又超越前人的革命批判精神的光辉。无论是对德谟克利特和伊壁鸠鲁的评述,还是对黑格尔和青年黑格尔派的评述,都充分体现了这一点。但这时的马克思,还不能算是彻底的唯物主义者。他强调的自我意识的哲学,还带有青年黑格尔派的思想印记,论文从科学性上看还有不完全明确的地方。他的博士论文的真正意义在于:它表现了这位当时还属于青年黑格尔派的年轻学者,对封建专制的厌恶和对个性自由的追求。

博士论文的完成,标志着马克思通过几年的大学学习,确立了为全人类的幸福而斗争的坚定理想。完成学业的马克思,将告别学校,奔向社会的广阔舞台。

三、点亮共产主义明灯

马克思创立的科学社会主义理论,在人类社会发展史上,具有划时代的伟大意义。它如黑夜中的明灯,熠熠生辉,指引着全世界无产阶级为人类的美好未来而斗争。

《1849年9月马克思在伦敦德意志工人教育协会作报告》(素描) 茹科夫 作

科学社会主义理论，不是从书斋中得出的现成结论。它是马克思通过学习思考，从社会错综复杂的变迁史中寻觅探索；从深入工人运动和参加革命斗争中寻找答案；从研究生产力和生产关系的矛盾，探索人类社会发展的必然规律中得出的科学结论。为此，马克思付出了毕生的巨大精力。

科学社会主义理论，是在批判旧世界和同各种错误思潮的斗争中产生的。马克思是一位不屈的战士，在创造先进思想的过程中，他曾受到反动统治阶级的迫害，受到来自公开的和隐藏的敌人的攻击。直面现实，他义无反顾，或潜心研究于书丛，或大声疾呼于报端，或公开论战于会议，或组织指挥于斗争一线，几十年如一日，鞠躬尽瘁，死而后已。正是在尖锐复杂的斗争中，科学社会主义理论的锐利思想武器，磨砺得愈加锋利，显示出无比威力。

科学社会主义理论，是马克思在斗争和实践中不断完善和发展的。刚刚步入社会时的马克思，还是一个民主主义者，曾是黑格尔的狂热追捧者，又被称为"费尔巴哈派"。斗争的实践使他认识到，虽然黑格尔的辩证法、费尔巴哈的唯物论是合理的，但是黑格尔哲学自相矛盾的唯心主义体系，费尔巴哈缺乏实践观点的旧唯物主义，在哲学上是错误的，在实践上是反动的。他以大无畏的气概，断然与之决裂，进行了无情的批判。这种坚持在实践中检验真理，在批判中扬弃错误，不断深化认识、完善理论的科学态度，充分反映了马克思在攀登思想理论高峰中实事求是的探索精神和追求真理的理论勇气。事物的发展永无止境，马克思主义也是在与时俱进中不断发展的。发展的观点，是马克思科学理论的活的灵魂。

马克思所创立的科学社会主义理论，是一座取之不尽、用之不竭的思想理论宝库。他所阐明的人民群众创造历史的唯物史观，深刻揭示了人类社会发展的客观规律,是依靠人民、创新发展、推动社会进步的科学指南;他所提出的无产阶级政党的理论,彻底批判和抛弃了各种机会主义政党思想,鲜明而深刻地阐释了无产阶级政党的性质和历史使命,为建立无产阶级政党、加强党的建设指出了正确的方向;他所创立的剩余价值理论,彻底揭开了资本主义剥削的秘密,为建立一个没有剥削、没有压迫、公平正义的共产主义社会,为全人类的彻底解放,指出了一条光明大道。

探索科学社会主义理论

向共产主义思想转变

马克思大学毕业后,在《莱茵报》社工作了一段时间。他发表了许多揭露和批判普鲁士当局的文章,并为争取新闻出版权力同反动当局进行了坚决的斗争。在《莱茵报》被查封后,马克思于1843年10月来到了法国巴黎,准备和卢格办一个革命刊物,取名《德法年鉴》,想通过这个刊物把法国和德国联合起来,向旧世界宣战。

19世纪40年代的巴黎

巴黎是法国的首都。19世纪30—40年代，法国经历了产业革命，作为首都的巴黎，成为主要的工业中心，出现了一支人数众多的现代化工人队伍。后来，随着工人阶级反对资产阶级的斗争日益激烈，这里成了资本主义矛盾最集中的地方。

马克思一到巴黎，就忙于对资本主义社会情况的考察。为了了解工人阶级的斗争情况，他利用一切机会深入工人群众中，到工人家庭访问，在酒店和工友们聊天，通过多种方式同工人交朋友。工人们也把他当成了知心朋友，向他倾诉了在简陋的生产条件下所从事的繁重劳动和得到不公平的低廉报酬，揭露了资产阶级的贪婪和对工人的压迫和剥削。工人们还向他讲述了为了求生存，利用各种手段和形式同资本家作斗争的故事。

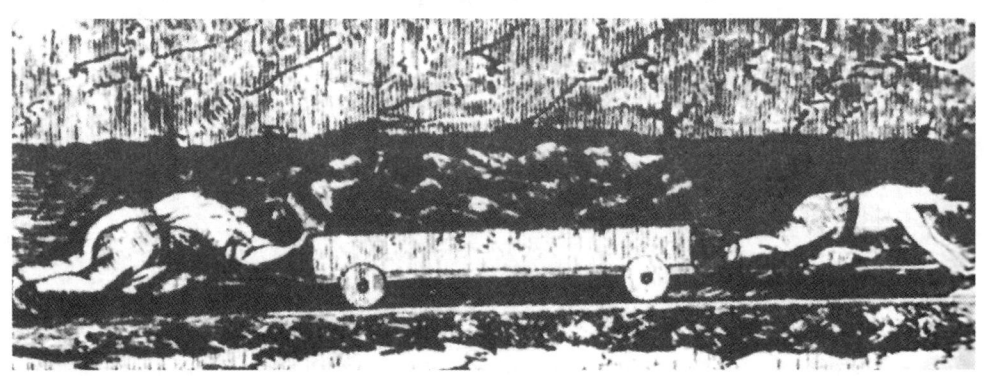

19世纪上半叶在矿场劳动的童工和女工

在同工人阶级的接触中，马克思发现，完成了资产阶级革命的法国比起封建专制制度的德国，虽然进步了很多，但也充满了尖锐的社会矛盾。资产阶级对无产阶级敲骨吸髓的压迫和剥削，造成了广大人民群众处在贫困、落后和无权利的地位。这两个阶级处在不可调和的矛盾中。当年资产阶级标榜的"自由、平等、博爱"，现在已撕下了裹在脸上的遮羞布，变成了对无产阶级赤裸裸的压迫和剥削。马克思从两个阶级的对立中，看到了资产阶级的罪恶和万恶之源的资本主义私有制。

深入了解工人群众，马克思还看到了工人阶级的力量。法国无产阶级有着光荣的革命传统，为了反对资产阶级的压迫和剥削，挣脱身上的镣铐，他们不断进行着斗争。1831—1834年的里昂工人起义，虽然被镇压了，但是他们不屈不挠，始终没有停止反抗。当马克思来到巴黎时，法国的工人运动非常活跃，许多秘密的工人组织活动频繁，公开的集会经常可见。马克思积极参加工人的集会，并深入了解他们斗争的情况。他开始认识到无产阶级是创造新世界的主要力量。他在给费尔巴哈的信中说：您应当出席法国工人阶级的一次集会，这样您就会确信这些受尽劳动折磨的人纯洁无瑕、心地高尚……历史是会把我们文明社会的这些"野蛮人"变成人类解放的实践因素的。

马克思通过对资本主义社会的考察和参加工人运动，还认识到共产主义已经不是一种抽象理论，而是无产阶级斗争的实际目标。他在《德法年鉴》上发表的文章，表明了他思想上的这种新转折。

马克思在《论犹太人问题》中，提出了人类解放的思想，阐明了"政治解放"和"人类解放"的区别。他指出："政治解放"虽然是人类社会的一大进步，但它把资本主义私有制宣布为神圣不可侵犯，它争得的自由只是资产者"任意使用和处理自己财产"的自由，它争得的人权不过是资产阶级对私有财产的占有权和对劳动者的奴役权。他认为，要使人类得到真正解放，必须撕掉资产阶级统治的遮羞布，挣脱"政治解放"的桎梏，消灭私有制，消灭人的本质的异化，只有在这个时候，才能实现人类社会的公平，才能实现人类的解放。马克思在《〈黑格尔法哲学批判〉导言》中进一步阐述了"人类解放"的实质。他指出，"人类解放"不同于"政治解放"，"政治解放"是"毫不触犯大厦支柱的革命"，是"市民社会的一部分解放自己"，而"人类解放"是彻底的革命，它要触犯大厦的支柱，它"必须推翻使人成为被侮辱、被奴役、被遗弃和被蔑视的东西的一切关系"[①]，一句话，就是消灭私有制。在这里，马克思阐明了资产阶级革命和无产阶级革命的根本区别，初步提出了用无产阶级革命来改造社会的思想。

---

① 《马克思恩格斯选集》第1卷，人民出版社2012年版，第10页。

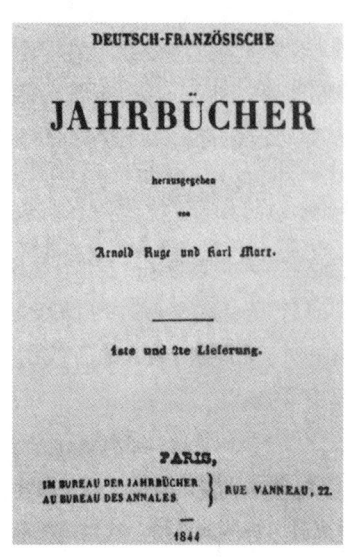

《德法年鉴》第1—2期合刊，1844年2月在巴黎出版。

马克思在《〈黑格尔法哲学批判〉导言》中，还深刻论述了物质力量和精神力量在无产阶级革命中的作用。他指出，革命的对象是具体的、实在的物质力量，它不可能被批判的武器所摧毁。物质力量、武器的批判在无产阶级革命中具有决定作用；而革命理论、精神的力量也具有重大的意义，"批判的武器当然不能代替武器的批判，物质力量只能用物质力量来摧毁；但是理论一经掌握群众，也会变成物质力量"①。在对旧世界进行武器批判时，无产阶级必须同时掌握和运用批判的武器。马克思要求把先进哲学和无产阶级革命结合起来，"哲学把无产阶级当作自己的物质武器，同样，无产阶级也把哲学当作自己的精神武器"②。这些思想表明，马克思已经从革命民主主义者转变为共产主义者。

《德法年鉴》鲜明的无产阶级革命倾向，引起普鲁士反动政府的恐慌，对杂志进行查封，对编辑人员进行逮捕迫害，杂志只出了一期就停办了。但杂志所宣扬的革命思想在社会上造成的影响却是无法估量的。这对马克思来说，虽然是一个打击，但没有使他丧失信心。完成思想转变的马克思，革命意志更加坚定，决心继续自觉地战斗下去。

无产阶级世界观的形成

马克思发表在《德法年鉴》上的文章，虽然表明他的立场已转到共产主义，解决了向何处去的问题，但还没有制定出完整的科学社会主义理论。他自己曾说过，理论只要彻底，就能说服人。所谓彻底，就是抓住了事物

---

① 《马克思恩格斯选集》第1卷，人民出版社2012年版，第9页。
② 《马克思恩格斯选集》第1卷，人民出版社2012年版，第16页。

的根本。他认识到，只有对一系列重大的理论和实践问题作出科学的回答，揭示资本主义制度必然灭亡和共产主义一定胜利的客观规律，才能使共产主义思想成为能够说服人的真正的科学理论。

马克思深入考察了在德国流行的各种社会主义和共产主义思潮。这些思潮的代表人物主要有圣西门、傅立叶的门徒，"基督教"社会主义者勒鲁和毕舍，"国家"社会主义者路易·勃朗，带有无政府主义色彩的社会主义者蒲鲁东，宣传共产主义的代表人物卡贝、德萨米和布朗基等。马克思发现，这些代表人物虽然在不同程度上看到了资本主义社会的各种矛盾，批判了它的各种罪恶，并提出了一些改革措施，但他们否定无产阶级的作用，不了解资本主义的本质，不懂得共产主义胜利的客观必然性。有的宣扬用和平改良和阶级调和的方法来建立新的制度，幻想用和平宣传和建立示范性的"共产主义新村"来实现共产主义。有的热心于密谋，不顾主客观条件，简单地用革命暴力推翻现存制度。这些理论违背社会现实，都是空想的。马克思认为，这些空想的社会主义和共产主义，虽然在一个时期促进了工人阶级的觉醒，但也在工人中造成了很大的思想混乱。为了批判和澄清这些错误思想，马克思投入了紧张的理论研究工作。

马克思在理论研究中，受到了恩格斯发表在《德法年鉴》上的《国民

弗里德里希·恩格斯（1839年的画像）是《德法年鉴》的主要撰稿人之一

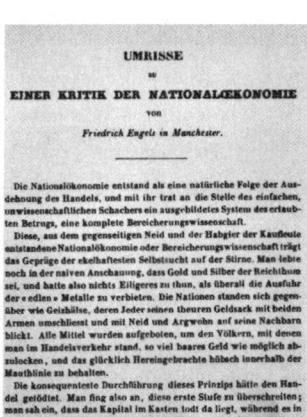

《德法年鉴》刊载的恩格斯《国民经济学批判大纲》

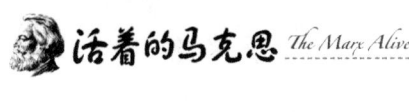

《虚心向工人学习》（素描） 潘洪海 作

经济学批判大纲》的启发。恩格斯在文章中深刻指出：资本主义社会的一切主要现象，如垄断竞争、生产无政府状态、商业危机、劳动人民日益贫困以及精神上道德上的堕落等等，都是生产资料私有制的必然结果。要消除这些现象，必须消灭资本主义私有制。恩格斯的这篇文章，给了马克思很大的启示，他打算首先研究法国资本主义社会的发展。

马克思以令人惊叹的刻苦精神，埋头在浩瀚的书海中。他阅读了法国资产阶级哲学家和历史学家的大量著作，尤其是法国复辟时期历史学家梯叶里、米涅和基佐的著作。这些历史学家虽然看到了资本主义社会中的阶级划分，揭示了阶级斗争在资本主义社会形成和发展中的作用。但是阶级的局限性使他们看不到阶级斗争产生的经济基础，不懂得资本主义社会中阶级斗争的性质。马克思批判地吸取了他们思想中的有益成分，并打算写一部《国民公民史》，阐述自己的思想。由于种种原因，这个计划未能实现。但是，马克思通过对法国革命的研究，加深了对阶级和阶级斗争、阶级斗争与社会基础关系以及无产阶级在社会革命中的历史作用等方面的认识。

马克思认为，要解开资本主义社会发展的历史之谜、揭示共产主义的历史必然性，必须解剖资本主义社会的经济结构。他从1844年春天开始，把研究的重点转向了经济学，其研究成果集中体现在三篇未完成的经济学哲学的手稿中，后来整理成为《1844年经济学哲学手稿》。这部《手稿》是马克思第一次从唯物主义的立场出发，对自己新的哲学经济学观点和共产主义思想作的深入阐述，在他的科学世界观的形成过程中占有重要的地位。

《手稿》对资产阶级经济学家进行了批判。马克思指出，资产阶级经济学家"把资本家的利益当作最后的根据",竭力美化资本主义,宣扬工人阶级与资本家的统一,用外部的原因来说明两者之间的矛盾和对立,力图永远保持资本主义制度;他们把虚构的情况作为理论的出发点,没有给我们提供一把理解劳动和资本分离以及资本和土地分离的根源的钥匙。

马克思深入论述了使工人陷于贫困并成为机器的资本主义制度。他指出,资本家战胜土地所有者是历史的必然。但这不过是高度发达的私有财产战胜不完全的、不发达的私有财产,私有制的本质并没有改变。资本主义不过是私有制发展的最高形式。在这个社会里,资本家的利益同整个社会的利益是敌对的,而资本家之间也在进行着激烈的竞争;资本家和靠地租生活的人之间,农民和工人之间的区别消失了,整个社会分化为有产者阶级和没有财产的工人阶级,资本家凭借自己拥有的资本支配和奴役工人。工人被看作劳动的动物,他们得到的工资只能维持必要的肉体需要。在资本家压榨下,工人必然陷于贫困的境地,沦为创造生产的机器和资本的奴隶。马克思对资本主义的发展作了科学的预言。他指出,资本家和工人之间的斗争,是由经济利益的矛盾引起的,阶级矛盾的尖锐化必然导致革命,其结局是资本主义私有制成为全部私有财产关系的顶点、最高阶段,以致灭亡。《手稿》揭露了资本主义社会工人阶级被压迫被剥削的处境,阐明了消灭私有制、实现共产主义的历史必然性,强调了实践和行动的决定作用。它表明马克思的世界观已发生了根本改变。

在巴黎时期,马克思在以主要精力从事理

《马克思和恩格斯同巴黎社会主义者在一起》(素描)　瓦涅齐安　作

亨利希·海涅（1797—1856），德国诗人，革命民主主义运动的先驱，马克思一家的亲密朋友。

论研究外，还密切关注政治斗争和思想斗争，注意同工人运动相结合。他同巴黎的秘密工人组织建立了联系，关心居住在巴黎的德国工人，结识了德国无产阶级的第一个政治组织"正义者同盟"在巴黎的领导人；还积极参加工人组织的内部讨论，在工人集会上发表演讲；经常同工人运动的活动家交换意见，宣传共产主义思想，帮助工人克服空想社会主义的影响。同时，他也注重从工人那里吸取智慧和力量，进一步丰富和完善自己的理论。

马克思还广交德国的民主派人士和流亡法国的各国革命派的代表。马克思的家成了繁忙的活动场所。经常到马克思家拜访的人士，既有共产主义者，也有民主主义者；既有知识分子，也有工人。革命诗人海涅是马克思家的常客。海涅是德国著名的诗人，早在1831年因受反动当局的迫害而流亡国外。海涅自从给《德法年鉴》撰稿以来，就同马克思建立了亲密的战友情谊。在马克思的影响下，海涅的诗作更加具有鲜明的革命倾向，在这个时期写出了不朽的诗篇《织工之歌》和《德国——一个冬天的童话》。马克思在与海涅的交往中，也获益匪浅。后来马克思被驱逐离开法国。他在写给海涅的信中说，在我要离别的人们中间，同海涅离别对我来说是最难受的。

马克思利用一切机会同德国反动专制作斗争。1844年6月，德国发生了震撼整个欧洲的西里西亚纺织工人起义。西里西亚是德国纺织工业的中心，这里的工人受到工场主、包买商的剥削，也受到封建地主的剥削，工资很低,劳动时间很长,生产条件非常恶劣。这种状况引起工人的强烈不满。当工人唱着战歌,游行到工场主茨万齐格尔住宅时,许多人遭到毒打和扣留。工人们愤怒万分,当天捣毁了茨万齐格尔的住宅。第二天,在彼特尔斯瓦达渥和兰根比劳两地,有三千多工人捣毁工厂,烧掉债务票据。在反动当局调来大批军警进行镇压时,工人立即举行武装起义,与军警展开血战。这次起义虽然很快被镇压下去,但是西里西亚工人以自己的英勇斗争,在德国和国际工人运动史上写下了光辉的一页。

西里西亚起义提出一个尖锐问题:如何看待刚刚兴起的工人运动?

以德国政治家、资产阶级激进民主主义者阿尔诺德·卢格为首的人,对起义抱有敌对态度。起义不久,卢格就用"普鲁士人"笔名在《前进报》上发表了《普鲁士国王和社会改革》一文,竭力贬低起义的意义,认为起义不过是单纯的地方的事件,决不会引起国王和行政机关的丝毫恐惧;否认起义的原因是资本家的残酷剥削,把工人的贫困状况曲解为非政治国家的特点;肆意诬蔑德国无产阶级,说他们"除了自己的家庭、自己的工厂、自己住的那个地区外,什么都看不见"。卢格还公开反对无产阶级独立的政治运动,认为无产阶级保卫自己的阶级利益,会削弱人民反对专制制度的斗争。卢格的观点,反映了德国资产阶级仇视和害怕工人运动的反动本性,对于刚刚兴起的无产阶级运动极为有害。

为了彻底批判卢格的反动观点,揭露资本主义制度的罪恶,阐明西里西亚工人起义的原因、性质和意义,马克思于7月底在《前进报》上发表了《评"普鲁士人"的〈普鲁士国王和社会改革〉》一文。

马克思说,西里西亚工人起义,是由资本主义制度造成的对工人阶级的残酷压榨、剥削引起的。工人阶级的斗争,就是对资本主义剥削制度

阿尔诺德·卢格(1802—1880),德国政治家、青年黑格尔派代表人物;1843—1844年同马克思一起筹办并出版《德法年鉴》。

的抗议。起义绝不是偶然的、地方性事件，而是由德国无产阶级和资产阶级矛盾尖锐化的表现，虽然起义发生在局部地区，但包含着非常普遍的意义。

马克思痛斥卢格对德国工人阶级的诬蔑，高度赞扬了德国工人阶级的革命精神。他指出，西里西亚工人起义，表明了德国工人阶级在革命斗争中政治上的成熟。起义开始时，他们就直截了当、威风凛凛地宣布，反对私有社会。起义过程中，他们不仅毁掉机器，而且毁掉账簿和财产契据；不仅打击工厂企业的老板，而且打击银行家，把整个资产阶级当作自己的敌人。

在这篇文章的结尾，马克思提出了实现社会主义道路的问题。与空想社会主义和其他社会改革家不同，马克思抛弃通过和平的道路，通过小型试验等办法实现社会主义的思想。他认为，社会主义必须通过革命才能实现；而革命就是推翻现政权和破坏旧关系。从这里看到，马克思的无产阶级世界观已经形成。

唯物史观的确立

马克思于1845年2月3日，来到了比利时的布鲁塞尔。马克思的到

1845年前的布鲁塞尔

来，引起比利时政府的不安。警察当局强迫马克思做出不在比利时出版任何有关当前政治著作的保证。但是马克思没有停止战斗，正像他后来说的，我是世界公民，我走到哪儿就在哪儿工作。1845年4月，恩格斯也从德国迁居布鲁塞尔。这两位战友又团聚在一起，为锻造无产阶级认识世界、改造世界的理论武器，开始了新的共同的战斗。

像在巴黎一样，马克思十分注重使自己的革命理论和实践结合起来。所不同的是，现在和恩格斯在一起，可以共同探索，并肩战斗了。马克思和恩格斯同各国革命知识分子和先进工人建立了广泛联系，在无产阶级中间积极传播科学社会主义思想。当时的布鲁塞尔，是欧洲国家革命流亡者集中的地方。马克思和恩格斯经常参加他们中间的秘密集会，讨论各种政治理论和学术思想等问题。许多革命流亡者、民主派人士，也常到马克思家做客，交流思想，倾听这位革命思想家的见解，马克思的家俨然成了民主主义者和共产主义者的俱乐部。在马克思和恩格斯的影响下，他们的周围形成了一支无产阶级革命者的队伍，如激进派理论家尼尔斯、新闻工作者魏德迈、青年医生丹尼尔斯、教师沃尔弗、比利时民主运动领导人日果等。

在恩格斯来到布鲁塞尔时，马克思在确定新世界观方面取得了重大成就。1845年，他写成了著名的《关于费尔巴哈的提纲》。这份仅仅五页的提纲，内容丰富，思想深刻，批判了费尔巴哈的唯物主义的主要缺陷，阐明了马克思主义哲学的基本观点，提出了实践是检验真理的标准，强调了唯物主义不仅要解释世界，而且要改造世界。

《提纲》中，马克思强调了意识的反作用。他指出，包括费尔巴哈在内的旧唯物主义的主要缺点是，它们把客观外界的事物，只当作单纯的客体形式，只作为人类的感觉对象和认识对象，而忽视了人对外界事物的作用。在他们看来，人们对客观事物的认识，完全是通过直观的形式，靠自己的感觉器官直接接触的结果。他们不了解实践在认识过程中的作用。事实上，人们是通过自己的实践活动，在改造客观世界的过程中认识世界的，而且

路德维希·费尔巴哈（1804—1872），德国唯物主义哲学家、德国古典哲学的代表人物。

能够能动地认识客观世界，并反作用于客观世界。

《提纲》中，马克思阐述了实践是检验真理标准的思想。他说，人的思维是否具有客观的真理性，这并不是一个理论的问题，而是一个实践的问题。一个理论是不是真理，是否正确反映了客观实际，只能靠社会实践来检验，而不能靠理论自身的标榜。实践是检验真理的标准，只有实践，才能完成检验真理的任务。

《提纲》中，马克思还阐明了革命的实践具有重要意义。他指出，以往的一切哲学，包括唯物主义哲学和唯心主义哲学，都是以不同的方式解释世界。新唯物主义不仅要解释世界，更重要的是要改造世界。新唯物主义是无产阶级的世界观，它武装着无产阶级去推翻阻碍社会生产力发展的资本主义生产关系，去发展社会生产力，改变物质世界和精神世界。

《关于费尔巴哈的提纲》言简意赅，蕴含了马克思创立的辩证唯物主义世界观的基本内容。从这个提纲看出，马克思不仅同唯心主义划清界限，而且同一切旧唯物主义划清界限。正如恩格斯所说，这个提纲作为包含着新世界观的天才萌芽的第一个文件，是非常宝贵的。但它毕竟是供自己研

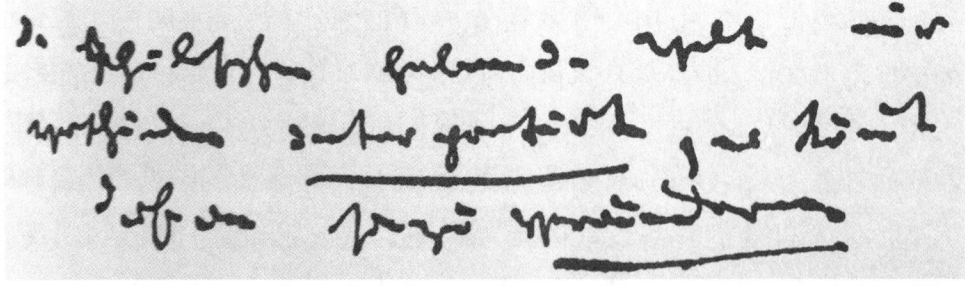

《关于费尔巴哈的提纲》中的一个著名论断：哲学家们只是用不同的方式解释世界，而问题在于改变世界。

19世纪40年代的曼彻斯特

究用的提纲,其中的基本原则,有待于进一步地发挥和系统地阐述。这个任务由马克思和恩格斯共同撰写的《德意志意识形态》完成了。

1845年夏天,马克思和恩格斯去英国旅游了一个半月,目的是实地考察资本主义最发达的英国社会,直接了解英国的工人运动状况,熟悉英国新近的科学文献,首先是经济学文献。他们在英国的大部分时间,是在曼彻斯特度过的,考察了工厂,深入访问了工人,还花很长时间在切特姆图书馆看书,研读了大量有关经济、政治、商业、货币的著作。

从英国回到布鲁塞尔后,马克思本打算先完成《政治经济学批判》,但是他在研究过程中认识到,要使人们接受政治经济学方面的新思想,必须先阐明唯物主义历史观,因此决定先写一部批判当时德国流行的唯心主义的著作。于是,他暂时中断了经济学著作的写作,同恩格斯合写了《德意志意识形态》。

1845年秋,马克思和恩格斯全身心地投入了《德意志意识形态》的写作。他们忘我地工作,为了保持连续的思维,经常写作至凌晨三四点钟才休息。有时为了弄清一个问题,两人彻夜长谈。后来他们的同事谈到,在写作《德意志意识形态》的日日夜夜里,马克思和恩格斯几乎天天晚上在一起交谈、切磋、研究,常常发出朗朗的笑声和激烈的争辩声,弄得家人不得安睡。他们花了半年的辛勤劳动,在1846年4月基本上完成了这部内容极为丰富的巨著的主要部分。令人遗憾的是，这部著作在马克思生前没有出版。由于这部著作既具有高度的科学性，又具有强烈的革命性，很不容易找到一个甘冒风险的出版商。这部书稿直到1932年，距书稿写成86年后才第一次全文出版发行。此时，马克思和恩格斯均早已不在人世。

在这部著作中，马克思和恩格斯批判了费尔巴哈唯物主义的直观性和他的唯心主义历史观，彻底清算了青年黑格尔分子鲍威尔和无政府主义者施蒂纳的主观唯心主义，深刻揭露了"真正社会主义者"的假社会主义面目，第一次比较完整地、系统地阐述了辩证唯物主义的历史观和科学社会主义理论。

马克思和恩格斯在批判唯心史观时指出，无论是费尔巴哈还是鲍威尔和施蒂纳，他们的历史观都是唯心主义的。费尔巴哈在自然观上是个唯物主义者，但在历史观上是个唯心主义者。他从抽象的"人"出发，在人与人的关系中只看到"爱和友情"，根本看不到其中的社会关系和阶级关系。在他的眼里，"爱和友情"成了历史发展的动力。而鲍威尔和施蒂纳则把"自我意识"看成历史发展的动力，根本颠倒了社会存在和社会意识的关系。这种唯心主义历史观，使人们不能正确认识社会的发展，看不到资本主义制度必然灭亡和共产主义必然胜利的历史规律，泯灭无产阶级的革命斗争精神。马克思和恩格斯看到了唯心主义历史观对正在兴起的无产阶级革命运动的严重危害，针锋相对地进行了严厉的批判，并阐述了辩证唯物主义的历史观。

马克思和恩格斯提出了劳动创造历史的观点。他们指出，人类第一个历史活动，就是进行物质生活资料的生产，人们为了生活，为了发展，首先必须有衣服、食物、房屋等物质生活资料。这

布鲁诺·鲍威尔（1809—1882），德国唯心主义哲学家，青年黑格尔派代表人物。

些物质生活资料只有通过生产活动才能获得。正是物质资料的生产活动，使人类与动物区分开来。人类通过自己的生产劳动，既改变了自然界，也改变了人类自身。

马克思和恩格斯第一次指出，一切历史冲突都根源于生产力和交往形式之间的矛盾，阐述了生产力和生产关系的矛盾运动规律。生产力决定生产关系，生产关系适合生产力的发展，因而促进生产力的发展；随着生产力的继续发展，生产关系会逐渐成为生产力发展的桎梏，因而必然爆发新的社会革命。人类历史的发展，就是在生产力和生产关系的矛盾运动中进行的。他们进一步指出，资本主义是人类历史上暂时的交往形式。社会生产力的发展，已经为消灭资本主义、用共产主义生产关系代替资本主义生产关系创造了物质条件。资本主义的灭亡和共产主义的胜利是历史发展的必然趋势。

马克思和恩格斯还概括地指出了未来共产主义的基本特征。他们认为，在未来社会中，将消灭生产资料私有制，代之以社会共同占有生产资料；阶级将要消灭，国家也将消亡；城乡之间、脑力劳动与体力劳动之间的对立将消灭，劳动将成为自由人的真正自主的活动，每个人的才能和天资将会得到充分的和全面的发展。

马克思和恩格斯在《德意志意识形态》中系统阐述的唯物主义历史观，是他们在历史观上完成的一次革命，是个伟大的科学发现。恩格斯多次说过，社会主义所以能从空想变成科学，是由于马克思的两个伟大的发现：一个是唯物主义历史观，一个是剩余价值理论。唯物主义历史观的创立，使人类特别是工人阶级有了认识世界和改造世界的锐利理论武器。

创建无产阶级政党

1889年12月18日，恩格斯在《致格尔松·特里尔》的信中写道："无产阶级要在决定关头强大到足以取得胜利，就必须（马克思和我从1847年以来就坚持这种立场）组成一个不同于其他所有政党并与它们对立的特殊政党，一个自觉的阶级政党。"① 马克思和恩格斯在制定科学社会主义理论的过程中，确信无产阶级是资产阶级的掘墓人、共产主义社会的缔造者，而无产阶级要完成这个伟大的历史使命，必须组织起来，建立自己的独立政党，否则无产阶级就无法夺取政权，建设新社会。

马克思以其无产阶级革命家的胆略，不但在理论上远见卓识地阐述建立无产阶级政党的必要性，而且在实践中为创建全世界第一个无产阶级政党作出了不朽贡献。

建立共产主义通讯委员会

当马克思完成了从革命民主主义到共产主义的转变以后，创建无产阶级政党的历史任务就提到了议事日程上。

在布鲁塞尔期间，马克思和恩格斯为创建无产阶级政党做了大量的工作。当时，欧洲各国无产阶级的革命斗争还刚刚开始，组织上涣散，理论上没有统一的思想指导，各种资产阶级小资产阶级思潮在工人运动中占着支配地位。为此，马克思和恩格斯从1846年起，把越来越多的精力集中在科学理论和工人运动的结合上，为建立无产阶级政党在思想上、理论上、组织上进行了大量的准备工作。布鲁塞尔共产主义通讯委员会就是在这种情况下诞生的。马克思、恩格斯和比利时的菲利浦·日果是这个委员会的核心。它的主要成员有：约瑟夫·魏德迈、威廉·沃尔弗、斐迪南·沃尔

---

① 《马克思恩格斯选集》第4卷，人民出版社2012年版，第592页。

弗、埃德加尔·威斯特华伦、戴勒尔、路易·海尔堡等，德国空想共产主义的著名代表威廉·魏特林最初也是委员会成员。

共产主义通讯委员会是一个具有国际性质的无产阶级的组织。马克思和恩格斯创建通讯委员会的目的，是为了在各国共产主义组织和工人团体之间建立联系，批判各种冒牌社会主义，克服工人运动中的涣散状态，使工人运动在科学社会主义基础上统一起来，并把工人阶级中的最革命最先进分子团结在自己周围，培养一批革命的核心力量，为创建无产阶级政党准备条件。

在马克思、恩格斯及其战友的努力下，布鲁塞尔共产主义通讯委员会很快同许多国家的社会主义者、共产主义者建立了通讯联系，各地的共产主义通讯委员会纷纷建立。通过通讯委员会组织，马克思和恩格斯向各国共产主义者和先进工人传播科学社会主义理论，批判工人运动中的各种非无产阶级思想，增强工人阶级的团结，引导共产主义者和先进工人积极投身反对封建主义和资本主义的斗争。他们特别关心德国的革命，在科隆、爱北斐特、汉堡、莱比锡、马德堡、柏林等城市，建立了共产主义通讯委员会，为德国的共产主义者制定了斗争的策略，引导他们把工作重点放在发动群众上，把群众紧密组织起来，首先争取实现资产阶级民主革命的目标，为未来的无产阶级革命准备条件。

在马克思、恩格斯的领导下，布鲁塞尔共产主义通讯委员会逐渐成为当时共产主义运动的中心，提高了各国共产主义者和先进工人的思想觉悟，加强了他们之间的团结，为创立无产阶级政党在思想上和组织上做了准备。

改造正义者同盟

马克思、恩格斯改造正义者同盟，是创建无产阶级政党的重要组成部分。

正义者同盟是侨居法国的德国手工业者组织，1836年成立于巴黎。同盟的前身是1834年在巴黎成立的德国侨民秘密组织流亡者同盟。后来，流亡者同盟内部发生分裂，其中具有无产阶级倾向的成员，主要是手工业工人，成立了正义者同盟。同盟的指导思想，是魏特林和卡贝的空想平均共产主义。1839年5月，正义者同盟参加了四季社（法国的秘密革命团体）在巴黎发动的起义。起义失败后，许多盟员和领导人逃往英国。19世纪40年代初，同盟领导人沙佩尔和鲍威尔也到了伦敦，恢复了同盟组织。从此，伦敦成了正义者同盟的领导机关——人民委员会所在地和同盟活动的中心。也正是在此时，同盟内部开始发生变化，一些盟员逐渐接受科学社会主义理论，摆脱魏特林平均共产主义思想的统治。

马克思和恩格斯通过自己的著作和布鲁塞尔通讯委员会的活动，对正义者同盟领导人和部分盟员做了大量工作，对同盟内部的思想产生了重大影响。恩格斯在40年后回忆道：那时，我们不仅同伦敦的盟员经常保持联系，并且同巴黎各支部当时的领导人艾韦贝克医生有更为密切的交往。我们不参加同盟的内部事务，但仍然知道那里发生的一切重要事件。另一方面，我们通过口头、书信和报刊，影响着最杰出的盟员的理论观点。1840年，同盟的活动中心转到英国后，通过恩格斯与英国宪章派的组织建立了联系，参加英国蓬勃发展的工人运动，从而提高了同盟成员的阶级觉悟。这对于克服手工业者的狭隘性和宗派习气有着积极的意义。在1839年四季社巴黎起义失败后，许多盟员也从严酷的现实中认识到，空想的平均共产主义理论和宗派密谋的活动方式，是不可能推翻资本主义统治的。1846年6月22日，马克思、恩格斯向伦敦正义者同盟领导人提出召开共产主义者代表大会的建议，得到了同盟领导人的热烈响应。此时的同盟领导人日益深信马克思、恩格斯理论的正确，认为只有以科学社会主义原则彻底改造同盟，才能使同盟真正成为带领无产阶级进行伟大斗争的战斗组织。

在此以前，马克思和恩格斯曾被邀请加入正义者同盟，但他们婉言谢绝了。因为他们不同意同盟中流行的空想社会主义理论和密谋活动的原则。这次同盟明确表示，确信马克思的理论具有普遍的正确性，如果参加同盟，可以请他们在即将举行的代表大会上阐明自己的观点，然后将其作为同盟的纲领发表。马克思、恩格斯看到,在这种情况下参加同盟,有可能对同盟发生更大的影响,按照科学社会主义原则改造这个国际性组织,使之成为无产阶级的政党。为此,马克思、恩格斯欣然接受了正义者同盟的入盟邀请。

马克思在建立无产阶级政党的斗争中,碰到了工人运动中的各种错误思潮的挑战。当时对工人运动影响较大的,除魏特林的空想共产主义外,还有格律恩、克利盖等人宣扬的"真正社会主义",蒲鲁东的社会主义。马克思、恩格斯同这些思潮进行了针锋相对的斗争。改造正义者同盟,是马克思在这场斗争中的成功实践。

建立共产主义者同盟

1847年6月2日至9日,在伦敦举行了正义者同盟第一次代表大会。这次大会担负着全面改组正义者同盟的重大任务。

马克思、恩格斯对大会非常重视。会前,他们为改组同盟做了大量准备工作。经过激烈斗争,恩格斯当选为巴黎支部的代表,威廉·沃尔弗当

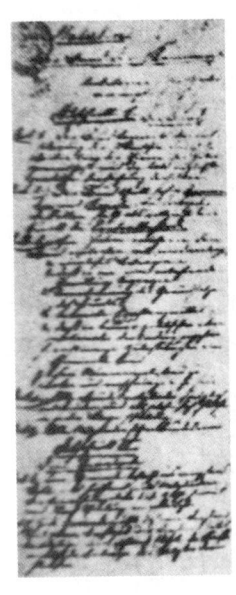 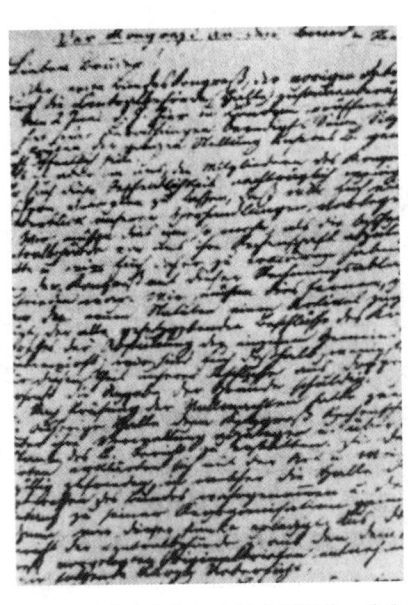 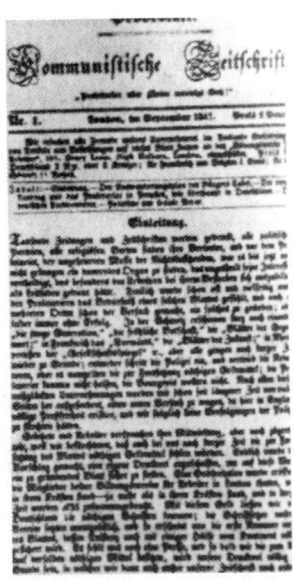

左图为同盟《第一次代表大会章程(草案)》,中图为同盟第一次代表大会《通告信》,右图为《共产主义杂志》。

选为布鲁塞尔支部的代表。在大会上，沃尔弗被选为大会秘书，恩格斯则主持了许多重要文件的起草和审定工作。

大会期间，恩格斯系统地阐明了马克思的共产主义思想，并按照他同马克思商定的计划，积极指导同盟的改组，取得了重大成果。

这次大会决定把正义者同盟改名为共产主义者同盟。这不但是名称的更换，而是同盟性质的改变，鲜明地反映了同盟的无产阶级性质。大会致同盟盟员的《通告信》说，正义者同盟"这个名称不合时宜，丝毫不能表达我们的愿望。许多人要正义，即要他们称为正义的东西，但他们并不因此就是共产主义者。而我们的特点不在于我们一般地要正义——每个人都能宣称自己要正义——而在于我们向现存的社会制度和私有制进攻，在于我们是共产主义者"。

大会接受了马克思、恩格斯提出的"全世界无产者，联合起来"的新口号，代替原来阶级观点模糊的"人人皆兄弟"的口号。新的口号充分体现了无产阶级共同的阶级利益、共同的奋斗目标、共同的世界观，体现了无产阶级革命的国际性。

大会通过了主要由恩格斯和沃尔弗起草的新章程。新章程第一条规定："同盟的目的：通过传播财产公有的理论并尽快求其实现，使人类得到解放。"这一条指明了同盟的奋斗目标，确立了无产阶级消灭私有制、建立共产主义公有制、实现人类彻底解放的伟大理想。新章程草案摒弃了旧章程中一切助长迷信权威和个人专断的条文，规定了同盟各级组织的领导成员由选举产生并可以随时撤换。各级组织的一切行动，要对作为同盟最高机关的代表大会负责。这体现了民主集中制的原则。

纲领草案中，接受马克思的思想，对共产主义做了科学论证。大会揭露了格律恩的假共产主义和他在巴黎支部的破坏活动，批判了魏特林和蒲鲁东，并把巴黎支部中的魏特林分子开除出同盟。

这些情况表明，共产主义思想已在同盟中取得了指导地位，马克思和恩格斯在同各种错误思潮的斗争中已结出硕果，同盟由原来的带密谋性质

历 史 的 巨 人

的秘密工人组织改组成了以共产主义思想为指导的、按照民主集中制原则组织起来的无产阶级政党。这是无产阶级革命历史上，坚持共产主义思想和工人运动相结合的重要成果。

同盟第一次代表大会后，马克思和恩格斯为从思想上和组织上建设共产主义者同盟做了大量的工作。8月初，马克思和恩格斯提议成立同盟的支部和区部，并分别被选为布鲁塞尔和巴黎区部的领导人。8月底，他们在布

《同魏特林决裂》（中国画） 纪清远 作

鲁塞尔成立了德意志工人协会，并通过协会向侨居比利时的德国工人灌输共产主义思想，扩大同盟的影响，吸收先进分子加入同盟，壮大同盟队伍。马克思和恩格斯还努力增进共产主义者和民主主义者的国际团结，促使无产阶级力量和民主力量建立战斗联盟。为此，他们参加了布鲁塞尔民主协会的创建工作。马克思和恩格斯清醒地看到资产阶级和小资产阶级民主派的弱点，对他们坚持既团结又斗争的无产阶级原则立场。马克思和恩格斯为了宣传共产主义者同盟的共产主义纲领和策略原则，还努力创办刊物，将《德意志—布鲁塞尔报》变成了共产主义者同盟的喉舌。

马克思和恩格斯为巩固发展同盟进行的卓有成效的工作，在广大盟员和先进工人中赢得了崇高的威望。马克思领导的布鲁塞尔区部委员会对整个共产主义者同盟实际上起着指导作用，联盟中央委员会的一切重大问题都要首先听取布鲁塞尔区部的意见。

《在共产主义者同盟第二次代表大会上》（中国画） 王明明 作

1847年11月29日至12月8日，共产主义者同盟举行第二次代表大会。大会经过讨论，批准了《共产主义者同盟章程》。较之草案，新章程更精确地体现了共产主义精神。例如，同盟的目的，草案的规定是"通过传播财产公有制的理论并尽快地求其实现，使人类得到解放"。正式通过的章程则改为"推翻资产阶级政权，建立无产阶级统治，消灭旧的以阶级对立为基础的资产阶级社会和建立没有阶级、没有私有制的新社会"。章程对草案中的盟员条件也作了重大修改，规定盟员必须承认共产主义，生活方式和活动必须符合同盟的目的，要有革命毅力进行共产主义的宣传，服从同盟的一切决议，保守同盟的秘密，不得参加反共产主义的团体。这些规定体现了无产阶级革命政党对自己成员的严格要求。

共产主义者同盟第二次代表大会的中心议题是讨论同盟的纲领。马克思以其渊博的学识、严密的逻辑、令人信服的论据，系统阐明了共产主义的基本原理，论述了无产阶级政党的纲领原则和策略原则，对形形色色的冒牌社会主义和共产主义理论进行了切中要害的批判。会上虽然也有过激烈的争论，但马克思说出了工人们的心里话，完全符合他们的切身利益。大家信服马克思的理论，心悦诚服接受他的思想。最后，大会委托马克思、恩格斯起草一个准备公布的周详的理论和实践的纲领。这就是1848年2月在伦敦问世的,对国际工人运动具有深远意义和影响的《共产党宣言》。

共产主义者同盟第二次代表大会的结束,标志着全世界第一个无产阶级的政党开始登上历史的舞台。一艘驶向没有压迫没有剥削的大洋彼岸的巨轮,从此有了航行的舵手。

撰写《资本论》

《资本论》是马克思一生科学研究的成果,是一部伟大的政治经济学著作,被称为工人阶级的"圣经"。

《资本论》的主要功绩在于:用大量无可辩驳的事实剖析了资产阶级剥削的秘密,揭示了资本主义的经济规律,进而揭示了人类社会普遍适用的经济规律、社会大生产的共同规律、商品生产的一般规律,同时还科学地预见了社会主义经济必须遵循的某些经济规律。这是一部写给全世界工人阶级的书,是指导无产阶级进行革命斗争的伟大思想宝库。

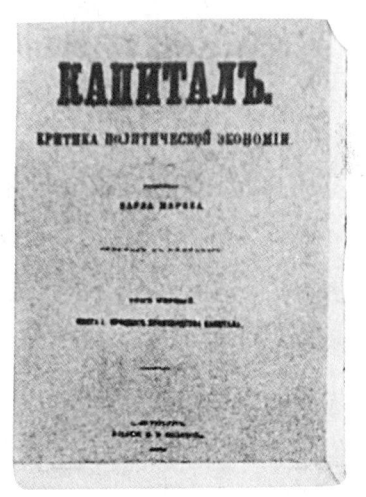

《资本论》第一卷俄译本

《资本论》共四卷,是一部恢宏巨制。马克思从开始写作到出版第一卷,花费了 25 年的心血,如果加上早期的研究工作,共耗时近 40 年。马克思逝世后,恩格斯根据马克思的手稿耗时 12 年,整理出版了第二、三卷。从中,我们可以看到写作和出版这部巨著的艰辛,领略到马克思和恩格斯不畏艰难攀登科学高峰的革命精神和为人类作出的巨大贡献。

艰辛创作的结晶

1867 年 9 月 14 日,一部阐明政治经济学的巨著《资本论》第一卷问世了。它倾注了马克思几十年辛勤劳动的心血，具有划时代的伟大意义。

马克思早在19世纪40年代初，当他还在《莱茵报》工作的时候，就对政治经济学产生了兴趣。1843年马克思迁居巴黎后，就投入政治经济学的研究。在阅读了大量资产阶级经济学家著作的基础上，作了大量的读书笔记。他这一时期的研究成果，主要体现在《1844年经济学哲学手稿》中。马克思在这篇文章中提出的异化劳动的见解，实质上是他的资本占有雇佣劳动理论的萌芽形式。

1850年，经过多年漂泊后，马克思来到了伦敦。定居下来后，他就立即投入到政治经济学的研究中。伦敦是当时世界上最繁华的城市，是资本主义世界的中心，对于考察资本主义社会具有得天独厚的条件。根据英国1753年颁布的法案建立的大不列颠博物馆，就坐落在伦敦。它是当时世界上最大的图书馆之一，拥有全世界最丰富最珍贵的图书资料。这个博物馆的阅览室成了马克思写作《资本论》的场所。那里成了他几乎每天必到的地方，从早上九点一直到晚上七点才离去。他的勤奋学习精神，给阅览室的管理人员留下了深刻的印象。一次，马克思来得晚了一点，一位读者要坐在马克思常坐的位置上。管理员马上走过去，客气地说：那是马克思的座位，他很快就会到来，桌上摆放的英国政府关于工厂工作的年报就是马克

19世纪50年代的伦敦

伦敦大不列颠博物馆　　　　　马克思经常坐的位子

思用来研究的材料。他还告诉那位读者，马克思是他在阅览室工作20年间所遇到的最勤奋和最准时的读者。由于马克思长年累月坐在这里读书，座位下的水泥地被磨去了一层，永远地留下了"足迹"。

为了写作《资本论》，马克思博览了从古代到他那个时期的各种著作，包括哲学、历史、法学、文艺、农业等近20类图书，据不完全统计约1500本以上。从1850年夏天到1853年8月，马克思从资产阶级经济学家的著作、官方文件、各种期刊中做了大量的资料摘录，写满了24个笔记本。后来，在整理第二稿本时又写了23本笔记。为了能看懂资料，他努力学习法语、意大利语、西班牙语等，甚至晚年还学会了俄语。

由于长期地从事研究写作，精神高度集中，加之缺乏营养，马克思患上了肝病。在从事《资本论》的写作时，他经常发作犯病，有时身体的病痛使他连坐起来的气力都没有。但为了早日完成这部巨著，马克思强忍病痛，顽强坚持，结果使自己的身体越来越糟，最后连握笔都极为困难。即使在这种情况下，他也一刻不停地坚持工作。1863年夏天，他的肝病严重，四肢麻木，反应迟钝，完全不能进行写作。他就利用这段时间研究俄国、波兰、普鲁士的历史和外交文件，阅读和摘录各种经济史文献资料。1864年夏天，他的病情加重，医生要他绝对休息，他却趁机阅读大量生理

《向最忠诚的朋友报捷——〈资本论〉第一卷完成》（中国画） 姚有多 作

学、细胞学、解剖学著作。1866年2月，他写信告诉恩格斯，由于严重病痛和极度虚弱，他已不能坐着工作，就躺着坚持。只要身体稍有恢复，就继续写下去。

还不得不提到，马克思在写作《资本论》时，贫困的生活给他带来了巨大的困难。房租交不起，连日常生活开销、养家糊口的钱也成了问题。为此，他不得不经常花费很多时间为《纽约每日论坛报》等报刊撰写稿件，以挣得微薄的稿酬，勉强维持生活。

1857年8月开始，马克思用了五个月的时间，完成了《资本论》第一部分的初稿，因为身无分文，付不起邮资和保险，无法把稿子寄走。他在给恩格斯的信中开玩笑地说："未必有人会在这样缺货币的情况下来写关于'货币'的文章。"直至收到恩格斯寄来的两英镑汇款后，他才将书稿寄走。

1865年12月，马克思完成了整部《资本论》的新稿本。他当时准备把这一巨著分为四卷，第一卷是资本的生产过程，第二卷是资本的流通过程，第三卷是总过程的各种形式，第四卷是理论史。而恩格斯则建议他先整理出第一卷。马克思欣然同意，从第二年年初开始对涉及第一卷内容的部分进行誊写和润色。经过一年的努力，《资本论》第一卷胜利完成，付梓印刷。

这部盛满马克思无穷智慧的伟大巨著，耗费了马克思的大量心血，是他用勤奋和辛劳乃至生命奉献给全世界无产阶级的宝贵精神财富。

理论研究的典范

坚持理论创造和实践相结合,是马克思在撰写《资本论》中最突出的特点。

马克思认为:一个学者,决不应该不积极参加社会活动,决不应该永远把自己关在书房或实验室里,像一个藏在乳酪里的蛆虫,不过问生活,不过问自己同时代人的社会斗争和政治斗争。他在从事《资本论》的繁忙研究写作时,始终注视着欧洲的革命斗争,把革命斗争作为自己研究和写作的广阔舞台,从中汲取丰富的营养。1846年,作为国际工人协会的灵魂人物,马克思积极投身民主运动的复兴,亲自为协会起草公告、决议、宣言等,不得不延缓分册的写作计划。他积极投入1848—1849年的革命斗争,又不得不一度中断对政治经济学研究。他坚持深入社会各个领域,观察了解工人阶级同资产阶级斗争的状况、资本主义社会的日益尖锐的生产关系和生产力的矛盾,紧密联系实际地得出一个个科学的结论。他重视向工人群众进行理论教育,以提高工人的阶级觉悟。1847年,他在布鲁塞尔德国工人教育协会作了《雇佣劳动与资本》的讲演;50年代初,又在伦敦举办学习班,亲自向一批先进工人宣讲《资本论》的部分内容;1865年,在国际工人协会总委员会作《工资、价格和利润》的讲演,精辟阐述《资本论》中的许多经济学观点,帮助各国工人代表掌握《资本论》的内容。

坚持辩证唯物主义和历史唯物主义,是贯穿《资本论》写作的一条红线。

马克思在写作中,始终坚持唯物主义观点。他从现实的考察和浩繁政治经济学著作的研究中,得出正确的结论:生产力是生产方式中最活跃的、起决定性的因素,生产关系是随着物质资料和生产力的变化而发展变化的。他认为,科学是生产力,新的科学技术的发明和应用,推动着生产力的迅速发展,也必然引起社会制度的变革。

马克思十分重视调查研究。为了写作《资本论》中"工作日"一文,他几乎博览了大英博物馆馆藏图书中英国议会关于劳工问题的全部官方文献，进行了艰苦的深入研究。他反对对问题的主观武断和歪曲客观事实，反对让事实迁就理论的模式，而"力图把自己的理论表现为事实的结果"①。

马克思坚持实事求是的科学态度。在批判资本主义制度时，他既反对资产阶级经济学家把资本主义社会说成是永恒的形态，也反对小资产阶级经济学家全盘否定资本主义制度。他认为，资本主义制度是人类历史发展的必然阶段；但它不是永恒的自然形态，而是历史的过渡形态。它用资本主义私有制代替封建土地私有制，用剥削剩余价值代替榨取地租，用金钱特权代替封建特权，这毕竟是历史的进步。因为它"更有利于生产力的发展，有利于社会关系的发展，有利于更高级的新形态的各种要素的创造"②。马克思用唯物辩证的观点，全面、正确地揭示了资本主义社会的本质和发展规律。

一丝不苟、精益求精，是马克思在《资本论》写作中，所体现的严谨的治学态度。

在创作《资本论》时，马克思对每一个理论观点的确立，都坚持材料运用的准确性，阐述的逻辑严密性，表达方式的合理性。书中引用了大量文献资料和统计数字。马克思对任何资料和数字，都力求取得最可靠的来源，经过最严格的考证。所引用的每条材料，不论是立论的主干，还是作为批判对象的例证，都必须准确地符合原作的文字和精神，反对断章取义、牵强附会和强加于人的不负责任的做法。即使一个不很重要的材料，他也要不辞辛苦，专程去大英博物馆核对。1858年5月，他从《经济学家》杂志上了解到资产阶级经济学家詹·麦克拉伦发表了《通货简史》一书，对自己的写作极有参考价值，而大英博物馆没有这部图书，自己又无钱购买。为此，马克思宁肯停下手中写作，向恩格斯求援，直到收到恩格斯寄来的

---

① 《马克思恩格斯全集》第16卷，人民出版社1965年版，第257页。
② 《马克思恩格斯文集》第7卷，人民出版社2009年版，第927—928页。

钱，买到麦克拉伦的书深入研究后，才继续写作。马克思这种严谨的写作作风，保证了他所运用材料的准确性和说服力，连吹毛求疵的论敌也不得不承认他的理论是建立在严格的事实基础上。

写作中，马克思从不自以为是，对所要阐述的论点，总是反复论证，不断完善。凡是确信某个论点不正确，便断然抛弃。1865年，他在《工资、价格和利润》中，将利润率用两种方式表达，一是剩余价值与可变资本的比率；一是剩余价值与全部预付资本的比率。这种表达方式，不仅使两者容易混淆，而且不能充分说明剩余价值率的本质。后来他在整理《资本论》第一卷付印稿时，把第一种方式改为剩余价值率，和利润率区别开来，使两者的内容更加明确，更能反映客观实际。

马克思对所研究的问题，总是力求结论准确。一个结论不彻底弄通，决不罢休。19世纪50年代，他专门研究过地租理论。写完后，他仍感到缺乏说服力，问题没有得到完全解决。为此，他又阅读了上古史、农业学、地质学、土壤学以及俄罗斯、美国、爱尔兰的农业状况等大量资料，重新进行研究，直到得出满意结论。他所创立的严整的经济理论，就是这种彻底研究的结果。

马克思在创作《资本论》过程中所表现出的勇于探索的创新思想、理论联系实际的科学态度、严谨细致的写作作风、不畏艰难的革命精神，为我们树立了理论研究的典范。

恩格斯的巨大贡献

恩格斯作为马克思最无私最亲密的战友，在建造《资本论》这座宏伟的经济理论大厦中，倾注了大量的心血，奉献了过人的智慧，显示了他伟大的品格。恩格斯在这里表现出的对马克思的革命友谊成为历史上的美谈。

1867年《资本论》第一卷出版后，马克思便着手修改整理第二、三卷。然而，繁重的工作，把马克思的身体摧垮了，直到马克思逝世，整理《资本论》的工作也没有完成。马克思去世前，嘱咐女儿爱琳娜，把《资本论》

马克思的亲密战友——恩格斯

的手稿交给恩格斯,希望恩格斯能完成他的遗愿。这是马克思对自己亲密战友无比信任的临终托付。

马克思在从事《资本论》的研究和写作中,得到了恩格斯真诚无私的帮助。两位亲密战友,经常在一起交流体会,共同探讨问题。谈到兴处,有时彻夜不眠。为了弄清一个问题,两人常常反复切磋。可以说,恩格斯自始至终参与了马克思经济理论体系的创建。

《资本论》第一卷排印过程中,马克思将书样寄给恩格斯,征求他的意见。恩格斯细心地研究了全书结构、内容和表达方式,在充分肯定和赞扬后,认真提出了修改意见。他认为,内容虽然十分出色,但写作结构存在一些缺陷,几百页的巨著,才分成六章,不便于读者了解和掌握。另外,思想进程常被说明打断,以致经常从这点说明直接进入另一点的叙述。这使人看了非常疲倦,甚至使人会感到混乱。马克思非常重视恩格斯的意见,一一作了认真修改。

马克思逝世后,面对亲密战友的嘱托,恩格斯毅然放下手头的一切工作,包括一直从事的《自然辩证法》的写作,把整理《资本论》作为最紧迫的任务。他和马克思的女儿爱琳娜,先经过三个半月的紧张和细致的工作,将一张张零散的手稿、图表和笔记,有条理地加以归类、分类,为整理打下基础。

《资本论》的手稿,内容庞大,稿本不一。马克思在书写时,有的是用哥特体书写的,有的是用拉丁字母书写的,字迹很潦草。而且许多稿子,只有第一稿是完整的,第四稿、第五稿有的只开了一个头,整理的难度可

一 历史的巨人

《伟大的友谊》（中国画）　欧洋　杨之光　作

想而知。

为了尽量保持马克思的叙述方式，让读者看到马克思的原话，而添加和修改的部分又不损马克思的原意，恩格斯重新翻阅了大量文献，仔细推敲全部材料。每做一处改动，他都深思熟虑，反复斟酌。在修改和增补的所有地方，他都仔细地用括号标明。恩格斯说："我只是把这些手稿尽可能逐字地抄录下来；在文体上，仅仅改动了马克思自己也会改动的地方，只是在绝对必要而且意思不会引起怀疑的地方，才加进几句解释性的话和承上启下的字句。意思上只要略有疑难的句子，我就宁愿原封不动地编入。我改写和插入的文句，总共还不到十个印刷页，而且只是形式上的改动。"①

事实上，《资本论》第二、三卷的修改整理工作，极其繁重，并不像恩格斯说的那样轻松。为此，他做出了艰辛的努力和开创性的工作。正是通过恩格斯的精心整理，内容博大精深、逻辑结构严密、文字叙述流畅的

---

① 《马克思恩格斯全集》第24卷，人民出版社1972年版，第3—4页。

《资本论》第二、三卷,才得以问世。可以说如果没有恩格斯,《资本论》第二、三卷的出版是不可能的。但恩格斯把一切荣誉都归功于马克思,《资本论》上只留有马克思一个人的名字!

四、为真理而斗争

马克思的一生，是革命的一生，是为真理而战斗的一生。他为推翻旧世界，同反动的统治阶级斗；为创立科学社会主义理论，同各种冒牌社会主义斗；为捍卫革命的旗帜，同形形色色的机会主义斗。斗争和胜利是镌刻在马克思主义鲜红旗帜上的耀眼大字。

《马克思在伦敦纪念波兰起义四周年大会上》（石版画） 文国璋 作

正如马克思在阐释无产阶级和资产阶级的斗争时指出的:"不是战斗,就是死亡;不是血战,就是毁灭。问题的提法必然如此。"①

马克思是无产阶级革命斗争的伟大旗手。他高瞻远瞩,运筹帷幄,具有驾驭革命斗争的高超艺术。在普法战争中,面对两个反动统治集团暗中勾结发动的侵略战争,他号召两国工人阶级发扬国际主义精神,共同制止战争;而在战争的不同阶段,又为两国工人阶级提出了不同的斗争策略,指出了正确的方向。面对形形色色的冒牌社会主义和机会主义的挑战和进攻,他以深厚的理论造诣和坚强的革命意志,给予无情的揭露和坚决的回击,为传播科学社会主义理论、推动无产阶级革命运动向前发展,作出了不朽的贡献。

马克思既是全世界无产阶级的伟大领袖和导师,在革命运动中又是一位冲锋陷阵的英勇战士。他身陷囹圄而大义凛然,遭受驱逐而镇定自若,身先士卒,奋不顾身,愈挫愈勇,一往无前。在1848—1849年的欧洲革命风暴中,马克思时刻注视革命运动的发展,几乎天天开会研究形势,参加群众的游行集会,并在生活拮据的情况下,捐款支援工人群众购买武器。为了更好地声援革命,他克服重重困难,创办《新莱茵报》,为革命摇旗呐喊,指引前进方向。维也纳发生流血事件后,他亲自动身前往,了解斗争情况,指导斗争深入发展。在报纸被封,惨遭逮捕的情况下,他威武不屈,痛斥反动当局的无耻。为革命屡遭驱逐,他笑称是世界公民,走到哪里战斗到哪里,铮铮铁骨,不屈不挠。马克思的伟大斗争实践,为我们树立了一个献身革命事业的无产阶级革命家的光辉形象。

马克思的一生是为劳苦大众奋斗的一生。他始终与劳动大众

---

① 《马克思恩格斯选集》第1卷,人民出版社2012年版,第275页。

同呼吸共命运，坚决支持工人阶级的革命创举。他在巴黎公社革命中的伟大实践，堪称楷模。起义前，他本认为还不具备条件，不赞成贸然行动。但当起义开始后，他却为之欢呼，号召全世界的无产阶级予以支持。他虽然预见到起义必然遭到挫折，但却义无反顾地投入到起义中，为公社的建立出谋划策。当起义失败后，他又挺身而出，积极营救受迫害的公社社员。为了回击机会主义对起义的诬蔑和否定，他亲自撰写长篇巨著和锐利文章，为人民革命斗争树碑立传。在起义中，他的家成了联络站和避难所，体现了对人民的无限深情。事实雄辩地说明，马克思是全世界无产阶级和劳动人民的最伟大的朋友，是人民心中永远的旗帜。

马克思为真理而战斗的一生，可歌可泣！他的革命斗争精神，将彪炳世界革命斗争史册，鼓舞着全世界无产阶级为实现共产主义伟大理想而不懈奋斗。

革命风暴中的雄鹰

为巴黎工人的胜利欢呼

19世纪40年代的欧洲，酝酿着一场巨大的革命风暴。1845—1846年，欧洲各国普遍发生农业歉收，粮价上涨；紧接着1847年英国开始了经济危机，当时许多工厂倒闭，工人失业。这两个经济事件，使广大劳动人民的生活急剧恶化，不满情绪日益增长，直接点燃了19世纪40年代的这场革命烈火，无产阶级和广大人民先后在欧洲各地揭竿而起。

1848年2月，具有光荣革命传统的巴黎爆发了革命。以工人阶级为主力军的巴黎人民，不顾基佐政府的威胁和禁令，举行了大规模游行示威。他们高喊着"改革万岁"、"建立共和"的口号，同政府军展开了英勇的战

1848年2月23日，巴黎街头的起义队伍。

斗，人民的革命推翻了金融贵族的统治，法国宣布实行共和。"二月革命"使巴黎成了欧洲的革命中心，推动着欧洲各国革命的发展。

　　身在布鲁塞尔的马克思从报上看到巴黎爆发革命的消息，非常高兴，他为巴黎的工人胜利欢呼，并立即行动起来，通过共产主义者同盟支部、德意志工人协会和布鲁塞尔民主协会，积极开展活动和组织集会。民主协会由过去每月一次的集会改为天天集会，还通过决议要求市政当局建立一支由工人和手工业者参加的武装力量，同时协会本身也开始武装工人。手头一向十分拮据的马克思，为了支援革命，慷慨地从他刚刚得到的父亲遗产中拿出数千塔勒，供购买武器之用。

　　3月3日晚上，共产主义者同盟中央委员会在马克思家开会，委托他到巴黎成立新的中央委员会。会议刚散，比利时警察就闯进他的住宅，借口马克思没有身份证逮捕了他，并以同样的理由把马克思的夫人也关进了监狱。释放后押送到了边境，予以驱逐。

　　3月5日，马克思来到巴黎。受到迫害的他，来不及调整心情和养息，便立即投入新的战斗。他发现巴黎的流亡者中流行着一种危险的做法，即组织武装志愿军，打回老家去，解放自己的祖国。当时参加志愿军的人很多，然而他们往往刚到达边境，就被出卖给了自己的政府。马克思坚决反对这种把革命当儿戏的冒险主义。在他的倡议下，3月8日成立了德国工人俱乐部，以此为阵地，进行了耐心细致的说服工作，纠正了错误的做法。

这时，沙佩尔、莫尔、鲍威尔、沃尔弗和瓦劳也先后到达了巴黎。3月10日，组成了共产主义者同盟新的中央委员会，马克思任主席，远在布鲁塞尔的恩格斯被选为委员。委员会成立后，在马克思主持下，几乎天天开会，研究在当前这场革命的暴风雨中应采取的策略和措施。

随着革命的深入，胜利的消息一个接着一个传来。马克思认为，在大好形势下，必须让工人阶级和小资产阶级保持清醒头脑，打消他们对资产阶级内阁存在的幻想，明确革命的任务和目标，把革命不断推向前进。他于3月底，为中央委员会拟定了一个纲领，这就是《共产党在德国的要求》。《要求》体现了《共产党宣言》所规定的无产阶级在民主革命中的任务，具体地提出了指导当前斗争的具体措施和做法，特别就德国的具体情况，提出了斗争的策略和一系列实行民主改革的措施。

为了直接指导德国的革命，马克思于4月初回到了科隆。社会主义者同盟的主要成员立即分赴德国各地，在不少地方迅速建立了工人联合会。

1848年2月24日，巴黎罗亚尔官外的战斗。

1848年3月,柏林的街垒战。

原计划准备在联合会的基础上建立一个政党,但是由于德国无产阶级的多数人当时觉悟还不高,认识不到建立无产阶级政党的必要性,这项任务未能完成。斗争的实践让马克思认识到,光靠几个盟员和秘密通讯,已不能及时指导各地的斗争,这使他更坚定了办报纸,利用舆论宣传指导斗争的想法。

为革命风暴呐喊的《新莱茵报》

早在巴黎时马克思就有了创办日报的想法,到达德国科隆后他进一步坚定了自己的想法,并立即着手报纸的筹办,为革命风暴准备舆论战斗的阵地和武器。

当时,科隆的一些小资产阶级民主派和一些共产主义者也准备办一张报纸,但宣传的范围仅限于科隆一个城市。他们劝马克思、恩格斯到柏林去。但马克思和恩格斯认为,科隆的条件比柏林好,因而同他们进行了谈判,经过努力,终于把科隆这块阵地夺了过来,办报的设想得到实现。马克思把报纸定名为《新莱茵报》。

报纸在创办过程中,遇到的最主要困难是缺乏开办资金。原来设想筹款 3 万塔勒，一半作为固定资金，一半作为活动资金，按 50 塔勒一股向各界人士征集股金。马克思留在科隆，恩格斯去了巴门，其他盟员也分散到各地筹集股金。但一个月下来，只筹到 1300 塔勒。恩格斯不得不从他父亲给的生活费中挤出几百塔勒，找熟人认了 14 股，马克思也从父亲的遗产费中抽出一笔钱，加上征订的订费，总共筹集了 1.3 万塔勒，勉强解决了报纸出版的资金。

1848 年 6 月，《新莱茵报》正式出版了。这是第一份革命工人政党的机关报。恩格斯说，在每一个党，特别是工人党的生活中，第一张日报的出版，总是意味着大大地向前迈进了一大步！这是工人政党至少在报刊方面能够以同等武器同自己的敌人作斗争的第一个阵地。

在报纸编辑部中，马克思任总编辑，工作量非常大。他要拟订每天的编排计划，撰写社论，编辑大部分稿件，保持同许多进步报刊的联系。除了保证每天按时出版报纸外，还经常增刊号外和传单。同时他还要同反动当局的威胁和纠缠作斗争，同自由派报刊的诽谤作斗争，耗费了大量精力。马克思以他的出色工作，赢得了编辑部同事们的尊重，成了编辑部的灵魂。恩格斯后来回忆说，马克思的任何决定对我们来说，都是理所当然和毋庸置疑的，所以我们大家都乐于接受。

《新莱茵报》的创刊号发表了马克思撰写的一篇文章。文章尖锐地批判

1848年前后的科隆

《新莱茵报》编辑部主要成员：

马克思　　　恩格斯　　　威廉·沃尔弗　　比尔格尔斯　　　德朗克　　　　维尔特

了资产阶级和小资产阶级的议会迷，指出这是再糊涂不过的思想，只能使国家继续分裂下去，国家的统一只能通过人民群众的革命斗争才能实现。这篇文章吓坏了德国庸人懦夫，《新莱茵报》一半的股东因此而宣布退出。不久法国发生"六月革命"，《新莱茵报》坚决支持巴黎工人的斗争，其余的股东又纷纷退出。这样，马克思不得不负担起全部的办报经费，从而耗去了自己的全部财产，生活陷入更困难境地。

但任何困难都摧垮不了马克思的坚强意志，他以顽强的斗争精神，更加专注于报纸的编辑出版，充分发挥了这张报纸作为党的喉舌机关报的作用。报纸对各国的封建王朝、背叛人民的大资产阶级、法兰克福和柏林议会中的"国家栋梁"，以及欧洲各国的反动派——从俄国的沙皇到法国资产阶级刽子手卡芬雅克，从梅特涅到康普豪森，从罗马教皇到科隆检察官，都进行了无情的揭露和批判，旗帜鲜明地支持被压迫民族进行的民族解放斗争。面对法国革命的失败，他大声疾呼："巴黎工人被敌人的优势力量镇压下去了，但是并没有向他们投降。工人被击溃了，但真正被打败的是他的敌人。"为了支持意大利反对奥地利专制的统治，他以编辑部的名义，向意大利《黎明报》表示："我们要捍卫意大利争取独立的事业，要和奥地利在意大利及在德国和波兰的专制统治作誓死的斗争。""我们要求粗暴的奥地利丘八立即撤出意大利，使意大利人民有可能按照自己的独立意志来选择所需要的政体。"

《新莱茵报》的革命立场和在人民群众中日益增长的影响，引起普鲁士反动政府的恐慌。1848年9月底，反动当局查封了《新莱茵报》，恩格斯、

一 历史的巨人

马克思和恩格斯在《新莱茵报》编辑部

沃尔弗等几位编辑被逮捕,马克思也随时有被逮捕的危险。面对迫害,马克思坚定地表示,在任何情况下都要坚守这个堡垒,不放弃这个政治阵地。

在马克思、恩格斯和他的战友的各种努力下,《新莱茵报》于10月12日复刊。然而11月14日马克思再次被法院传讯。1849年2月,普鲁士反动政府又两次控告马克思危害国家。在反动当局的迫害下,《新莱茵报》于5月19日出完最后一号就停刊了。

马克思所创办的《新莱茵报》虽然被取缔了,但在激烈的革命风暴中,始终站在了斗争的前沿,充分发挥了革命舆论的指导作用。这张报纸,如投枪和匕首,沉重打击了敌人,揭露和鞭挞了各种错误思潮,为推动革命风暴的发展作出了不可磨灭的贡献。

革命斗争中的逐浪勇士

在1848年的日日夜夜里,马克思不仅以大量的精力创办和编辑《新莱茵报》,用革命的舆论鼓舞士气、指导斗争、打击敌人,而且以革命战士的身份,积极参加集会、游行,直接同工人们并肩战斗。

巴黎工人"六月起义"失败后,反革命的势力在整个欧洲进行了大反扑，新成立的共和临时政府纷纷倒台。为了有力地打击敌人的反扑，马克思认为必须把民主派的力量联合起来。当时，在科隆有三个民主派组织，一个是马克思和恩格斯参加的民主协会，一个是科隆工人联合会，一个是工人业主联合会。只有把这三个民主团体联合起来，共同作战，才能增强战斗力。马克思在三个团体中宣传《共产党宣言》，讲解反对宗派主义倾向，通过卓有成效的工作，于6月组成了三个民主团体的联合中央委员会，7月又发展成为民主派莱茵区域委员会。在马克思主持下，民主力量不断扩大。在保卫人民权利和自由的战斗中，工人同民主派团结合作，协同作战，大大推动了革命运动的发展。

8月23日，维也纳发生了流血事件。当时，人民群众为反对政府降低工资而举行了游行示威，反动政府进行了血腥的镇压。在这一严重时刻，马克思为了加强对革命运动的领导，于8月25日动身去柏林和维也纳。

到达维也纳后，马克思立即参加民主联合会举行的会议。在关于流血事件的讨论中，马克思明确指出，"维也纳事件"像巴黎"六月事件"一

1848年8月23日，维也纳军警镇压工人游行。

样，实质是资产阶级和无产阶级的斗争，必须采用一切办法向人民做工作，掀起一个反对内阁的风暴。他坚决反对向奥地利国会请愿和派代表团晋见奥地利国王。随后，他又在工人联合会上发表演讲，介绍了国际形势和无产阶级运动的任务，论述了雇佣劳动与资本的关系，从理论上阐述了这场斗争的根源，以提高工人的斗争水平。

在马克思的指导下，9月3日，维也纳工人联合会等组织为8月28日遭枪击的工人举行葬礼。送葬的队伍有各阶层人士参加，浩浩荡荡，形成一次大规模的游行示威。工人联合会向一切自由和进步的组织呼吁建立紧密的联合和合作，大力宣传建立一个自己的工人议会。遭到镇压的工人阶级，擦干净身上的鲜血，又向反动统治阶级宣战了。

马克思始终和群众一起奋战在斗争的第一线。9月22日，马克思回到科隆，当晚就参加了工人联合会同民主协会召开的一次协商会议，决定第二天举行集会，抗议国王在英国和沙俄压力下，同丹麦签订可耻的休战协定，认可什列维希·霍尔斯坦是丹麦的领地。这次大会有五六千人参加，恩格斯等在会上发表演讲，抨击了国王出卖国家利益的可耻行为，并根据沃尔弗的提议，成立了安全委员会，马克思、恩格斯当选为委员会委员。在安全委员会的领导下，陆续又举行了多次类似的大会。9月17日，一万多人或步行、或骑马、或坐敞篷车、或乘平底船，从四面八方汇集至离科隆不远的沃林根集会。这是规模最大的一次集会。大会宣布要建立一个民主主义的德意志共和国，决心同反动势力斗争到流尽最后一滴血。这些大会起到了引领革命斗争和鼓舞革命士气的作用。

马克思和恩格斯还注意发动农民反抗封建地主剥削的斗争。在柏林三月革命中掌握了政权的大资产阶级，一上台就勾结封建势力，要农民付出高额赎金才能解除封建义务。这种赎金比原来的租金还要高二十几倍。马克思通过《新莱茵报》，揭露德国资产阶级出卖农民利益的可耻行为，发动农民奋起抗争。11月间，莱茵省区域委员会又发表了马克思签署的呼吁书，号召全省人民拒绝缴纳赎金。全省各地农民纷纷响应，使得政府派出的收缴赎金的官员几乎空手而归。马克思由此被反动当局指控有"煽动叛乱"罪。在法庭上,马克思义正词严,大声疾呼:当国王实行反革命的时候,人民完全有权利利用革命来回答它,人民完全有权利用暴力还击暴力!

1849年5月,在德国西部爆发了维护宪法的群众运动。马克思和恩格斯不但在《莱茵报》上写文章抨击各邦反动政府,声援起义人民,而且还亲自前往许多地方指导和推进革命运动。1849年6月,马克思到达美因河畔的法兰克福,和先期到达的恩格斯会合。他们一起劝说国民议会中的左派议员,要求他们公开参加为维护宪法开展的人民运动。遭到拒绝后,马克思和恩格斯又前往发生起义的巴登、普法尔茨和宾根等地,深入斗争的第一线进行活动。6月初,两位朋友在宾根分了手,马克思带着普法尔茨民主派的委托书去巴黎,争取法国民主派对德国起义的支持;恩格斯则回到普法尔茨,在那里加入共产主义者同盟盟员维利希领导的一支工人志愿队,当了维利希的副官,亲身参加和指挥战斗,直到起义的最后失败。

马克思回到巴黎后,亲身经历了6月13日反动政府血腥镇压游行示威群众的反革命事件。随后,迫害波及到了马克思和他领导的《新莱茵报》,报纸被强迫停刊,马克思被勒令离开巴黎。当时,马克思的一家非常困难,报纸停刊后,马克思将发行报纸和出卖印刷机的钱,全部付给了工人、通讯员和编辑,全家只得靠借贷和朋友资助维持生活。当时由于经济困难,凑不齐路费,马克思只能只身前往英国,把即将分娩的妻子和孩子继续留在巴黎。

革命失败了,马克思又开始了流亡生活。但他献身1848—1849年的革命斗争,成为其革命生涯中非常重要的经历。面对欧洲的革命风暴,他以无产阶级革命家的胆略,满腔热情地投身人民革命的洪流,为指引斗争的方向、制定正确的斗争策略,发挥了杰出的作用,也表现出他无所畏惧、顽强战斗的英勇献身精神。

巴黎公社的英勇旗手

1871年3月18日，法国巴黎的无产阶级和广大人民群众，举行了英勇的武装起义，创立了巴黎公社。这是具有划时代意义的重大事件，是无产阶级推翻资产阶级统治、建立无产阶级专政的第一次伟大实践，是人类历史上诞生的第一个无产阶级政权。

马克思在普法战争中的作用

1870年7月19日，爆发了普法战争即普鲁士和法国的战争。普鲁士原为古普鲁士人居地，1701年成为王国，疆土不断扩大，1871年普法战争后，以普鲁士为中心各邦联合建立了统一的德意志帝国，通常称为德国。这次战争是由法国挑起的，但却是一场两国酝酿达四年之久的战争。法国原想通过战争转移国内人民日益增长的对帝国不满的视线，并通过战争阻止德国的统一，扩大法国在欧洲大陆的势力；而德国则想通过战争完成国家的统一，同时向外扩张，侵占法国的阿尔萨斯和洛林这两个富饶的地区。

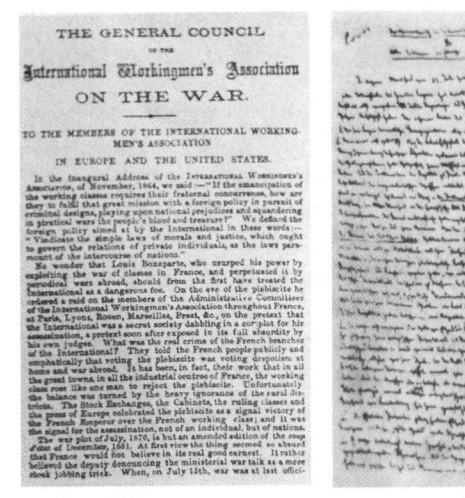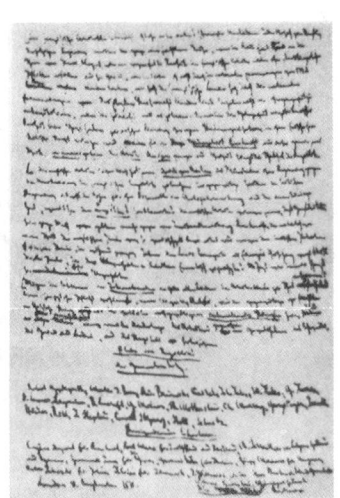

左一图为国际总委员会关于普法战争的第一篇宣言，左二、三图为国际总委员会关于普法战争的第二篇宣言。

这场战争的性质是什么，工人阶级应怎样正确对待它？战争爆发的当天，国际工人协会总委员会就这些问题作了讨论，委托马克思起草一篇宣言，表明国际工人协会对这场战争的态度。马克思花了四天时间写完了宣言，并获得了总委员会的通过。《宣言》正确分析了战争的性质、前途及德法无产阶级应坚持的立场和态度。

《宣言》指出，这场战争是交战双方的统治阶级为了维护本国王朝的利益而进行的战争。虽然表面上是法国发动的非正义的侵略战争，德国奉行的是防御的正义战，可实质上却是德国的俾斯麦和法国的波拿巴这两个反动统治者相互勾结的结果，揭露了德法两国反动统治阶级发动战争的真实目的和狰狞嘴脸。

对于战争的前途，马克思在《宣言》中指出，在法国，不管战争结局如何，第二帝国的丧钟已经在巴黎敲响了。马克思分析认为，虽然法国是主动进攻，但军队腐败无能，没有战斗力，国内危机四伏，必败无疑。而德国虽然开始处于防御，但整体实力比法国强，很快能转败为胜。他进一步分析，法国战败，可能引起国内革命，对法国革命有利；如果法国取胜则对革命不利，现状可能要再持续二十年。但马克思不同意德国反败为胜后，再对法国进行侵略。因此，在《宣言》中马克思号召两国无产阶级共同制止战争：法国的无产阶级要坚决制止波拿巴的侵略战争，德国的无产阶级不要让俾斯麦的防御战争变成对法国人民的侵略战争。

马克思起草的《宣言》，对于欧洲各国，特别对于德法两国人民认清战争的性质，团结起来抵制战争，起到了指导性的作用。《宣言》发表后，德法两国人民、特别是两国的无产阶级，坚决响应宣言的号召，反对战争。巴黎的无产阶级在报上发表文章，揭露统治阶级的罪恶阴谋，号召各国工人联合起来，制止威胁欧洲和平的王朝战争。德国各地的无产阶级也纷纷举行集会，号召人们行动起来，不要听从统治阶级的摆布，坚决制止战争。

当时，在如何看待交战双方以及无产阶级应采取什么具体行动上，德国社会民主党内部产生了意见分歧。党的不伦瑞克委员会认为，战争的主

一 历史的巨人

1870年8月16日，普法战争的战斗场面。

要祸首是法国以波拿巴为首的反动统治者，号召德国人联合起来，保卫德国，而没有强调要批判德国俾斯麦政府的错误政策，没有提出工人阶级应采取独立的立场；而以李卜克内西为首的一些人，虽然正确地把波拿巴主义看作欧洲最反动的势力，但反对一切战争，认为号召德国工人起来保卫祖国是德国沙文主义。

不伦瑞克委员会将这些分歧写信给马克思，请他申明自己的看法，以求对当前的事态采取正确的态度。接到信后，1870年8月底，马克思和恩格斯共同草拟了一封复信。信的主要内容是批驳德国资产阶级企图吞并法国领土的反动谬论，重申无产阶级对此应采取的正确策略。

战争的发展，完全不出马克思的预料。战争进行不久，法军节节败退，德军很快转入进攻，攻入法国巴黎。9月1日，两军在色当会战，法皇波拿巴被俘。消息传到巴黎，引起人民的愤怒和不满。9月4日，巴黎爆发革命，宣布成立共和国。与此同时，德军在色当战役后，长驱直入法国境内。过去德国一再宣称，不是同人民作战而是同反动政府作战，现在法国皇帝倒台了，新成立的政府又表示愿意赔偿战争损失，希望议和，而德国政府继续用兵，公开提出领土要求，并假借民意，把吞并法国领土说成是德国人民的一致愿望。这样，随着形势的变化，战争的性质也起了变化。

法军在色当战役中惨败，第二帝国覆灭。9月4日，法兰西共和国宣告成立。

9月6日晚，针对这种形势，马克思召开了国际工人协会总委员会会议，进行了分析研究，并决定起草第二篇关于普法战争的《宣言》，以指导当前的斗争。《宣言》于9月9日正式发表。《宣言》首先是揭露普鲁士政府的侵略意图；其次是要求德国工人阶级履行国际主义义务，反对政府吞并法国领土；再次是要求法国工人阶级明确当前的任务，不是马上推翻临时政府，而是以积极的态度履行自己公民的职责，保卫共和国。

为了反对普鲁士军国主义侵略行径，不使其侵略计划得逞，重要的是宣传组织群众，让世界人民洞悉普鲁士反动当局的罪恶阴谋，支持法兰西共和国。为此，马克思和国际工人协会总委员会亲自参加和组织了一系列的斗争。先后在英国的伦敦、伯明翰、新堡及其他大城市，组织和举行了规模不一的集会和游行，表示了对法国人民的同情和声援，要求英国政府立即承认法兰西共和国。同时还向比利时、瑞士、美国的先进人士发出声援法国人民的号召。

马克思关于普法战争的两篇宣言，在分析战争的原因、性质和工人阶级的任务时，教育工人阶级对于战争必须区分其性质，支持正义战争，反对侵略战争；必须坚持无产阶级国际主义原则，反对资产阶级以爱国主义为幌子而进行的侵略扩张；必须把当前斗争和长远的革命目标结合起来，担负起民族和阶级任务，争取工人阶级的彻底解放。这一切充分显示了马克思思想的敏锐和卓越的洞察力及指导无产阶级为制止侵略战争采取的政策和策略的正确性。

坚定地支持巴黎公社伟大创举

法国在普法战争中诞生的"国防政府"，实际上是一个卖国政府。在国际上，他们以废除共和、恢复王朝作为交换条件，恳求世界各国劝和德国当局；暗中却派出代表，偷偷会见德国的俾斯麦乞求议和，签订了出卖国土、赔偿50亿法郎的合约。

忍无可忍的巴黎人民愤怒了，工人们团结起来，自发组织起国民自卫军，坚守着巴黎，抵抗德军的入侵，并于1870年10月31日和1871年1月22日两次举行起义，试图推翻卖国求荣的反动政府，但遭到了残酷镇压。1871年3月18日凌晨，反动的梯也尔政府命令其军队夜袭蒙马特尔高地，企图夺取自卫军的大炮。然而失道寡助的梯也尔反动政府失去了民心，军队毫无战斗力，甚至一些士兵反戈一击，和人民站在了一起。巴黎人民以高昂的士气，经过英勇的战斗，包围了炮兵阵地，取得了起义的胜

3月18日，巴黎蒙马特尔附近的工人、妇女起来保卫自己的大炮。

1871年3月28日，巴黎公社宣告成立。

利，巴黎的上空飘扬起革命的旗帜。

消息传到了伦敦，马克思和国际工人协会总委员会的委员，无比振奋，以最为急切的态度，时刻关注着这次起义。

对于巴黎起义，马克思开始并不赞成。他认为起义的条件不具备，时机也不成熟。面对德国的侵略，巴黎人民奋起保卫国家主权是最急迫的任务。但当巴黎人民面对梯也尔政府的倒行逆施，奋起抗击，一举赶跑资产阶级政府，把命运掌握在自己手中的时候，马克思毫不犹豫地站在了人民的一边，满腔热情支持人民的创举。

马克思首先考虑的是如何推动欧洲各国声援巴黎人民的革命，使巴黎起义的胜利得到外来的支持，而获得巩固。在他的建议下，国际工人协会总委员会组成若干代表团，参加在伦敦举行的各种集会，报告起义的真相，宣传革命的意义，号召声援巴黎人民。活动取得了预期的效果，不少群众集会通过了声援决议，有的还举行了支持巴黎革命的游行示威。

3月18日起义胜利后，巴黎人民成立了为人民利益服务的政权组织巴黎公社，废除了旧军队，建立了人民自己的武装——国民自卫军，实行各级政府领导人由普选产生，不称职可随时撤换的民主制度，免缴部分房租以减轻人民的负担。这些说明,巴黎革命不同于以往历史上的任何一次革命。它是无产阶级夺取政权,实行无产阶级专政的一次尝试。

对于巴黎起义,资产阶级出于反动的本性,又恨又怕,不惜歪曲事实真相,极尽造谣诬蔑之能事,并在报纸上连篇累牍地发表一些文章和消息,企图用反革命的舆论,蒙蔽人民的视野,引起人们对起义的不满。马克思非常警惕地注视着资产阶级报纸的动向,及时提醒人们,不要相信报纸上的胡说八道,组织协会进行了针锋相对的斗争。

马克思非常关心形势的发展和巴黎公社成立之后所采取的措施及活动,通过多种渠道了解情况,并提出自己的建议和意见。公社的一些领导人也非常尊重马克思,经常将工作中遇到的困难和问题,向马克思讨教,求得马克思的帮助。例如,担任公社劳动与交换委员会领导职务的弗兰克尔,几次写信要马克思对巴黎社会的改造问题出主意。另一个公社领导成员,请求马克思对抵押借款问题提一个解决方案。公社在抗击反动派方面缺少军事指挥人才,公社领导人想通过马克思动员有军事才能的恩格斯参加军事领导工作。虽然由于种种原因,恩格斯未能去巴黎直接参加战斗,但马

根据公社的决定,拆除旺多姆广场上象征民族沙文主义的凯旋柱。

公社社员在伯利维尔构筑的街垒

克思和恩格斯始终心系公社。马克思就军事防御提出的加强蒙马特尔高地北部的工事建设，以防止腹背受敌的建议；对公社要着眼于大局，团结大多数，不要在琐碎事务上争执，消耗力量的建议；将公社委员手中保存的有价证券送到伦敦出售，增加经济收入的建议，等等，对公社都是雪中送炭的及时帮助。

5月10日，德法的反动代表人物俾斯麦和法夫尔正式签订合约。之前曾秘密达成了共同采取镇压巴黎公社的协议。协议规定，停止向巴黎输送粮食，让梯也尔军队自由通过德军防线，并由德军指挥部出面要求公社拆除工事。马克思从德国政府的一个内线获取到这个消息，立即写信告诉公社领导人，要他们提高警惕，加强防备。遗憾的是，公社领导人对马克思的这些可靠消息，没有引起重视。后来马克思不无惋惜地说：如果公社听从我的警告，那么凡尔赛分子的计划总会部分地遭到失败的。

1871年5月下旬，正当巴黎人民英勇抗击凡尔赛军队的进攻时，马克思就预感到公社将要失败。他在国际协会总委员会的会议上说，他担心的结局将要到来了，不过他深信，即使公社失败了，斗争只是延期而已，公社的原则是永存的。马克思的这种坚定信念，源于他对巴黎公社性质的透彻了解。

马克思对巴黎公社伟大创举的深刻认识，在《法兰西内战》这部光辉著作中，得到了全面的体现。在这篇著作中，马克思义愤填膺地声讨了梯也尔政府勾结俾斯麦残酷镇压巴黎公社的滔天罪行，满腔热情地赞颂了巴黎劳动人民在强敌面前顽强奋战的自我牺牲精神，深刻阐明了巴黎公社的伟大意义。

救援公社社员

作为无产阶级的伟大导师，马克思在巴黎公社胜利时，他为之欢呼；在建设政权的复杂斗争中，他为之殚精竭虑；而当革命失败后，他以无产阶级革命家的坚定意志，仍一如既往地支持革命，不畏艰险、满怀深情地救援遭受迫害的巴黎工人阶级，表现了崇高的革命品质。

公社失败后，梯也尔反动政府以刽子手的狠毒手段，对公社革命的参加者和无辜平民进行了惨无人道的迫害和镇压。数以万计的人被逮捕、判刑、流放和枪杀。成千上万的人逃离自己的祖国，流亡他乡。反动的梯也尔政府对流亡的人也不放过，采取了毫无人性的追捕政策。他们指示驻各国使节，向各驻在国政府，提出引渡公社社员的照会，气势汹汹地向欧洲各国发出通告，叫嚣国际工人协会是公社的策划者和后台，要求各国政府

凡尔赛分子在拉雪兹神父公墓枪杀公社社员

协同一致地同国际工人协会斗争，直至将之消灭。

面对严峻的形势，马克思镇定自若，毫无畏惧。他和国际工人协会总委员会的同志立刻行动起来，进行了紧张的工作。马克思一方面义正词严地揭露梯也尔政府的谎言和诬蔑，要求各国政府主持正义，积极援助公社失败后的流亡者；另一方面，坚决反对引渡，维护流亡者的合法避难权，并想方设法使还在国内受到生命威胁的公社社员离开法国，逃往安全地方。

根据马克思的提议，国际工人协会总委员会发动英国委员去做英国政府的工作，然而英国政府生怕得罪法国政府，采取狡猾的态度，不置可否。按照欧洲的一些法律，政治流亡者有权获得政治避难而不受本国政府的追究，但法国政府为了引渡这些流亡者，竟把公社的流亡者说成是杀人、放火、抢劫的刑事犯。在法国梯也尔政府的一再要求下，英国政府有意按刑事犯罪条例进行引渡。马克思从一个内线那里获得了英法两国当局的这一图谋，立即向总委员会报告，揭露这个问题的消息，很快在伦敦和瑞士几家报纸上发表出来，引起舆论的关注，矛头直指英国政府，英国政府才不得不暂缓行动。

经过国际工人协会各地方组织和马克思、恩格斯的积极活动，在比利时、瑞士等一些国家，反对引渡、营救被捕公社流亡者的斗争，也取得了可喜的成果。

帮助尚藏匿在法国的公社社员摆脱梯也尔政府的搜捕，让他们逃离出境，是一项十分艰难的工作。马克思为此用尽了心思。日理万机的马克思亲自行动，到处寻找关系，弄护照，然后托人带回法国。他的努力感动了许多同事和朋友，纷纷伸出援助之手，给予热情的帮助。马克思在写信感谢帮他弄到护照的欧根·奥斯渥特时深情地说，您的帮助已经救了六个人，如此崇高的事情是对您劳动的最高奖赏。

当时流亡国外的公社社员和起义参加者，大都是浴血奋战后在被追捕中匆忙离开祖国的，一些生活的必需品都来不及带。有些人身无分文，衣

历史的巨人

不遮体。流亡异乡后,往往还受到当地政府的歧视,很难找到工作,处境非常困难。马克思、恩格斯和国际工人协会总委员会非常同情这些流亡者的遭遇,想方设法寻求支援和捐款。生活一向拮据的马克思带头捐款,他的家也成了接待场所,不少人甚至把马克思的家看作是避难所,是生活希望之所在。而马克思一家,总是对来客热情接待,慷慨为他们解囊。1871年7月,为了统筹安排救济工作,统一分配物资,总委员会成立了有马克思、恩格斯参加的公社流亡者救济委

马克思和大女儿燕妮

员会。马克思的大女儿燕妮也参加了委员会,还担任了秘书。由于流亡者越来越多,救济款项入不敷出,马克思又亲自起草了一个致国际美国各支部的呼吁书。在马克思真挚深情的话语感召下,收到了意外的效果,来自美国的捐款日益增多。

  马克思和恩格斯还体贴入微地帮助流亡者寻找工作,从根本上改变他们的生活状况。他们把要找工作的人记在自己的本子上,写上姓名、特征、擅长等等,然后不辞辛苦地到处联系。每安排一个人,都要为之代付经办人佣金,购买新的衣服,帮助还清债款,给予路费等。他们像对待亲人一样,细致周到,充满着浓浓的温情。

  一滴水可以映出太阳的光芒。马克思在救亡中所表现出的对工人阶级的情怀,反映了他品质的崇高和对革命事业的忠心耿耿。它将同巴黎公社的伟大业绩一起,永远铭记在全世界工人阶级的心中!

反对机会主义的斗争

机会主义分子是资产阶级在工人运动中的代理人。他们用错误的思想理论,扰乱革命阵线的是非,制造革命内部的分裂,直接为各国反动派效劳,是无产阶级革命的危险敌人。马克思在领导国际工人协会期间,揭露和批判了拉萨尔和巴枯宁的错误思想和罪恶阴谋,同机会主义作了坚决的斗争。

反对拉萨尔机会主义的斗争

拉萨尔

拉萨尔(1825—1864),出生于德国一个犹太人的富商家庭。深深的阶级烙印,使他成长为一个装腔作势、爱好虚伪的人物。当时盛行的封建等级制度,使他无法进入上层阶级的行列。在升官发财、出人头地的个人欲望驱使下,便投机革命,以民主主义的面目进行活动。

19世纪50年代,拉萨尔的政治观和哲学观基本形成。他反对无产阶级革命,鼓吹议会道路;反对以革命的手段推翻资产阶级统治,鼓吹通过国家帮助建立生产合作社实现社会主义;提出铁的工资规律,反对工人阶级提高工资的斗争;诬蔑农民阶级,反对工农联盟;维护普鲁士王朝,主张通过王朝自上而下统一德国。这些观点是各种小资产阶级社会主义、国家社会主义的大杂烩,它的实质是为维护普鲁士的反动统治服务。

1848年欧洲大革命时期,马克思认识了拉萨尔。拉萨尔一再声称自己是马克思的学生,完全拥护马克思的学说。但他却暗地里勾结封建王朝的首相俾斯麦,发表同马克思完全不同的理论观点。非常卑鄙的是,他经常以马克思密友的身份,骗取工人阶级的信任。

一 历史的巨人

1851年1月，拉萨尔出版了《爱非斯的晦涩哲人赫拉克利特的哲学》。这是一部充满唯心主义的拙劣作品，是对马克思唯物主义哲学和科学社会主义理论的公然挑战。马克思严厉批判了书中重复的黑格尔的唯心主义哲学，指责他杂乱无章的形式，用一个印张能说明的问题，却装腔作势、空话连篇地拉长至60个印张，以显示其博学；以空洞的旁征博引和毫无意义的废话堆砌出皇皇巨制。讽刺这个家伙自以为戴上这种闪闪发光的语言学的装饰品就可以显得非常伟大。

无产阶级怎样对待农民，是一个事关革命大业的重大问题。拉萨尔在他的历史剧《弗兰茨·冯·济金根》中，把农民当作"反动的一帮"加以反对，从根本上抹杀农民战争在反封建斗争中的伟大意义。1859年4月19日，马克思写信给拉萨尔，严厉地批判了他的唯心史观和对农民阶级采取的错误态度，指出：反对封建制度的主要力量是农民，认为骑士的反抗高于农民的反抗，是完全错误的。至于骑士阶级的代表，他们反对封建领主的斗争，不仅没有进步意义，而且是反历史的。

19世纪60年代，德国的工人运动重新高涨。这时拉萨尔又开始宣扬普选权、国家帮助建立合作社等机会主义观点。对此，马克思曾在1861年和1862年两次和拉萨尔的会面中，向他详细阐明无产阶级的纲领、路线、原则和策略，并明确提出：德国没有最基本的民主自由，没有独立的工人阶级政治组织，因此，普选权对工人阶级不仅无益，而且有害。波拿巴第二帝国曾经玩弄过普选权的把戏，制造军事独裁统治，德国工人阶级必须吸取这个教训，不能以普选充当容克（资产阶级化的地主）贵族的工具。马克思还批判了拉萨尔的宗派主义活动，强调工人阶级加强无产阶级国际团结的重要性。马克思这样耐心地对拉萨尔进行批评教育，目的是要他回到革命路线上来，对工人阶级做些有益的工作。但是拉萨尔对马克思的批评置若罔闻，反而自吹自擂，以德国革命的代表自居，吹嘘他写的《意大利战争和普鲁士的任务》这本小册子，"阻止了普鲁士的干涉"，"实际上领导了最近三年的历史"，诬蔑马克思"不抽象"、"不懂政治"。对于拉萨尔的自命不凡和厚颜无耻，马克思曾告诉恩格斯说，自我看见他的那一年来，他完全疯狂了。

1863年初，马克思和拉萨尔彻底决裂了。然而1863—1864年，拉萨尔窃取了全德工人阶级联合会主席的职务，独断专行，继续推行他的机会主义路线。马克思严密注视他的活动，对他的文章、讲话都做了严厉的批判。

第一国际成立后，马克思继续进行反对拉萨尔的斗争。这个时候拉萨尔已死，但拉萨尔的信徒伯恩哈特、贝克尔、施韦泽等继承其衣钵，大肆进行反对第一国际的斗争，阻止工人加入第一国际的组织。他们在《社会民主党人报》上极尽诽谤造谣之能事，诬蔑国际的法国委员会是波拿巴的奸细，以败坏国际的声誉，削弱其影响。

马克思和恩格斯给予了拉萨尔分子以坚决的回击，揭露他们的罪行，并指示德国的共产主义者积极宣传国际的宗旨，抵制拉萨尔分子的破坏，在斗争中发展个人和团体会员。在马克思的指导和德国共产主义者的协助下，第一国际的影响不断扩大。1868年，在全德工人联合会汉堡代表大会上，大多数代表顺利通过了同"国际工人协会采取一致行动"的决议，粉碎了拉萨尔分子的阴谋。

但是，拉萨尔分子不甘心自己的失败，发起了一个吹捧拉萨尔的宣传活动，制造了许多拉萨尔的神话，把"工人阶级的先驱"、"独创的思想家"等头衔统统套在他的头上。他们还在拉萨尔分子的喉舌《北极星》上宣称，不论是谁，只要对拉萨尔的信条有丝毫的侵犯，就是大叛徒！

为了粉碎拉萨尔分子制造的对拉萨尔颠倒黑白的神话，引导德国工人走马克思主义的道路，恩格斯指出，为了党的利益，必须揭穿拉萨尔的伪装。拉萨尔根本不是工人运动的先驱。拉萨尔参加工人运动开始鼓动时，取得的一些成绩，主要得益于马克思早在40年代就已经打下的基础。拉萨尔的活动，推行的是机会主义路线，不仅没有推动工人运动的发展，反而把工人运动引上了歪路。拉萨尔也根本不是什么独创的思想家，他的著作内容都是从马克思的著作中抄袭的和被歪曲的。在他的鼓动的小册子中,是把从马克思著作中窃取来的正确东西和他的错误议论混杂在一起,以假乱真,把革命理论庸俗化。

十年后,马克思写了《哥达纲领批判》这部伟大著作,全面地对拉萨尔卑鄙的人格和推行的机会主义路线,进行了彻底的清算。

反对巴枯宁无政府主义的斗争

巴枯宁

巴枯宁(1814—1876),出生于俄国贵族家庭。1848年欧洲革命时期,他曾参加奥地利和德累斯顿起义。革命失败后,被德国政府逮捕,判处死刑,但第二年被引渡给俄国政府,拘禁和流放到西伯利亚。他向沙皇呈献《忏悔书》,无耻地请求沙皇宽恕。1861年,他从西伯利亚逃出奔赴日本,经由美国到达英国。巴枯宁回到欧洲后,把自己打扮成革命者,混进工人运动中,组织反革命小集团,宣扬反对无产阶级专政的无政府主义理论,反对科学社会主义。

巴枯宁宣扬无政府主义的主要观点是:无论什么样的国家,它的任务都是对内以强者欺负弱者,对外从事征服。因此,不管这个国家是剥削阶级专政,还是无产阶级专政,都是坏的东西,都是剥削和专制制度的根源,都必须加以反对。他鼓吹以社会的无政府状态代替国家和一切组织,在这种无政府状态下,人人都有充分的自由,没有任何限制,人们自由地组成小型公社,各公社组成自由联邦。

1864年,巴枯宁提出要求参加国际工人协会。这个时期,他采取了两面派的行为,在给马克思的信中,以一副虔诚的态度,自称是马克思的学生,是在追随马克思的足迹,做着马克思20年以前就已着手的事情。但同时,他在给一个资产阶级政客的信中,却诬蔑马克思领导的国际工人协会是"德国人的阴谋集团"。巴枯宁于1867年在瑞士参加了"和平与自由同盟"。这是一个松散的组织，在工人群众中毫无影响力，因此也满足不了巴枯宁的野心。在1868年的伯尔尼大会上，巴枯宁演了一场"政变"的闹剧，他提出"阶级平等"、"废除继承权"等一大堆提案，把自己打扮成一个与资产阶级决裂的英雄，并退出"和平与自由联盟"。他以此种卑劣的手法，扩大了影响，而混进国际工人协会。

巴枯宁加入国际工人协会不几天，就背着国际在伦敦的总委员会，建立起由他自己组织和控制的秘密组织——国际社会主义民主同盟。它有着自己的纲领、章程、领导机构和地方组织，一成立就要求国际工人协会承认其章程，承认其是国际社会的组成部分，预谋改变国际的性质，夺取国际的领导权。

马克思洞察了巴枯宁的阴谋，专门召开了国际工人协会总委员会会议。马克思指出，所谓的"国际社会主义民主同盟"，就是建立一个游离于国际之外的第二国际，这样，任何地方的人都可仿效。这种做法，必然使协会陷于瓦解，国际工人协会就会变成一个种族和民族手中的玩物。会议决定："国际社会主义民主同盟章程中规定它同国际工人协会关系的所有条文一律宣布废除和无效"，"不接纳国际社会主义民主同盟作为一个分部加入国际工人协会"。这是对巴枯宁的沉重打击，他妄图瓦解国际的第一个阴谋破产了。

但是，巴枯宁并不甘心失败，继续耍花招。不久，他又以国际社会主义民主同盟中央委员会的名义写信给伦敦总委员会，表示愿意解散同盟加入国际，但要总委员会承认他的激进原则。其目的是以一种秘密科学的献身者的身份出现在工人群众面前，破坏工人阶级的革命斗争。

总委员会再次识破了巴枯宁的诡计。马克思在起草的致国际社会主义民主同盟的信中，首先严厉批判了关于"各阶级在政治经济和社会方面的平等"的滥调，指出：这是谬论，是根本不可能做到的。只有消灭阶级，才是无产阶级运动的真正秘密，也是国际工人协会的伟大目标。国际工人协会只接受为工人阶级彻底解放而斗争的工人团体，决不接受以"劳资调和"

《马克思在国际总委员会会议上发言》（素描） 明科夫 罗曼诺夫 作

为纲领的资产阶级团体。国际社会主义民主同盟如果要加入国际工人协会，必须抛弃原来的纲领和立场，解散同盟组织，并把每一个支部的所在地和人数通告总委员会。

巴枯宁继续玩弄两面派手法，一面宣布接受总委员会指示，解散同盟，加入国际；一面继续保持同盟组织，在国际日内瓦支部后边隐藏着秘密的同盟中央局；继续牢牢地把这个秘密组织掌握在自己手里，作为反对国际的工具。

在1869年5—6月召开的国际巴塞尔第四次国际代表大会上，马克思与巴枯宁又进行了一次针锋相对的斗争。

大会开始前，巴枯宁进行了小宗派的阴谋活动，部署了在大会上的阴谋活动，还大造谣言，诬蔑总委员会中得势的是资产阶级分子。会议上，巴枯宁亲自出面，重弹废除继承权的老调，硬说不废除继承权就不能废除私有制，就不能实现公有制。

马克思获悉了巴枯宁的阴谋活动，并预见到废除继承权会成为大会的焦点，决定在大会上给巴枯宁一个迎头痛击。马克思在总委员会上作了《关于继承法》的报告，起草了《总委员会关于几次委员会的报告》，彻底驳斥了巴枯宁的谬论，透彻地阐述了无产阶级对于继承权的态度。马克思明确指出，继承权是私有财产的结果，而不是它的原则。马克思的报告，粉碎了巴枯宁主义的谬论。从此，巴枯宁分子不敢再在国际代表大会上提出这个问题了。

巴塞尔代表大会后，巴枯宁及其宗派集团又以反革命两面派手法，做了大量分裂国际工人协会的活动，均遭到马克思的坚决回击。在1871年9月17日国际工人协会第二次伦敦代表会议上，还通过了反对宗派主义的决议，指出巴枯宁分子在国际内部复活宗派组织，就是破坏国际真正的无产阶级性质，在"革命"口号的掩盖下，为各国反动派镇压工人、消灭国际工人协会而效劳。

巴枯宁分子反对国际的反革命阴谋活动，在桑维尔耶代表大会上达到了高潮。这个代表无政府主义者的"代表大会"，通过了两个致国际会员的通告，反对1871年伦敦代表会议，诬蔑总委员会"是俾斯麦操纵的德国工人委员会"，攻击总委员会是保证少数几个委员的"特殊的领导统治"，矛头直接指向马克思、恩格斯和马克思的无产阶级革命路线；宣扬极端的无政府主义，鼓吹小支部自治、自由联盟。在巴塞尔大会上，巴枯宁分子拥护扩大总委员会的权利，那时他们估计自己有可能获得多数，能够把权力抓到自己手中。这个夺取领导权的阴谋失败后，就对国际进行疯狂的攻击和诬蔑，妄图搞垮国际组织。巴枯宁对总委员会的种种责难，不过是夺权的借口。马克思和恩格斯写了《所谓国际内部的分裂》《桑维尔耶大会和国际》等重要文件，给巴枯宁主义以沉重打击。1872年9月举行的

马克思在国际工人协会海牙代表大会上发言

国际工人协会海牙代表大会上,在马克思、恩格斯的主持下,彻底清算了巴枯宁主义。大会批判了巴枯宁绝对放弃政治斗争的谬论,肯定了伦敦代表会议关于工人阶级政治行动的决议。大会庄严宣布:无产阶级革命的最终目的是消灭阶级,夺取政权是无产阶级的伟大使命。无产阶级必须建立独立的政党,才能为一个阶级进行活动,才能在与有产阶级的斗争中获得胜利。

海牙会议以后,巴枯宁以《国际制度和无政府状态》等著作,向马克思进行反扑。为此,马克思、恩格斯撰写了《社会主义民主同盟和国际工人协会》一书,马克思写了《政治空谈主义》一书,恩格斯写了《行动中的巴枯宁主义者》、《论权威》等文章,彻底批判了巴枯宁的无政府主义和机会主义路线,从理论上进一步教育和团结了工人阶级。

反对冒牌社会主义的斗争

19世纪40年代中叶,当马克思的科学社会主义刚刚诞生,在德国和欧洲,产生了许多冒牌社会主义,干扰马克思主义的传播,破坏工人运动的发展,其中影响较大的有魏特林的平均共产主义、德国的真正社会主义、蒲鲁东主义。

批判魏特林的平均共产主义

魏特林

魏特林(1808—1871),德国人,出生于裁缝工人家庭,德国早期工人活动家、著名理论家。魏特林受法国空想主义学说的影响,奉行建立一个财富共有共享的平均共产主义社会的理论。他认为:在平均共产主义社会里,没有对劳动的轻视和讥笑,没有对进步的限制,没有对知识和言论的压制,劳动不再是一种苦役而成为一种享受，妇女将得到解放，儿童将受到良好的教育，人们可以充分享受必需的东西和过着无忧无虑的生活。魏特林还从唯心主义出发，用人们的主观欲望来说明历史的发展；追求绝对平均主义的小生产者的幻想；把共产主义者和资产阶级慈善者混为一谈，歪曲共产主义的阶级内容；在实现改造社会的途径上，对使用革命方式和采取暴力行动极不彻底又相互矛盾。

马克思对魏特林的粗陋的共产主义，进行了一系列的批判。1843年秋，马克思在跟卢格的通信中指出：这种共产主义只不过是人道主义原则的特殊表现，它还没有摆脱它的对立面，即私有制存在的影响。消灭私有制和这种共产主义绝对不是一回事。在《1844年经济学哲学手稿》中，马克思进一步阐述了粗陋的共产主义不仅没有超越私有财产的水平，甚至从来没有达到私有财产的水平。

1846年3月30日，在布鲁塞尔共产主义通讯委员会会议上，在讨论无产阶级革命策略时，魏特林不顾德国的客观条件，反对参加和支持资产阶级革命，主张直接进行共产主义革命。马克思和恩格斯反对魏特林这种脱离实际的思想，对他进行了严厉的批判。马克思指出，工人阶级非常清楚，资产阶级是自己的敌人，任何人都没有我们这样不希望资产阶级统治。但由于当时德国社会主要矛盾是封建统治阶级与广大人民群众的矛盾，因此，只要资产阶级采取革命的行动，共产党就应支持他们的行动。魏特林的策略看起来很革命，实际上背离了工人阶级利益，帮了德国封建专制制度的忙。

魏特林对马克思的批评大为不满。在给赫斯的信中，他攻击马克思："我看马克思的脑子里只有一部很好的百科，却全无天才。"一个多月后，在布鲁塞尔共产主义通讯委员会批判克利盖的会上，马克思、恩格斯严厉批判了克利盖鼓吹的以爱为基础的甜蜜的共产主义，并通过了《反克利盖的通告》，只有魏特林一人投了反对票。会议结束不久，魏特林就给克利盖写了一封信，以极其恶毒的语言对马克思进行了攻击。

其实，马克思对魏特林的批判，既不全面否定，但也绝不放弃革命原则。马克思、恩格斯对魏特林早期的理论活动给予肯定的评价，对这个出身于工人的理论家给予了宽容的态度，对其错误进行了批评教育，希望他回到正确路线上来。但马克思又有着坚定的原则性，对魏特林的执迷不悟和他鼓吹的粗陋的共产主义理论，进行了彻底的批判，指引着工人运动坚持正确的方向前进。

批判德国"真正的社会主义"

马克思和恩格斯在反对魏特林粗陋的共产主义的同时，还对德国"真正的社会主义"进行了批判。这一派的代表人物，主要是一些萎靡和堕落的政治家、记者和诗人，其中主要有赫思、格律恩、吕宁、克利盖、皮特曼等。他们的主要观点是，宣扬爱就是一切，反对阶级斗争。他们抹杀社会中人们的阶级区别，大谈所谓的"纯粹的人"、"真正的人"；美化小私有制，反对资本主义的发展；维护德国封建统治制度，反对资产阶级民主革命；鼓吹"革命是过了时的政治手段"，宣扬和平改良主义，反对革命斗争；宣扬狭隘民族主义，把德意志民族标榜为模范民族。

马克思和恩格斯早在"真正的社会主义"思潮开始出现时，就密切关注它的行动。由于这一思潮严重破坏了德国人民反对专制制度的斗争和德国共产主义运动的发展，严重影响了科学社会主义理论的传播和创建无产阶级革命政党工作，马克思和恩格斯从1845年开始，就把它们作为危险的派别进行了坚决的斗争。

马克思和恩格斯从历史唯物主义出发，揭露了"真正的社会主义"反对德国资本主义发展、力图保持小资产阶级私有制的实质。他们指出："真正的社会主义"，不是从无产阶级立场出发，而是从小资产阶级的立场出发来反对资本主义，在当时德国的条件下企图保全小私有制。这不仅行不通，而且是反动的。德国资产阶级反对封建专制制度才刚刚开始，德国社会的主要矛盾，是包括资产阶级在内的人民大众同封建专制的矛盾。因此，德国无产阶级及其政党不应该置身于资产阶级民主革命之外,更不应该把斗争的锋芒指向资产阶级。

宣传抽象的人性,用爱的梦呓反对阶级斗争,是"真正的社会主义"思潮的核心。马克思、恩格斯批判了其反对阶级的斗争、宣扬阶级调和的理论。他们指出:在阶级社会里,人们不是作为个人而是作为阶级的成员处于这种关系中的,剥削阶级和被剥削阶级的利益是根本对立的,因而根本不存在什么各个阶级"共同的人性"。

马克思、恩格斯批判了"真正的社会主义"反对暴力革命的理论。他们指出:为了消灭私有制,建立生产资料公有制,共产主义者除了进行暴力的民主的革命外,不承认有实现这些目的的其他手段。

1846年5月11日,布鲁塞尔共产主义通讯委员会举行特别会议,通过了《反克利盖通告》,彻底地清算了"真正的社会主义"的错误。

批判蒲鲁东冒牌社会主义

蒲鲁东

蒲鲁东(1809—1865),出生于法国一个农民兼手工业者家庭。1840年出版《什么是所有权》,1846年出版了《贫困的哲学》,蒲鲁东在这些著作中宣扬了许多错误的观点,蒲鲁东主义在社会上产生了较大的影响。他的错误思想是一种有较大破坏力的冒牌社会主义。

蒲鲁东主义的主要错误是:反对工业革命和社会生产力的发展,认为机器劳动代替手工劳动,资本主义私有制摧毁了小私有制,财产日益集中在少数资本家手中,违背了公平的原则;反对以公有制为基础的共产主义,把小私有制当作自己的最高理想,幻想把社会一切成员变成小私有者;把货币看作是资本主义社会的一切祸害根源,主张用无息贷款改造资本主义社会;主张对资本主义进行和平改良,反对通过革命的途径消灭资本主义,鄙视工人运动,反对工人组织工会，反对工人进行提高工资的斗争。

为了批判蒲鲁东主义的错误，马克思于1847年出版了《哲学的贫困》，从理论上对蒲鲁东主义进行了清算。

马克思指出，任何经济范畴，都不是永恒的，而是历史的暂时的产物。蒲鲁东把经济范畴当作永恒不变的东西，是违背人类社会发展的历史的。

针对蒲鲁东矛盾的"科学公式"，马克思指出：他希望充当科学泰斗，凌驾于资产者和无产者之上，结果只是一个小资产者，经常在资本和劳动，政治经济学和共产主义之间摇来摆去。

针对蒲鲁东构成价值的谬论，马克思指出：他自认为构成价值是自己的发现，其实不过是资产阶级古典经济学家李嘉图劳动价值的拙劣的翻版。"李嘉图给我们指出资产阶级生产的实际运动，即构成价值的运动。蒲鲁东先生却撇开这个实际运动不谈，而'煞费苦心地'去发明按照所谓的新公式……来建立世界的新方法"，"是对李嘉图理论的乌托邦式的解释"[①]。

马克思指出，工人组织的出现，是资本主义社会的必然。这种组织起初是为了维护工人的工资，后来逐渐具有政治性质，这是由资本主义的经济条件决定的。蒲鲁东反对工人组织、反对调整工资的理由是站不住脚的。

马克思在批驳蒲鲁东反对生产力发展的谬论时指出：生产方式是生产力和生产关系的统一，生产力的不断发展，必然引起生产关系的发展。

《哲学的贫困》是马克思反对冒牌社会主义的产物，是打击蒲鲁东主义的一枚重磅炸弹。这部著作对团结工人阶级、推动革命运动的发展，发挥了重要的作用。

---

① 《马克思恩格斯全集》第4卷，人民出版社1965年版，第92—93页。

五、奋斗不息的晚年

马克思的晚年,在疾病缠身的情况下,仍为革命呕心沥血,以顽强的毅力,时刻关注和指导着国际工人运动的发展,继续书写着共产主义伟大事业的华彩篇章。

马克思(1882)

在同疾病抗争中顽强工作

1870年普法战争以后，马克思已经年过半百。长期的超负荷工作，过度的使用脑力和贫困拮据的生活，严重地损伤了他的身体。大家希望他能从繁重的事务性工作中解脱出来，做些理论研究工作，调养一下身体。

1872年海牙国际会议，通过了国际工人协会总委员会迁往美国纽约的决议，马克思辞去了国际协会的领导职务。会议少了，日常琐碎的事务性工作也没那么频繁了。然而这只是工作方式的转变，马克思又一头钻进了理论研究的繁忙工作中。首先是《资本论》第一卷法文译本的修改。由于翻译过程中过于拘谨，译得过死，损伤了原意，马克思不得不亲自修改，而这种修改比亲自翻译还要麻烦得多。与此同时，他又继续为《资本论》的第二卷、第三卷的出版进行整理加工工作。这是一件浩繁的工程，对理论研究从来一丝不苟的马克思，不光是进行文字的修饰加工，而且对一些

卡尔斯巴德疗养地全景

资料要重新核对，对一些史实要重新进行论证，对一些不满意的章节，甚至要推倒重写。

晚年时期的马克思夫人燕妮

这时，马克思的头痛和失眠，日益加重，到了十分剧烈的程度。在医生的劝导下，马克思曾去过几个疗养地进行短期休整，但效果都不大。医生不得不限制他的工作时间，每天不准超过四小时。然而，不能尽情工作，这对马克思来说是更大的折磨，使他的健康状况更差。1873年底，马克思脸上长了很多痈，做了手术。不久肝病又急性发作，使他几乎丧失了工作的能力。经过医生的再三劝说，马克思才勉强去了离伦敦较远的卡尔斯巴德疗养，据说那里的矿泉水对马克思治疗肝病和过度疲劳的神经系统疾患有效。在卡尔斯巴德经过一段时间疗养，他的病情稍有好转，急于工作的马克思便赶回了伦敦。即使在返回途中，他还同德国社会民主党的一些人进行了深入交谈，讨论了一些党内事务和同拉萨尔斗争的问题。可糟糕的身体状况，一直困扰着马克思。从1875年起，他又两次去了卡尔斯巴德疗养。

1881年秋天起，身患癌症的妻子燕妮，病情日益加重，到了卧床不起的程度。燕妮病重的阴影时时笼罩在马克思的心头，令他焦躁不安。精神上的这种负担，又加重了他身体状况的恶化，病魔再一次袭击了马克思。这次他患的是胸膜炎，并发支气管炎，病情非常严重。1881年12月2日，燕妮逝世。失去了相濡以沫一生的夫人，对马克思的打击可谓晴天霹雳，使他的病情雪上加霜，连燕妮的安葬仪式都未能参加。马克思在给恩格斯的信中说："你知道，没有人比我更讨厌随便动感情的了，但如果不承认我的思想的大部分沉浸在对我的妻子——她同我生命中最美好的一切是分不开的——怀念中,那是骗人的。"马克思认为,怀念燕妮的最好方式,就是尽快恢复健康,完成《资本论》第二卷,以此献给已故的亲人。但遗憾的是,严重的疾病,剥夺了马克思继续写作的权力,他的这一愿望未能得到实现。

在马克思生命的时间表上,只有"工作"二字。他为全世界的无产阶级革命事业,真正做到了"春蚕到死丝方尽",奉献了毕生的精力。

继续指导革命运动的发展

马克思从国际工人协会领导岗位退下来后,一面从事理论研究,另一面仍继续关注着各国革命运动的发展,给予坚决的支持和指导。

德国的工人运动一直为马克思所关注。经过普法战争德国实现统一后,资本主义得到了迅速发展,工人阶级队伍不断壮大。在马克思、恩格斯的帮助下,德国社会民主党一度的思想混乱得到解决,增强了内部团结,党在群众中的影响不断扩大。1877年的议会选举中,党员候选人获得60万张选票,比1874年增加了70%。面对这种情况,反动统治阶级对社会民主党加强了迫害,取缔组织、查禁报刊、驱逐出境等,无所不用其极。由于党内没有足够的思想准备,出现了惊恐动摇的混乱情绪。以莫斯特为首的一伙人以"左"的面目出现,鼓吹无政府主义观点,散布极左言论,在不具备条件的情况下,贸然主张举行起义;而赫希柏格、伯恩施坦、施拉姆等则屈服于敌人的压力,宣扬投降主义。

为了澄清思想,明确斗争方向,马克思和恩格斯共同签发了一封给倍倍尔、李卜克内西等人的《通告信》,分析了德国革命的形势,既纠正"左"的做法,又严厉批判了赫希柏格等人篡改党的性质,企图走合法改良道路的右倾思想,揭露了他们在反动统治阶级的高压政策面前,放弃斗争

马克思1875年于伦敦

的错误态度,为德国党指出了应该采取的正确斗争策略。在马克思的帮助下,德国党的领导人采取了秘密和合法相结合的策略,使革命得以沿着正确轨道前进。

对法国的工人运动,马克思也十分关心。巴黎公社失败后,法国的工人运动一度陷入低谷。这时一名叫茹尔·盖得的社会主义者涌现出来。马克思满腔热忱地支持革命中的新生事物。从1878年底起,马克思开始同盖得书信往来,向他灌输科学社会主义思想,对于他和龙格在《法国革命报》上的论战,马克思并不因龙格是自己的女婿而偏袒,坚决支持他的正确立场。在马克思帮助教育下,盖得很快成长为工人运动中有影响的人物。

在1879年于马赛举行的法国第三次工人代表大会上,盖得受托起草纲领。他亲自向马克思请教,马克思热情接待了他并无私地给以帮助。《纲领》的导言是马克思口授,盖得笔录的,虽然短短几行字,却说明了共产主义的目的,工人阶级的历史使命,建立生产资料公有制的手段和建立无产阶级专政社会制度的必要性。这个导言,既有方向原则,又有达到目的的具体办法,简明扼要,内涵深刻,指引法国工人从空话的云雾中返回到现实的土地上。

由盖得负责起草的法国工人运动的纲领,在工人代表大会上获得圆满通过。然而却遭到一些机会主义分子,尤其是以马隆为首的"可能派"的攻击，他们宣称，《纲领》导言的主张，是导致法国工人党全面失败的根源，诬蔑盖得和拉法格是马克思的传声筒。马克思给予盖得和拉法格同机会主义的斗争以坚决的支持。即使在患病去阿尔及利亚疗养的途中，马克思都抽出时间亲自会晤盖得和拉法格，了解情况，交换思想，给予斗争策略上的指导。后来法国工人党分裂了，马克思认为，任何工人政党只有在内部的斗争中才能发展起来，这是符合事物发展辩证规律的。

茹尔·盖得（1845—1922），国际工人运动活动家，法国工人党创始人之一。

俄国是马克思晚年尤为关注的国家。几十年来，马克思一直注意研究俄国问题，包括政治、经济，直到文学艺术，涉及俄国各个方面。从19世纪70年代，俄国处在从落后的半封建制度向资本主义过渡的转变时期，社会矛盾日益加剧，革命力量不断增长，已经站在变革的门前。然而，俄国的革命者在对俄国历史的发展前景、对农村公社的作用和命运的看法上产生了分歧。一派认为，必须消灭农村公社才能在俄国发展资本主义，另一派则幻想不经过资本主义工业发展而通过农村公社直接进入社会主义社会。对于这些模糊认识，马克思给以耐心的说服教育和正确的引导。他在给俄国革命者的回信中，说明不能把关于资本主义发展的必然性绝对化。对于农村公社，马克思指出，只有俄国的专制制度被推翻，具备了它本身自由发展的正常条件后，才能成为俄国社会新生的支点。马克思把公社放在一定的历史发展地位来看待，不赞成将它理想化，更不赞成说它是社会主义革命的源泉。他还指出，俄国农村公社及土地公有制在一定的条件下还可能"不通过资本主义制度的卡夫丁峡谷"①（卡夫丁峡谷即屈辱之谷的意思，是一个历史典故）而吸取资本主义的成就，直接进入社会主义社会。他的这些思想，对俄国革命者，无疑具有极大的指导意义。

马克思当时同俄国的一些革命组织，如"民意党"、"土地平分社"等，一直保持着联系。尽管这些组织，政治上尚不成熟，思想上也有一定的局限性，但马克思对它们采取了团结教育的态度。对他们的一些错误既严肃指出，又不求全责备，而对他们正确的主张则给予坚决支持。这些组织，对马克思也很尊重，经常到马克思家做客，听取马克思的意见。在马克思的直接关怀、指导和帮助下，1883年普列汉诺夫等人创建了俄国第一个马克思主义团体"劳动解放社"，俄国的革命以其为标志逐步走上了正确的道路。

马克思晚年还把英国的工人运动、美国的政治经济发展、东方的革命，都装在了自己的胸中，为他一生追求的伟大事业殚精竭虑。

学无止境的典范

马克思一生都热爱学习，勤奋学习。进入晚年的马克思，特别是他生命的最后几年，在与病魔的抗争中仍孜孜不倦地进行学习和理论研究。

面对世界革命的新情况和工人运动的深入发展，马克思对自己在创立科学理论过程中所形成的某些观点和论断，进行了新的思考和探索。他对生产理论的新探索，对史前社会结构和人类社会起点的新探索，对阶级斗争理论的新探索，对共产主义必然胜利的新探索，都做出新的考证和完善。

晚年的马克思没有因为经验的丰富和学识的渊博而远离书本，重病中

---

① 《马克思恩格斯选集》第3卷，人民出版社2012年版，第825页。

历史的巨人

的他仍然手不释卷，不断求索。他阅读了大量的书籍，研究了法国18世纪末的资产阶级革命；研究了英国和荷兰对印度尼西亚、英国对北爱尔兰和印度的殖民统治史；编写了内容包括几个世纪的《印度史编年摘录》；研究了俄国沙皇政府的专制统治，作了有关17世纪俄国农民运动史的摘录；编写了古罗马奴隶早期起义的年表。在1881年底至1882年底的短短一年时间里，写了厚厚的四大本包括公元前1世纪初到公元17世纪中叶历次重大的世界史札记。后来恩格斯整理了这些札记，取名为《编年摘录》。

1875年马克思

马克思对1877年美国学者摩尔根出版的《古代社会》，极为关注，认为该书对他和恩格斯创立的唯物史观提供了新的史实依据。他利用两年时间对该书做了详细摘要，进行了深入研究，以说明社会制度的演变。

1878年，已60岁的马克思，对数学的研究兴趣仍不减当年。直到逝世前，他还专心系统地钻研代数学，研究并摘录了拉克鲁瓦、迈克劳林、欧勒等的论文，写了大量的学习札记。他还研究了古典数学家笛卡尔、牛顿、莱布尼茨等人的著作，继续探讨他在19世纪60年代就已开始的数学分析。

晚年的马克思学习范围仍然很广，他在研究地理问题时，为了弄懂农艺学方面的情况，又钻研了化学、农业化学、生物学、地质学等学科。阅读了许多有关这方面内容的专著和教科书，有的还作了详细的摘录。

马克思晚年在知识的海洋中遨游，完全忘记了年龄，忘记了病痛，一息尚存，学习不止。

六、永生的马克思

在整个欧洲和美洲,从西伯利亚矿井到加利福尼亚,千百万革命战友无不对他表示尊敬、爱戴和悼念,而我可以大胆地说:他可能有过许多敌人,但未必有一个私敌。

他的英名和事业将永垂不朽!

——恩格斯

马克思(1867)

历史的巨人

1883年3月14日下午2时45分,一颗伟大的心脏停止了跳动,马克思坐在安乐椅上与世长辞了。

马克思的逝世,对全世界无产阶级和劳动人民是一个无可估量的损失,他们纷纷发出唁电、唁信,在报刊和集会上缅怀马克思的丰功伟绩。

在安葬仪式上,恩格斯怀着对亲密战友的深厚感情,发表了一个简短庄严的讲话。他说,马克思的逝世,"对于欧美战斗的无产阶级,对于历史科学,都是不可估量的损失。这位巨人逝世以后所形成的空白,不久就会

《简朴的葬仪》(丙烯画)　何孔德　作

《他的英名和事业将永垂不朽！》（素描）　茹科夫　作

使人感觉到"①。他强调指出，马克思首先是一个革命家，他毕生的使命就是参加推翻资本主义社会及其国家制度的事业，参加无产阶级的解放事业。最后恩格斯说："现在他逝世了，在整个欧洲和美洲，从西伯利亚矿井到加利福尼亚，千百万革命战友无不对他表示尊敬、爱戴和悼念，而我可以大胆地说：他可能有过许多敌人，但未必有一个私敌。他的英名和事业将永垂不朽！"②

马克思的学生，德国著名工人政治活动家李卜克内西在讲话中表示：

---

① 《马克思恩格斯选集》第3卷，人民出版社2012年版，第1002页。
② 《马克思恩格斯选集》第3卷，人民出版社2012年版，第1004页。

历史的巨人

"我们要化悲痛为力量,遵照已故的伟大战士的意志行动起来;我们要尽全力来早日实现他所教导和向往的事业,这是我们最好的纪念。敬爱的永生的朋友:我们一定会沿着您所指点的道路前进,不达目的决不罢休。这是我们在你灵前的誓词!"

恩格斯的讲话和李卜克内西的誓词,表达了全世界千千万万劳动者的共同心声:马克思是我们永生的朋友!他的伟大思想是永远活着的,不朽的!

马克思逝世到现在,已经一百多年了。他所创立的科学社会主义理论已深入人心。在他的思想指引下,全世界的无产阶级政党不断发展壮大;社会主义事业虽然在斗争中历经挫折,但仍以蓬勃的生气一往直前;就是在资本主义国家,也教育和赢得了千百万群众。在20世纪和21世纪交会的时刻,英国广播公司(BBC)在国际互联网上经过反复评选,最后选定马克思是一千年中最伟大、最有影响的思想家,排在第一位;排在第二位的

俄国1917年十月革命的胜利,创建了世界上第一个社会主义国家,使社会主义从理论变为现实。
《在全俄苏维埃第二次代表大会上》(油画) 谢罗夫 作

是最著名的科学家爱因斯坦。这一活动不是由社会主义国家的传媒，而是由一个老牌资本主义国家的传媒举办的，就更有特殊的意义。它显示了马克思思想的巨大能量，也说明当今时代多么需要这种思想的指引。

马克思的著作已在世界五大洲传播开来，发挥着巨大的理论指导作用：工人阶级的"圣经"《资本论》，据国外学者统计已在全世界近百座城市，以数十种国家文字出版了数百种版本；《共产党宣言》现在已译成世界上几乎所有的语言；《马克思恩格斯选集》已用德、俄、中、英、意等几十种文字出版。当今世界的每个角落，都能听到马克思的声音，马克思真正成为一个世界公民，走进了各国人民的心中。

马克思主义在中国的大地上，已生根发芽，开花结果。以毛泽东为代表的中国共产党人，把马克思主义的基本原理同中国的实际相结合，领导中国人民完成了新民主主义革命，进行了社会主义改造，确定了社会主义基本制度，成功实现了中国历史上深刻而伟大的社会变革，为当代中国一切发展进步奠定了根本政治前提和社会基础。以邓小平为代表的中国共产党人，在新的历史条件下把马克思主义的基本原理同中国的实际相结合，经过改革开放的实践摸索，开创了中国特色社会主义，为它确定了基本思路和基本原则，以江泽民为核心的党的第三代领导集体、以胡锦涛为总书记的党中央，在这篇大文章中都写下了精彩的篇章，形成了中国特色社会主义道路、中国特色社会主义理论体系、中国特色社会主义制度。党的十八大以来，习近平总书记发表系列重要讲话，提出了许多富有创见的新思想新观点新论断新要求，是坚持和发展中国特色社会主义的最新理论成果。中国特色社会主义是科学社会主义理论逻辑和中国社会发展历史逻辑的辩证统一，是历史的结论、人民的选择，是马克思主义中国化的生动体现。

历史是公正的教科书。马克思诞生以来的实践告诉我们，马克思指出的资本主义的灭亡和社会主义的胜利的必然规律，这个时代发展的大趋势始终没有变。百多年来，在两种社会制度的激烈较量中，社会主义以其顺应社会潮流、符合社会发展规律的优越性，经历了艰难曲折，呈现了勃勃

历史的巨人

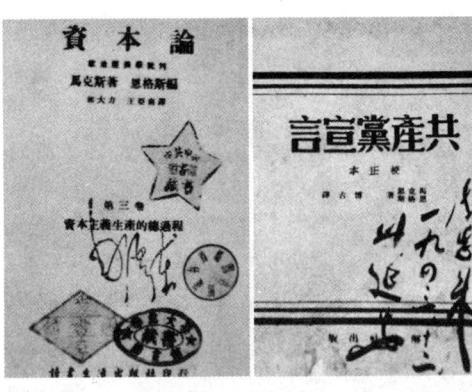
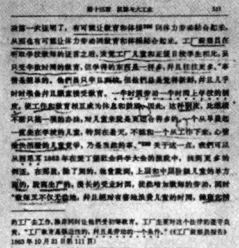
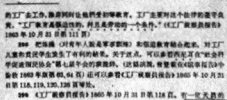

毛泽东、周恩来、刘少奇、朱德读过的马克思恩格斯著作。

延安马列学院旧址（蓝家坪）　　　　　　　　　　八路军战士认真阅读马列著作

1943年，在毛泽东的提议下，党中央作出关于加强马列主义经典著作翻译工作的决定。到新中国成立前，共出版马列著作达530种。新中国成立后，党中央继续重视马列著作的出版，成立了马列著作编译局，马列著作各种版本的出版数量成几何级数增长。至1985年，3200余万字、长达50卷的《马克思恩格斯全集》第一版全部出齐；《马克思恩格斯文集》10卷本于2009年出版；《马克思恩格斯选集》于2012年编译出版第三版。

群众在书店踊跃购买马克思的各种著作

新中国成立后在北京举办的纪念马克思的展览

生机。中国的崛起和中国特色社会主义的繁荣发展，彰显了社会主义制度的独特创造力和强大生命力。世界人口的四分之一始终坚持社会主义道路，极大地鼓舞和坚定着人们对社会主义的自信心。但我们也要看到，资本主义在走过几百年后，又有了新的发展，有时呈现一种虚假的繁荣景象，这也是不争的事实。然而，资本主义不论怎样千变万化，资本追逐利润扩大化的本性不会改变，资本主义的固有矛盾无法摆脱。当今西方世界各种经济危机、政治危机的频繁爆发，就是显著的明证。

前途是光明的，道路是曲折的。马克思描绘的解放全人类的共产主义社会的美好蓝图，代表了人类从必然王国走向自由王国的正确道路。这是一条通向幸福和昌盛的康庄大道，是任何力量都不可阻挡的。挣脱剥削压迫，追求平等和谐，已成为时代的潮流。驶向伟大理想彼岸的历史巨轮，正乘风破浪，勇往直前。

天才的头脑

马克思逝世以后，恩格斯曾说过这样两句话：一句是："人类失去了一个头脑，而且是人类在当代所拥有的最重要的头脑。"①另一句是："我们之所以有今天的一切，都应当归功于他；现代运动当前所取得的一切成就，都应归功于他的理论活动和实践活动；没有他，我们至今还会在黑暗中徘徊。"②恩格斯还称赞"马克思是天才"、有"天才的头脑"。我们借用恩格斯的话作为这一部分的标题，介绍马克思的思想理论。

马克思科学理论的著述，可谓鸿篇巨制。迄今为止，中国已先后翻译完成《马克思恩格斯全集》第1版50卷、第2版22卷，《马克思恩格斯选集》第1版4卷、第2版4卷、第3版4卷，《马克思恩格斯文集》10卷，还编写多个版本、多个系列的经典著作单行本和专题文集。以《马克思恩格斯全集》为例，翻译出版工作从1955年开始到1985年结束，前后历时30年，全书共50卷，收入马克思和恩格斯的3000多篇文章和4000多封书信，总共3200多万字，其中《资本论》就有230多万字。

面对如此众多的著作和浩如烟海的文字，我们应该如何学习马克思主义基本理论呢？

邓小平在1992年南方视察的讲话中回答了这个问题。他说"学马列要精，要管用的，长篇的东西是少数搞专业的人读的，群众怎么读？要求都读大本子，那是形式主义的，办不到。"③他还告诫我们，学习马克思主义要掌握它的精髓，这个精髓就是实事求是，用马克思主义的立场、观点、方法去观察和解决实际问题。因此，学习马克思主义应该根据不同的对象提出不同的要求。对

---

① 《马克思恩格斯文集》第10卷，人民出版社2009年版，第505页。
② 《马克思恩格斯文集》第10卷，人民出版社2009年版，第502页。
③ 《邓小平文选》第三卷，人民出版社1993年版，第382页。

专门研究马克思的人来说，应该通读、精读马克思的原著，融会贯通，掌握精神实质，推动马克思主义在当代中国的传播和发展。对领导干部特别是高级领导干部来说，面对当今错综复杂的形势，应当有选择地读些马克思的原著，力求读得深一些、精一些，不断提高马克思主义理论素养，回答和解决面临的各种现实问题。对广大党员、干部和人民群众来说，主要是要掌握马克思主义的一些基本思想和理论，以坚定理想信念，提高践行党的路线方针政策的自觉性。

基于这样的认识，在"天才的头脑"中，我们按照马克思本人思想的发展脉络和马克思主义三个组成部分（即哲学、政治经济学、科学社会主义）的基本内容，依照写作时间顺序，选择了马克思的九篇著作。这是学习马克思主义必须要读的一些基本著作。我们力求从学习解读经典著作入手，引领读者走进马克思主义理论殿堂。在解读中，我们将每篇文章分为三部分：第一部分"写作背景"，介绍了马克思是在什么情况下写的这部著作，要回答当时哪些方面的问题；第二部分"主要内容"，择其精要，对蕴藏在马克思著作中的科学理论，竭力用通俗语言进行解读，而且坚持"原汁原味"，多用马克思的经典表述、名言警句进行阐释；第三部分"现实意义"，紧紧围绕时代的发展和中国特色社会主义，运用马克思的论述，回应人们关切的一些问题。希望通过这样的解读，使广大读者领悟到马克思思想的博大精深和严谨缜密；同时也让大家看到马克思主义是工人阶级和劳动大众自己的理论，马克思主义就在我们身边，进而从玄奥的神秘中走出来，自觉加强学习，武装头脑，指导实践。

一、从宗教批判到现实批判
——学习《〈黑格尔法哲学批判〉导言》

这篇导言,马克思大约写于1843年底至1844年1月,1844年2月发表在法国巴黎出版的德文刊物《德法年鉴》上。

 **写作背景**

在阅读《〈黑格尔法哲学批判〉导言》前,让我们先弄清一个问题:马克思为什么要对黑格尔法哲学进行批判?

黑格尔是19世纪德国古典哲学的一位大师级人物,他以极其思辨的方式,建立了一个庞大的哲学体系。虽然这个庞大的哲学体系是唯心主义的,但其中却包含有活生生的辩证法思想,其代表著作主要有《精神现象学》《逻辑学》《自然哲学》《精神哲学》《法哲学原理》《历史哲学讲演录》,等等。

最初,马克思对黑格尔哲学并不感兴趣。他曾经说过,黑格尔哲学离奇古怪的格调并不使我感到满意。马克思最初学习的专业,也并不是哲学而是法律。随着对社会环境认识的加深和社会交往的扩大,马克思看到了黑格尔哲学在当时德国思想理论斗争中的重要意义,开始大量接触黑格尔哲学。他把黑格尔哲学比作大海,想再钻到大海里一次,把真正的珍珠拿到阳光中来。一方面,他利用黑格尔哲学中有关理性和自由的观点作为反对封建专制统治的有力思想武器;另一方面,又对黑格尔哲学中所包含的与具体现实相对立的思辨观点进行批判,认为这些纯思辨的观点,"妨碍了这个伟大的思想家"。

二 天才的头脑

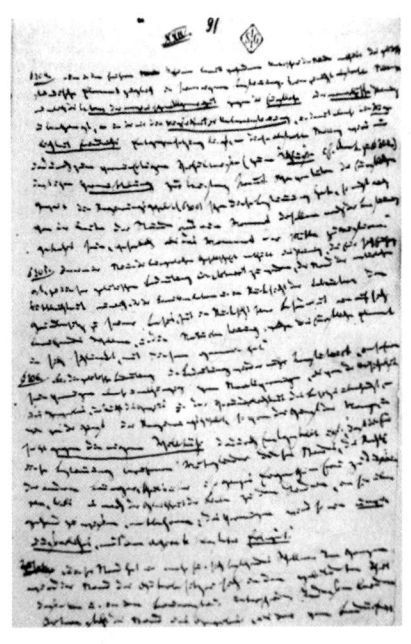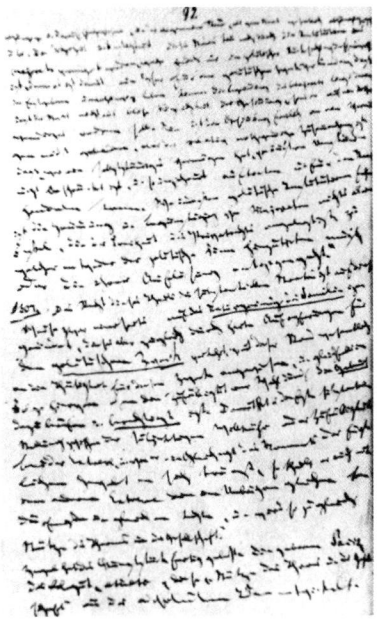

马克思《黑格尔法哲学批判》手稿

19世纪40年代初，德国正处在资产阶级革命前夜，面临着推翻封建专制统治，建立资产阶级统治的任务。但德国资产阶级由于惧怕欧洲和本国无产阶级革命运动的发展，极力同封建势力妥协，幻想通过和平手段改变当时德国的反动封建社会制度。

1821年，黑格尔在《法哲学原理》一书中，系统地阐述了这种保守的反动的社会政治观点，鼓吹哲学"主要是或纯粹是为国家服务的"，赞美普鲁士专制制度是"绝对精神"的最高、最完美的体现。因而得到了当时国王威廉三世的推崇，使黑格尔哲学在德国的意识形态领域独占统治地位。

1842—1843年，马克思在《莱茵报》工作期间，着手研究社会生活各方面的物质利益问题，对黑格尔阐述社会历史观点的法哲学作了批判性的分析研究。他认识到黑格尔关于理性是历史发展的动力、国家体现理性原则的观点是错误的，得出了这样一些见解，"法的关系正像国家的形式一样，既不能从它们本身来理解，也不能从所谓人类精神的一般发展来理解，相反，它们根源于物质的生活关系"，要从这种"物质的生活关系的总和"

- 117 -

来理解。① 可以看出，正是通过对社会现实状况的考察，马克思已经觉察到黑格尔法哲学学说的重大缺陷。

《莱茵报》是当时德国改革派的报纸。1842年5月，马克思在上面发表了批判德国普鲁士政府的文章。由于批判言辞过于激烈，1843年1月，普鲁士政府决定从4月开始禁止《莱茵报》发行。得到这一消息后，马克思留下声明，"因为眼下的审查事件，我决定从今天开始退出《莱茵报》编辑部"，就此离去。之后，他带着妻子燕妮来到法国的巴黎。

在巴黎，马克思开始对黑格尔法哲学的批判。为了阐明自己的见解，批判和肃清黑格尔法哲学的唯心主义，唤起无产阶级和人民群众向德国当时的反动封建社会制度开火，推动德国资产阶级革命的发展，他写下了这篇导言。由此可见，马克思之所以要对黑格尔法哲学进行批判，其理由正如他自己所说，就是因为"德国的国家哲学和法哲学在黑格尔的著作中得到了最系统、最丰富和最终的表述；对这种哲学的批判既是对现代国家以及同它相联系的现实所作的批判性分析，又是对迄今为止的德国政治意识和法意识的整个形式的坚决否定，而这种意识的最主要、最普遍、上升为科学的表现正是思辨的法哲学本身"②。

主要内容

让我们再来看一看，马克思在这篇导言中，通过对黑格尔法哲学的批判提出了哪些思想观点。

---

① 《马克思恩格斯选集》第2卷，人民出版社2012年版，第2页。
② 《马克思恩格斯选集》第1卷，人民出版社2012年版，第9页。

1. "对宗教的批判是其他一切批判的前提"

长期以来,宗教唯心主义一直统治着德国,并成为当时德国封建社会制度的辩护士。正如马克思所说的那样:"宗教是这个世界的总理论,是它的包罗万象的纲要,它的具有通俗形式的逻辑,它的唯灵论的荣誉问题,它的狂热,它的道德约束,它的庄严补充,它借以求得慰藉和辩护的总根据。"因此,对当时德国来说,"对宗教的批判是其他一切批判的前提"。[①]

马克思在对宗教的批判中,提出了以下一些思想观点:

(1) 宗教是"一种颠倒的世界观"

批判宗教就要认识宗教。应该说,人们对宗教并不陌生。佛教、基督教、伊斯兰教是世界上最有名的三大宗教派别。另外还有天主教、道教,等等。宗教早在原始社会发展到一定阶段时就已经产生,迄今大约已有十万年的历史了。在这漫长的历史进程中,人类社会沧海桑田,翻天覆地,而宗教也不断变换着形式,适应着已经变化了的社会存在,顽强地存在于人世。人们不禁要问,宗教究竟是什么?它又是怎样产生的?从古至今,人们有过不同的回答,但都没有找到科学的答案。只有马克思的回答,才科学地揭示了宗教的本质。

看一看马克思在这篇导言中是怎样回答这个问题的吧:

"人创造了宗教,而不是宗教创造人。就是说,宗教是还没有获得自身或已经再度丧失自身的人的自我意识和自我感觉。"[②]

从宗教的来源说,宗教是由人创造的,而不是宗教创造了人。事实上,在人类社会初期并没有宗教,它只不过是在人类原始社会发展到一定的阶段而产生的,并随着人类物质文明和精神文明的发展变化而发展变化,到了共产主义社会,宗教也将会逐渐消亡。因此,宗教不是人类的天性,不

[①] 《马克思恩格斯选集》第1卷,人民出版社2012年版,第1—2页。
[②] 《马克思恩格斯选集》第1卷,人民出版社2012年版,第1页。

是永恒的，而是一种社会历史现象。

我们知道，人以外的动物是没有宗教的。这是因为，宗教是一种意识形式，是人类对自身周围环境的关系的一种歪曲而虚幻的反映。动物没有意识，没有思维。它把自身等同于自然界，没有把自身同自然界对立起来的能力，所以动物也就没有宗教。1926年，中国科学家在北京周口店发现的"北京猿人"，他们生活在距今50万年以前。在"北京猿人"生活的周口店龙骨山的山洞里，虽然发现了猿人生活的大量遗迹，却没有发现他们有任何宗教信仰的痕迹。这说明，生活在50万年以前的"北京猿人"还没有宗教。考古学的成果证明，直到距今10万年以前的早期智人（古人）才留下宗教信仰的某些遗迹。这一时期，相当于人类原始社会的旧石器时代中期。到了距今约5万年的晚期智人（新人），宗教信仰的痕迹更加显著了，这一时期，相当于人类原始社会的旧石器时代晚期。在这一时期，新人已经能够制造更加复杂的生产工具，已经有明确的社会分工，出现了原始的艺术，有了明显的宗教观念。这就说明，如果说，从古猿发展为人类经历300万年的话，那么在人类社会这300万年的漫长历史中，有宗教的历史也只不过约10万年。

在人类原始社会发展到一定的阶段上，为什么会产生宗教？换句话说，宗教又是怎样产生的呢？在这篇导言中，马克思是这样回答这个问题的，"宗教里的苦难既是现实的苦难的表现，又是对这种现实的苦难的抗议。宗教是被压迫生灵的叹息，是无情世界的情感"①。

人类原始社会的生产力极其低下，使用的是最原始的生产工具。依靠这样的生产工具，费力很大而收获甚微。因此，原始人的生活和自然界的关系具有两重性：一方面，原始人首先依赖于自然界。他们的全部生活几乎都依赖于自然界的恩赐。能否用简单的工具侥幸猎获到野兽和鱼，是否风调雨顺，树上是否果实累累，遍地是否野菜茂盛，决定了原始人生活的

---

① 《马克思恩格斯选集》第1卷，人民出版社2012年版，第2页。

一切，从而使原始人对自然界产生了一种强烈的依赖感。另一方面，自然界又是作为原始人的一种异己力量而存在的，它具有无限的威力和不可抗拒的力量与人们对抗着，人们就像牲畜一样服从着它的驱使。原始人在远古时代，面对的自然环境十分险恶，诸如：强烈的地震、巨大的火山爆发、势不可当的洪水泛滥、凶猛野兽的随时袭击，等等。饥饿、寒冷、疾病、死亡，时时威胁着原始人。面对这种种的自然现象，原始人束手无策，迷惑不解，从而对大自然产生了神秘感、敬畏感、恐惧感。正是这种对大自然的依赖性、神秘感、敬畏感和恐惧感，成了产生原始宗教的重要起因。

与此同时，原始人也很想对大自然施加的种种"恩赐"进行认识和解释，以便在同大自然的相处中征服自然力和危害自己生存的敌人。但是，原始人的认识能力又是有限的，在相当长的时间里，他们根本不可能获得正确的认识。他们只能运用最简单、最朴素的类比判断，由已知的东西去推断未知的东西，并用幻想去解释自然现象和力量，从而产生出一种信念：统治着他们的自然力和自然界的一切，不论日月星辰、山川湖泊、草木禽兽都是同人一样有意识和有意志的，而且它们还具有人所没有的神圣性。它威力无穷，能随心所欲地给人带来幸福或不幸，人们无法抗拒，无法逃脱，只能望而畏之，畏而敬之，敬而仰之，从而在此基础上产生有神论的宗教。

在人类进入阶级社会以后，人们面对的除了自然力量的压迫以外，又增加了社会力量的压迫。在原始社会早期，生产力极为低下，人们之间没有高低贵贱之分，社会分工纯粹是自然产生的，它只存在于两性之间，原始社会自身也还没有分裂为敌对的两大部分。原始人对社会力量并不感到不可驾驭和恐惧。随着生产力的发展，人们征服自然的能力提高了。人能够通过劳动生产出更多的物质生活资料，有了剩余产品，于是就产生了私有制和阶级。这样，人类社会由于自身经济发展的必然而陷入了不可解决的自我矛盾，分裂为不可调和而又无力摆脱的对立面。结果，一种新的力量，即从社会中产生但又居于社会之上并日益同社会脱离的力量——国家产生了。

国家，它表面上凌驾于社会之上，而实际上它却只是一种虚幻的共同体。国家在任何时候都是最强大的、在经济上占统治地位的阶级的国家。统治阶级借助国家而在政治上成为占统治地位的阶级，因而获得了镇压和剥削被压迫阶级的强大手段。在剥削阶级占统治地位的社会中，社会上的绝大多数人处于被压迫被奴役的地位。如果说，原始人经常受到周围自然界的压迫，那么同样，被剥削阶级则经常受到剥削者的压迫，广大的劳苦大众世世代代身受着无法解脱的现实苦难。世道暗无天日，人间冷酷无情，面对现实社会的种种苦难和不平，他们又往往无计可施，无能为力，只能幻想得到一种超自然、超社会的不可捉摸的外在力量来保护、拯救自己，到所谓的天国中去享受来世的幸福。所以，马克思说："宗教只是虚幻的太阳，当人没有围绕自身转动的时候，它总是围绕着人转动。"①

这里，我们可以根据马克思的观点，对宗教是什么的问题做一界定：宗教是一种社会意识形式，是人们意识中对于统治着他们的自然力量和社会力量的一种歪曲的和荒诞的反映，是把人间力量幻想为上帝、神祇、精灵等等超人间的力量的实体而加以信仰和崇拜。也就是马克思所说的，"这个社会产生了宗教，一种颠倒的世界观"。

（2）"宗教是人民的鸦片"

宗教在人类社会历史中，究竟起着什么样的作用？马克思一针见血地指出："宗教是人民的鸦片。"② 这一科学论断，形象而概括地反映了宗教在人类社会历史中的消极作用。这就是说，宗教给劳动人民以虚幻的幸福，像鸦片一样欺骗和麻醉劳动人民。可以这样说，马克思的这句话是历史上对宗教最本质的规定。列宁说："宗教是人民的鸦片——马克思的这一句名言是马克思主义在宗教问题上的全部世界观的基石。"③

---

① 《马克思恩格斯选集》第1卷，人民出版社2012年版，第2页。
② 《马克思恩格斯选集》第1卷，人民出版社2012年版，第2页。
③ 《列宁选集》第2卷，人民出版社2012年版，第247页。

宗教从它产生以后，就起着欺骗和麻醉人们的消极作用。在原始社会中，这种欺骗和麻醉的消极作用主要有两个方面的表现：第一，妨碍原始人积极地去认识客观世界。它把整个自然界神秘化，认为统治着他们的自然力和自然界的一切是有意志、有人格的，都是神圣的，人们无法抗拒、无法逃脱，这就阻塞了人们正确认识自然界的道路。比如，原始人认为，人的一切疾病，毫无例外是由一种看不见、触摸不到的原因造成的，来源于神或魔鬼，或来源于某活人，几乎从不认为来源于冷热一类的自然原因。因此，治疗疾病也只能通过巫术，同鬼神交往，请求它们离去或驱走它们。这就阻碍了人们去认识疾病的真正原因。第二，削弱了原始人同自然界斗争的力量。原始人在同自然界斗争中会遇到各种各样的困难，可宗教却只是诱导人们崇拜自然力，乞求某种神灵的帮助和恩赐，消极地依赖于自然和屈服于自然，而不是积极地去同自然界进行斗争，从而给生产活动造成严重损失。

进入阶级社会以后，宗教的这种欺骗和麻醉的消极作用就更加显著了。宗教给苦难的现实世界照上了一圈灵光，并为这种苦难的现实世界提供感情上的慰藉、道德上的约束、理论上的辩护，把它美化为上帝的安排，使之在耀眼的灵光圈的保护下，具有神圣不可侵犯的性质，这就消磨了人们对苦难的现实世界进行斗争的意志。对于工作一生而贫困的人，宗教教导他们什么呢？就是要求他们在人间顺从和忍耐，劝他们把希望寄托在天国的恩赐上。宗教会说，你们今生之所以受苦，乃是由于前世做了恶，你们只要俯首帖耳、唯命是从、安于现状、忍耐和服从，来世就可以进入天堂。对于那些穷困潦倒，在人生的道路上失去任何希望的人来说，宗教既是他们的叹息，又是他们的安慰。总之，对于在现实生活受苦难而又无法解脱苦难的人，宗教给了他们一种永远脱离苦难的希望，那就是只要忍耐服从、虔诚恭敬、努力修行，就可以得到上帝的虚幻的珍视，得到拯救。这种幻想的幸福，装饰在锁链上的虚幻的花朵，自然会对被压迫者发生安慰作用。但是，这种安慰却是对现实生活中受苦难的人的欺骗和麻醉。因此，列宁曾和马克思一样，形象地把宗教比喻为"是一种精神上的劣质酒"①，劳动人民饮了这种劣质酒就会毁伤自己做人的形象，忘记要求稍微过一点人所应当过的生活。

2. "对天国的批判变成对尘世的批判"

马克思并不满足于对宗教的一般性的批判，而是强烈要求把"对天国的批判变成对尘世的批判"，既要打碎禁锢人们精神的锁链、宣布宗教中上帝的死亡，更要摧毁德国现存的封建专制制度。他大声疾呼："应该向德国制度开火！一定要开火！"

马克思认为，单纯地对宗教进行一般性的批判，并不能解决现实社会中的问题。只有把对宗教的批判变成对现存社会制度的批判，才能真正打碎套在人们身上的锁链。他比喻说，宗教批判只是仅仅撕碎了装饰在锁链上的那些虚幻的花朵，不是要人依旧戴上没有幻想没有慰藉的锁链。而最根本的是要让人真正扔掉套在他们身上的那些锁链，伸手来摘真实的新鲜花朵。"对宗教的批判使人不抱幻想，使人能够作为不抱幻想而具有理智的人来思考，来行动，来建立自己的现实；使他能够围绕着自身和自己现实的太阳转动。"②

在导言一开始，马克思就提出一个观点，"就德国来说，对宗教的批判基本上已经结束"③。因为在马克思以前，已经有青年黑格尔派，特别是费尔巴哈从理论上对宗教进行了有力的批判。在这里，马克思在充分肯定费尔巴哈对宗教批判的基础上，又对其存在的不足进行了彻底的分析。在马克思看来，费尔巴哈主要是从他的人本主义理论出发对宗教进行批判的，从而揭示出"宗教是人的本质在幻想中的实现"的秘密。但是，费尔巴哈

---

① 《列宁全集》第12卷，人民出版社1987年版，第131页。
② 《马克思恩格斯选集》第1卷，人民出版社2012年版，第2页。
③ 《马克思恩格斯选集》第1卷，人民出版社2012年版，第1页。

却把人的本质看作"不具有真正的现实性"。① 也就是说，在费尔巴哈眼里，人只是自然的、超阶级的、抽象的人，因而费尔巴哈不能揭示宗教与现实社会之间的关系，更不能把对宗教的批判同对德国现存的封建专制制度的批判结合起来。相反，他批判有神的宗教，是为了建立所谓爱的宗教。

与费尔巴哈相反，马克思所说的人并不是抽象的栖息在世界之外的东西，而是现实性的人。他说，人就是人的世界，就是国家、社会。人创造了宗教，也就是国家、社会创造了宗教。批判宗教，就是要反对以宗教为精神抚慰的那个世界，实现人的现实幸福。因此，历史的任务就是要把对天国的批判变成对尘世的现实批判，对宗教的批判变成对法的批判，把对神学的批判变成对政治的批判。这样，马克思就把对宗教的批判同对现实社会制度的批判有机地结合起来。

马克思进一步说道：

"对宗教的批判最后归结为人是人的最高本质这样一个学说，从而也归结为这样的绝对命令：必须推翻使人成为被侮辱、被奴役、被遗弃和被蔑视的东西的一切关系"②。

"废除作为人民的虚幻幸福的宗教，就是要求人民的现实幸福。要求抛弃关于人民处境的幻觉，就是要求抛弃那需要幻觉的处境。因此，对宗教的批判就是对苦难尘世——宗教是它的神圣光环——的批判的胚芽。"③

马克思终于揭示了宗教批判的实质。宗教里的苦难只不过是对现实世界中人所受苦难的虚幻反映。人在现实世界中之所以遭受苦难，就是由剥削制度造成的。因此，要解脱人在现实世界中的苦难，实现现实的幸福，"必须推翻使人成为被侮辱、被奴役、被遗弃和被蔑视的东西的一切关系"④。

---

① 《马克思恩格斯选集》第1卷，人民出版社2012年版，第2页。
② 《马克思恩格斯选集》第1卷，人民出版社2012年版，第10页。
③ 《马克思恩格斯选集》第1卷，人民出版社2012年版，第2页。
④ 《马克思恩格斯选集》第1卷，人民出版社2012年版，第10页。

当时德国的封建专制制度严重地阻碍着社会历史的进步，是"成为被侮辱、被奴役、被遗弃和被蔑视"的根源。因此，要对这个制度进行无情的批判。这种"批判不是头脑的激情，它是激情的头脑，它不是解剖刀，它是武器。它的对象是自己的敌人，它不是要驳倒这个敌人，而是要消灭这个敌人"。① 为此，就要无情地揭露德国封建专制制度的腐朽不堪，激起人民的勇气，实现德国人民推翻现存制度的不可抗拒的要求。

3. "物质力量只能用物质力量来摧毁"

马克思进一步指出，对德国现存封建专制制度的批判，也不能仅仅停留在理论批判上，还必须用物质力量予以摧毁。他提出了一个著名的论断："批判的武器当然不能代替武器的批判，物质力量只能用物质力量来摧毁。"也就是说，只有用革命暴力才能彻底打碎德国现存制度，理论批判只是一种手段，并不是真正的目的。这样说，是否意味着马克思不重视理论批判呢？回答当然不是这样的。我们不能忘记紧接着上面这句话，马克思还说："但是理论一经掌握群众，也会变成物质力量。"② 这就是说，虽然革命的理论不能代替革命的实践，反动的封建统治制度只能用革命暴力来摧毁；但是，先进的理论是人民群众进行斗争的巨大精神武器，它一旦被群众所掌握，就会变成改造世界的强大的物质力量。

什么样的理论才能成为如此巨大的物质力量呢？马克思认为，"理论只要说服人，就能掌握群众；而理论只要彻底，就能说服人。所谓彻底，就是抓住事物的根本。"③

---

① 《马克思恩格斯选集》第1卷，人民出版社2012年版，第4页。
② 《马克思恩格斯选集》第1卷，人民出版社2012年版，第9页。
③ 《马克思恩格斯选集》第1卷，人民出版社2012年版，第10页。

4. "无产阶级宣告现存世界制度的解体"

马克思认为，德国的封建专制制度被摧毁以后，德国革命的前途又是什么？那就是德国在资产阶级革命以后应当进行全人类的革命，即社会主义革命。而全人类的革命是由无产阶级完成的。这个阶级是工业发展本身创造的，是大工业的产物。所以，"组成无产阶级的不是自然形成的而是人为造成的贫民，不是在社会的重担下机械地压出来的而是由于社会的急剧解体、特别是由于中间等级的解体而产生的群众"①。因此，它没有与整个社会利益不同的特殊利益，"无产阶级宣告迄今为止的世界制度的解体，只不过是揭示自己本身的存在的秘密，因为它就是这个世界制度的实际解体。无产阶级要求否定私有财产，只不过是把社会已经提升为无产阶级的原则的东西，把未经无产阶级的协助就已作为社会的否定结果而体现在它身上的东西提升为社会的原则"②。也就是用无产阶级的原则改造社会。在这里，马克思第一次指出了无产阶级的历史使命。

无产阶级要完成这个历史使命，必须掌握革命理论。因此，马克思强调，哲学应该为无产阶级服务，"哲学把无产阶级当作自己的物质武器，同样，无产阶级也把哲学当作自己的精神武器"③。

"德国人的解放就是人的解放。这个解放的头脑是哲学，它的心脏是无产阶级。"④

---

① 《马克思恩格斯选集》第1卷，人民出版社2012年版，第15页。
② 《马克思恩格斯选集》第1卷，人民出版社2012年版，第15—16页。
③ 《马克思恩格斯选集》第1卷，人民出版社2012年版，第16页。
④ 《马克思恩格斯选集》第1卷，人民出版社2012年版，第16页。

现实意义

解读完马克思在《〈黑格尔法哲学批判〉导言》中阐述的一些基本思想观点后,还是让我们再回过头来重温一下其中震撼人心的一些语句吧:

"人不是抽象的蛰居于世界之外的存在物。人就是人的世界,就是国家、社会。这个国家、这个社会产生了宗教,一种颠倒的世界观,因为它们就是颠倒的世界。"

"宗教是人民的鸦片。"

"理论一经掌握群众,也会变成物质力量。理论只要说服人,就能掌握群众;而理论只要彻底,就能说服人。所谓彻底,就是抓住事物的根本。"

"哲学把无产阶级当作自己的物质武器,同样,无产阶级也把哲学当作自己的精神武器。"

反复阅读着这些语句,不能不让人感到,马克思的这篇导言虽然写于1843年底至1844年1月,距今已有170年的历史,但对我们今天仍然具有重大的现实意义。

就拿马克思对宗教批判的思想来说,虽然我们已经进入了信息化时代,但宗教至今并没有消失,还在我们的社会生活中存在着。宗教在许多国家的政治生活和精神生活中仍然有着巨大的影响,它常常对这些国家的政治形势和国际决策起着相当的作用,甚至成为战争的一个重要动因。

我国是一个有着多种宗教的国家。在我国,佛教已有2000年左右的历史,道教已有1700多年的历史,伊斯兰教也有1300年左右的历史。天主教和基督教在中国近代社会以后也有极大的发展。在改革开放的社会条件下,信仰宗教的群众还是不少,加上还有一般宗教迷信的群众,数量就更大了。宗教既然是人类社会的客观存在,在我们的社会生活中,宗教仍将在一定范围内长期存在。

既然马克思说宗教是"一种颠倒的世界观",那么,人类社会发展到今天，宗教为什么还会在一定范围内长期存在？又为什么还有那么多的人相信宗教呢？我们认为，马克思对宗教的这些论述，虽然是针对当时德国的具体情况而说的，但却是对宗教本质的正确认识。宗教之所以至今还在一定范围内长期存在、至今还有那么多人在相信宗教，其原因是极其复杂的。既有社会方面的原因，又有思想方面的原因。例如，随着社会竞争程度的加剧，人们在工作、生活方面的压力不断加大，精神上的苦恼、烦躁等也就越来越多，一些人便企图在宗教中寻找精神上的解脱、心灵上的慰藉。同时还应该看到，不少宗教的教义提倡的都是为善戒恶、为和戒斗等等理念，这都符合人们的生活常理，很容易被人们所接受。要想真正认识到宗教的欺骗本质并不是一件很容易的事情。

"宗教是人民的鸦片"这句名言，我们要全面、正确地理解。这是马克思从世界观的高度对宗教本质的科学界定，又是对当时德国封建专制制度利用宗教麻痹群众以维护其统治的彻底揭露。要把在政治上对反动统治阶级的严厉批判同对信教群众的细致引导区分开来。马克思也曾说过："意识的一切形式和产物不是可以通过精神的批判来消灭的……而只有通过实际地推翻这一切唯心主义谬论所由产生的现实的社会关系，才能把它们消灭。"[①] 因此，我们既要从理论上弄清宗教的来源和作用，更要坚定地贯彻执行党的宗教政策，尊重信教群众的习俗，正确处理因宗教问题而引起的矛盾和冲突。首先认真贯彻《宪法》中宗教信仰自由的政策，要在信教群众中广泛宣扬爱国、和平、团结、中道、善行的思想，积极宣扬有益于社会主义建设的好理念。只要同国家发展相适应，同人民愿望相适应，同时代精神相适应，宗教就能成为进一步推动社会进步、人民幸福的重要力量。同时，也要看到某些宗教极端思想的本质，是在歪曲教义，企图借用宗教制造分裂和煽动恐怖活动，这并不是真正的宗教，而是异教、邪教。只有坚持"保护合法，制止非法，遏制极端，抵制渗透，打击犯罪"的基本原

---

① 《马克思恩格斯选集》第1卷，人民出版社2012年版，第172页。

则，才能维护宗教和谐、民族团结和社会稳定。

从马克思关于什么是理论，理论与群众的关系，哲学与无产阶级的关系的论述中，我们同样会得到现实的有益启示。马克思主义有三个组成部分，即哲学、政治经济学、科学社会主义，其中哲学是基础。学好哲学，是掌握马克思主义完整理论的重要前提。2013年12月，习近平总书记在中共中央政治局第十一次集体学习时指出：马克思主义哲学深刻揭示了客观世界特别是人类社会发展一般规律，在当今时代依然有着强大的生命力，依然是指导共产党人前进的强大思想武器。要坚持用马克思主义哲学教育和武装全党，党的各级领导干部特别是高级领导干部要原原本本学习和研读经典著作，努力把马克思主义哲学作为自己的看家本领，掌握科学的世界观和方法论，更好认识规律，更加能动地推动工作。[1] 学习马克思在这篇导言中阐述的有关思想观点，有助于我们深刻理解习近平总书记讲话的精神。

---

[1]《习近平总书记系列重要讲话读本》，学习出版社、人民出版社2014年版，第175页。

二、对"异化劳动"的理论阐述
——学习《1844年经济学哲学手稿》

马克思的《1844年经济学哲学手稿》大约是1844年5月底6月初至8月,在法国的巴黎时写的,因此又称《巴黎手稿》。在马克思生前,这部《手稿》未曾发表过。1932年,一个叫阿多拉茨基的人,以马克思在巴黎时期写下的三篇手稿为基础,进行特别编辑和命名后出版的。第一篇手稿中,有五分之四的内容是马克思对亚当·斯密等众多经济学家著作的摘抄。第二篇手稿的长度不到第一篇手稿的八分之一,中间存在着缺失的部分。第三篇手稿的长度接近第一篇手稿,其中穿插着之前所写手稿的补充部分,以及马克思计划出版的书的序言等内容。这些手稿从整体来看,应该说是比较随意的笔记。《手稿》虽是一部未完成稿,却是在马克思主义形成过程中的一部重要著作。1932年在苏联出版的《马克思恩格斯全集》中第一次全文发表。

写作背景

这部手稿,是马克思研究经济问题的笔记。马克思在大学的专业是法律,同时对哲学和历史有浓厚的兴趣。那么,又是什么原因促使马克思去研究经济问题并写下这些手稿的呢?主要有两个方面的原因。

第一个原因,当然是他遇到了许多现实的经济问题。大学毕业之后的马克思,于1842年10月至1843年3月间,作为《莱茵报》的编辑跟普鲁士政府进行了斗争。在这些斗争中,马克思开始遇到许多现实的经济问题。

马克思《1844年经济学哲学手稿》序言的第一页

比如，普鲁士政府把农民在自己耕作地旁边的山上以及树林里收集枯枝的行为称为"盗窃"；再如，普鲁士政府对栽培葡萄的农民征收重税，等等。在哲学、历史和法学问题上都颇有自信的马克思，要对普通老百姓的这些具体经济生活问题进行回答，这还是第一次。因此，他不能不对经济问题进行研究和探讨。几年之后的1859年，马克思在回忆当时的情景时这样说道，我"第一次遇到要对所谓物质利益发表意见的难事"，这"是促使我去研究经济问题的最初动因"。①

身在巴黎的马克思，之所以对经济问题进行研究，第二个原因是受到恩格斯从英国寄来的论文《国民经济学批判大纲》的影响。这篇论文是恩格斯为《德法年鉴》撰写，寄给当时作为《莱茵报》编辑的马克思的。

马克思的一生中，他最好的朋友就是比自己小两岁的恩格斯。他们的最初相识是在德国的柏林大学。当恩格斯在这所大学旁听时，马克思也在这所大学读书。半年以后，马克思从这里毕业了。不过，恩格斯对马克思的一些言行还是有所耳闻的。

---

① 《马克思恩格斯选集》第2卷，人民出版社2012年版，第1—2页。

在柏林大学，恩格斯对马克思虽有所耳闻，但他们并没有真正见面。他们的第一次见面是在 1842 年 11 月，恩格斯在去英国的曼彻斯特的途中，顺路到《莱茵报》编辑部的时候。但这第一次的见面却被恩格斯称为是"十分冷淡的初次见面"。原因又是什么呢？恩格斯在晚年回忆说，11 月底我赴英国中途又一次顺路到编辑部去时，遇见了马克思，这就是我们十分冷淡的初次见面。马克思当时正在反对鲍威尔兄弟，因为当时我跟鲍威尔兄弟有书信来往，我就被视为他们的盟友，并且由于他们的缘故，当时对马克思抱有怀疑态度。而这个时候的马克思已经和青年黑格尔派分道扬镳，可鲍威尔兄弟则是青年黑格尔派的主要代表人物。因此，马克思对于与鲍威尔兄弟有交往的恩格斯，不能不带有一种戒备心理。

1842 年恩格斯来到了曼彻斯特，开始在父亲经营的工厂中劳动，同时，开始对曼彻斯特的工人的劳动和生活进行调查。英国保留着由亚当·斯密和大卫·李嘉图等人所代表的古典经济学的传统。在那里，恩格斯比马克思先行一步，开始了对经济学的研究，并写下了《国民经济学批判大纲》的论文。在这篇论文中，恩格斯提出了一些宏观的经济问题。第一，把当时以亚当·斯密和大卫·李嘉图为主要代表人物的英国古典经济学称为"国民经济学"，认为其实质是肯定"私有财产的合法性"的"发财致富的科学"，它不过是一门拥护社会经济支配者利益的"应称为私有经济学"的学问。也就是说，"国民经济学"作为一个客观地、全面地分析"私有"社会经济关系结构的学问，尚不成熟。第二，"国民经济学"还把"私有社会"看作人类社会的一般情况，把"私有"社会的经济规律当作人类社会在每个历史阶段共有的经济规律来看待。所以，这里的经济学虽然含有"积极的进步"成分，但是其成果永远停留在"私有规律"的层面上。这也就为经济学的发展指明了新的方向，即明确"国民经济学"中所出现的各个概念的历史特性。也就是说，仅把这些概念当作是基本经济规律中的"私有"阶段的表现来重新定义。

恩格斯在这篇论文中提出的重要思想，给马克思以深刻的影响。例如，马克思在摘抄萨伊的《政治经济学概论》时写道:"国民经济学按其本质来说是发财致富的科学。"这应该是对恩格斯先前的评论经过自己的眼睛和头脑重新审视后的再认识。另外,谈到李嘉图的《经济学及赋税原理》的价值论时,马克思认为:"李嘉图在价值的定义上只坚持生产费用,萨伊却只坚持实用性(有用性)。"这与恩格斯写的"在英国人那里,竞争代表效用而与生产费用相对立,在萨伊那里则相反,竞争带来生产费用而与效用相对立"①是一样的内容。不难看出,马克思在写作这一手稿时,恩格斯的这篇论文在他的头脑中是占据了多么重要的地位。

马克思最早开始研究经济学的方法,就是对斯密、萨伊、李嘉图等许多经济学家的著作进行摘抄,并对其进行评注。这项工作一直持续到1844年,所写的内容被称为《1844年经济学哲学手稿》。

马克思在巴黎的生活十分艰苦。当时市面上笔记本的价格很昂贵,他买不起,只好自己制作笔记本。他将合适的纸切成手掌大小,像报纸那样,将几张纸叠放在一起,从中间折起来,再用针线缝起来。这部《手稿》就是写在这样的笔记本上的。

主要内容

"人怎样才是像人一样的活着"?这可以说是青年马克思一直苦苦追问的一个问题。

《手稿》比较系统地涉及了关于人的理解,它以复归人性、全面恢复人的本质为尺度,对资本主义生产中人的异化劳动进行了系统的分析和批判,剖析了异化劳动形成的原因及其后果,阐释了扬弃异化的途径和目标,开启了对人的哲学层面的思考。

---

① 《马克思恩格斯选集》第1卷,人民出版社2012年版,第27页。

"异化"这个词出自西方，听起来似乎很抽象，也很难理解。究竟什么是异化呢？异化的本意具有"转让"、"疏远"、"外化"之意。马克思所谓的异化主要是对人而言，指的是人本身的活动变成一种独立于人的异己力量；并且，这种力量又反过来剥夺了人的自由，使人从属于它，变为它的工具，从而失去了自我。以劳动为例，劳动本是人本身的一种活动，但是，在剥削制度下，劳动对于劳动者却变成了一种外在的，不属于他自己的，不是肯定自己、自由地发挥自己的体力和智力的活动，而是否定自己、非自愿的强制劳动，是一种被迫的劳动，这就是异化劳动。

1. 隐藏在私有财产背后的是什么？

马克思对异化劳动的分析是以对旧的经济学（即国民经济学）进行的批判研究为基础的。在《手稿》序言中他明确指出："我的结论是通过完全经验的以对国民经济学进行认真的批判研究为基础的分析得出的。"[①] 他认为，国民经济学从私有财产事实出发，没有给我们说明这个事实。它把私有财产在现实中所经历的物质过程，放进一般的、抽象的公式，然后把这些公式当作规律。但它并不理解这些规律，没有指明这些规律是怎样从私有财产的本质中产生出来的。这就是说，英国古典经济学虽然看到私有财产这一事实，却没有剖析资本主义私有制和资本主义生产方式的矛盾，因此，资产阶级经济学家不能科学地揭示资本主义经济运动的规律。可以看出，马克思的这一思想，同恩格斯对国民经济学只停留在"私有财产"这一层面上的批判是一致的。

在此基础上，马克思提出"我们的出发点是国民经济事实"[②]，找出隐藏在私有财产背后的"本质"。他指出，在私有条件下，会产生"异化劳动"或者人类的异化，这就是隐藏在私有财产背后的"本质"。

---

① 《马克思恩格斯全集》第42卷，人民出版社1979年版，第45页。
② 《马克思恩格斯选集》第1卷，人民出版社2012年版，第58页。

2. 异化劳动

马克思从四个方面对异化劳动进行了分析：

第一，劳动的产品作为一种异己的存在物，同劳动者对立——劳动者同他的劳动产品的异化。也就是说，劳动者生产出来的劳动产品不是属于劳动者自己，而是属于资本家。在马克思看来，劳动是人的一种本质力量，其产品是人的本质力量的体现，应该属于劳动者自己所有。但在资本主义私有制条件下，劳动产品却同劳动者对立，劳动者生产的财富越多，他生产的影响和规模越大，他就越贫穷；劳动者创造的商品越多，他就越变成廉价的商品。物的世界的增值同人的世界的贬值成正比。这就表明，劳动产品作为一种异己的力量同劳动者对立，劳动产品反过来成了统治劳动者的力量。正像马克思所说的那样："劳动所生产的对象，即劳动的产品，作为一种异己的存在物，作为不依赖于生产者的力量，同劳动相对立。"[①]

第二，"劳动对于工人来说是一种外在"的东西——劳动者同他的劳动活动的异化。异化不仅表现在劳动的结果上，而且也表现在劳动行为本身中。本来，劳动是人的最基本的实践活动。但是，在资本主义剥削制度下，劳动者受资本家支配，劳动活动成了不依赖劳动者的、不属于劳动者的、并掉转头来反对劳动者自身的活动。对劳动者来说，由于劳动产品的异化，生产本身就是一种异化的活动。这种异化表现在：劳动从人的内在需要变成了外在的、不属于他的本质的东西。工人在自己的劳动中不是肯定自己，而是否定自己；不是感到幸福，而是感到不幸；不是自由地发挥自己的体力和智力，而是使自己的肉体受到折磨、精神遭受摧残。劳动不是人的需要，而是一种手段；不是自愿的，而是被迫的；劳动不属于劳动者自己，而是属于别人，这种异化的结果，就是工人丧失了自己的人性。

第三，作为"类存在物"的生活，被当作"个人的生存手段"——劳

[①]《马克思恩格斯选集》第1卷，人民出版社2012年版，第51页。

动者同他的类本质的异化。所谓"类存在物"这个概念，原是费尔巴哈的用语。它指的是，人不是单个的存在物，而是群居在一起的类存在物。马克思借用费尔巴哈的这个术语并加以改造，认为人是"类存在物"，指的是人和动物不同，它的本质是一种社会关系，即人不是脱离他人而单个的存在物，而是存在于一定的社会关系之中。这是因为，人的生产生活是有意识地、自觉地、能动地改造对象世界的生产活动。在这种活动中，人与人之间必然结成一定的相互关系。"正是在改造对象世界的过程中，人才真正地证明自己是类存在物。这种生产是人的能动的类生活。"① 但是，在资本主义条件下，劳动产品的异化，从劳动者那里剥夺了他所应属于他本身的生产产品，从而也剥夺了他的类生活；劳动本身的异化，又把人的活动贬低为单纯地维持人的肉体生存的手段。这样一来，人的类本质也就变成了与人异类的本质。也就是说，人的自由的生产活动，变成了仅仅是维持人的个体生存的一种手段，变成为非人的动物的活动，人变成了脱离他人而存在的单个存在物。

第四，"从人那里产生人类的异化"——劳动中人与人的关系的异化。马克思认为，人同自身的任何关系，都只有通过人同其他人的关系才能得到实现。人既然和他的类存在物异化了，那么人和别人的关系也就异化了。人的劳动和劳动产品之所以不属于自己，正是因为它属于别人。人的活动之所以是不自由的，就是因为它受别人的支配。"总之，通过异化的、外化的劳动，工人生产出一个同劳动疏远的、站在劳动之外的人对这个劳动的关系。工人对劳动的关系，生产出资本家……对这个劳动的关系。"② 也就是说，劳动过程和劳动产品的异化，必然给另外一个人带来享受和欢乐，这个跟劳动格格不入的、统治工人的异己力量，就是资本家阶级。由此可见，生产中的物质关系实质上是人与人的关系，异化劳动的实质是资产阶级对工

---

① 《马克思恩格斯选集》第1卷，人民出版社2012年版，第57页。
② 《马克思恩格斯选集》第1卷，人民出版社2012年版，第60页。

人阶级的剥削。马克思正是透过物的关系，看到了人的关系、阶级的关系。

3. 异化劳动与私有财产

马克思在分析了异化劳动之后，接着就分析了私有财产和异化劳动的关系。他认为，异化劳动和私有财产两者之间，具有不可分割的关系：异化劳动是私有财产的直接原因，而私有财产则是异化劳动的必然后果。他说："尽管私有财产表现为外化劳动的根据和原因，但确切地说，它是外化劳动的后果，正像神原先不是人类理智迷误的原因，而是人类理智迷误的结果一样。后来，这种关系就变成相互作用的关系。"①

既然承认私有财产是异化劳动的必然结果这一事实，马克思进一步问道：人是怎样使自己的劳动异化的？这种异化又是怎样由人的发展的本质引起的？他认为，我们把私有财产的起源问题变为异化劳动对人类发展进程的关系问题，就已经为解决这一任务得到了许多东西。也就是说，在马克思看来，如果能够提出"现存的异化劳动是怎样产生的"这种历史性的问题，就可以明确产生异化劳动的历史条件，同时也就可以通过变更条件，来指明向着没有异化的社会前进的道路了。人类从动物界区分出来的关键，在于生产劳动。人类社会本来是自由劳动的、没有异化劳动、没有私有财产的社会。但是，人类社会在自身的发展中产生了异化劳动和私有财产，而资本主义制度就是这种异化的高度发展，当它发展到顶点就必然灭亡，被共产主义所代替。这就是马克思所说的："劳动和资本的这种对立一达到极端，就必然是整个关系的顶点、最高阶段和灭亡。"②因此，工人和人类社会必然要从私有财产当中解放出来。他说："社会从私有财产等等解放出来、从奴役制解放出来，是通过工人解放这种政治形式来表现的，这并不是因为这里涉及的仅仅是工人的解放，而是因为工人的解放还包含普遍

---

① 《马克思恩格斯选集》第1卷，人民出版社2012年版，第60页。
② 《马克思恩格斯全集》第3卷，人民出版社2002年版，第283页。

的人的解放。"①其所以如此，是因为整个的人类奴役制就包含在工人对生产的关系中，而一切奴役关系只不过是这种关系的变形和后果罢了。在这里，马克思把工人阶级的解放同全人类的解放联系了起来。当然，工人要实现这种解放，达到没有异化劳动、没有私有财产的社会，不可能在纯粹思想范围内实现，而必须通过革命实践，凭借物质力量才能做到，但这是一个极其艰难而漫长的过程。马克思说："要扬弃私有财产的思想，有思想上的共产主义就完全够了。而要扬弃现实的私有财产，则必须有现实的共产主义运动。历史将会带来这种共产主义行动，而我们在思想中已经认识到的那正在进行自我扬弃的运动，在现实中将经历一个极其艰难而漫长的过程。但是，我们必须把从一开始就意识到这一历史运动的局限性和目的，把意识到超越历史运动看作是现实的进步。"②

现 实 意 义

马克思的异化理论，特别是在他以这部《手稿》为代表的早期著作中占有极重要的地位。马克思的异化理论涉及他的政治、哲学、政治经济学、社会主义和共产主义以及关于无产阶级历史地位等问题的观点。由于人们对青年马克思思想发展的看法不同，因此，马克思的异化理论长期以来曾引起人们广泛的注意和热烈的讨论。

马克思在写作这部《手稿》时，之所以用"异化"这一抽象化、哲学化的概念来说明私有财产的来源，一方面主要是因为受到了费尔巴哈哲学的影响。正如马克思自己所说的那样，国民经济学批判与现实的批判一样，其真正的基础来自费尔巴哈的发现。现实的人本主义以及自然主义的批判，

---

① 《马克思恩格斯选集》第1卷，人民出版社2012年版，第61页。
② 《马克思恩格斯全集》第3卷，人民出版社2002年版，第347页。

正是来自费尔巴哈。另一方面也说明马克思对于资本主义经济的分析还处于缺乏具体性的初始阶段。后来，虽然随着马克思对资本主义私有制度认识的进一步深化，"异化"这个概念的使用越来越少了，但包含其中的思想却有了进一步的发展。

在这部《手稿》中，马克思对异化劳动的理论分析，其主要目的是要揭示隐藏在私有财产背后的东西，从而实现工人的解放，达到没有异化劳动、没有私有财产的社会，实现人类解放。马克思所要解决的问题自然契合着当代世界的重大问题。面对当今的社会现实，让我们再来读一读马克思的有关论述：

"劳动生产了宫殿，但是给工人生产了棚舍。劳动生产了美，但是使工人变成畸形。"①

"工人在劳动中消耗的力量越多，他亲手创造出来反对自身的、异己的对象世界的力量就越强大，他自身、他的内部世界就越贫乏"②。

"工人把自己的生命投入对象；但现在这个生命已不再属于他而属于对象了。因此，这种活动越多，工人就越丧失对象。凡是成为他的劳动的产品的东西，就不再是他自身的东西。因此，这个产品越多，他自身的东西就越少。工人在他的产品中的外化，不仅意味着他的劳动成为对象，成为外部的存在，而且意味着他的劳动作为一种与他相异的东西不依赖于他而在他之外存在，并成为同他对立的独立力量"③。

不难看出，在一个仍然把劳动作为是人们谋生存的一种手段的社会里，马克思所说的这种异化劳动的现象，并不可能完全消亡，依然存在着。在当今发达的资本主义国家里，尽管它们通过自我调节和改良，建立社会保障和社会福利制度等，以缓和阶级矛盾和社会矛盾，但是资本主义制度根

---

① 《马克思恩格斯选集》第1卷，人民出版社2012年版，第53页。
② 《马克思恩格斯选集》第1卷，人民出版社2012年版，第51页。
③ 《马克思恩格斯选集》第1卷，人民出版社2012年版，第51—52页。

深蒂固,无法根本消除劳动异化现象。从全球范围看,由于国际垄断资本主义的发展,劳动异化现象更加凸显,社会贫富差距不断扩大。据有关资料记载,当今一个墨西哥人的亿万富翁的收入,就相当于1700万最贫困的墨西哥人的收入的总和。据世界银行统计,2001年全球有27.4亿人,每天平均只有2美元收入,有的几乎每天挨饿。这种贫富差距必然促使阶级矛盾和社会冲突日益尖锐。因此,要消灭异化劳动,只有推翻资本主义制度,建立美好的新社会制度。

我国是社会主义国家,奋斗目标是人民共同富裕、实现美好的共产主义,但实现这个目标要经历一个长期的历史过程。在这一过程中,异化劳动现象也会存在,而且有时还严重地表现出来。我国收入差距扩大的趋势还未得到根本扭转就属于这种情况。近年来,党和政府为缩小收入差距作出巨大努力,如取消农业税、减轻工薪阶层税负、连续提高企业退休人员基本养老金、大幅度提高国家扶贫标准和城乡低保补助水平,等等。特别是党的十八大以来,严格规范分配秩序,包括限制垄断行业收入,大力规范灰色收入(如礼金、红包、出场费、各种各样的"福利"等),有效调节过高收入等,收入差距扩大正在趋缓,受到广大人民群众欢迎。那么,收入差距扩大为什么不能马上减下来?其中有客观原因。国际经验表明,传统社会向现代社会转型时期,工业化城市化的发展、市场择优汰劣机制等因素,都会造成收入差距加大。只有在经济持续增长的基础上,改革收入分配制度,使控制体制逐步完善,政府调节逐步到位,经过一个时期后,收入差距才会逐步缩小。

总之,劳动创造价值,劳动创造世界,只有沿着保护劳动者所得方向迈进,才能逐步减少劳动异化的现象。《中共中央关于全面深化改革若干重大问题的决定》中指出:"着重保护劳动所得,努力实现劳动报酬增长和劳动率提高同步,提高劳动报酬在初次分配中的比重。"这就为改革收入分配制度确立了基本原则。我们相信,随着人类社会的发展和进步,美好的共产主义一定会到来。到那时,劳动已经不仅仅是作为人们谋生的一种手段,而是成为人们生活的第一需要,劳动异化的现象也就会消除了。

三、辩证唯物论实践观的提出
——学习《关于费尔巴哈的提纲》

"人应该在实践中证明自己思维的真理性。"

"环境正是由人来改变的。"

人的本质"是一切社会关系的总和"。

"社会生活在本质上是实践的。"

"哲学家们只是用不同的方式解释世界,问题在于改变世界。"

你知道上面所引的这些文字精练、含义深刻的语句是谁在哪篇著作中说的吗?这些都是马克思在《关于费尔巴哈的提纲》中说过的至理名言。

 写 作 背 景

《关于费尔巴哈的提纲》是马克思于1845年春在布鲁塞尔写的一个提纲式的笔记,当时题为《关于费尔巴哈》,是他为后来进一步研究和批判费尔巴哈哲学而写的一个提纲,在他生前没有发表。1888年,恩格斯在写作和出版《路德维希·费尔巴哈和德国古典哲学的终结》这部著作时,对这个提纲在文字上进行修改后,把它作为附录发表,并命名为《马克思论费尔巴哈》。我们现在看到的标题是苏共中央马列主义研究院在发表这个提纲时加写的。

既然马克思的这个提纲是以《关于费尔巴哈的提纲》命名的,那么,首先让我们简单地了解一下马克思和费尔巴哈的关系吧。

在前面解读马克思的两篇著作时,我们已经多次提到过费尔巴哈的名

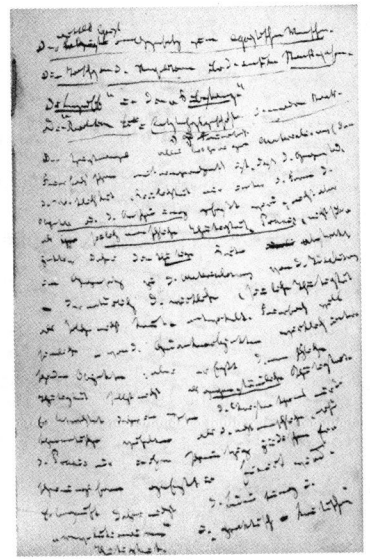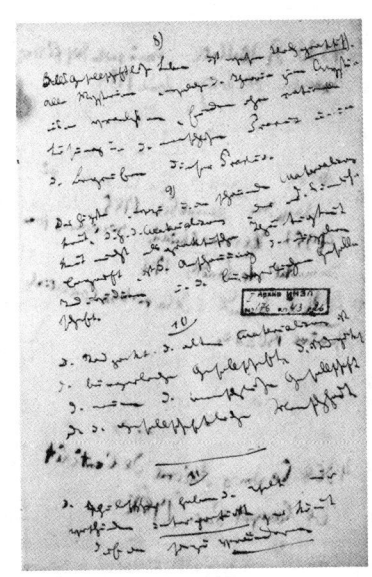

《关于费尔巴哈的提纲》的两页手稿

字和他的哲学。在这里,有必要对马克思和费尔巴哈的关系多说几句。

费尔巴哈和黑格尔一样,也是德国古典哲学的一位大师级人物。如果说黑格尔是德国古典哲学中唯心主义主要代表人物的话,那么费尔巴哈则是德国古典哲学中唯物主义的主要代表人物。其哲学主要代表著作有:《黑格尔哲学批判》、《基督教的本质》、《未来哲学原理》、《宗教的本质》。

最初,费尔巴哈深受黑格尔哲学的影响。但他不久就对黑格尔哲学的前提和思辨性质产生了怀疑和不满。他后来参加了青年黑格尔派的一些活动,对黑格尔哲学进行了有力的批判。他认为,黑格尔哲学的主要错误是它的唯心主义的思维和存在同一说。黑格尔从抽象的存在出发,颠倒了思维和存在的关系,在他那里,存在与思维没有分别,思维与存在的同一,只是表示思维与自身的同一,是虚妄的。因此,黑格尔哲学可以称为"思辨神学",它同神学一样,都是把客观的本质主观化,把自然的、人的本质看作非自然的、非人的东西,成为神学的最后避难所和理性支柱。正是在对黑格尔唯心主义哲学进行批判的过程中,费尔巴哈不仅恢复了欧洲近代以来英国、法国唯物主义的哲学传统,而且提出了以人本主义为核心的唯物主义思想体系,从而推翻了黑格尔唯心主义哲学在德国思想界的统治地位,成为德国古典哲学中一位著名的唯物主义哲学家。

青年马克思和费尔巴哈一样,也深受黑格尔哲学的影响。他曾参加过青年黑格尔派的一些活动,并通过接受青年黑格尔派的思想开始他的理论生涯。马克思充分肯定了费尔巴哈对黑格尔唯心主义哲学批判的地位和作用,认为只有费尔巴哈才是从黑格尔出发而结束了批判黑格尔哲学的一个杰出哲学家。但是,费尔巴哈在批判黑格尔唯心主义时,却抛弃了包含在黑格尔哲学体系中的合理内核——辩证法,这就决定了费尔巴哈的唯物主义仍然存在着形而上学性和不彻底性的缺陷。因此,马克思勇敢地承担起批判费尔巴哈哲学中的理论错误的重担。这个提纲正是马克思研究和批判费尔巴哈哲学的一个重要成果。

主要内容

马克思的这个提纲的文字并不多,只有11条。可马克思在这里却第一次从根本上分析和批判了包括费尔巴哈哲学在内的一切旧唯物主义的局限性,着重提出了马克思主义的实践观。实践的观点,构成了马克思这个提纲的理论核心内容。

1. 一切旧唯物主义不了解"'革命的'、'实践批判的'活动的意义"

对旧理论的批判,是创立新理论的前提。马克思正是在批判费尔巴哈和一切旧唯物主义的理论缺陷过程中,提出自己的新思想的。他在提纲的第一条中就这样写道:"从前的一切唯物主义(包括费尔巴哈的唯物主义)的主要缺点是:对对象、现实、感性,只是从客体的或者直观的形式去理解,而不是把它们当作感性的人的活动,当作实践去理解,不是从主体方面去理解。"① 这就是说,无论是费尔巴哈的唯物主义,还是以前的一切旧唯物主义,只是把客观物质世界当作直观的对象而不是当作实践的对象,只是把人看作直观的主体而不是实践的主体。因此,人对客观物质世界的认识,就如同人照镜子一样的直观反映,从而把人的主观能动性被掩盖了。而唯心主义却发展了人的主观能动性这一方面。但它片面夸大了人的主观能动性,把其看成为是脱离客观物质世界而独立存在的东西。这是因为,"唯心主义是不知道现实的、感性的活动本身的",即根本不承认客观物质世界的存在。从费尔巴哈来说,他和唯心主义不同,他承认客观物质世界的存在,并认为它同思想客体完全不同。"但是他没有把人的活动本身理解为对象性的活动",即没有把人的活动看成是实践活动,而是"仅仅把理论的活动看作是真正人的活动"。② 在费尔巴哈看来,人的实践活动只不过是指脱离社会的人的一种生物的、生理的活动,如呼吸、饮食等的感性活动。正如马克思所说:"费尔巴哈不满意抽象的思维而喜欢直观;但是他把感性不是看作实践的、人的感性的活动。"③ 因此,费尔巴哈完全不懂得什么是真正的实践活动,他和一切旧唯物主义一样也根本不了解"'革命的'、'实践批判的'活动的意义"。马克思认为,这种直观的唯物主义,实际上就是"不是把感性理解为实践活动的唯物主义"。④

马克思在批判包括费尔巴哈在内的一切旧唯物主义的过程中,提出了自己对实践的看法。在马克思看来,客观物质世界是人的认识对象,是独立于人的意识而存在的客体,人作为有意识、有目的的主体,正是通过实践活动同客观物质世界发生联系的,即通过实践活动达到对客观物质世界的认识,并进一步对客观物质世界进行改造。人既是认识的主体,又是实

---

① 《马克思恩格斯选集》第1卷,人民出版社2012年版,第133页。
② 《马克思恩格斯选集》第1卷,人民出版社2012年版,第133页。
③ 《马克思恩格斯选集》第1卷,人民出版社2012年版,第135页。
④ 《马克思恩格斯选集》第1卷,人民出版社2012年版,第136页。

践的主体；客观物质世界既是认识的对象，也是改造的对象。人正是通过实践活动，达到对客观物质世界的能动的认识和改造。因此，马克思把实践归结为人的物质生活本身。具体地说，就是归结为物质生活的生产方式，以及由生产方式所制约的整个社会生活和精神生活。这就说明，人类的基本实践活动，既不是政治活动，也不是道德伦理活动，而是人类的物质生产活动。这也就是说，物质生产是人类社会实践的最基本的形式。

2. "人应该在实践中证明自己思维的真理性"

马克思不仅明确了实践是什么、实践的重要意义，而且把实践的观点引入认识论，第一次科学地解决了检验真理的标准的问题。

所谓真理的标准，指的就是究竟以什么来判定人对客观物质世界的认识是否正确。在人类认识发展史上，对这个问题的回答可以说五花八门：在古希腊哲学里，最初有人提出"人是万物的尺度"，人也是判断真理的"尺度"。这里的"人"是一个泛指，可以是个人，也可以是所有的人。这样，任何人都可以成为检验真理的"尺度"，有多少人就可以有多少个检验真理的"尺度"。这实际上就否定了统一的客观的真理标准。到了封建社会时期，宗教神学占领了整个意识形态，它否定人是真理的"尺度"，断言上帝是世界万事万物的最高主宰，是真理的化身，自然也就成了检验真理的唯一标准。这种错误的理论，必然受到人们的批判。欧洲近代以后，有人提出检验真理的标准不是上帝，而是人的理性，是理性中的明白和清楚。但是，明白不明白，清楚不清楚，完全是主观的、不确定的。这个人认为是明白、清楚的东西，那个人却认为是不明白、不清楚的东西。这样，是否真理就成为完全依主观上的是否明白、清楚为转移了。这实际上否定了判断真理的客观标准。后来，又有人提出了经验标准论，即主张以人的"共同的感觉"或"多数人的意见"作为检验的标准。这还是把检验真理的标准看成是主观的。影响最大的一种理论，可能还是实用主义的真理标准论。他们提出的有名论断就是：有用就是真理，把有用还是无用作为检验是否真理的标准。这种真理标准论是完全错误的。因为有用和无用是以个人的主观需要为前提的,而且每个人都有与其他人不同的需要,这样,每个人都可以把对自己有用的宣布为真理,对自己无用的宣布为谬误,这就不仅混淆了真理和错误的界限,而且必然导致公说公有理、婆说婆有理,否定了真理的客观性。

上述五花八门的真理标准论,都是仅仅在主观的范围内寻找检验真理的标准,都是主观的真理标准,因而都是错误的。马克思一反种种主观真理标准论,在这个提纲中鲜明地指出:"人的思维是否具有客观的真理性,这不是一个理论的问题,而是一个实践的问题。"[①] 在这里,马克思明确把实践作为检验真理的唯一标准,结束了种种依靠主观的认识为尺度的真理标准论,为认识真理开创了新的坦途。

为什么实践能成为检验真理的标准呢?马克思认为,这完全是由实践自身所具有的特性所决定的。

实践具有联系、沟通主观和客观的特性。实践并不纯粹是主观的,也不纯粹是客观的,而是主观见之于客观的东西,是作为主体的人改造客观物质世界的活动,因而可以成为联系、沟通主观和客观的桥梁。一方面,实践活动是在一定思想指导下有目的有计划的活动,它具有主观性;另一方面,实践是改造客观物质世界的活动,它具有客观性。这样的双重特性,就使实践能够把主观思想和客观物质世界联系起来加以比较、对照,检验主观和客观是否符合。

实践具有现实性的特性。社会实践不能没有主观因素的指导,但实践活动并不全是精神活动过程,而是物质的变换过程。人的实践,不仅其过程是现实的,其结果更是现实的。如果说社会实践具有联系、沟通主观和客观的特性,使主观和客观可以进行对照和比较,那么,实践具有现实性的特性,特别是实践的结果则是最后判明真理和错误的标准。一般地说,

---

[①] 《马克思恩格斯选集》第1卷,人民出版社2012年版,第134页。

如果在实践中达到了预期的结果，获得了成功，那就证明其认识的真理性；反之，如果在实践中未能达到预期的结果，遭到了失败，那就证明其认识的错误性。这种证明是理论自身所不能解决的。所以，马克思的结论是：

"人应该在实践中证明自己思维的真理性，即自己思维的现实性和力量，自己思维的此岸性。"①

"关于思维——离开实践的思维——的现实性或非现实性的争论，是一个纯粹经院哲学的问题。"②

"凡是把理论引向神秘主义的神秘东西，都能在人的实践中以及对这种实践的理解中得到合理的解决。"③

3. "环境正是由人来改变的"

人和环境是一种怎样的关系？费尔巴哈和一切旧唯物主义都片面地认为，人是环境的产物，因而认为改变了的人是另一种环境改变了的产物。马克思不同意这种观点，他认为，这种学说忘记了，环境正是由人来改变的。如果说人的改变是由环境的改变所决定的，那么，环境又是如何改变的呢？离开人的活动，环境又怎么能改变呢！

人是通过什么来改变环境的呢？马克思又回到了实践上来。他说："环境的改变和人的活动或自我改变的一致，只能被看作是并合理地理解为革命的实践。"④这里所说的"人的活动"就是指实践活动，正是通过人的实践活动改变了环境。从这一点来说，环境的改变和人的活动或自我改变是一致的，这种一致性是建立在人的实践活动基础之上的。离开人的实践活动，也就没有环境的改变。当然，反过来，环境的改变又对人的改变有一定的

---

① 《马克思恩格斯选集》第1卷，人民出版社2012年版，第134页。
② 《马克思恩格斯选集》第1卷，人民出版社2012年版，第134页。
③ 《马克思恩格斯选集》第1卷，人民出版社2012年版，第135—136页。
④ 《马克思恩格斯选集》第1卷，人民出版社2012年版，第134页。

影响，这是一个往复循环的过程。但是，这里的关键是："环境正是由人来改变的。"不过，离开人的某种自然力量，比如地震，对环境的改变也会起着重大的作用，这是不可否认的。

4. 人的本质"是一切社会关系的总和"

费尔巴哈的唯物主义是建立在人本主义这一基础之上的。他同唯心主义根本不同，不是把人看成精神的实体，而是看成有血有肉的现实的人。但是，费尔巴哈却把人的这种现实性只归结为人的生物性和人的抽象的共同性。正如马克思所说的那样，他只能把人的本质"理解为'类'，理解为一种内在的、无声的、把许多个人自然地联系起来的普遍性"①。总之，在费尔巴哈这里，人的本质只能是人共同具有的生物性。

应该指出，费尔巴哈把人看成是有血有肉的现实的人，这是不错的。但是，他把人的本质只归结为人共同具有的生物性，则是错误的。马克思的一句名言是："人的本质不是单个人所固有的抽象物，在其现实性上，它是一切社会关系的总和。"②这就是说，人不是抽象的人，也不单纯是生物性的人，而是社会性的人。人的现实性，最主要的是表现为人的社会性。人之所以成为人，就在于它从自然界分离出来，成为社会的人。这是因为，人类为了生存，必须进行物质资料的生产活动。正是从这个意义上，马克思说："社会生活在本质上是实践的。"人的这种社会实践活动并不是单个人的活动，而总是处在一定的社会关系和生产关系之中，这就决定了人的本质只能"是一切社会关系的总和"。这也可以看出，人的社会本质并不是先天固有的，也不是自然生成的，而是通过自己最基本的实践活动——生产劳动创造的。生产劳动既是人自己创造、生产自己的社会物质生活和社会本质的最基本的实践活动，又是人自己的社会物质生活和社会本质的最

---

① 《马克思恩格斯选集》第1卷，人民出版社2012年版，第135页。
② 《马克思恩格斯选集》第1卷，人民出版社2012年版，第139页。

明显的实现和确证。一方面，人通过生产劳动创造、生产自己的物质生活，使自己同自然界的动物区别开来，使自己成为社会存在物；另一方面，人又只有在一定的社会关系和生产关系中才能从事生产劳动，也只有在一定的社会关系和生产关系中从事生产劳动，并由此获得物质生活资料的人，才证明它是作为社会的人存在的。所以，并不存在抽象的人，费尔巴哈"所分析的抽象的个人，是属于一定的社会形式的"①。

5. "哲学家们只是用不同的方式解释世界，问题在于改变世界"②

马克思从阶级基础和功能上区别了新旧唯物主义哲学的不同："旧唯物主义的立脚点是市民社会，新唯物主义的立脚点则是人类社会或社会的人类。"③这里的"市民社会"，指的是资本主义的社会经济关系。"人类社会或社会的人类"，则是指未来的新社会或新社会的人类。这就从阶级基础上区分了新旧唯物主义的不同。旧唯物主义哲学的立脚点是资本主义的社会经济关系；新唯物主义的立脚点则是未来的新社会或新社会的人类。因此，新唯物主义不满足于用不同的方式解释世界，对它来说，更重要的是要改变世界。这种哲学可以称为实践的唯物主义。

现 实 意 义

在《关于费尔巴哈的提纲》中，马克思第一次从根本上分析和批判了包括费尔巴哈在内的一切旧唯物主义的局限性，着重提出了马克思主义的实践观，并以实践为核心，建立了新的世界观、人性论和哲学观。正因为

---

① 《马克思恩格斯选集》第1卷，人民出版社2012年版，第135页。
② 《马克思恩格斯选集》第1卷，人民出版社2012年版，第136页。
③ 《马克思恩格斯选集》第1卷，人民出版社2012年版，第136页。

如此，马克思曾把自己的哲学叫作"新的唯物主义"或"实践的唯物主义"，以区别同以往的一切旧唯物主义哲学的不同，标志着马克思不仅同唯心主义划清了界限，而且同以费尔巴哈人本主义哲学为代表的一切旧唯物主义彻底划清了界限。因此，这个提纲在马克思主义发展过程中具有重要的意义。恩格斯在谈到这个提纲时，把它称为："包含着新世界观的天才萌芽的第一个文献，是非常宝贵的。"① 同样，这个提纲对于我们今天也"是非常宝贵的"。

在我们的现实生活中，实践是一切认识的来源，是十分重要的。从实际出发，走群众路线，这些都是以实践为基础的。我们党始终坚持马克思主义实践的观点，坚持马克思主义认识论，在中国革命、建设和改革的过程中，形成发展了党的一切从实际出发，理论联系实际，实事求是，在实践中检验真理和发展真理的思想路线；形成发展了一切为了群众，一切依靠群众，从群众中来到群众中去的群众路线。党的思想路线和群众路线，是马克思主义实践观的生动而具体的体现，是我们党制定政治路线、组织路线和各项方针政策的基础，也是正确理解和执行党的路线方针政策的基础。

以"实践是检验真理的唯一标准"为例来说吧，大家都知道，围绕这个问题，1978年我国曾发生过一场大争论。就理论本身来说，争论的焦点集中在社会实践是不是检验真理的唯一标准上。有些人不赞成社会实践是检验真理的唯一标准，而认为除了社会实践之外，一些理论，如毛泽东的言论也是检验真理的标准。如果既承认社会实践是检验真理的唯一标准，又提出以毛泽东的言论为检验真理的标准，这是一种双重真理标准的观点。这种观点，虽然表面上也承认社会实践是检验真理的标准，但是在实际上，它是以另外一种真理标准来否定实践标准。毛泽东是一位伟大的马克思主义者，他把马克思主义普遍真理同中国具体实际相结合，实现了马克思主义中国化的第一次历史性飞跃，形成了马克思主义中国化的重要理论成

---

① 《马克思恩格斯选集》第4卷，人民出版社2012年版，第219页。

果——毛泽东思想，指引中国革命和社会主义建设取得了伟大胜利，这是实践所证明了的。但这并不能因此就说明，毛泽东的言论也应当成为检验真理的标准。用思想检验思想，违背了马克思主义的实践观，永远不可能正确地判明是非，只能混淆是非。一切主观的真理标准都是如此，以毛泽东的言论为检验真理的标准也必然如此。

实践是不断发展的，人的认识也是不断发展的。在新的实践中，特别是在社会大变革的今天，读一读马克思的这个提纲，对我们自觉坚持和贯彻党的思想路线，解放思想，实事求是，与时俱进，求真务实，大力推进理论创新和实践创新；牢固树立群众观点，坚持群众路线，自觉地站在群众的立场上，思想上尊重群众、感情上贴近群众、工作上依靠群众，都是会有很大启示和帮助的。

四、历史唯物主义的奠基之作
——学习《德意志意识形态》

马克思和恩格斯合作完成的第一部著作是《神圣家族》。《德意志意识形态》是他们合作完成的第二部著作,写于1845年9月至1846年5月。在马克思生前,这部著作并没有出版。在原稿写作接近尾声的时候,关于出版的事情,马克思后来回忆说:"既然我们已经达到了我们的主要目的——自己弄清问题,我们就情愿让原稿留给老鼠的牙齿去批判了。"[①]

写作背景

1844年8月末,恩格斯在从英国返回德国的途中,再次拜访了在巴黎的马克思。这是马克思和恩格斯的第二次相见,同1842年他们有点"冷淡"的第一次见面完全不同,这次见面可谓是一见如故,被恩格斯称为是真正意义上的见面。恩格斯回忆说:"当我1844年夏天在巴黎拜访马克思时,我们在一切理论领域中都显出意见完全一致,从此就开始了我们共同的工作。"[②] 这里所说的"开始我们的共同的工作",指的是马克思和恩格斯第一次合作完成了《神圣家族》的写作任务。

1845年1月,马克思被法国政府赶出巴黎;同年2月,搬到了比利时的布鲁塞尔。回到德国的恩格斯,这年的4月也来到布鲁塞尔,同马克思

---

① 《马克思恩格斯选集》第2卷,人民出版社2012年版,第4页。
② 《马克思恩格斯选集》第4卷,人民出版社2012年版,第202—203页。

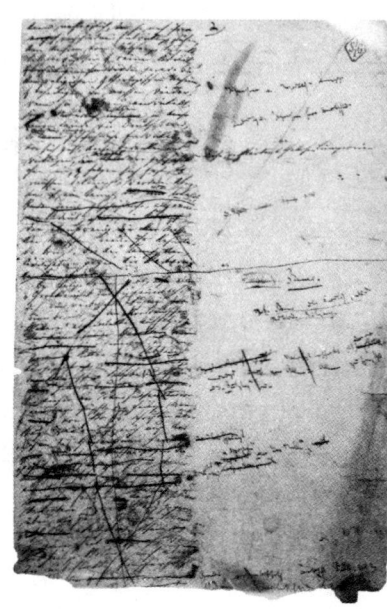

《德意志意识形态》手稿中的两页

第三次见面。恩格斯在回忆共产主义同盟的历史时说,"1845年春天当我们在布鲁塞尔再次会见时,马克思已经从上述基本原理出发大致完成了阐发他的唯物主义历史理论的工作"①。这里所说的大致完成了"唯物主义历史理论的工作",指的正是《德意志意识形态》初稿的脱稿。后来,他们从1845年11月到1846年夏天花了大概半年的时间,又共同对这一著作进行了新的补充和修改,最终完成了这部伟大著作。因此,《德意志意识形态》可以说是倾注了马克思和恩格斯两人的心血之作。

马克思在谈到他和恩格斯为什么要写这部著作的原因时说:1845年春,他和恩格斯在布鲁塞尔再次会面,决定:"共同阐明我们的见解……'与德国哲学的意识形态的见解的对立,实际上是把我们从前的哲学信仰清算一下。这个心愿是以批判黑格尔以后的哲学的形式来实现的。……'"②

---

① 《马克思恩格斯选集》第4卷,人民出版社2012年版,第203页。
② 《马克思恩格斯选集》第4卷,人民出版社2012年版,第217页。

那么，马克思和恩格斯"从前的哲学信仰"是什么？他们为什么要对"从前的哲学信仰"进行清算？又为什么要"以批判黑格尔以后的哲学的形式来实现"清算呢？回答这些问题就不能不回顾一下德国在黑格尔哲学体系解体以后的哲学派别，以及马克思、恩格斯同它们的关系。

马克思、恩格斯在描述黑格尔哲学体系解体以后德国的情况时这样写道：

"德国在最近几年里经历了一次空前的变革。从施特劳斯开始的黑格尔体系的解体过程发展为一种席卷一切'过去的力量'的世界性骚动。"①

"这里涉及的是一个有意义的事件：绝对精神的瓦解过程。在最后一点生命的火花熄灭之后，这具残骸的各个组成部分就分解了，它们重新化合，构成新的物质。那些以哲学为业，一直以经营绝对精神为生的人们，现在都扑向这种新的化合物。每个人都不辞劳苦地兜售他所得到的那一份。"②

大家知道，在黑格尔哲学体系解体的过程中，形成了青年黑格尔派和老年黑格尔派。青年黑格尔派，虽然对黑格尔的唯心主义哲学和宗教进行过批判，但他们把意识、思想同客观物质世界，同社会政治、经济关系割裂开来，认为历史受某种处于世界之外和超乎世界之上的东西支配。历史的一切都是在纯粹思想的领域中发生的。因此，他们主张人类的主要任务只是摆脱某种思想的统治，而不是消灭反动的社会制度。这同老年黑格尔派一样，在政治上是保守，其历史观是唯心主义的。

在黑格尔哲学体系解体过程中，德国还出现费尔巴哈这个伟大的唯物主义哲学家。他批判了黑格尔哲学的唯心主义，恢复了唯物主义的权威。但是，当费尔巴哈探讨人类社会历史的时候，他就不是一个唯物主义者了。他虽然反对从思想、观念出发去说明历史，企图从人出发去说明社会，但他把人只看成是"感性的对象"，而不是"感性的活动"，他并不了解社会

---

① 《马克思恩格斯选集》第1卷，人民出版社2012年版，第141—142页。
② 《马克思恩格斯选集》第1卷，人民出版社2012年版，第142页。

实践的决定意义，脱离人的社会性和历史发展去观察人和人类社会，把人看成是超社会、超历史的抽象的人。除了爱与友情，而且是理想化了的爱与友情以外，他不知道人与人之间还有什么其他的"人的关系"。因此，在历史领域中，费尔巴哈也完全陷入了唯心主义。

无论是青年黑格尔派，还是费尔巴哈，马克思、恩格斯都曾经一度给予过他们以较高的评价，也曾接受过他们的思想，成为马克思、恩格斯的"从前的哲学信仰"。不仅如此，当时的德国市民不仅没有识破青年黑格尔派、费尔巴哈的这种"哲学骗局"，而且还引以为自豪。因此，随着马克思、恩格斯思想的进一步发展，特别是历史唯物主义基本思想的形成，他们感到必须对青年黑格尔派和费尔巴哈的思想进行一次彻底的批判，才能表明他们的历史唯物主义思想，阐明他们的见解与德国哲学的意识形态的见解的对立。马克思、恩格斯说："为了正确地评价这种甚至在可敬的德国市民心中唤起怡然自得的民族感情的哲学叫卖，为了清楚地表明这整个青年黑格尔派运动的狭隘性、地域局限性，特别是为了揭示这些英雄们的真正业绩和关于这些业绩的幻想之间的令人啼笑皆非的显著差异，就必须站在德国以外的立场上来考察一下这些喧嚣吵嚷。"① 这就是马克思、恩格斯所说的"以批判黑格尔以后的哲学的形式"来阐明自己的见解。

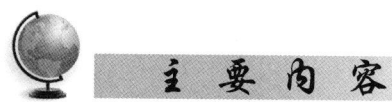

主要内容

《德意志意识形态》分为二卷。第一卷"对现代德国哲学的批判"，主要对费尔巴哈、布鲁诺·鲍威尔、麦克斯·施蒂纳的思想进行了批判。第二卷主要对当时德国非常流行的被称为"真正社会主义"的思潮进行批判。这些思潮，指的是法国以及英国创造的重视现实世界的社会主义思想传入

---

① 《马克思恩格斯选集》第1卷，人民出版社2012年版，第142—143页。

德国之后，与德意志流行的观念世界结合在一起而产生的思潮。正是在这种批判中，马克思、恩格斯第一次较系统地提出了历史唯物主义的基本思想。

1. 人类历史的第一个前提到底是什么

"这些哲学家没有一个想到要提出关于德国哲学和德国现实之间的联系问题，关于他们所作的批判和他们自身的物质环境之间的联系问题。"①

这是马克思、恩格斯对青年黑格尔派的批判。马克思、恩格斯为什么要提出这样的问题呢？这是因为，青年黑格尔派把意识作为人类历史的前提，认为人们之间的关系、他们的一切举止行为、他们受到的束缚和限制，都是他们意识的产物。"青年黑格尔派完全合乎逻辑地向人们提出一种道德要求，要用人的、批判的或利己的意识来代替他们现在的意识，从而消除束缚他们的限制。"②这也就是说，青年黑格尔派告诉人们的是：只要同意识的这些幻想进行斗争就行了，根本不要反对现实的、现存的世界。而这正是马克思、恩格斯根本不同意的地方。

马克思、恩格斯还举例说道：有一个好汉一天忽然想到，人们之所以溺死，是因为他们被关于重力的思想迷住了。如果他们头脑中抛掉这个观念，那么，他们就会避免任何溺死的危险。这位好汉一生都在同重力的幻想作斗争，他就是现代德国革命哲学家们的标本。这就是说，如果溺死是源于"重力的思想"，那么，没有这种思想，人就不会溺死。但实际上，有没有"重力的思想"跟重力是否存在是没有关系的，只要没有与重力相抗衡的方法，就不能避免溺死。尽管如此，"新的革命哲学家们"却犯了通过与"重力的幻想"作斗争来解决现实社会问题的错误。

那么，人类历史的第一个前提到底是什么？马克思、恩格斯明确指出：

---

① 《马克思恩格斯选集》第1卷，人民出版社2012年版，第145—146页。
② 《马克思恩格斯选集》第1卷，人民出版社2012年版，第145页。

"我们开始要谈的前提不是任意提出的，不是教条，而是一些只有在臆想中才能撇开的现实前提。这是一些现实的个人，是他们的活动和他们的物质生活条件，包括他们已有的和由他们自己的活动创造出来的物质生活条件。"①

"全部人类历史的第一个前提无疑是有生命的个人的存在。因此，第一个需要确认的事实就是这些个人的肉体组织以及由此产生的个人对其他自然的关系。"②

这里讲的人类历史的第一个前提"并不是任意提出的"，而是"现实的前提"，这就是"有生命的个人的存在"。很显然，虽然马克思、恩格斯在这一点上和费尔巴哈的观点是一致的，都是把"有生命的个人的存在"作为人类历史的现实前提。但是，马克思、恩格斯所说的"有生命的个人的存在"，并不是抽象的，而是现实的，即从事物质生产活动的人。正如马克思、恩格斯一再所说：

"这里所说的个人不是他们自己或别人想象中的那种个人，而是现实中的个人，也就是说，这些个人是从事活动的，进行物质生产的，因而是在一定的物质的、不受他们任意支配的界限、前提和条件下活动着的。"③

"它从现实的前提出发，它一刻也不离开这种前提。它的前提是人，但不是处在某种虚幻的离群索居和固定不变状态中的人，而是处在现实的、可以通过经验观察到的、在一定条件下进行的发展过程中的人。只要描绘出这个能动的生活过程，历史就不再像那些本身还是抽象的经验主义者所认为的那样，是一些僵死的事实的汇集，也不再像唯心主义者所认为的那样，是想象的主体的想象活动。"④

---

① 《马克思恩格斯选集》第1卷，人民出版社2012年版，第146页。
② 《马克思恩格斯选集》第1卷，人民出版社2012年版，第146页。
③ 《马克思恩格斯选集》第1卷，人民出版社2012年版，第151页。
④ 《马克思恩格斯选集》第1卷，人民出版社2012年版，第153页。

"我们不是从人们所说的、所设想的、所想象的东西出发，也不是从口头说的、思考出来的、设想出来的、想象出来的人出发，去理解有血有肉的人。我们的出发点是从事实际活动的人"①。

"我们首先应当确定一切人类生存的第一个前提，也就是一切历史的第一个前提，这个前提是：人们为了能够'创造历史'，必须能够生活。但是为了生活，首先就需要吃喝住穿以及其他一些东西。因此第一个历史活动就是生产满足这些需要的资料，即生产物质生活本身，而且，这是人们从几千年前直到今天单是为了维持生活就必须每日每时从事的历史活动，是一切历史的基本条件。"②

我们这里之所以引用马克思、恩格斯的这么多原话，就是想充分说明，他们强调以"有生命的个人的存在"作为全部人类历史的第一个前提，实质上就是以从事物质生产活动的人为前提。因此，"任何历史记载都应当从这些自然基础以及它们在历史进程中由于人们的活动而发生的变更出发"③。

2. "不是意识决定生活，而是生活决定意识"

马克思、恩格斯把从事物质生产活动的人作为全部人类历史的第一个前提。从这一前提出发，他们提出了"不是意识决定生活，而是生活决定意识"④，即社会存在决定社会意识的思想。

我们还是看一看马克思、恩格斯是怎样说的吧：

人的意识"并非一开始就是'纯粹的'意识。'精神'从一开始就很倒霉，受到物质的'纠缠'"⑤。

---

① 《马克思恩格斯选集》第1卷，人民出版社2012年版，第152页。
② 《马克思恩格斯选集》第1卷，人民出版社2012年版，第158页。
③ 《马克思恩格斯选集》第1卷，人民出版社2012年版，第147页。
④ 《马克思恩格斯选集》第1卷，人民出版社2012年版，第152页。
⑤ 《马克思恩格斯选集》第1卷，人民出版社2012年版，第161页。

"人们是自己的观念、思想等等的生产者。"①

"意识一开始就是社会的产物，而且只要人们存在着，它就仍然是这种产物。"②

"思想、观念、意识的生产最初是直接与人们的物质活动，与人们的物质交往，与现实生活的语言交织在一起的。人们想象、思维、精神交往在这里还是人们物质行动的直接产物。表现在某一民族的政治、法律、道德、宗教、形而上学等的语言中的精神生产也是这样。"③

"意识在任何时候都只能是被意识到了的存在，而人们的存在就是他们的现实生活过程。如果在全部意识形态中，人们和他们的关系就像在照相机中一样是倒立成像的，那么这种现象也是从人们生活的历史过程中产生的，正如物体在视网膜上的倒影是直接从人们生活的生理过程中产生的一样。"④

"我们的出发点是从事实际活动的人，而且从他们的现实生活过程中还可以描绘出这一生活过程在意识形态上的反射和反响的发展。甚至人们头脑中的模糊幻象也是他们的可以通过经验来确认的、与物质前提相联系的物质生活过程的必然升华物。因此，道德、宗教、形而上学和其他意识形态，以及与它们相适应的意识形式便不再保留独立性的外观了。它们没有历史，没有发展，而发展着自己的物质生产和物质交往的人们，在改变自己的这个现实的同时也改变着自己的思维和思维的产物。不是意识决定生活，而是生活决定意识。"⑤

马克思、恩格斯的这些论述说明，无论是从社会意识的产生，还是它

---

① 《马克思恩格斯选集》第1卷，人民出版社2012年版，第152页。
② 《马克思恩格斯选集》第1卷，人民出版社2012年版，第161页。
③ 《马克思恩格斯选集》第1卷，人民出版社2012年版，第151—152页。
④ 《马克思恩格斯选集》第1卷，人民出版社2012年版，第152页。
⑤ 《马克思恩格斯选集》第1卷，人民出版社2012年版，第152页。

的内容来看，一切社会意识都是由社会存在决定的，有什么样的社会存在就有什么样的社会意识，而不是相反。不仅正确的社会意识是社会存在的反映，就是那些错误的社会意识也是社会存在的反映，它只不过是对社会存在的歪曲反映。据此，马克思、恩格斯划清了历史唯心主义和历史唯物主义的界限："前一种考察方法从意识出发，把意识看作是有生命的个人。后一种符合现实生活的考察方法则从现实的、有生命的个人本身出发，把意识仅仅看作是他们的意识。"①

3. 生产力、生产关系概念的新提出

生产力，这是马克思主义历史唯物论中最常见的一个基本概念，又称社会生产力、劳动生产力。在马克思主义产生以前，这个概念就经常出现在资产阶级经济学家的著作中。不过，在这些著作中，生产力概念一般被看作是生产的能力或者劳动生产率。马克思、恩格斯在批判、继承前人优秀思想成果的基础上，在创立自己的科学理论中沿用了生产力这一概念，但它的含义及其用法已经和前人大大不同了。在马克思、恩格斯的著作中，关于生产力的提法比较多，如生产力、社会生产力、物质生产力、劳动生产力、劳动的社会生产力，等等。归结起来，它的含义基本有两种：一是指人类在改造自然界过程中形成的、用以影响和改造自然界，获取物质生活资料的一种物质力量；二是指劳动生产率和生产水平。

在《德意志意识形态》中，马克思、恩格斯对生产力有两段论述：

"一定的生产方式或一定的工业阶段始终是与一定的共同活动方式或一定的社会阶段联系着的，而这种共同活动方式本身就是'生产力'；由此可见，人们所达到的生产力的总和决定着社会状况"②。

"每个个人和每一代所遇到的现成的东西：生产力、资金和社会交往形

---

① 《马克思恩格斯选集》第1卷，人民出版社2012年版，第152—153页。
② 《马克思恩格斯选集》第1卷，人民出版社2012年版，第160页。

式的总和,是哲学家们想象为'实体'和'人的本质'的东西的现实基础,是他们加以神化并与之斗争的东西的现实基础,这种基础尽管遭到以'自我意识'和'唯一者'的身份出现的哲学家们的反抗,但它对人们的发展所起的作用和影响却丝毫也不因此而受到干扰。"①

马克思、恩格斯这两段话的主要精神是说,人类历史发展的每个阶段所达到的生产力,是客观的,而每一历史时期社会发展的状况,恰好是由这一时期所达到的生产力的总和决定的。因此,"始终必须把'人类的历史'同工业和交换的历史联系起来研究和探讨"②。也就是说,随着生产力的不断发展,人们的交往关系、所有制关系也不断变化,形成一个有联系的交往关系的序列,这就是历史。交往关系的不同,人们的所有制关系也就不同,不同的所有制关系就形成不同的历史阶段。这就阐明了生产力在人类历史发展中的重要地位和作用,从而说明了生产力是人类历史发展的最终决定因素。

如果说,生产力是马克思、恩格斯沿用的前人的一个概念,那么,生产关系则是马克思、恩格斯创立的一个科学概念。生产关系指的是人们在物质资料生产过程中所结成的社会关系。

在马克思、恩格斯看来,物质生产活动是人类最基本的活动,"一当人开始生产自己的生活资料,即迈出由他们的肉体组织所决定的这一步的时候,人本身就开始把自己和动物区别开来。人们生产自己的生活资料,同时间接地生产着自己的物质生活本身"③。人们要进行物质生产活动,必然要和自然界发生一定的关系,即人与自然的关系;同时,人类的物质生产活动并不是单个人的活动,必然要和其他人发生一定的关系,即社会关系、交往关系。马克思、恩格斯这样写道:

---

① 《马克思恩格斯选集》第1卷,人民出版社2012年版,第173页。
② 《马克思恩格斯选集》第1卷,人民出版社2012年版,第160页。
③ 《马克思恩格斯选集》第1卷,人民出版社2012年版,第147页。

"人们用以生产自己的生活资料的方式,首先取决于他们已有的和需要再生产的生活资料本身的特性。这种生产方式不应当只从它是个人肉体存在的再生产这方面加以考察。更确切地说,它是这些个人的一定的活动方式,是他们表现自己生命的一定方式、他们的一定的生活方式。"①

"以一定的方式进行生产活动的一定的个人,发生一定的社会关系和政治关系。"②

因此,在《德意志意识形态》中,马克思、恩格斯第一次提出生产关系这一概念,比如:

封建时代"两种所有制的结构都是由狭隘的生产关系——小规模的粗陋的土地耕作和手工业式的工业——决定的"③。

"直到现在存在着的个人的生产关系也必须表现为法律的和政治的关系。"④

"银行家的财富只有在现存的生产关系和交往关系的范围以内才是财富","雇农无意对现存的生产关系和交往关系作任何改变"。⑤

但是,在《德意志意识形态》这部著作中,马克思、恩格斯更多的还是用"社会关系"、"交往方式"、"交往形式"、"交往关系"、"市民社会"等术语,将它们作为生产关系的同义语来使用。

马克思、恩格斯把"交往形式"、"交往方式"、"交往关系",看作是和物质生产活动相联系的物质关系,是受物质生产活动制约的。他们指出:"生产本身又是以个人彼此之间的交往为前提的。这种交往的形式又是由生产决定的。"⑥

---

① 《马克思恩格斯选集》第1卷,人民出版社2012年版,第147页。
② 《马克思恩格斯选集》第1卷,人民出版社2012年版,第151页。
③ 《马克思恩格斯选集》第1卷,人民出版社2012年版,第150页。
④ 《马克思恩格斯全集》第3卷,人民出版社1965年版,第421页。
⑤ 《马克思恩格斯全集》第3卷,人民出版社1965年版,第446、450页。
⑥ 《马克思恩格斯选集》第1卷,人民出版社2012年版,第147页。

马克思、恩格斯在使用"交往形式"、"交往方式"、"交往关系"这些概念的时候，有时也同时使用"社会关系"、"市民社会"这样的概念来表示生产关系的思想。例如，他们说道："现存的社会关系同现存的生产力发生了矛盾。"[①] 这句话中，"社会关系的含义在这里是指许多个人的共同活动"[②]。这种许多个人的共同活动必然表现为"一定的生产方式"或"一定的共同活动方式"。对于"市民社会"，马克思、恩格斯说："受到迄今为止一切历史阶段的生产力制约同时又反过来制约生产力的交往形式，就是市民社会。""市民社会包括各个人在生产力发展的一定阶段上的一切物质交往。"[③] 在这里，"市民社会"和"交往形式"是同等的概念。

总之，在马克思、恩格斯看来，生产关系就是"生产力发展的一定阶段上的一切物质交往"，是人们之间的"物质联系"。因此，马克思、恩格斯关于生产关系的理论，在《德意志意识形态》中已基本形成。与之相适应，表达生产关系理论的概念，也随之明确地提了出来。当然，表达生产关系的概念，在这部著作中的使用还不完全统一，但这并不妨碍生产关系概念的形成。这种不够统一也正说明马克思、恩格斯试图从诸多概念中筛选出最恰当的表达形式，以便逐渐完成从"社会关系"向"市民社会"、"交往方式"、"交往形式"、"交往关系"的过渡，再从"交往关系"向"生产关系"的过渡。

4. "一切历史的冲突都根源于生产力和交往形式之间的矛盾"

马克思、恩格斯还揭示了生产力和生产关系之间的关系。他们认为，在这两者的关系中，生产关系是由生产力所决定的，是受生产力所制约的，生产关系不过是生产力的形式。生产关系是不能脱离生产力而单独存在的，

---

① 《马克思恩格斯选集》第1卷，人民出版社2012年版，第162页。
② 《马克思恩格斯选集》第1卷，人民出版社2012年版，第160页。
③ 《马克思恩格斯选集》第1卷，人民出版社2012年版，第167、211页。

它必须和生产力结成对立统一的关系。"一定的生产方式或一定的工业阶段始终是与一定的共同活动方式或一定的社会阶段联系着的,而这种共同活动方式本身就是'生产力';由此可见,人们所达到的生产力的总和决定着社会状况"①。因此,他们提出了交往形式(生产关系)"与生产力发展的一定水平相适应"的科学论断,论证了生产力与交往形式(生产关系)之间的矛盾运动的基本原理:在整个历史发展中,"已成为桎梏的旧交往形式被适应于比较发达的生产力,因而也适应于进步的个人自主活动方式的新交往形式所代替;新的交往形式又会成为桎梏,然后又为另一种交往形式所代替"②。这就明确地提出了,不仅生产力决定生产关系,生产关系也制约和影响着生产力的发展。它是生产力发展的必要条件,是人们生产中的自主活动的条件。当生产关系适应生产力发展需要的时候,它促进了生产力的发展。当生产关系成为生产力发展的桎梏时,它就阻碍生产力的发展,必须打破这种旧的桎梏,建立新的生产关系,以适应生产力的继续发展,从而推动人类社会的不断发展。由此,马克思、恩格斯得出结论说:"按照我们的观点,一切历史冲突都根源于生产力和交往形式之间的矛盾。"③可以看出,马克思、恩格斯在揭示生产力和交往形式(生产关系)矛盾关系的基础上,第一次明确地把这一矛盾看作是社会各种矛盾中最基本的矛盾,是决定其他一切社会矛盾的总根源。

5. 经济基础和上层建筑

经济基础和上层建筑,是马克思主义历史唯物主义用以标志社会结构两个基本层次、标志社会生活的两个基本领域的概念。经济基础是指由社会一定发展阶段上的生产力所决定的生产关系的总和,是构成一定社会的

---

① 《马克思恩格斯选集》第1卷,人民出版社2012年版,第160页。
② 《马克思恩格斯选集》第1卷,人民出版社2012年版,第204页。
③ 《马克思恩格斯选集》第1卷,人民出版社2012年版,第196页。

基础；上层建筑是建立在经济基础之上的意识形态以及与其相适应的制度、组织和实施，在阶级社会主要指政治法律制度和实施。一定的经济基础和一定的上层建筑，统一构成特定的社会形态。

在《德意志意识形态》这部著作中，马克思、恩格斯从分析人类生存所必需的物质生活条件出发，探索了人类社会结构的各个方面，提出了经济基础和上层建筑的科学概念，并系统地阐述了经济基础和上层建筑的基本原理。他们明确把作为生产关系同义语的"交往形式"和"市民社会"看作是社会的基础。他们这样写道，"从直接生活的物质生产出发阐述现实的生产过程，把同这种生产方式相联系的、它所产生的交往形式即各个不同阶段上的市民社会理解为整个历史的基础"①，并要求把这一社会基础作为观察社会现象、解释历史变革的出发点。

马克思、恩格斯在这部著作中，第一次明确地提出了"上层建筑"这个概念：市民社会"这一名称始终标志着直接从生产和交往中发展起来的社会组织，这种社会组织在一切时代都构成国家的基础以及任何其他的观念的上层建筑的基础"②。同时，他们把理论、宗教、哲学、道德等精神现象理解为上层建筑中的"意识形式"，主张从社会基础上去追溯它们产生的过程。他们指出："从市民社会出发阐明意识的所有各种不同的理论产物和形式，如宗教、哲学、道德等等，而且追溯它们产生的过程。"③

上述事实表明，在马克思、恩格斯看来，经济基础是上层建筑赖以产生和生存的基础；上层建筑是经济基础在政治上和思想上的表现，是由经济基础所决定的。马克思、恩格斯还进一步分析了经济基础和上层建筑的矛盾同生产力和生产关系的矛盾之间的关系，揭示了经济基础和上层建筑矛盾的最终根源。他们写道：

---

① 《马克思恩格斯选集》第1卷，人民出版社2012年版，第171页。
② 《马克思恩格斯选集》第1卷，人民出版社2012年版，第211页。
③ 《马克思恩格斯选集》第1卷，人民出版社2012年版，第171页。

"如果这种理论、神学、哲学、道德等等同现存的关系发生矛盾,那么,这仅仅是因为现存的社会关系同现存的生产力发生了矛盾。"① 这就是说,经济基础和上层建筑之间矛盾的最终根源,在于生产力和生产关系之间的矛盾。这也充分说明,生产力和生产关系之间的矛盾是社会各种矛盾中最基本的矛盾,是决定其他一切社会矛盾的总根源。

根据对生产力和生产关系、经济基础和上层建筑的分析,马克思、恩格斯提出了自己的新的历史观,即唯物史观:

"这种历史观就在于:从直接生活的物质生产出发阐述现实的生产过程,把同这种生产方式相联系的、它所产生的交往形式即各个不同阶段上的市民社会理解为整个历史的基础,从市民社会作为国家的活动描述市民社会,同时从市民社会出发阐明意识的所有各种不同的理论产物和形式,如宗教、哲学、道德等等,而且追溯它们产生的过程。"②

后来,马克思在《〈政治经济学批判〉序言》中对这种新的历史观作了进一步的阐述:

"人们在自己生活的社会生产中发生一定的、必然的、不以他们的意志为转移的关系,即同他们的物质生产力的一定发展阶段相适合的生产关系。这些生产关系的总和构成社会的经济结构,即有法律的和政治的上层建筑竖立其上并有一定的社会意识形式与之相适应的现实基础。物质生活的生产方式制约着整个社会生活、政治生活和精神生活的过程。不是人们的意识决定人们的存在,相反,是人们的社会存在决定人们的意识。社会的物质生产力发展到一定阶段,便同它们一直在其中运动的现存生产关系或财产关系(这只是生产关系的法律用语)发生矛盾。于是这些关系便由生产力的发展形式变成生产力的桎梏。那时社会革命的时代就到来了。随着经济基础的变更,全部庞大的上层建筑也或慢或快地发生变革。……无论哪

---

① 《马克思恩格斯选集》第1卷,人民出版社2012年版,第162页。
② 《马克思恩格斯选集》第1卷,人民出版社2012年版,第171页。

一个社会形态，在它所能容纳的全部生产力发挥出来以前，是决不会灭亡的；而新的更高的生产关系，在它的物质存在条件在旧社会的胎胞里成熟以前，是决不会出现的。所以人类始终只提出自己能够解决的任务，因为只要仔细考察就可以发现，任务本身，只有在解决它的物质条件已经存在或者至少是在生成过程中的时候，才会产生。"①

不难看出，这是一种完全不同于唯心史观的新的历史观，"这种历史观和唯心主义历史观不同，它不是在每个时代中寻找某种范畴，而是始终站在现实历史的基础上，不是从观念出发来解释实践，而是从物质实践出发来解释各种观念形态"②。

6. 无产阶级革命和共产主义

马克思、恩格斯创立的这种新的历史观，揭示了人类社会的发展规律和发展趋势。根据这种新的历史观，他们分析了以往几种社会形态，特别是着重分析了资本主义生产方式内部的矛盾运动，揭示了无产阶级革命和共产主义社会的必然性。他们指出，在资本主义社会里，由于机器大工业的出现，生产有了巨大的增长；而社会的财富却日益集中到少数大资本家手中。这就表明，资本主义的私有制已经成为阻碍生产力发展的桎梏。在这种情况下，生产力只获得片面的发展，并遭到了大量的破坏，从而使得生产力和生产关系的矛盾尖锐突出起来。只有打破以私有制为主体的旧的生产关系，消灭资本主义私有制，建立公有制，代之以共产主义，才能使生产力继续得到发展，而资本主义自身是无法做到这点的。这就决定了"生产力和交往形式之间的这种矛盾……每一次都不免要爆发为革命"③。而这个革命只能由无产阶级进行。马克思、恩格斯指出：人类社会发展到资本主义

---

① 《马克思恩格斯选集》第2卷，人民出版社2012年版，第2—3页。
② 《马克思恩格斯选集》第1卷，人民出版社2012年版，第172页。
③ 《马克思恩格斯选集》第1卷，人民出版社2012年版，第195—196页。

社会,"在这个阶段上产生出来的生产力和交往手段在现存关系下只能造成灾难,这种生产力已经不是生产的力量,而是破坏的力量(机器和货币)。与此同时还产生了一个阶级……这个阶级构成了全体社会成员中的大多数,从这个阶级中产生出必须实行彻底革命的意识,即共产主义的意识"①。这个阶级,就是无产阶级。无产阶级本身没有什么特殊的利益,它的根本利益既和社会发展规律相一致,又和广大劳动群众的根本利益相一致,因此,"它已经成为现今社会的一切阶级、民族等等的解体的表现"②,成为先进的生产力的代表和社会革命的决定力量。革命的根本问题是政权问题,无产阶级在革命中必须首先夺取政权。"每一个力图取得统治的阶级,即使它的统治要求消灭整个旧的社会形式和一切统治,就像无产阶级那样,都必须首先夺取政权"③。马克思、恩格斯就这样从现实中找到了实现共产主义的阶级基础,找到了实现共产主义的可靠手段和途径。

在马克思、恩格斯看来,共产主义不仅是一种思想体系和社会制度,而是"那种消灭现存状况的现实的运动"。他们指出:"共产主义对我们来说不是应当确立的状况,不是现实应当与之相适应的理想。我们所称为共产主义的是那种消灭现存状况的现实的运动。这个运动的条件是由现有的前提产生的。"④因此,共产主义革命不同于过去的一切革命。过去的一切革命的占有都是有局限性的,都没有改变占有的私人性质;共产主义革命的结果,必然是联合起来的个人对全部生产力总和的占有,消灭私有制。"共产主义和所有过去的运动不同的地方在于:它推翻一切旧的生产关系和交往关系的基础"⑤。正因为这样,在共产主义条件下,阶级与阶级统治将消灭,

---

① 《马克思恩格斯选集》第1卷,人民出版社2012年版,第170页。
② 《马克思恩格斯选集》第1卷,人民出版社2012年版,第171页。
③ 《马克思恩格斯选集》第1卷,人民出版社2012年版,第164页。
④ 《马克思恩格斯选集》第1卷,人民出版社2012年版,第166页。
⑤ 《马克思恩格斯选集》第1卷,人民出版社2012年版,第202页。

政治机构将消除，人们活动所产生的力量不再异化，人们不再屈从于分工，人们能掌握自己的命运并得到全面发展，社会将实行按需分配。

现实意义

马克思、恩格斯从共同写作《德意志意识形态》开始，逐渐创立了历史唯物主义，实现了社会历史观的革命变革。这种社会历史观成为人们认识世界和改造世界的强大理论武器。历史唯物主义告诉我们：生产力和生产关系、经济基础和上层建筑的矛盾是人类社会的基本矛盾，存在于一切社会形态之中，规定着社会性质和结构，是推动人类社会由低级向高级发展的基本动力。社会革命是生产力和生产关系的矛盾发展到一定阶段的产物，是实现社会变革的基本途径。

建设中国特色社会主义，同样要不断解决生产力和生产关系、经济基础和上层建筑这个人类社会的基本矛盾，解决这个矛盾的基本方法是主动地进行改革，通过全面深化改革，不断适应社会生产力发展而调节生产关系，不断适应经济基础发展而完善上层建筑，从而不断促进社会主义制度自我完善和发展。党的十一届三中全会以来，我们以改革开放为强大动力，成功实现了从高度集中的计划经济体制到充满活力的社会主义市场经济体制的伟大历史转折，取得了举世瞩目的巨大成就。但必须看到，我国发展面临的一些深层次矛盾和问题，仍然与体制机制有关，必须进一步通过全面深化改革来逐步完善。《中共中央关于全面深化改革若干重大问题的决定》指出："面对新形势新任务，全面建成小康社会，进而建成富强民主文明和谐的社会主义现代化国家，实现中华民族伟大复兴的中国梦，必须在新的历史起点上全面深化改革"，"改革开放是党在新的时代条件下带领全国各族人民进行的新的伟大革命"。通过学习《德意志意识形态》这部著作，可以帮助我们从把握社会历史发展规律的高度，进一步认识全面深化改革的必要性、紧迫性和长期性。

在这部著作中，马克思、恩格斯通过揭示人类社会发展的普遍规律，着重分析了资本主义社会的基本矛盾，科学地论证了资本主义社会必将为社会主义社会代替，最终实现共产主义社会的历史必然趋势，以及把这一趋势变为现实的物质力量和途径。当今的社会，随着市场经济的发展，不少人迷失在金钱、享乐的物欲大海中，对共产主义的伟大理想信念发生了动摇，产生一种"渺茫论"。在这种情况下，重温马克思、恩格斯的这部著作，正确理解其中所阐述的基本思想，对于我们坚定共产主义这一伟大的理想信念，具有重要的现实意义。

首先，我们应该看到，按照马克思、恩格斯的观点，共产主义既不是天上掉下来的，也不是人们头脑中凭空杜撰出来的，而是通过分析人类社会发展运动的基本矛盾，揭示人类社会发展的普遍规律和发展趋势，在总结和概括无产阶级革命斗争经验的基础上制定的无产阶级思想体系和人类最理想的社会制度。它具有最现实的理论基础，符合人类社会发展的普遍规律，是人类社会发展的必然趋势。因此，马克思、恩格斯说共产主义不是空想的，而是现实的。

其次，马克思、恩格斯不仅仅把共产主义看作是一种理论体系和社会制度，而且还看作是一种"消灭现存状况的现实的运动"。这就是说，共产主义既是一种理想，也是对社会不断进行变革和改造的一种运动。共产主义是一定会实现的人类理想，但共产主义的最终实现，是一个相当漫长的历史过程。这个过程是由许多不同的革命阶段组成的，每一个具体革命阶段都有自己具体的革命目标和任务，这些具体的革命目标和任务，都是在共产主义思想指导下进行的，都是实现共产主义的必要阶段和必由之路，离开了这些具体阶段，共产主义就不可能实现。共产主义实际运动的不断发展，这些具体阶段的不断实现，都是向共产主义的不断迈进。因此，共产主义就在我们当下的实践中。我国是一个原先经济、文化、科技比较落后的国家，建设社会主义、实现共产主义就更加需要不懈的努力。对于我们每个人来说,必须坚定共产主义的远大理想,始终以高尚的共产主义思想道德来要求和鞭策自己,扎扎实实地做好每一项工作,为实现共产主义这一美好社会而不断努力。

二 天才的头脑

五、世界上最早的共产党纲领
——学习《共产党宣言》

"一个幽灵,共产主义的幽灵,在欧洲游荡。为了对这个幽灵进行神圣的围剿,旧欧洲的一切势力,教皇和沙皇、梅特涅和基佐、法国的激进派和德国的警察,都联合起来了。"①

这优美动人的语句,是《共产党宣言》的开篇之语。它那"天才的透彻而鲜明的语言"②是如此地吸引人。西方一些人士曾把这部著作比喻为共产党的"圣经"。

写 作 背 景

《共产党宣言》是马克思、恩格斯合作完成的又一部著作,写于1847年12月至1848年1月,同年2月末通过一本23页的德文小册子,正式印刷出版。在这本最初的小册子上,并没有出现马克思、恩格斯的名字。1850年,英国宪章派机关刊物《红色共和党人》杂志刊载了这个小册子的第一个英译文时,杂志的编辑才在序言中第一次指出了作者的名字。

马克思、恩格斯最初写作这本书,是作为"共产主义者同盟"的纲领来写的,而非学者创作的一般性著作。"共产主义者同盟",其最初的名字叫"正义者同盟"。它纯粹是德国工人的一个秘密团体。当"正义者同盟"

---

① 《马克思恩格斯选集》第1卷,人民出版社2012年版,第399页。
② 《列宁选集》第2卷,人民出版社2012年版,第416页。

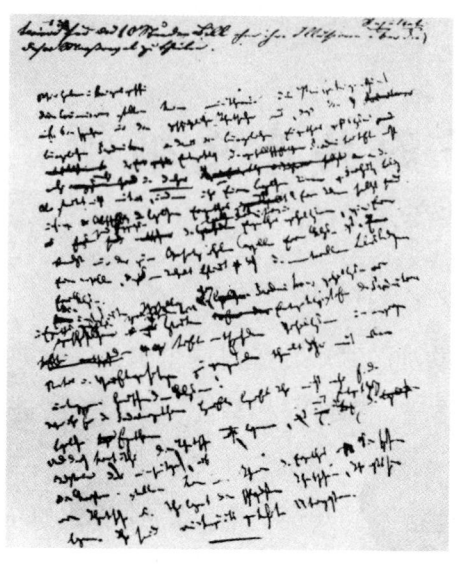 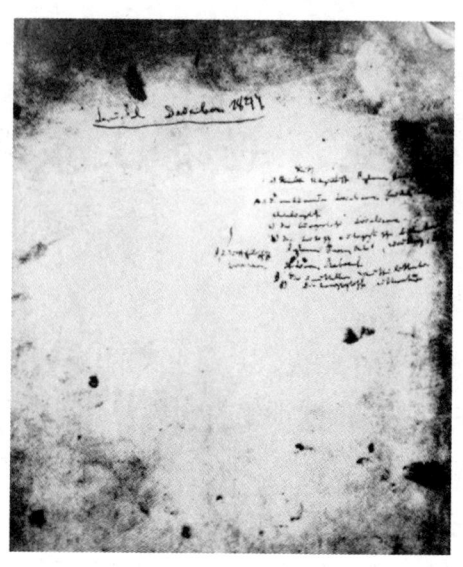

左图为《共产党宣言》手稿的一页,头两行是马克思夫人燕妮的手迹;右图为马克思写的《共产党宣言》第三章计划草稿。

被迫从德国迁往英国伦敦以后,一方面改变了秘密团体的性质,成了一个按民主原则建立的政治团体;另一方面扩大了组织的成员,实际上成了一个国际性的组织,在许多国家都成立了支部,它的会员证上至少用二十种文字写着同一句口号:"人人皆兄弟"。原来指导同盟的所谓理论,是英、法两国的社会主义或共产主义同德国哲学的杂拌思想。马克思、恩格斯对这些杂拌思想进行了无情的批判,并用通俗的形式帮助同盟成员认识过去理论的错误以及它们在实践中的危害。正是在马克思、恩格斯的帮助下,同盟接受了马克思、恩格斯的思想,走上了正确的道路,并在1846年底派专人到布鲁塞尔及巴黎邀请马克思、恩格斯参加同盟,表示将把马克思、恩格斯所坚持的各种观点,作为自己的理论,在正式的宣言中表现出来。于是,马克思、恩格斯加入了同盟。1847年6月,"正义者同盟"在伦敦召开第一次代表大会,恩格斯亲自参加了大会。在这次代表大会上,"正义者同盟"正式改名为"共产主义者同盟";用"全世界无产者,联合起来"这一战斗口号,代替了过去的"人人皆兄弟"的口号;通过了"共产主义者同盟"章程。章程的第一条规定:"同盟的目的:推翻资产阶级政权,建立无

二 天才的头脑

产阶级统治,消灭旧的以阶级对立为基础的资产阶级社会和建立没有阶级、没有私有制的新社会。"这样,"共产主义者同盟"便成为第一个工人阶级的国际共产主义组织,这个组织实际上就是国际上第一个共产党组织的雏形。

关于起草"共产主义者同盟"纲领的问题,早在"正义者同盟"进行改组和改名为"共产主义者同盟"以前,就进行过讨论。"纲领"开始时采取问答的形式进行拟定,起草了《共产主义问答》。这个带有空想社会主义影响痕迹的文件,马克思、恩格斯不满意。后来的"修正"草案,仍然没有使他们满意。10月22日,在巴黎"共产主义者同盟"区部委员会的会议上,恩格斯对"修正"草案进行了尖锐的批判,使其遭到否决。这以后,

《马克思和恩格斯起草〈共产党宣言〉》(油画)　波利亚科夫　作

- 175 -

恩格斯接受了起草新的纲领草案的委托，很快写成了名为《共产主义原理》的纲领草案。但是，他认为这仅是纲领的初稿。他在1847年11月23—24日给马克思的信中，谈到应抛弃陈旧的问答形式，以《共产主义宣言》的形式来起草纲领的想法。11月29日—12月8日，"共产主义者同盟"召开第二次代表大会，马克思亲自参加了这次大会。大会经过激烈的辩论以后，委托马克思、恩格斯以宣言的形式起草新的纲领，他们接受了这一委托。不过当时的情况是，马克思住在比利时的布鲁塞尔，恩格斯住在法国巴黎，所以起草新的纲领基本上就由马克思执笔了。他参考了恩格斯的《共产主义原理》，用德语完成了这个纲领性文件的写作，这就是《共产党宣言》。因此，恩格斯后来在1883年德文版序言和1888年英文版序言中说："虽然《宣言》是我们两人共同的作品，但我认为自己有责任指出，构成《宣言》核心的基本思想是属于马克思的。"①

马克思、恩格斯为这个组织起草的纲领性文件《共产党宣言》，可以说就是世界上最早的一个共产党纲领。所谓纲领，指的是政党以及一个团体将自己的活动目标、任务以及为了实现目标而采取的路线、方针等内容整理成文的基本文书。

也许有人会问，马克思、恩格斯在起草这个宣言时，为什么不叫社会主义宣言，而叫《共产党宣言》呢？恩格斯在1888年英文版序言中，回答了这个问题。他说："当我们写这个《宣言》时，我们不能把它叫作社会主义宣言。"因为，在1847年，所谓社会主义者，一方面是指那些信奉各种空想社会主义学说的分子，另一方面是指形形色色的社会庸医，他们都答应要用各种各样的补缀办法来消除一切社会弊病而毫不危及资本和利润。"这两种人都是站在工人阶级运动以外，宁愿向'有教养的'阶级寻求支持。"而"只有工人阶级中确信单纯政治变革还不够而公开表明必须根本改造全部社会的那一部分人，只有他们当时把自己叫作共产主义者"。不过，

---

① 《马克思恩格斯选集》第1卷，人民出版社2012年版，第385页。

"这是一种粗糙的、尚欠修琢的、纯粹出于本能的共产主义;但它却接触到了最主要之点"。因此,"在1847年,社会主义是资产阶级的运动,而共产主义则是工人阶级的运动"。所以,在当时,社会主义至少在欧洲大陆上是"上流社会的",而共产主义却恰恰相反。"既然我们自始就认定'工人阶级的解放应当是工人阶级自己的事情',那么,在这两个名称中间我们应当选择哪一个,就是毫无疑义的了。而且后来我们也从没有想到要把这个名称抛弃。"① 很显然,马克思、恩格斯在起草的这个宣言时,之所以叫《共产党宣言》,而不叫社会主义宣言,主要是考虑共产主义运动的性质,这当然并不代表他们不赞成真正的社会主义思想。

最初,《共产党宣言》只印刷了100多份供"共产主义者同盟"会员使用,但后来在全世界各地被翻译出版。时至今日,《共产党宣言》已经成为马克思、恩格斯文献当中最被人熟知、最被人熟读的著作之一。正如恩格斯所说,"它无疑是全部社会主义文献中传播最广和最具有国际性的著作"②。

主要内容

马克思、恩格斯在《共产党宣言》中写道:

"有哪一个反对党不被它的当政的敌人骂为共产党呢?又有哪一个反对党不拿共产主义这个罪名去回敬更进步的反对党人和自己的反动敌人呢?"③

"现在是共产党人向全世界公开说明自己的观点、自己的目的、自己的

---

① 《马克思恩格斯选集》第1卷,人民出版社2012年版,第385页。
② 《马克思恩格斯选集》第1卷,人民出版社2012年版,第384页。
③ 《马克思恩格斯选集》第1卷,人民出版社2012年版,第399页。

意图并且拿党自己的宣言来反驳关于共产主义幽灵的神话的时候了。"①

那么,马克思、恩格斯在《共产党宣言》中向全世界公开说明的观点是什么?恩格斯后来在1883年德文版序言和1888年英文版序言中说得很清楚:构成《共产党宣言》核心的基本思想是:"每一历史时代主要的经济生产方式和交换方式以及必然由此产生的社会结构,是该时代政治的和精神的历史所赖以确立的基础,并且只有从这一基础出发,这一历史才能得到说明;因此人类的全部历史(从土地公有的原始氏族社会解体以来)都是阶级斗争的历史,即剥削阶级和被剥削阶级之间、统治阶级和被压迫阶级之间斗争的历史;这个阶级斗争的历史包括有一系列发展阶段,现在已经达到这样一个阶段,即被剥削被压迫的阶级(无产阶级),如果不同时使整个社会一劳永逸地摆脱一切剥削、压迫以及阶级差别和阶级斗争,就不能使自己从进行剥削和统治的那个阶级(资产阶级)的奴役下解放出来。"②

马克思、恩格斯在《共产党宣言》中向全世界公开说明的目的和意图,又是什么?恩格斯在1882年俄文版序中说:"《共产主义宣言》的任务,是宣告现代资产阶级所有制必然灭亡。"③恩格斯在这里说的《共产主义宣言》,即《共产党宣言》。

《共产党宣言》的基本内容由四个部分构成:

第一,资产者和无产者。资产者,即资产阶级,指的是占有社会生产资料并使用雇佣劳动的现代资本家阶级;无产者,即无产阶级,指的是没有自己的生产资料,因而不得不靠出卖劳动力来维持生活的现代雇佣工人阶级。马克思、恩格斯以资产阶级和无产阶级产生、发展以及两者的关系为轴,描述了"近代资产阶级社会"(在这个时期,马克思还没有使用"资本主义"这个词)的构造和历史,以及无产阶级革命(共产主义革命)的

---

① 《马克思恩格斯选集》第1卷,人民出版社2012年版,第399页。
② 《马克思恩格斯选集》第1卷,人民出版社2012年版,第385页。
③ 《马克思恩格斯选集》第1卷,人民出版社2012年版,第379页。

必然性。

第二，无产者和共产党人。马克思、恩格斯一开头就提出"共产党人同全体无产者的关系是怎样的呢"？接着论述了共产党的性质、特点和基本纲领，批判了资产阶级攻击共产党和共产党人的种种谬论，阐述了无产阶级革命和无产阶级专政的基本思想。

第三，社会主义的和共产主义的文献。马克思、恩格斯深刻分析了当时世界各国已经存在的社会主义和共产主义的各种思潮，包括封建的社会主义、小资产阶级的社会主义、德国"真正的社会主义"、资产阶级改良主义的社会主义、空想社会主义等，并分析了这些思潮产生的社会历史条件，批判了错误思潮的阶级实质、危害和错误。

第四，共产党人对各种反对党派的态度。马克思、恩格斯主要论述了共产党对其他党派的策略，阐明共产党人要立足现实，积极参加和支持当时的革命斗争，包括反对封建专制的民主革命，但不能忘记无产阶级的革命原则和最终目标。

马克思、恩格斯在这部著作中阐述的主要观点是：

1."一切社会的历史都是阶级斗争的历史"

阶级斗争学说，是贯穿《共产党宣言》的一条红线。《宣言》开宗明义一句话，马克思、恩格斯就明确写道：自原始氏族社会解体以来，"至今一切社会的历史都是阶级斗争的历史"[1]。接着，他们还写道：

"至今的一切社会的历史都是在阶级对立中运动的，而这种对立在不同的时代具有不同的形式。"[2]

"在过去的各个历史时代，我们几乎到处都可以看到社会完全划分为各

---

[1] 《马克思恩格斯选集》第1卷，人民出版社2012年版，第400页。
[2] 《马克思恩格斯选集》第1卷，人民出版社2012年版，第420页。

个不同的等级,看到社会地位分成多种多样的层次。"①

"自由民和奴隶、贵族和平民、领主和农奴、行会师傅和帮工,一句话,压迫者和被压迫者,始终处于相互对立的地位,进行不断的、有时隐蔽有时公开的斗争,而每一次斗争的结局都是整个社会受到革命改造或者斗争的各阶级同归于尽。"②

在这里,马克思、恩格斯论述了人类社会各个历史阶段的阶级斗争状况,阐明了阶级斗争是阶级社会发展的动力,每一次斗争的结局都使整个社会受到革命的改造。

人类社会历史发展到资本主义社会以后,在这个社会中,阶级和阶级斗争同奴隶社会、封建社会的阶级斗争又有什么不同的特点呢?马克思、恩格斯分析道:

"从封建社会的灭亡中产生出来的现代资产阶级社会并没有消灭阶级对立。它只是用新的阶级、新的压迫条件、新的斗争形式代替了旧的。"③

"我们的时代,资产阶级时代,却有一个特点:它使阶级对立简单化了。整个社会日益分裂为两大敌对的阵营,分裂为两大相互直接对立的阶级:资产阶级和无产阶级。"④

2. "资产阶级的灭亡和无产阶级的胜利是同样不可避免的"

马克思、恩格斯还通过对资产阶级和无产阶级产生、发展过程的分析,揭示了现代资产阶级社会(资本主义社会)必然灭亡的规律和无产阶级的伟大历史任务。他们指出:"现代资产阶级本身是一个长期发展过程的产

---

① 《马克思恩格斯选集》第1卷,人民出版社2012年版,第400—401页。
② 《马克思恩格斯选集》第1卷,人民出版社2012年版,第400页。
③ 《马克思恩格斯选集》第1卷,人民出版社2012年版,第401页。
④ 《马克思恩格斯选集》第1卷,人民出版社2012年版,第401页。

物,是生产方式和交换方式的一系列变革的产物。"①资产阶级赖以形成的生产资料和交换手段,是在封建社会里造成的。在欧洲封建社会的城市市民等级中,发展出最初的资产阶级分子,而后又发展为现代的资产阶级。现代资产阶级社会(资本主义社会)经过工场手工业和机器大工业,得到了巨大的发展,封建的所有制关系就不再适应已经发展了的生产力,"这种关系已经在阻碍生产而不是促进生产了。它变成了束缚生产的桎梏。它必须被炸毁,它已经被炸毁了"②。代之而起的就是现代资产阶级社会(资本主义社会)的自由竞争以及与之相适应的社会制度和政治制度,"它按照自己的面貌为自己创造出一个世界"③,国家政权变成了"管理整个资产阶级的共同事务的委员会"。在反对封建制度的斗争中,"资产阶级在历史上曾经起过非常革命的作用"④,并创造了巨大的生产力。但是,随着生产力的进一步发展,现代资产阶级社会(资本主义社会)的基本矛盾,也就是生产的社会性和生产资料占有制的私人性之间的矛盾日益尖锐化,于是周期性的经济危机不断爆发,"在危机期间,发生一种在过去一切时代看来都好像是荒唐现象的社会瘟疫,即生产过剩的瘟疫。社会突然发现自己回到了一时的野蛮状态"⑤,阶级矛盾也随之日益激化。"资产阶级的关系已经太狭窄了,再容纳不了它本身所造成的财富了。"⑥"资产阶级用来推翻封建制度的武器,现在却对准资产阶级自己了。"⑦这时,作为同资产阶级直接对立的阶级——无产阶级,在资产阶级产生、发展的同时也产生了,正如马克思、恩格斯所指出的那样:"资产阶级不仅锻造了置自身于死地的武器;它还产

---

① 《马克思恩格斯选集》第1卷,人民出版社2012年版,第402页。
② 《马克思恩格斯选集》第1卷,人民出版社2012年版,第405页。
③ 《马克思恩格斯选集》第1卷,人民出版社2012年版,第404页。
④ 《马克思恩格斯选集》第1卷,人民出版社2012年版,第402页。
⑤ 《马克思恩格斯选集》第1卷,人民出版社2012年版,第406页。
⑥ 《马克思恩格斯选集》第1卷,人民出版社2012年版,第406页。
⑦ 《马克思恩格斯选集》第1卷,人民出版社2012年版,第406页。

生了将要运用这种武器的人——现代的工人，即无产者。"① 无产阶级经历了各个不同的发展，它反对资产阶级的斗争是和它的存在同时开始的。最初是个别的工人，然后是某一工厂的工人，然后是某一地方的某一劳动部门的工人，同直接剥削他们的个别资产者做斗争。他们不仅仅攻击资产阶级的生产关系，也攻击生产工具本身；他们毁坏那些用来竞争的外国商品，捣毁机器，烧毁工厂。在这个阶段上，工人们还是分散在全国各地并成为竞争所分裂的群众。但是，随着工业的发展，无产阶级不仅人数增加了，而且它结合成更大的集体，它的力量日益增长，它越来越感觉到自己的力量。工人开始成立反对资产者的同盟，把各地工人彼此联系起来，从而是把许多性质相同的地方性的斗争汇合成全国性的斗争，汇合成阶级斗争。而一切阶级斗争都是政治斗争。尽管"无产者组织成为阶级，从而组织成为政党这件事，不断地由于工人的自相竞争而受到破坏。但是，这种组织总是重新产生，并且一次比一次更强大、更坚固、更有力"②。马克思、恩格斯充分肯定了无产阶级在同资产阶级斗争中的革命作用，指出："在当前同资产阶级对立的一切阶级中，只有无产阶级是真正革命的阶级。"③ 为什么呢？原因就在于：

"过去一切阶级在争得统治之后，总是使整个社会服从于它们发财致富的条件，企图以此来巩固它们已经获得的生活地位。无产者只有废除自己的现存的占有方式，从而废除全部现存的占有方式，才能取得社会生产力。无产者没有什么自己的东西必须加以保护，他们必须摧毁至今保护和保障私有财产的一切。"④

"过去的一切运动都是少数人的，或者为少数人谋利益的运动。无产阶

---

① 《马克思恩格斯选集》第1卷，人民出版社2012年版，第406页。
② 《马克思恩格斯选集》第1卷，人民出版社2012年版，第409—410页。
③ 《马克思恩格斯选集》第1卷，人民出版社2012年版，第410—411页。
④ 《马克思恩格斯选集》第1卷，人民出版社2012年版，第411页。

级的运动是绝大多数人的，为绝大多数人谋利益的独立的运动。无产阶级，现今社会的最下层，如果不炸毁构成官方社会的整个上层，就不能抬起头来，挺起胸来。"①

因此，马克思、恩格斯的结论是："随着大工业的发展，资产阶级赖以生产和占有产品的基础本身也就从它的脚下被挖掉了。它首先生产的是它自身的掘墓人。资产阶级的灭亡和无产阶级的胜利是同样不可避免的。"②

3. 共产党的性质、任务、目的

《共产党宣言》作为世界上最早的一个共产党纲领，对共产党的性质、任务和目的以及共产党人同全体无产者的关系，必须给予明确的回答。

"共产党人不是同其他工人政党相对立的特殊政党。

他们没有任何同整个无产阶级的利益不同的利益。

他们不提出任何特殊的原则，用以塑造无产阶级的运动。"③

马克思、恩格斯用以上三句简短有力的话语，明确阐明了共产党的性质。

当然，共产党也有同其他无产阶级政党不同的地方，这是什么呢？马克思、恩格斯继续写道：

"共产党人同其他无产阶级政党不同的地方只是：一方面，在无产者不同的民族的斗争中，共产党人强调和坚持整个无产阶级共同的不分民族的利益；另一方面，在无产阶级和资产阶级的斗争所经历的各个发展阶段上，共产党人始终代表整个运动的利益。"④

"因此，在实践方面，共产党人是各国工人政党中最坚决的、始终起推

---

① 《马克思恩格斯选集》第1卷，人民出版社2012年版，第411—412页。
② 《马克思恩格斯选集》第1卷，人民出版社2012年版，第412—413页。
③ 《马克思恩格斯选集》第1卷，人民出版社2012年版，第413页。
④ 《马克思恩格斯选集》第1卷，人民出版社2012年版，第413页。

动作用的部分；在理论方面，他们胜过其余无产阶级群众的地方在于他们了解无产阶级运动的条件、进程和一般结果。"①

这就是说，共产党同一般工人政党、工人组织不同的地方，只是在于：它坚持无产阶级国际主义；在反对资产阶级的各个发展阶段上，始终坚持共产主义的伟大目标；在斗争中，它是最坚决、最彻底的先进部分，是用科学理论武装起来的无产阶级先锋队组织。

共产党的任务和目的又是什么？马克思、恩格斯写道：

"共产党人的最近目的是和其他一切无产阶级政党的最近目的一样的：使无产阶级形成为阶级，推翻资产阶级的统治，由无产阶级夺取政权。"②这就是无产阶级革命和无产阶级专政的思想。

"共产主义的特征并不是要废除一般的所有制，而是要废除资产阶级的所有制。"

"共产党人可以把自己的理论概括为一句话：消灭私有制。"③

很明显，消灭资本主义所有制和一切私有制，实现共产主义，这就是共产党的任务和目的。

在明确了共产党的性质、目的和任务以后，马克思、恩格斯对当时流行的攻击共产党人和共产党的种种谬论进行了驳斥。

有一种论调说，共产党要消灭私有制，就是"要消灭个人挣得的、自己劳动得来的财产，要消灭构成个人的一切自由、活动和独立的基础的财产"。

马克思、恩格斯驳斥道：好一个劳动得来、自己挣得的、自己赚来的财产！你们说的是资产阶级所有制以前的那种小资产者的、小农的财产吗？那种财产用不着我们去消灭，工业的发展已经把它消灭了，而且每天都在

---

① 《马克思恩格斯选集》第1卷，人民出版社2012年版，第413页。
② 《马克思恩格斯选集》第1卷，人民出版社2012年版，第413页。
③ 《马克思恩格斯选集》第1卷，人民出版社2012年版，第414页。

消灭它。或者，你们说的是现代的资产阶级的私有财产吧，这种私有财产只有资产者才占有，对于无产者来说，根本就没有。共产党人要消灭私有制，并不是要消灭个人财产。"因此，把资本变为公共的、属于社会全体成员的财产，这并不是把个人财产变为社会财产。这里所改变的只是财产的社会性质。它将失掉它的阶级性质。"①

"我们要消灭私有制，你们就惊慌起来。但是，在你们的现存社会里，私有财产对十分之九的成员来说已经被消灭了；这种私有制之所以存在，正是因为私有财产对十分之九的成员来说已经不存在。可见，你们责备我们，是说我们要消灭那种以社会上的绝大多数人没有财产为必要条件的所有制。

总而言之，你们责备我们，是说我们要消灭你们的那种所有制。的确，我们是要这样做的。"②

还有一种论调说，"私有制一消灭，一切活动就会停止，懒惰之风就会兴起"。

马克思、恩格斯驳斥道："这样说来，资产阶级社会早就应该因懒惰而灭亡了，因为在这个社会里劳者不获，获者不劳。"③

"你们共产党人是要实行公妻制的啊。整个资产阶级异口同声地向我们这样叫喊。"这不就是后来流传的"共产党要共产共妻"谬论的源头吗！原来，当共产党在世界上刚刚产生时，这种谬论就有了啊！

马克思、恩格斯对此驳斥道："资产者是把自己的妻子看作单纯的生产工具的。他们听说生产工具将要公共使用，自然就不能不想到妇女也会遭到同样的命运。""他们想也没有想到，问题正在于使妇女不再处于单纯生

---

① 《马克思恩格斯选集》第1卷，人民出版社2012年版，第415页。
② 《马克思恩格斯选集》第1卷，人民出版社2012年版，第416页。
③ 《马克思恩格斯选集》第1卷，人民出版社2012年版，第417页。

产工具的地位。"①

"还有人责备共产党人，说他们要取消国家，取消民族。"

在驳斥这种论调时，马克思、恩格斯明确提出了"工人没有祖国"的命题。这又应该如何理解呢？在马克思、恩格斯看来，资本主义社会里，国家政权变成了"管理整个资产阶级的共同事务的委员会"，是镇压无产阶级的工具，这个国家并不是真正属于无产阶级的。"工人没有祖国"，正是从这个意义上来说的。相反，无产阶级正是要通过斗争取得政权，建立属于自己的国家。所以，马克思、恩格斯说：

"工人革命的第一步就是使无产阶级上升为统治阶级，争得民主。"

"无产阶级将利用自己的政治统治，一步一步地夺取资产阶级的全部资本，把一切生产工具集中在国家即组织成为统治阶级的无产阶级手里，并且尽可能快地增加生产力的总量。"②

马克思、恩格斯还看到，随着资产阶级的发展，随着贸易自由的实现和世界市场的建立，随着工业生产以及与之相适应的生活条件的趋于一致，"各国人民之间的民族分隔和对立日益消失"。"无产阶级的统治将使它们更快地消失。联合的行动，至少是各文明国家的联合的行动，是无产阶级获得解放的首要条件之一。"③无产阶级只有打破民族的、国家的界限，实现全世界无产者的大联合，才能获得自己的解放。

4. 共产主义革命要实行最彻底的"两个决裂"

"共产主义革命就是同传统的所有制关系实行最彻底的决裂；毫不奇怪，它在自己的发展进程中要同传统的观念实行最彻底的决裂。"④

---

① 《马克思恩格斯选集》第1卷，人民出版社2012年版，第418页。
② 《马克思恩格斯选集》第1卷，人民出版社2012年版，第421页。
③ 《马克思恩格斯选集》第1卷，人民出版社2012年版，第419页。
④ 《马克思恩格斯选集》第1卷，人民出版社2012年版，第421页。

这是马克思、恩格斯的名言。他们从社会存在决定社会意识的历史唯物主义观点，论述了"两个决裂"的思想。

社会意识产生于社会存在，是由社会存在决定的，"思想的历史除了证明精神生产随着物质生产的改造而改造，还证明了什么呢？"[1]马克思、恩格斯在批判资产阶级的私有观念时指出："你们的观念本身是资产阶级的生产关系和所有制关系的产物……你们的利己观念使你们把自己的生产关系和所有制关系从历史的、在生产过程中是暂时的关系变成永恒的自然规律和理性规律，这种利己观念是你们和一切灭亡了的统治阶级所共有的。"[2]这就是说，观念产生于生产关系，特别是产生于所有制关系。私有观念是私有制的产物，是一切以往的统治阶级即剥削阶级的思想观念。

马克思、恩格斯还指明了在阶级社会里，社会意识是经济上占统治地位的阶级的思想意识，不是整个社会各阶级的共同意识。"任何一个时代的统治思想始终都不过是统治阶级的思想。"[3]

马克思、恩格斯还写道："人们的观念、观点和概念，一句话，人们的意识，随着人们的生活条件、人们的社会关系、人们的社会存在的改变而改变。"[4]这是说，一定的社会意识总是由一定的社会存在所决定的，随着社会存在的改变，社会意识也就必然会改变。

既然社会意识随着社会存在的发展而发展，那么，共产主义社会将会产生同传统观念决裂的崭新的思想。共产主义革命在同传统的所有制关系实行最彻底的决裂的同时，必须同传统的观念实行最彻底的决裂，这是从社会意识的具体性、历史性必然得出的科学结论。产生于私有制的私有观念必将随着私有制的消灭而消失，共产主义思想必将随着共产主义革命的

---

[1] 《马克思恩格斯选集》第1卷，人民出版社2012年版，第420页。
[2] 《马克思恩格斯选集》第1卷，人民出版社2012年版，第417页。
[3] 《马克思恩格斯选集》第1卷，人民出版社2012年版，第420页。
[4] 《马克思恩格斯选集》第1卷，人民出版社2012年版，第419—420页。

胜利而葆其美妙之青春。

马克思、恩格斯又一次对美好的共产主义社会进行了描述：

"当阶级差别在发展进程中已经消失而全部生产集中在联合起来的个人的手里的时候，公共权力就失去政治性质。原来意义上的政治权力，是一个阶级用以压迫另一个阶级的有组织的暴力。如果说无产阶级在反对资产阶级的斗争中一定要联合为阶级，通过革命使自己成为统治阶级，并以统治阶级的资格用暴力消灭旧的生产关系，那么它在消灭这种生产关系的同时，也就消灭了阶级对立的存在条件，消灭了阶级本身的存在条件，从而消灭了它自己这个阶级的统治。"

"代替那存在着阶级和阶级对立的资产阶级旧社会的，将是这样一个联合体，在那里，每个人的自由发展是一切人的自由发展的条件。"①

美好的共产主义社会是一个没有任何阶级和阶级对立的社会，国家——作为一个阶级用以压迫另一个阶级的有组织的暴力工具，也就会失去政治性质，整个社会将会成为一个联合体，在这个联合体中，每个人将会获得自由的、全面的发展。

在《宣言》的最后，马克思、恩格斯以无产阶级革命家的伟大气魄，气势磅礴地向全世界庄严宣告：

"共产党人不屑于隐瞒自己的观点和意图。他们公开宣布：他们的目的只有用暴力推翻全部现存的社会制度才能达到。让统治阶级在共产主义革命面前发抖吧。无产者在这个革命中失去的只是锁链。他们获得的将是整个世界。"

"全世界无产者，联合起来！"②

在世人的心目中，马克思的名字始终是与共产主义联系在一起的。不过，这不是空想的，而是科学的共产主义。

---

① 《马克思恩格斯选集》第1卷，人民出版社2012年版，第422页。
② 《马克思恩格斯选集》第1卷，人民出版社2012年版，第435页。

现实意义

《共产党宣言》是对马克思主义第一次系统的表述。它科学论证了社会主义代替资本主义的历史必然性，系统阐述了科学社会主义的一般原理，明确划分了科学社会主义与其他社会主义流派的界限，奠定了无产阶级政党学说的基础，为全世界无产阶级和劳动群众争取自由解放提供了强大的思想武器。

写《共产党宣言》的时候，马克思只有29岁，恩格斯只有27岁。这么年轻就开始思考上述如此高深的问题，并且还给出了大胆而正确的回答。这充分说明，马克思、恩格斯确实是世界上最伟大的思想家。

《共产党宣言》的诞生，开创了无产阶级革命的新纪元。它发表至今，尽管社会历史条件发生了巨大的变化，但是，它所阐述的基本原理至今也没有过时，仍然保持着强大的生命力。正如马克思、恩格斯在1872年德文版序言中所说：不管情况发生了多大的变化，"这个《宣言》中所阐述的一般原理整个说来直到现在还是完全正确的"[1]。

160多年来，《共产党宣言》被翻译成200多种语言，出版了数千个版本，成为全世界发行量最大、传播最广的经典著作。由于以它为代表的马克思主义的传播，世界上产生了数量众多的共产党组织，形成了一批社会主义国家，打破了资本主义一统天下的世界格局。

马克思、恩格斯的名字以及《共产党宣言》的一些思想，最早于1899年传入中国。1920年，北京、上海共产主义小组组织了《共产党宣言》的翻译工作，同年8月由陈望道翻译的第一个中文全译本《共产党宣言》在上海出版。这为中国共产党的成立和发展提供了重要的理论基础。这一年，27岁的毛泽东在北京第一次读了中译本《共产党宣言》和考茨基写的《阶

---

[1] 《马克思恩格斯选集》第1卷，人民出版社2012年版，第376页。

级斗争》、英国人柯卡普写的《社会主义史》，他说："我才知道人类自有史以来就有阶级斗争，阶级斗争是社会发展的原动力，初步地得到认识问题的方法论。可是这些书上，并没有中国的湖南、湖北，也没有中国的蒋介石和陈独秀。我只取了四个字，'阶级斗争'，老老实实地来开始研究实际的阶级斗争。"① 也就在这一年的夏天，毛泽东开始成为一个马克思主义者。他说：我一旦接受了马克思主义对历史的正确解释以后，我对马克思主义的信仰就没有动摇过。邓小平也说过，他的入门的教师是《共产党宣言》，并指导了他一生的革命生涯。可见，《共产党宣言》对中国的两位伟人的影响是多么的大！

　　人类社会的历史车轮已经驶进了21世纪，中国现在正走在建设中国特色社会主义的大道上，为实现中华民族伟大复兴的中国梦而不懈地奋斗着。马克思、恩格斯早就提醒说：对于《共产党宣言》中阐述的基本原理的实际运用，"随时随地都要以当时的历史条件为转移"②。中国特色社会主义正是把《共产党宣言》中所阐述的基本原理同中国的具体实际相结合的产物，是以中国的历史条件为转移的。从道路层面上说，中国特色社会主义道路是马克思、恩格斯开创的科学社会主义道路的继续；从理论层面上说，中国特色社会主义理论是马克思、恩格斯创立的科学社会主义理论与中国具体实际相结合的产物；从制度层面上说，中国特色社会主义制度是马克思、恩格斯开创的科学社会主义制度在中国的创造。当前，建设中国特色社会主义已经进入了关键时期。党的十八大指出："新形势下，党面临的执政考验、改革开放考验、市场经济考验、外部环境考验是长期的、复杂的、严峻的，精神懈怠危险、能力不足危险、脱离群众危险、消极腐败危险更加尖锐地摆在全党面前。"这个时候，广大党员、干部认真读一读这篇文章，有助于我们树立正确的世界观、人生观、价值观，坚定道路自信、理论自

---

① 《毛泽东农村调查文集》，人民出版社1982年版，第21、22页。
② 《马克思恩格斯选集》第1卷，人民出版社2012年版，第376页。

信、制度自信,矢志不渝地进行中国特色社会主义建设,实现中国民族伟大复兴的中国梦。

《共产党宣言》从历史唯物主义原理出发,科学论证了人类社会发展的各个历史阶段和总趋势,深刻阐明了"两个必然",即"资产阶级的灭亡和无产阶级的胜利是同样不可避免的"科学论断。根据资本主义的新变化,马克思、恩格斯对资本主义的生命力和扩张力有了新思考。马克思从资本主义渡过1857年危机并得到进一步发展的事实中意识到这个问题,因而1859年在《〈政治经济学批判〉序言》中,从理论上提出了"两个决不会"的思想,即:"无论哪一个社会形态,在它所能容纳的全部生产力发挥出来以前,是决不会灭亡的;而新的更高的生产关系,在它的物质存在条件在旧社会的胎胞里成熟以前,是决不会出现的。"[1] 这"两个必然"、"两个决不会",深刻揭示了社会主义代替资本主义的历史必然性和长期性。

当今时代,人类社会发生了巨大深刻的变化,但总的发展趋势并没有发生改变。当代资本主义虽然也出现了许多新的变化,但其固有矛盾没有也不可能从根本上改变。1997年和2008年的两次国际金融危机,再次证明了马克思揭示的资本主义基本矛盾的深刻性,揭示了资本主义危机的深刻根源和资本主义制度的不合理性。尽管苏东剧变后,世界社会主义运动暂时处于低潮,但世界上为追求美好未来的进步力量的斗争并没有停止,特别是近年来随着中国特色社会主义不断取得成功,社会主义日益受到世界各国的关注。学习《共产党宣言》,就要不断加深对人类历史发展趋势的正确认识,坚定中国特色社会主义共同理想和共产主义远大理想。同时,必须认识到,实现共产主义是一个非常漫长而艰巨的历史过程,只有在社会主义社会充分发展和高度发达的基础上才能实现。这就需要我们要立足我国正处于并将长期处于社会主义初级阶段这个实际,脚踏实地地为实现党在现阶段的基本纲领而不懈努力。

---

[1] 《马克思恩格斯选集》第2卷,人民出版社2012年版,第3页。

六、对物质生产各要素关系的分析
——学习《〈政治经济学批判〉导言》

《〈政治经济学批判〉导言》是马克思于1857年8月下旬,为一部计划撰写的政治经济学巨著所写的《总的导言》的草稿,是马克思的一篇没有最后完成的著作。它在马克思生前没有发表,直到1902年才在他的遗稿中发现。1903年,考茨基把这部手稿第一次用德文发表在《新时代》杂志上。

写作背景

马克思计划撰写的一部政治经济学巨著,指的就是《政治经济学批判》。这是马克思的一部手稿,大约写于1857年10月中旬至1858年5月底。它是马克思《资本论》的最初草稿,被称为《资本论》第一稿。这个手稿篇幅巨大,在《资本论》创作史和马克思主义发展史上占有非常重要的地位。写作这部手稿前,马克思进行了15年的各方面的科学研究工作,研究了大量的社会经济文献,提出了自己的经济学说的原理。1858年11月12日,马克思在一封信中称这部手稿是他"一生中的黄金时代的研究成果"①。

1859年1月,马克思对"自己研究政治经济学的经过"进行了回顾。他写道:"1848年和1849年《新莱茵报》的出版以及随后发生的一些事变,

---

① 《马克思恩格斯文集》第10卷,人民出版社2009年版,第167页。

打断了我的经济研究工作,到1850年我才能在伦敦重新进行这一工作。"①一方面,"英国博物馆中堆积着政治经济学史的大量资料,伦敦对于考察资产阶级社会是一个方便的地点";另一方面,随着美国在加利福尼亚和澳大利亚发现了丰富的金矿,"资产阶级社会看来进入了新的发展阶段"。马克思说:"这一切决定我再从头开始,批判地仔细钻研新的材料。"②马克思还说,他之所以要简短地叙述自己在研究政治经济学方面的经过,"只是要证明,我的见解,不管人们对它怎样评论,不管它多么不合乎统治阶级的自私的偏见,却是多年诚实研究的结果"③。他还表示:"在科学的入口处,正像在地狱的入口处一样,必须提出这样的要求:'这里必须根绝一切犹豫;这里任何怯懦都无济于事。'"④这后面两句"这里",是意大利文艺复兴时期的伟大诗人但丁在他的作品《神曲》中的话。马克思加以引用,表明了他为科学研究所具有的一种勇敢献身精神。

马克思为什么要写这篇《导言》呢?这同1857年爆发了席卷欧美的世界性经济危机有很大的关系。当时马克思在给恩格斯的一封信中这样说:"我现在发狂似的通宵总结我的经济学研究,为的是在洪水之前至少把一些基本问题搞清楚。"⑤

 主要内容

马克思撰写这篇《导言》的目的是:第一,为了揭示资本主义经济危

---

① 《马克思恩格斯选集》第2卷,人民出版社2012年版,第4页。
② 《马克思恩格斯选集》第2卷,人民出版社2012年版,第4页。
③ 《马克思恩格斯选集》第2卷,人民出版社2012年版,第5页。
④ 《马克思恩格斯选集》第2卷,人民出版社2012年版,第5页。
⑤ 《马克思恩格斯文集》第10卷,人民出版社2009年版,第140页。

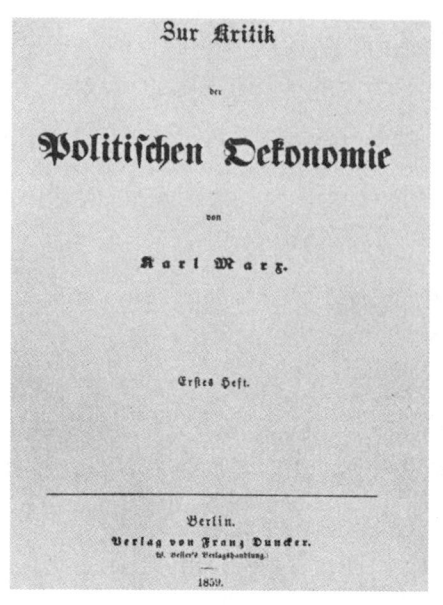

左图为《政治经济学批判 第一册》（1859年版扉页）；右图为《政治经济学批判·序言》。

机的原因和实质；第二，批判资产阶级政治经济学的唯心主义和为资本主义制度辩护的阶级实质。

《导言》全篇共分四部分。

（1）生产。主要阐明政治经济学的研究对象，批判了资产阶级在物质生产问题上的唯心主义和形而上学的观点。

（2）生产与分配、交换、消费的一般关系。通过批判资产阶级经济学关于生产与分配、交换、消费关系的错误论调，系统地论证了生产与分配、交换、消费的一般关系，确定了生产在社会经济生活中占决定地位的原理。

（3）政治经济学的方法。阐明了政治经济学方法的基本原理。这里，马克思提出在政治经济学的研究中有两种方法：一种是，"从实在和具体开始，从现实的前提开始"；[1] 另一种是，"从表象中的具体达到越来越稀薄的

---

[1] 《马克思恩格斯选集》第2卷，人民出版社2012年版，第700页。

抽象，直到我达到一些最简单的规定"①。前一种方法就是从具体上升到抽象的方法，它"是经济学在它产生时期在历史上走过的道路"；后一种方法就是从抽象上升到具体的方法，这"显然是科学上正确的方法"。②需要指出的是，从抽象上升到具体中的"具体之所以具体，因为它是许多规定的综合，因而是多样性的统一。因此它在思维中表现为综合的过程，表现为结果，而不是表现为起点，虽然它是现实的起点，因而也是直观和表象的起点"③。这就是说，从抽象上升到具体中的具体，是现实的具体在思维中的综合反映。

（4）生产。生产资料和生产关系。生产关系和交往关系。国家形式和意识形式同生产关系和交往关系的关系。法的关系。家庭关系。这一节没有最后完成，仅是一个研究和写作的提纲。但从这一部分的标题和要点中可以看出，其涉及的内容十分丰富。马克思是要通过论述生产关系和生产力、上层建筑和经济基础的相互关系，进一步说明政治经济学是在这种相互关系和它们的矛盾运动中研究生产关系的。

从上述这些基本内容中可以看出，这篇《导言》是马克思留下的一部关于政治经济学的研究对象、方法和对物质生产各要素及其相互关系进行分析的系统理论著作。

1. 一定社会性质的物质生产是政治经济学的研究对象

马克思在《导言》的一开头就指出："摆在面前的对象，首先是物质生产。"④那么，如何理解物质生产呢？英国资产阶级经济学家如斯密、李嘉图等，虽然也把物质生产作为研究的出发点，但他们不顾物质生产的社会性质，把物质生产理解为单个的孤立的个人在社会之外进行的生产。马克思

---

① 《马克思恩格斯选集》第2卷，人民出版社2012年版，第700页。
② 《马克思恩格斯选集》第2卷，人民出版社2012年版，第701页。
③ 《马克思恩格斯选集》第2卷，人民出版社2012年版，第701页。
④ 《马克思恩格斯选集》第2卷，人民出版社2012年版，第683页。

认为，这种单个的孤立的个人，"属于18世纪的缺乏想象力的虚构。这是鲁滨逊一类的故事"①。鲁滨逊是英国作家笛福所著长篇小说《鲁滨逊漂流记》中的主人翁。讲的是水手鲁滨逊遇险幸存后，在一个荒凉的小岛上一个人如何孤独生活的故事。"这种个人是曾在过去存在过的理想"，是"美学上的假象"，是"毫无想象力的虚构"。

关于物质生产的性质，马克思是怎样论述的呢？他指出：

"在社会中进行生产的个人，——因而，这些个人的一定社会性质的生产，当然是出发点。"②

"我们越往前追溯历史，个人，从而也是进行生产的个人，就越表现为不独立，从属于一个较大的整体"③。

"人是最名副其实的政治动物，不仅是一种合群的动物，而且是只有在社会中才能独立的动物。孤立的一个人在社会之外进行生产——这是罕见的事，在已经内在地具有社会力量的文明人偶然落到荒野时，可能会发生这种事情——就像许多个人不在一起生活和彼此交谈而竟有语言发展一样，是不可思议的。"④

在马克思看来，人总是生活在一定社会之中的人，由这些人进行的物质生产，必然是具有一定社会性质的生产。孤立的一个人在社会之外进行生产是不可思议的。

马克思还提出一个重要思想："说到生产，总是指在一定社会发展阶段上的生产——社会个人的生产。"⑤他明确指出，政治经济学研究的是"一定社会发展阶段上的生产"，但不是"要把历史发展过程在它的各个阶段上

---

① 《马克思恩格斯选集》第2卷，人民出版社2012年版，第683页。
② 《马克思恩格斯选集》第2卷，人民出版社2012年版，第683页。
③ 《马克思恩格斯选集》第2卷，人民出版社2012年版，第684页。
④ 《马克思恩格斯选集》第2卷，人民出版社2012年版，第684页。
⑤ 《马克思恩格斯选集》第2卷，人民出版社2012年版，第685页。

——加以研究"。"我们指的是某个一定的历史时代，例如，是现代资产阶级生产——这种生产事实上是我们研究的本题。"①资产阶级经济学家却抹杀不同社会发展阶段上的物质生产的历史差别，只谈"生产一般"。马克思对这种论调进行了批判。他指出，各个时代的物质生产有某些共同标志、共同规定。如果"生产一般"这个抽象，真正把物质生产的共同点提出来，"它就是一个合理的抽象"。但是，决不因为见到这种抽象的统一，"而忘记本质的差别"。虽然，"政治经济学不是工艺学"，它不研究一个个特殊生产部门。但是，它研究的物质生产总是指在一定社会发展阶段上的生产。"那些证明现存社会关系永存与和谐的现代经济学家的全部智慧，就在于忘记这种差别。"②例如，他们从"生产一般"出发，以生产从来离不开生产工具，离不开过去的、积累下来的劳动为理由，说资本"也是生产工具，也是过去的、客体化了的劳动"，把资本看成"是一种一般的、永存的自然关系"。这就是把资本主义生产关系说成是永存的、合理的，从而为所谓资本主义生产关系永世长存制造理论根据。

总之，在马克思看来，一定社会性质的物质生产是政治经济学的研究对象。为此，就必须研究物质生产的社会性质，即生产关系。研究生产关系中的个人，就不能脱离社会性质来谈个人。因此，政治经济学不仅要研究一定社会发展阶段上的特殊生产，而且，特别要研究现代资产阶级社会的生产。

2. 物质生产是由生产和分配、交换、消费组成的统一体

既然一定社会性质的物质生产是政治经济学的研究对象，那么，马克思进一步考察了社会物质生产的内部结构，分析了社会物质生产各个方面相互关系的总过程。

---

① 《马克思恩格斯选集》第2卷，人民出版社2012年版，第685页。
② 《马克思恩格斯选集》第2卷，人民出版社2012年版，第685页。

在《导言》第二节一开头，马克思说了这样一大段话：

"在生产中，社会成员占有（开发、改造）自然产品供人类需要；分配决定个人分取这些产品的比例；交换给个人带来他想用分配给他的一份去换取的那些特殊产品；最后，在消费中，产品变成享受的对象，个人占有的对象。生产制造出适合需要的对象；分配依照社会规律把它们分配；交换依照个人需要把已经分配的东西再分配；最后，在消费中，产品脱离这种社会运动，直接变成个人需要的对象和仆役，供个人享受而满足个人的需要。因而，生产表现为起点，消费表现为终点，分配和交换表现为中间环节，这中间环节又是二重的，分配被规定为从社会出发的要素，交换被规定为从个人出发的要素。"①

这是马克思对物质生产是一个由生产和分配、交换、消费组成的统一体的总体性描绘。这就是说，生产制造出适合需要的产品；分配依照社会规律决定个人分配这些产品的比例；交换依照个人需要把已经分配的东西再分配；最后，在消费中，产品摆脱这种社会运动，直接变成个人需要的对象和仆役，供个人享受而满足个人的需要。因而，生产表现为起点，消费表现为终点，分配和交换表现为中间环节。社会物质生产就是这样一个在总体性中活动着的循环往复的过程。

3. 生产与分配、交换、消费的一般关系

马克思以生产为出发点，分析了生产与分配、交换、消费的一般关系。

生产和消费的关系。这是一种辩证关系，把两者的关系割裂和等同起来都是错误的。马克思是这样分析这两者之间的辩证关系的：

首先，"生产直接也是消费"②。这种消费，一方面表现为个人在生产当中发展自己的能力，也在生产行为中支出和消耗这种能力；另一方面还表现

---

① 《马克思恩格斯选集》第2卷，人民出版社2012年版，第688—689页。
② 《马克思恩格斯选集》第2卷，人民出版社2012年版，第690页。

为生产资料的消费。生产资料被使用、被消耗、一部分（如在燃烧中）重新分解为一般元素。原料的消费也是这样，原料不再保持自己的自然形状和特性，这种自然形状和特性倒是消耗掉了。"因此，生产行为本身就它的一切要素来说也是消费行为。"

其次，"消费直接也是生产"[①]。马克思说："正如在自然界中元素和化学物质的消费是植物的生产一样。例如，在吃喝这一种消费形式中，人生产自己的身体，这是明显的事。而对于以这种或那种方式从某一方面来生产人的其他任何消费方式也都可以这样说。"[②]

第三，"消费从两方面生产着生产"。一方面，只是在消费中产品才成为现实的产品。例如，一件衣服由于穿的行为才现实地成为衣服；一间房屋无人居住，事实上就不成其为现实的房屋；一条铁路，如果没有通车、不被磨损、不被消费，它只是可能性的铁路，不是现实性的铁路。因此，产品不同于单纯的自然存在物，"它在消费中才证实自己是产品，才成为产品。消费是在把产品消灭的时候才使产品最后完成"[③]。另一方面，消费创造出新的生产的需要，因而创造出生产的观念上的内在动机，后者是生产的前提。

第四，"生产生产着消费"。它表现在三个方面：首先，它为消费提供材料、对象。消费而无对象，不成其消费；因而生产在这方面创造出、生产出消费。其次，它给予消费以消费的规定性、消费的性质，使消费得以完成。正如消费使产品得以完成其为产品一样，生产使消费得以完成。马克思举例说："饥饿总是饥饿，但是用刀叉吃熟肉来解除的饥饿不同于用手、指甲和牙齿啃生肉来解除的饥饿。因此，不仅消费的对象，而且消费的方式，不仅在客体方面，而且在主体方面，都是生产所生产的。所以，生产创造

---

① 《马克思恩格斯选集》第2卷，人民出版社2012年版，第690页。
② 《马克思恩格斯选集》第2卷，人民出版社2012年版，第690页。
③ 《马克思恩格斯选集》第2卷，人民出版社2012年版，第691页。

消费者。"① 其三，生产不仅为需要提供材料，而且它也为材料提供需要。

这样，马克思把生产和消费的辩证关系表述如下：

"生产直接是消费，消费直接是生产。每一方直接是它的对方。可是同时在两者之间存在着一种中介运动。生产中介着消费，它创造出消费的材料，没有生产，消费就没有对象。但是消费也中介着生产，因为正是消费替产品创造了主体，产品对这个主体才是产品。产品在消费中才得到最后完成。……没有生产，就没有消费；但是，没有消费，也就没有生产，因为如果没有消费，生产就没有目的。"②

从马克思的这些论述中可以看出，生产和消费的辩证关系主要体现在三个方面：一是具有直接的同一性。生产是消费，消费是生产。二是具有相互依存、互为中介、互为手段性。生产中介着消费，它创造出消费的材料，没有生产，消费也就没有对象。消费也是生产的中介，消费为生产提供目的、需要和内在对象；消费为产品创造主体，产品在消费中才能得到最后完成，所以没有消费也就没有生产。三是具有相互生产、互相创造对方性。"两者的每一方由于自己的实现才创造对方；每一方是把自己当作对方创造出来。"③ 消费生产着、创造着生产；生产生产出消费。

但是，马克思特别强调，不仅不能把生产和消费的这种辩证关系割裂开来，而且更不能把生产和消费等同起来。他指出："这里要强调的主要之点是：无论我们把生产和消费看作一个主体的活动或者许多个人的活动，它们总是表现为一个过程的两个要素，在这个过程中，生产是实际的起点，因而也是起支配作用的要素。消费，作为必需，作为需要，本身就是生产活动的一个内在要素。但是生产活动是实现的起点，因而也是实现的起支

---

① 《马克思恩格斯选集》第2卷，人民出版社2012年版，第692页。
② 《马克思恩格斯选集》第2卷，人民出版社2012年版，第691页。
③ 《马克思恩格斯选集》第2卷，人民出版社2012年版，第693页。

配作用的要素，是整个过程借以重新进行的行为。"①生产是实际的起点，是起支配作用的要素，而消费只是表现为生产的一个内在要素。

关于生产和分配的关系，马克思主要是通过批判资产阶级庸俗经济学的分配决定论，来正确阐述两者的关系的。资产阶级庸俗经济学，是指19世纪初以后的为资本主义制度辩护的政治经济学。"他们直觉地把分配形式看成是一定社会中的生产各要素借以得到确定的最确切的表现"，认为"分配先于生产"。他们的理由是，一个人一开始就没有资本，也没有地产，他一出生就由社会分配指定专门从事雇佣劳动。这样，他们"不是把生产而是把分配说成现代经济学的本题"。②

对这个问题，让我们看一看马克思是怎样说的：

马克思认为，分配先于生产的情况在历史上似乎存在。他说："就整个社会来看，分配似乎还从一方面先于生产，并且决定生产；似乎是先于经济的事实。"③他举例说，一个征服者民族在征服者之间分配土地，因而造成了地产的一定的分配和形式；由此决定了生产。或者，它使被征服的民族成为奴隶，于是使奴隶劳动成为生产的基础。或者，一个民族经过革命把大地产分割成小块土地，从而通过这种新的分配使生产有了一种新的性质。如此等等。"在所有这些历史上有过的情况下，似乎不是生产安排和决定分配，而相反地是分配安排和决定生产。"④但是，这并不能说明分配先于生产，决定生产。

在马克思看来，把分配理解为仅仅是产品的分配，从而得出分配"仿佛离开生产很远，似乎对生产是独立的"结论，这种理解是"最浅薄的理解"。事实上，分配包括两种分配，即生产要素（生产条件）的分配和产品

---

① 《马克思恩格斯选集》第2卷，人民出版社2012年版，第694页。
② 《马克思恩格斯选集》第2卷，人民出版社2012年版，第695—696页。
③ 《马克思恩格斯选集》第2卷，人民出版社2012年版，第696页。
④ 《马克思恩格斯选集》第2卷，人民出版社2012年版，第696页。

的分配。"在分配是产品的分配之前，它是（1）生产工具的分配，（2）社会成员在各类生产之间的分配"。"这种分配包含在生产过程本身中并且决定生产的结构，产品的分配显然只是这种分配的结果。如果在考察生产时把包含在其中的这种分配撇开，生产显然是一个空洞的抽象；相反，有了这种本来构成生产的一个要素的分配，产品的分配自然也就确定了。"①

马克思着重分析的是生产要素（生产条件），如生产工具的分配，认为"这显然是属于生产本身内部的问题"。"如果有人说，既然生产必须从生产工具的一定的分配出发，至少在这个意义上分配先于生产，成为生产的前提，那么就应该答复他说，生产实际上有它的条件和前提，这些条件和前提构成生产的要素。这些要素最初可能表现为自然发生的东西。通过生产过程本身，它们就从自然发生的东西变成历史的东西，并且对于这一个时期表现为生产的自然前提，对于前一个时期就是生产的历史结果。它们在生产本身内部被不断地改变。例如，机器的应用既改变了生产工具的分配，也改变了产品的分配。"②这就是说，社会成员和生产资料在生产过程的起始阶段，首先要按一定的生产关系进行分配，即什么素质的社会成员安置在什么样的生产部门和干什么，什么样的生产资料为社会成员的哪些人所占有等等。以这种生产条件和前提的分配，就形成了生产要素（生产条件）的结合形式。所以说，生产要素（生产条件）的分配决定生产的结构。人们只有在这种生产结构中才能生产出可分配的产品。因此，生产要素（生产条件）的分配不是先于生产的分配，而是包含在生产过程之中，属于生产本身内部的问题。这种生产要素的分配在本身内部不断地改变，也不断地改变着产品的分配。

马克思的结论就是："分配的结构完全决定于生产的结构。分配本身是生产的产物，不仅就对象说是如此，而且就形式说也是如此。就对象说，

---

① 《马克思恩格斯选集》第2卷，人民出版社2012年版，第696页。
② 《马克思恩格斯选集》第2卷，人民出版社2012年版，第696—697页。

能分配的只是生产的成果，就形式说，参与生产的一定方式决定分配的特殊形式，决定参与分配的形式。"①

在生产和交换的关系上，马克思先谈了交换和流通的关系："流通本身只是交换的一定要素，或者也是从交换总体上看的交换。"②

"既然交换只是生产和由生产决定的分配一方同消费一方之间的中介要素，而消费本身又表现为生产的一个要素，交换显然也就作为生产的要素包含在生产之内。"③马克思在这里强调的是：交换作为生产的要素并包含在生产之内。

接着，马克思从交换的四种形式，进一步说明了交换作为生产的要素并包含在生产之内的观点。"第一，很明显，在生产本身中发生的各种活动和各种能力的交换，直接属于生产，并且从本质上组成生产。第二，这同样适用于产品交换，只要产品交换是用来制造供直接消费的成品的手段。在这个限度内，交换本身是包含在生产之中的行为。第三，所谓实业家之间的交换，不仅从它的组织方面看完全决定于生产，而且本身也是生产活动。只有在最后阶段上，当产品直接为了消费而交换的时候，交换才表现为独立于生产之旁，与生产漠不相干。"但是，如果没有分工，不论这种分工是自然发生的或者本身已经是历史的结果，也就没有交换。交换的深度、广度和方式都是由生产的发展和结构决定的。例如，城乡之间的交换，乡村中的交换，城市中的交换等等。"可见，交换就其一切要素来说，或者是直接包含在生产之中，或者是由生产决定。"④

最后，马克思对生产与分配、交换、消费的一般关系作了总结性的论述："我们得到的结论并不是说，生产、分配、交换、消费是同一的东西，

---

① 《马克思恩格斯选集》第2卷，人民出版社2012年版，第695页。
② 《马克思恩格斯选集》第2卷，人民出版社2012年版，第698页。
③ 《马克思恩格斯选集》第2卷，人民出版社2012年版，第698页。
④ 《马克思恩格斯选集》第2卷，人民出版社2012年版，第698—699页。

而是说，它们构成一个总体的各个环节，一个统一体内部的差别。生产既支配着与其他要素相对而言的生产自身，也支配着其他要素。过程总是从生产重新开始。交换和消费不能是起支配作用的东西，这是不言而喻的。分配，作为产品的分配，也是这样。而作为生产要素的分配，它本身就是生产的一个要素。因此，一定的生产决定一定的消费、分配、交换和这些不同要素相互间的一定关系。当然，生产就其单方面形式来说也决定于其他要素。例如，当市场扩大，即交换范围扩大时，生产的规模也就增大，生产也就分得更细。随着分配的变动，例如，随着资本的积聚，随着城乡人口的不同的分配等等，生产也就发生变动。最后，消费的需要决定着生产。不同要素之间存在着相互作用。每一个有机整体都是这样。"①

现 实 意 义

马克思的这篇《导言》虽然其第四部分没有最后完成，但是，整篇文章为马克思主义政治经济学的形成奠定了理论基础。

这篇著作通篇主要是围绕物质生产而展开的，强调物质生产在各经济要素中起决定性、支配性的作用。生产力是推动人类社会进步的最活跃、最革命的要素，任何社会概不能外。学习这篇著作，首先要树立物质生产是社会生活的基础的观点，进一步明确社会主义的根本任务是解放和发展生产力。以经济建设为中心是兴国之要，发展经济是解决所有问题的关键。在发展经济的过程中，人们每天都会遇到生产、分配、消费、交换等等经济问题，也是生活在这些问题之中。因此，马克思在这篇《导言》中对构成物质生产的各要素及其相互关系的分析，今天对于我们仍然具有重要的启示作用。在当今的社会生活中，不是还有人把眼光仅仅盯在分配、消费、

---

① 《马克思恩格斯选集》第2卷，人民出版社2012年版，第699页。

流通过程中，而忽视生产的决定性地位和作用吗？分配决定论、消费决定论、流通决定论等等不是还在经济生活中存在吗？为此，有必要重读马克思的至理名言：

"生产既支配着与其他要素相对而言的生产自身，也支配着其他要素。过程总是从生产重新开始。交换和消费不能是起支配作用的东西，这是不言而喻的。"

"生产是实际的起点，因而也是起支配作用的要素。消费，作为必需，作为需要，本身就是生产活动的一个内在要素。但是生产活动是实现的起点，因而也是实现的起支配作用的要素，是整个过程借以重新进行的行为。"

"分配的结构完全决定于生产的结构，分配本身是生产的产物。"

"既然交换只是生产和由生产决定的分配一方同消费一方之间的中介要素，而消费本身又表现为生产的一个要素，交换显然也作为生产的要素包含在生产之内。"

在人们的社会物质生活中，生产起着决定性的作用，支配着分配、交换和消费等其他要素。分配、交换和消费，都是生产的要素，但不是起支配作用的东西。没有生产的发展作基础，分配、交换、消费都是无源之水，无本之木。这就告诉我们，社会主义的根本目的就是要解放和发展生产力，最终实现共同富裕。因此，我们要深刻认识到生产在经济社会发展中的决定性意义，把发展生产放在第一位，牢牢扭住经济建设这个中心，不断解放和发展社会生产力，为发展中国特色社会主义奠定坚实的物质基础。

当然，我们也应该看到分配、交换和消费也制约、影响着生产。因此，在重视生产、加快经济发展的同时，也要重视分配、交换和消费对生产的制约、影响作用。在生产与分配关系上，既要重视生产，又要不断调节分配关系，完善分配制度，以促进生产力的发展。在生产与消费关系上，在重视生产的同时，要注重消费对生产所具有的重要作用，为生产提供目的和动力。消费使生产的产品成为现实的产品，也可以创造出新的生产需要。

特别是中央提出中国经济已进入"新常态",模仿式、排浪式消费阶段基本结束,个性化、多样化消费渐成主流,市场竞争逐步转向质量型、差异型为主的竞争,这就为生产提出了更高的要求,一些不适应"新常态"的生产项目将被迫转型或被淘汰。我国有13亿多人口,正处于工业化、信息化、城镇化、市场化、国际化深入发展和消费结构不断升级的重要时期,具有市场潜力巨大的独特优势,可以为经济发展提供持久动力。我们要更加深刻地认识消费在经济社会发展中的重要作用,坚定不移地扩大国内需求特别是消费需求,促进经济平稳较快增长。

总之,物质生产各要素是统一的、不可分割的。我们既不可偏废,又要分清主次。这是马克思告诉人们的一个自明之理,也是一个真理。

七、揭露资本家剥削的秘密
——学习《资本论》

提起马克思的《资本论》，人们往往想到的是，这厚厚的几大本，好几百万字，又那么深奥，多难读啊！其实，马克思当年写作这部伟大的著作时，就宣称这是为工人们写的书。恩格斯在评价这一著作时也说："自从世界上有资本家和工人以来，没有一本像我们面前这本书那样，对于工人具有如此重要的意义。"①

写作背景

《资本论》是马克思毕生研究的成果和最主要的著作。他写这部著作前后花费了近40年时间，先后写了三稿，从19世纪40年代初起直到他逝世，耗费了他一生的心血和精力。

早在19世纪40年代初担任《莱茵报》编辑时，马克思就开始关注经济问题。1843年底，马克思到了法国的巴黎，以后又到了比利时的布鲁塞尔。期间，他开始研究政治经济学，目的是要写一部批判现存制度和资产阶级政治经济学的巨著。他在这方面的最初研究成果反映在《1844年经济学哲学手稿》、《德意志意识形态》、《哲学的贫困》、《雇佣劳动与资本》、《共产党宣言》等著作中。这些著作已经揭示了资本主义剥削的原理、资本家的利益和雇佣工人的利益之间不可调和的对立、资本主义经济关系和社

---

① 《马克思恩格斯选集》第2卷，人民出版社2012年版，第70页。

会政治关系的对抗性和暂时性。

1848—1849年的欧洲大革命，使马克思暂时中断了经济学的研究。1849年8月，马克思被迫来到英国伦敦，继续进行经济学研究。他深入而全面地研究了资产阶级经济学家的著作、国民经济学史和许多国家特别是当时典型的资本主义国家英国的经济。这一时期，他感兴趣的有资本主义生产方式的起源和重要特点、土地所有制的历史和地租理论、货币流通和价格的历史与理论、经济危机、技术史和工艺史、殖民地等问题。

马克思是在非常困难的条件下进行研究工作的。他必须不断地同贫困作斗争，时常要为挣钱维持生活而搁下研究工作。由于在物质条件极差的情况下长期过度劳累，马克思患了重病。尽管如此，到1857年，马克思已经做好了极其充分的准备工作，使他能够开始对收集的材料进行系统的整理和概括。

1857年7月至1858年6月，马克思写了约50印张的《政治经济学批判》手稿，这实际上就是未来《资本论》的第一稿。1861—1863年又写了《政治经济学批判》手稿，被看作为《资本论》第二稿。1862年，马克思决定以《资本论》为题，以《政治经济学批判》为副题，发表自己的经济学著作，计划写成四册。于是，在原来两稿的基础上，马克思又继续努力完善手稿中还没有得到充分阐述的部分，用两年半的时间（从1863年8月至1865年底）完成了新的、篇幅很大的第一、第二、第三册手稿，这就是《资本论》的第三稿。

1867年9月14日，《资本论》第一卷在德国汉堡出版。第一卷第一版只包括第一册的内容，马克思原定《资本论》分为三卷四册。第一卷第一版出版后，马克思继续从事第一卷的工作，准备德文版的再版和出版外文译本。他在第一卷第二版（1872）里作了大量的修改，对出版的第二版俄译本作了重要说明。俄译本是1872年在圣彼得堡出版的，它是《资本论》的第一个外文译本。马克思还对1872—1875年出版的第一卷法译本进行了大量的加工和校订工作。

与此同时，马克思还继续从事其他各卷的工作，他打算迅速完成全部《资本论》的著述。但他没有能够做到这一点。一方面，国际工人协会总委员会中的多方面的活动，占去他许多时间；另一方面，从1868年起，马克思处于贫困和疾病之中，健康状况很不好，他不得不越来越频繁地中断写作。

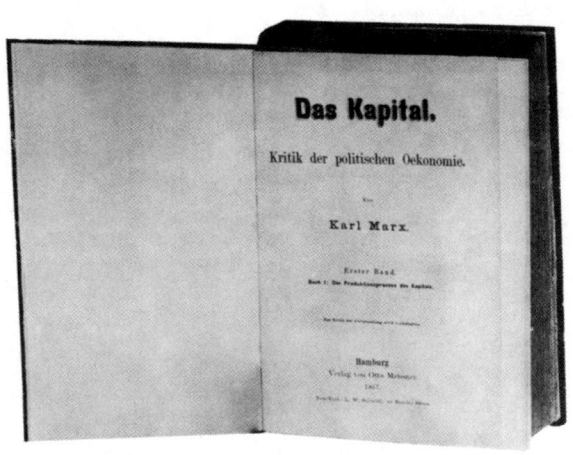

1867年，在汉堡出版的《资本论》第一卷第一版扉页。

马克思逝世后，恩格斯毅然放下自己正在进行的研究工作，肩负起整理、编辑和出版《资本论》遗稿的艰巨任务。1885年7月，经过恩格斯精心整理的《资本论》第二卷，在德国汉堡出版。"第三卷只有一个初稿，而且极不完全"①，其整理出版的难度就更大了。为了使原稿更加完善，恩格斯作了艰巨而繁杂的修订、增补和注释。这一卷，于1894年12月也在德国汉堡出版了。这样，恩格斯花了近12年时间，终于使《资本论》的第二、第三卷出版了。

《资本论》第四卷，即《剩余价值理论》，是《资本论》的历史批判部分。恩格斯考虑到自己年事已高，便把整理、出版这一卷的工作委托给考茨基，后者于1905—1910年以《剩余价值学说史》为书名，分三册陆续出版。

不难看出，《资本论》从酝酿、写作到出版，经历了一个相当长的过程。

如果从第一卷出版来算，《资本论》问世至今已有140多年了。一百多年来，《资本论》被翻译成几十种文字，出版了数以百计的版本。"五四"

---

① 《马克思恩格斯全集》第25卷，人民出版社1972年版，第4页。

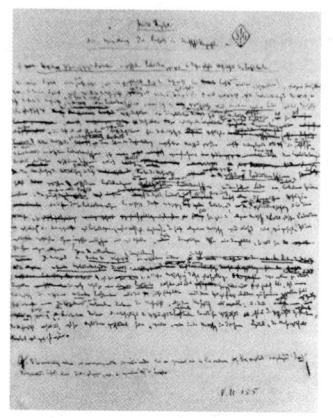 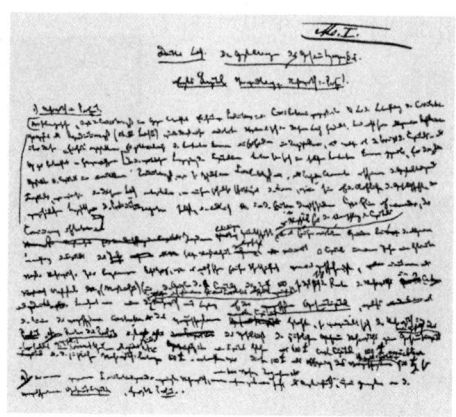

左图为186—1865年撰写的《资本论》手稿的一页；右图为《资本论》第2卷手稿中的一页。

运动后，《资本论》被陆续翻译成中文。1930年，由陈启修翻译的《资本论》第一卷第一分册在上海昆仑书店出版。1936年，由侯外庐、王思华翻译的《资本论》第一卷的第一个全译本以世界名著译社名义出版。1938年，由郭大力、王亚南翻译的《资本论》三卷的第一个中文全译本由上海读书生活出版社出版。新中国成立后，中央编译局重新翻译了《资本论》，由人民出版社出版。《资本论》在中国的传播对中国革命和建设产生了重要影响。

 主要内容

恩格斯之所以说《资本论》"对于工人具有如此重要的意义"，这是因为《资本论》深刻地分析了资本的生产过程、流通过程和总过程，揭露了资本家剥削工人的秘密，从而揭示了资本主义生产方式的内在矛盾和运行规律。正如马克思自己所说："我要在本书研究的，是资本主义生产方式以及和它相适应的生产关系和交换关系。"① "本书的最终目的就是揭示现代社

---

① 《马克思恩格斯选集》第2卷，人民出版社2012年版，第82页。

会的经济运动规律"①。

《资本论》第一卷的标题"资本的生产过程",是指不以流通过程为媒介的资本直接生产过程。

第一卷正文共分七篇二十五章。第一篇,商品与货币,其中包括:商品;交换过程;货币或商品流通三章。第二篇,由货币转化为资本。第三篇,绝对剩余价值的生产,其中包括:劳动过程与价值增殖过程;不变资本与可变资本;剩余价值率;工作日;剩余价值率与剩余价值量五章。第四篇,相对剩余价值的生产,其中包括:相对剩余价值的概念;协作;分工和工场手工业;机器和大工业四章。第五篇,绝对剩余价值与相对剩余价值的生产,其中包括:绝对剩余价值和相对剩余价值;劳动力价格和剩余价值的量的变化;剩余价值率的各种公式三章。第六篇,工资,其中包括:劳动力的价值或价格转化为工资;计时工资;计件工资;工资的国民差异四章。第七篇,资本的积累过程,其中包括:简单再生产;剩余价值转化为资本;资本主义积累的一般规律;所谓原始积累;近代殖民理论五章。

从这些篇章的标题可以看出,《资本论》第一卷的中心问题是研究资本的生产过程和剩余价值的生产。马克思从分析商品开始,提出了劳动价值学说和剩余价值学说,揭露了资本家剥削工人的秘密所在。

1. 商品的使用价值和交换价值

《资本论》一开头,马克思就说:"资本主义生产方式占统治地位的社会的财富,表现为'庞大的商品堆积',单个的商品表现为这种财富的元素形式。因此,我们的研究就从分析商品开始。"②资本主义社会是一个"庞大的商品堆积"的社会,商品是资本主义社会的经济细胞形式。要揭示资本主义生产方式的内在矛盾和运行规律,必须首先从商品开始。马克思正是从

---

① 《马克思恩格斯选集》第2卷,人民出版社2012年版,第83页。
② 《马克思恩格斯选集》第2卷,人民出版社2012年版,第95页。

商品这一资本主义社会司空见惯的对象入手，发现了躲藏在商品里的秘密。这就是：一切商品，都具有使用价值和交换价值。商品首先是个物，它能够依靠自己的属性满足人们的某种需要。如衣服可以御寒，食品可以填饱肚皮，油画可以供人欣赏，等等。商品的这种特性，马克思称之为商品的使用价值。他认为，商品的使用价值不同于物品的使用价值，因为商品的使用价值是满足社会或他人需要的使用价值，是用于交换的使用价值。因此，商品不仅具有使用价值，还具有交换价值。如一把斧头可以换若干斤粮食或者若干尺布匹等等。商品的交换价值首先表现为一种使用价值同另一种使用价值相交换的量的关系或比例。使用价值是交换价值的物质承担者。商品的使用价值和交换价值之间，存在着对立统一的关系。它们彼此对立，同时又构成一个统一体，体现着商品的内在矛盾。这种内在矛盾含着资本主义经济体往后发展的一切矛盾的萌芽。

马克思从商品的使用价值引出商品的交换价值，是为了阐明价值不同的商品所以能够交换，一定是因为它们之间存在着一个可以比较的共同的东西。这个共同的东西，就是它们之间存在着等量的一般的无差别的人类劳动或抽象的人类劳动。或者说它们具有等量的价值。马克思认为，一种使用价值同另一种使用价值相交换的量的关系或比例的基础，是价值。交换价值是价值的表现形式，价值是交换价值的基础。因此，价值和交换价值是有区别的。可以说，把价值作为一个独立的范畴而从交换价值中抽象出来，这是马克思的一大理论贡献。那么，价值又是怎样创造出来的呢？资产阶级古典经济学派已经提出这样的观点，即价值是劳动创造的，价值决定于劳动的时间。但是，价值的实体是什么？什么劳动的劳动时间决定价值？古典经济学派对此却没有给予回答。马克思明确指出，价值的实体是抽象劳动，价值是抽象劳动的凝结。既然价值的社会实体是抽象劳动，那么价值就应由抽象劳动量来计算。抽象劳动量由抽象劳动时间来计算，它不是按个别人的劳动时间来计算，而是按社会必要劳动时间来计算。如果按个别人的劳动时间来计算，那么，一个人越懒、越不熟练，制造一件商品花的时间越多，他的商品就会越有价值。很显然不能按这样计算，它必须按社会必要劳动时间计算。所谓"社会必要劳动"，指的是劳动者为了生产出维持其本人及其家属所必需的生活资料而进行的劳动。从事必要劳动所占用的时间，就叫社会必要劳动时间。超过社会必要劳动时间所进行的劳动，叫剩余劳动。从事剩余劳动抽出占用的时间，叫剩余劳动时间，其产品叫剩余产品。马克思认为："社会必要劳动时间是在现有的社会正常的生产条件下，在社会平均的劳动熟练程度和劳动强度下制造某种使用价值所需要的劳动时间。"[1] 这就是说，商品的价值量决定于社会必要劳动。不仅如此，马克思还认为，价值量是个变数，它随着生产商品所必需的劳动时间的变动而变动，而生产商品所需要的劳动时间是随着劳动生产力的每一变动而变动。"商品的价值量与实现在商品中的劳动的量成正比地变动，与这一劳动的生产力成反比地变动。"[2]

马克思在着重分析价值实体和价值量之后，对商品作了不同于前人的概括，商品二因素是使用价值和价值。使用价值，即商品的有用性，是商品的自然属性；而价值则是商品的社会属性。商品和价值都是历史范畴，只有在一定的历史条件下，劳动产品才能成为商品，劳动才表现为价值。在商品的使用价值和价值这两个统一对立的因素中，价值居主导地位，是商品的灵魂。

2. 劳动的二重性——具体劳动和抽象劳动

马克思对生产商品的劳动属性进行了分析，从而进一步论证了什么属性的劳动才能形成价值，为什么形成价值，用劳动时间计算的劳动量为什么表现为劳动产品的价值等一系列问题。

马克思认为，生产商品的劳动，具有两个属性，即具体劳动和抽象劳

---

[1] 《马克思恩格斯选集》第2卷，人民出版社2012年版，第99页。
[2] 《马克思恩格斯选集》第2卷，人民出版社2012年版，第100页。

动。所谓具体劳动，是指在具体形式或者特殊方式下进行的劳动，它的特征是通过商品的使用价值表现出来的。各种不同质的使用价值，表现着不同质的具体劳动。各种使用价值的总和，表现着分门别类的有用劳动的总和，也表现着社会分工。具体劳动作为生产出使用价值的劳动，是不依一切社会形式为转移的人类生存条件的存在为其先决条件的。但是，作为政治经济学考察的具体劳动，它不是作为劳动分工的一般意义上的具体劳动，而是作为商品交换的社会分工基础上的具体劳动，也是作为创造商品使用价值的具体劳动。所谓抽象劳动，是指抽去劳动的具体形态或特点的劳动。比如，各种不同的劳动所使用的工具、材料、操作方法、劳动成果等等都不同，但它们都是人类劳动力的消耗，包括脑力和体力的消耗，都是无差别的一般人类劳动。这种同质的、无差别的一般人类劳动，称为抽象劳动。正是因为这种同质的、无差别的一般人类劳动或抽象劳动，才使各种不同的商品在数量上可以互相比较。这种抽象劳动是价值的唯一源泉。但只有在商品经济关系中，人类劳动力的消耗才形成价值。

  马克思分析了劳动二重性和商品二因素之间的关系，指出劳动二重性是商品二因素的根源。他说："一切劳动，一方面是人类劳动力在生理学意义上的耗费；就相同的或抽象的人类劳动这个属性来说，它形成商品价值。一切劳动，另一方面是人类劳动力在特殊的有一定目的的形式上的耗费；就具体的有用的劳动这个属性来说，它生产使用价值。"[①] 这就可以看出，商品所含的劳动，一方面是个人的、具体的劳动；另一方面是社会的、抽象的劳动。个人的、具体的劳动创造商品的使用价值；社会的、抽象的劳动创造商品价值。具体劳动的不同性质是商品生产的基础，只有品种不同的商品才需要彼此交换；也只有品种不同的具体劳动才使其所创造的使用价值彼此对立起来。但由于劳动以自然物的存在为其先决条件，也就是说，具体劳动虽然创造商品的使用价值，但它不是使用价值的唯一源泉。与此相

[①] 《马克思恩格斯选集》第2卷，人民出版社2012年版，第106页。

反，抽象劳动却是商品价值的唯一源泉。这就说明，在商品发展的过程中，劳动逐步发展为创造价值的劳动。

3. 价值形式和本质

既然商品的价值量决定于社会必要劳动，即在现有社会的生产技术下，以社会平均的劳动熟练程度和劳动强度生产出某种使用价值所需要的劳动时间。因此，马克思认为，在一个统一的商品价值形式中，存在着两种形式，即相对价值形式和等价形式。一种表现商品自己的价值，另一种只是别的商品的价值的表现。在交换中，它们处在对立的位置，这就是"价值表现的两极"，它们既互相排斥，又互为前提。

马克思把价值形式的发展过程分为四个阶段，即四种价值形式的更替。第一种价值形式是"简单的、个别的或偶然的价值形式"；第二种价值形式是"总和的或扩大的价值形式"；第三种价值形式是"一般价值形式"；第四种价值形式是货币形式。其中马克思着重分析了简单价值形式。因为，一切价值形式的内容和特点都包含在简单价值形式之中，一切价值形式都是简单价值形式的放大和发展，都可以化为简单价值形式。简单价值形式是一切价值形式的胚胎，用马克思的话说，一切价值形式的秘密都隐藏在这个简单的价值形式之中。

通过对价值形式历史发展的分析，马克思阐明了商品和货币的关系，说明了货币的起源和本质。马克思认为，货币是从商品世界分离出来的固定的充当一般等价物的特殊商品，它是商品内在矛盾和价值形式发展的必然结果，从而揭示了商品和货币之间的联系。

马克思把货币形式看作是价值形式的完成形式。货币作为固定充当一般等价物的特殊商品的这一本质特性，随着商品经济的发展，其职能也随着发展。在发达商品经济中，货币具有价值尺度、流通手段、贮藏货币、支付手段和充当世界货币五种职能。这五种职能是货币形式的具体表现，因而也应是价值的具体表现形式。

马克思把价值看作社会劳动的表现，发现了价值是互相依赖的商品生产者的生产关系。他认为，创造价值的劳动已经从一般劳动转化为被历史制约的社会劳动。价值是商品经济的范畴，它只是在商品生产的历史条件下，才能被派生出来，而且表现为仅仅与这种生产条件相适应的商品生产者的生产关系。但是，在商品经济下，这种生产关系不是直接地而是间接地、在一种东西交换另一种东西时才表现出来。因此，它采取了一种物的形式，把人和人之间的关系表现为物与物之间的关系。于是，在生产者面前，他们的私人劳动的社会关系，"不是表现为人们在自己劳动中的直接的社会关系，而是表现为人们之间的物的关系和物之间的社会关系"①。在资本主义生产方式下，商品经济发展到了最高点。在这里，一切劳动产品都成为商品，一切生产者的社会关系都要通过价值表现出来，社会生产关系更进一步完全为物的关系的假象所掩盖。由于劳动已变为雇佣劳动，隐蔽在"物"之下的生产关系已不是商品生产者在他们劳动上的直接的社会关系，而是资产阶级和工人阶级的剥削和被剥削的社会关系。

4. 剩余价值的产生

剩余价值产生的前提，是劳动力成为商品。劳动力未成为商品时，货币本身不是资本；当劳动力成为商品时，货币就转化为资本。马克思分析了作为商品流通的货币和作为资本流通的货币的本质区别。货币本身不是资本，只有在一定的经济条件下它才转化为资本。货币转化为资本的关键，是劳动力成为商品。

马克思关于劳动力成为商品的理论，对劳动和劳动力作了明确区分，科学地说明了成为商品的只是劳动力，而不是劳动；并且，论证了只是在一定的社会历史条件下，劳动力才成为商品。

马克思分析了剩余价值的产生，指出它既不在流通领域，又不能离开

---

① 《马克思恩格斯选集》第2卷，人民出版社2012年版，第124页。

流通领域。这是因为，在流通领域，等价交换、不等价交换、互相欺诈，都不能产生剩余价值。剩余价值的产生，要以流通领域为前提条件。因为，从事剩余价值生产以前，要从流通领域购买生产资料和劳动力。特别是购买劳动力这一商品，对剩余价值的生产具有决定性的意义。在流通领域之外，商品所有者只同自己的商品发生关系，他的劳动只形成价值，而不形成剩余价值。

马克思区分了一般商品的生产过程和资本主义商品的生产过程。一般商品的生产过程，是劳动过程和价值形成过程的统一。所谓劳动过程，指的是生产资料和劳动相结合的过程；所谓商品价值形成过程，指的就是生产资料旧价值的转移和活劳动创造新价值的过程。资本主义商品生产过程，是劳动过程和价值增殖过程的统一。因为资本主义生产的目的，不是为了生产使用价值，而是为了追求剩余价值。资本主义生产过程，一方面是生产资料和活劳动相结合，形成使用价值的生产过程，即劳动过程；另一方面是价值的增殖过程，即资本剥削雇佣劳动的过程，也就是剩余价值的生产过程。

马克思认为，资本最初总是表现为一定数量的货币，但单纯的货币要充当资本的货币，需有一个转化的过程。马克思在论述货币如何转化为资本时，区别了两种情况：一是简单商品流通公式，即商品（W）-货币（G）-商品（W）；二是作为资本的货币流通公式，即货币（G）-商品（W）-货币（G）。马克思指出，这个货币（G）-商品（W）-货币（G）"过程的完整形式是货币（G）-商品（W）-货币'（G'）。其中货币'（G'）=货币（G）+＜货币（＜G），即等于原预付货币的额加上一个增殖额"。这就是说，G'比原来的G多了一个增殖额。马克思继续写道："我把这个增殖额或超过原价值的余额叫作剩余价值。可见，原预付价值不仅在流通中保存下来，而且在流通中改变了自己的价值量，加上了一个剩余价值，或者说增殖了。正是这种运动使价值转化为资本。"①

那么，这个剩余价值是从哪里来的呢？马克思认为，资本家购买劳动力，表面上好像是工人出卖劳动，但实际上工人出卖的不是劳动而是劳动力。劳动力像一切商品一样，具有价值和使用价值。资本家在依据等价交换的价值规律支付了劳动力价值之后，也像任何商品买主一样，取得了使用它的使用价值的权利。但劳动力是一种特殊的商品，具有独特的使用价值，它的使用价值本身具有成为价值源泉的特殊属性，正如马克思所说："它是价值的源泉，并且是大于它自身的价值的源泉。"②因此，它的实际使用价值本身就是劳动的物化，从而是价值的创造。劳动力使用价值的使用，不是在流通领域中，而是在生产领域中进行的。资本家在购买得到劳动力之后，就把它带进生产场所进行商品生产。马克思写道："让我们同货币占有者和劳动力占有者一道，离开这个嘈杂的、表面的、有目共睹的领域，跟随他们两人进入门上挂着'非公莫入'牌子的隐蔽的生产场所吧！在那里，不仅可以看到资本是怎样进行生产的，而且还可以看到资本本身是怎样被生产出来的。赚钱的秘密最后一定会暴露出来。"③而在资本家出卖生产出的这些商品时，他仍按等价交换的价值规律索价。但是，劳动力使用价值的使用所产生的价值，要大于他的劳动力本身的价值。这个差额构成了原价值的超过额，成为剩余价值。因此，马克思认为，所谓剩余价值，是由雇佣工人的剩余劳动所创造而被资本家等剥削者所无偿占有的超过劳动力的价值。举个简单的例子来说吧：如果一个资本家花了100元钱购买一个工人，而这个工人却创造了200元的价值，这样就有了100元的差额，这个差额就是剩余价值。它被资本家无偿占有了，资本家发财致富的秘密就在这里。

---

① 《马克思恩格斯选集》第2卷，人民出版社2012年版，第157页。
② 《马克思恩格斯选集》第2卷，人民出版社2012年版，第177页。
③ 《马克思恩格斯选集》第2卷，人民出版社2012年版，第167—168页。

当然，并不是所有的资本都可以产生剩余价值。马克思进一步分析了能够生产剩余价值的资本形式。他把资本划分为可变资本和不变资本两种形式。不变资本构成生产资料，它在生产过程中不改变自己的价值量，不创造新价值，转移到新产品中去的只是其本身原有的价值。可变资本变为劳动力，在生产过程中，再生产出自身的等价物和一个超过这个等价物的余额，即剩余价值。马克思写道："资本的这两个组成部分，从劳动过程的角度看，是作为客观因素和主观因素，作为生产资料和劳动力相区别的；从价值增殖过程的角度看，则是作为不变资本和可变资本相区别的。"[1]这就说明，剩余价值不是由资本家垫支的全部资本带来的，而只是由其中的可变资本部分带来的，也就是由雇佣工人的劳动创造出来的。无偿占有工人的剩余价值，这就是资本增殖的唯一来源。

那么，以什么来衡量资本家对工人的剥削程度呢？马克思区分了剩余价值率和利润率的不同。剩余价值率是剩余价值和可变资本的比率，利润率是剩余价值和全部资本的比率。资本家对工人剥削的程度不等于利润率的高低，而在于剩余价值率的高低。马克思指出，"剩余价值率是劳动力受资本剥削的程度或工人受资本家剥削的程度的准确表现"，虽然它"并不是剥削的绝对量的表现"。[2]

马克思还提出了绝对剩余价值和相对剩余价值的思想。他把通过延长工作日（劳动时间）而产生的剩余价值，称为绝对剩余价值，把通过缩短必要劳动时间、相应地改变工作日的两个组成部分的量的比例而产生的剩余价值，称为相对剩余价值。他认为，无论绝对剩余价值，还是相对剩余价值，都是劳动分为必要劳动和剩余劳动的表现，因此，都以剩余劳动时间，即全部所有的劳动时间和它的必要的部分之间的差额的存在为前提。必要劳动，指的是能够维持人们必需的生活资料的劳动；剩余劳动则是指在

---

[1] 《马克思恩格斯选集》第2卷，人民出版社2012年版，第184页。
[2] 《马克思恩格斯选集》第2卷，人民出版社2012年版，第188页。

必要劳动之外的劳动。在资本主义社会，进一步增大剩余价值是通过两个不同的途径来实现的，一是延长劳动时间；一是缩短必要劳动时间。不过，由于工人的斗争，迫使资本家不得不更多地采取第二种途径。然而，为了缩短必要劳动时间，就要提高劳动生产率；为了提高劳动生产率，就要使劳动的技术过程和社会组织发生根本的改变。这样，"劳动对资本的这种形式上的从属，又让位于劳动对资本的实际上的从属"①。相对剩余价值的生产是资本主义制度更隐蔽、更具特征的剥削方法。

谈到剩余价值，不能不涉及工资问题。一般经济学家把工人的工资看成是劳动的价值或价格。马克思认为，劳动并不是商品，劳动力才是商品。劳动力也并非一向就是商品，只有在资本主义社会，劳动力成为商品。因此，工资实质上是劳动力的价值或价格，应该把工资看作是资本和劳动力交换的社会生产关系的表现。马克思举例说，如果一个工人每天必需的生活资料的平均量需要6小时的平均劳动才能生产出来，再假定这6个小时平均劳动体现为工资是3先令，那么工人每天只要6小时，就可以创造出同资本家付给他的3先令工资相等的价值。然而，限定工人劳动力价值的劳动量，并不构成工人劳动力所能完成的劳动量的界限。资本家认定他买到的是工人全天的劳动，3先令的工资使他换得了对劳动力的"整天"的使用权。现在，假定工人一天给资本家做工12小时，那么，他所创造的价值便是6先令。结果是：资本家付出3先令的工资而得到了6先令的价值。资本家白白多得3先令，就是工人6小时的剩余劳动所生产的剩余价值。可以看出，本来工人的劳动只有一部分是有偿的，另一部分是无偿的，但是，在工资这个表象上，仿佛全部劳动都是有偿的。这就是隐藏在工资背后的秘密。

从《资本论》第一卷的主要内容可以看出，马克思这部巨著写的都是工人自己亲身经历的事和他们想要知道的事，确实是一本写给工人看的书。

---

① 《马克思恩格斯选集》第2卷，人民出版社2012年版，第237页。

在第二卷"资本的流通过程"中,马克思从再生产的角度,分析了资本运行的机制,阐述了资本主义商品经济的运行过程,其中心是研究剩余价值的实现问题。在第三卷"资本主义生产的总过程"中,马克思对整个社会各种资本形式运动的总过程进行了研究,其中心是阐述剩余价值的分配规律。

如果说,《资本论》第一卷揭示了剩余价值是怎样产生的,谁偷了剩余价值的奥秘的话,那么,第二卷则揭示了剩余价值通过什么手段又重新回到资本家手中的奥秘,而第三卷则更揭示了资本家是如何分配剩余价值的奥秘。

现实意义

恩格斯在评价《资本论》时说:"资本和劳动的关系,是我们全部现代社会体系所围绕旋转的轴心,这种关系在这里第一次得到了科学的说明,而这种说明之透彻和精辟,只有一个德国人才能做得到。"①恩格斯所说的这个德国人,就是马克思。

一百多年以来,马克思在《资本论》中对资本主义生产过程本质的分析、对资本主义基本矛盾及其发展趋势的分析,对我们今天仍然有意义。它既是资本主义经济论,也是社会化商品经济的理论,为社会主义市场经济的必然性提供了理论支撑。

当然,我们也要看到,马克思写成《资本论》后毕竟已经过去了一百多年的时间。在这一百多年中,科学技术日新月异,目前已进入信息化时代,资本全球化的态势急速展现。但是,资本的本性并没有改变。正如马克思所说:"资本来到世间,从头到脚,每个毛孔都滴着血和肮脏的东

---

① 《马克思恩格斯选集》第2卷,人民出版社2012年版,第70页。

西。"① 资本积累的一般规律：一极是财富的积累，另一极是贫困的积累。财富被少数资本家占有，大多数劳动者相对贫困，资本积累的后果必然会导致严重的阶级对立和周期性的经济危机，阻碍生产力的发展。在当代，伴随着国际金融垄断资本主义发展，资本的集中大大提高，世界范围的不平衡性进一步凸显，社会贫富差距不断扩大，发达资本主义国家和发展中国家的矛盾日益尖锐。尽管发达资本主义国家在社会主义发展、工人运动的压力和新科技革命的影响下，采取了一些措施，在一定程度上缓和了国内阶级矛盾和社会矛盾。但是，马克思在《资本论》中所研究过的，诸如雇佣劳动、"物质奴役"的现象、商品拜物教、货币拜物教和资本拜物教等情况依然存在，其固有矛盾不仅没有解决，反而在新的基础上不断积累和加深，在世界范围的阶级矛盾和社会矛盾更加突出。2008年以来，国际金融危机祸及全世界，以美国为首的西方国家发动的伊拉克、阿富汗战争以及利比亚战争，在中东及其他地区以"民主"、"自由"为幌子不断掀起的"颜色革命"，给那里的人民造成空前的灾难。这些无可辩驳的事实，从反面促进了世界人民，包括发达资本主义国家的人民的觉醒，深刻认识到只有推翻资本主义制度，建立更加美好的社会制度，才是人类社会发展的康庄大道。

　　资本全球化是一把双刃剑。一方面，国际金融垄断资本主义在世界范围内加剧了剥削。西方发达资本主义国家利用它们在资金和技术以及政治、军事、文化等的优势，掠夺发展中国家的资源，控制发展中国家的经济命脉，导致发展中国家贫困加剧、南北差距持续扩大。这是任何资本主义的辩护士们怎样美化也无法否认的事实。另一方面，发展中国家也可以抓住机遇，运用国际资本推进本国的经济建设。在中国特色社会主义建设中，中国从过去的闭关自守成为一个对外开放的国家，在引进资本、技术和管理经验等方面都取得了很大的成绩，成为"世界工厂"，更进一步成为一个

---

① 《马克思恩格斯选集》第2卷，人民出版社2012年版，第297页。

贸易大国。中国也开始向外投资，包括向非洲的石油、澳大利亚的矿产等投资，特别是对非洲的投资已达数十亿美元。我们向外投资，当然有获取更多原材料和更多的资金，以满足国内经济迅速增长需要的考虑，同时也给落后的国家带来世界视野、经济发展和社会进步，向发达国家表达中国希望世界和谐与发展的理念。这是一种双赢的举措。

《资本论》揭露了资本主义制度剥削的秘密，伴随着时间的推移，剥削的形式会千变万化，不断翻新，马克思当时研究的某些具体结论已不能完全适应当前形势，但是，他科学论证的资本主义社会本身根本无法解决的固有矛盾，资本主义制度必将为社会主义制度所代替这一规律，已经为无数新的事实所证明，是绝不会过时的。学习《资本论》，我们应当坚定这样的自信。

八、对巴黎公社经验的理论总结
——学习《法兰西内战》

《法兰西内战》是马克思于 1871 年 4—5 月就巴黎公社问题为国际工人协会总委员会所写的告欧洲和美国全体会员的宣言。原文是用英文写的。这一年的 6 月中旬在英国伦敦印成小册子，随后又出版了法、德、俄、意、西班牙和荷兰多种文本。第一个中译本是由吴黎平、刘云（张闻天）翻译的，1938 年在延安解放社出版。

1871 年 3 月 18 日，法国巴黎的无产阶级和革命群众举行了推翻资产阶级的武装起义，并在彻底打碎资产阶级国家机器的基础上，建立起无产阶级专政的新型政权——巴黎公社。对于这次起义，马克思起先并不赞成，认为起义的客观条件和主观条件均不具备，时机也不成熟。但当巴黎人民在忍无可忍的情况下，发动起义并赶跑了资产阶级政府，把命运掌握在自己手中的时候，马克思还是毫不犹豫地站在起义者的这一边，满腔热情地讴歌这些"冲天的巴黎人"的历史首创精神。法国资产阶级同入侵的普鲁士军队相勾结，加上欧美资本势力的支持，巴黎公社这个新型政权，终因寡不敌众，仅坚持了 72 天就被镇压下去了。巴黎公社社员和人民群众数万人战死或遭到杀害，成千上万人被监禁或流放。他们为创立和保卫革命政权而进行的伟大斗争和献身精神，永远留在国际无产阶级和劳动人民的心坎里。巴黎公社委员欧仁·鲍狄埃始终战斗在第一线，后来他隐蔽在巴黎近郊工人区的一个朋友家中，强压着难言的愤怒和悲痛，满腔激情地写出了气势磅礴、雄伟庄严的《国际歌》。他逝世后，由巴黎工人比尔·狄盖特谱曲。从此，凝结巴黎公社英烈鲜血的《国际歌》从法国唱遍全球，成为全世界无产者、全世界被压迫人民和被压迫民族联合起来的战斗号角。这场震撼世界的革命，是人类历史上第一次无产阶级革命和无产阶级专政的伟大尝试。正如马克思所说的，它是把人类从阶级社会中永远解放出来的伟大的新型革命的曙光。

巴黎公社成立后，马克思立即着手收集和研究公社活动的资料，建议国际工人协会总委员会发表一篇告全体会员的宣言。受总委员会的委托，马克思于4月中旬着手起草，先后写出初稿、二稿，最后形成《法兰西内战》。巴黎公社失败后的第三天，马克思在国际工人协会总委员会上宣读了这个宣言，得到了总委员会的一致批准。正如恩格斯所说："5月28日，公社的最后一批战士在贝尔维尔一带的坡地由于寡不敌众而殉难。只过了两天，即在5月30日，马克思就向总委员会宣读了自己的著作。"① 后来，列宁也说，马克思不仅因为巴黎公社社员表现了如他所说的"冲天"的气概而欢欣鼓舞，而且在这次群众性的革命运动中看到了有极重大意义的历史经验，看到了全世界无产阶级革命的进步，看到了比几百种纲领和议论更为重要的实际步骤。"分析这个经验，从这个经验中得到策略教训，根据这个经验来重新审查自己的理论，这就是马克思为自己提出的任务。"②

 主要内容

恩格斯在谈到这部著作时说，马克思"这一著作揭示了巴黎公社的历

---

① 《马克思恩格斯选集》第3卷，人民出版社2012年版，第45页。
② 《列宁选集》第3卷，人民出版社2012年版，第141—142页。

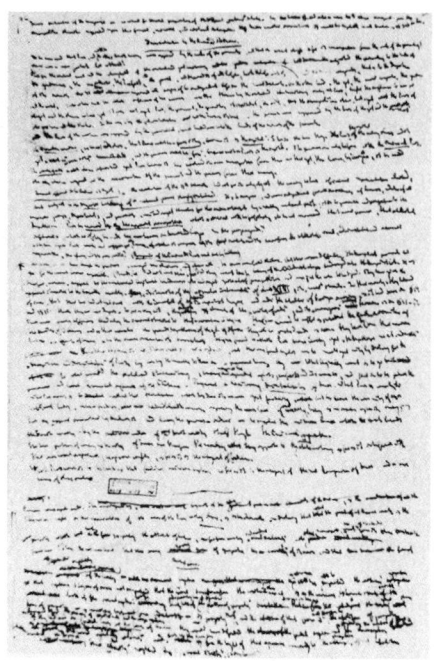 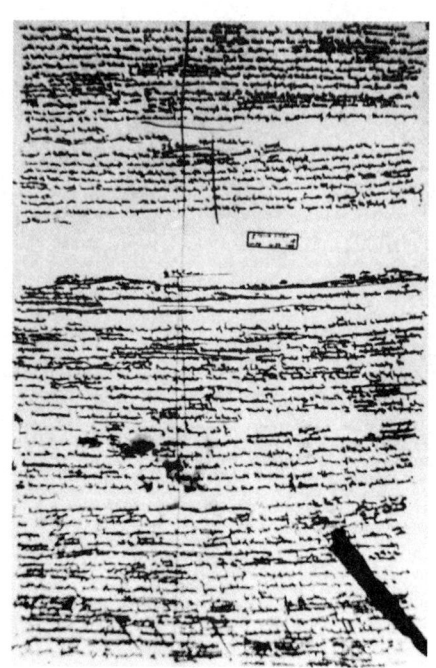

左图为《法兰西内战》初稿手稿；右图为《法兰西内战》二稿手稿。

史意义，并且写得简洁有力而又那样尖锐鲜明，尤其是那样真实，是后来关于这个问题的全部浩繁文献都望尘莫及的"①。

  这部著作共分四个部分：第一部分，叙述了由普法战争所引起的法国政局的变化，揭露并批判了法国资产阶级政府，对外实行投降卖国政策，对内进行阶级压迫的罪行；第二部分，概述了巴黎工人阶级武装起义的经过，总结分析了这次起义的经验教训；第三部分，是全文的重点，根据巴黎公社的实践经验，论证了无产阶级革命必须打碎旧的资产阶级国家机器的思想，分析了巴黎公社的性质，并说明如何组织无产阶级专政，保证无产阶级民主和无产阶级革命的同盟者等问题；第四部分，揭露了资产阶级政府残酷镇压巴黎公社的罪行，讴歌了巴黎无产阶级保卫公社的英勇斗争和自我牺牲精神。

---

① 《马克思恩格斯选集》第3卷，人民出版社2012年版，第45页。

马克思在这部著作中阐述的主要思想，有以下几点：

1. 无产阶级夺取政权后，必须打碎旧的国家机器，建立新型的国家

马克思写道："工人阶级不能简单地掌握现成的国家机器，并运用它来达到自己的目的。""旧政权的纯属压迫性质的机关予以铲除，而旧政权的合理职能则从僭越和凌驾于社会之上的当局那里夺取过来，归还给社会的承担责任的勤务员。"他还指出，公社"实质上是工人阶级的政府，是生产者阶级同占有者阶级斗争的产物，是终于发现的可以使劳动在经济上获得解放的政治形式"。①

国家的重要组成部分是军队。马克思高度赞扬，"公社的第一个法令就是废除常备军而代之以武装的人民"。他指出："巴黎所以能够反抗，只是由于被围困使它摆脱了军队并用主要由工人组成的国民自卫军来代替它。现在必须使这一事实成为制度。"②

后来，恩格斯在《法兰西内战》的《导言》中写道，你们想知道无产阶级专政是什么样子吗？请看巴黎公社。这就是无产阶级专政。

2. 新型国家的性质和职能

在政治制度方面，马克思强调公社代表和维护劳动群众的利益，由人民直接行使权力。他指出："公社是由巴黎各区通过普选选出的市政委员组成的。这些委员对选民负责，随时可以罢免。其中大多数自然都是工人或公认的工人阶级代表。公社是一个实干的而不是议会式的机构，它既是行政机关，同时也是立法机关。"③后来恩格斯在《法兰西内战》的《导言》中，把一切职位由选举产生出来的人担任并随时可以撤换这一点，看作

---

① 《马克思恩格斯选集》第3卷，人民出版社2012年版，第95、100、102页。
② 《马克思恩格斯选集》第3卷，人民出版社2012年版，第98页。
③ 《马克思恩格斯选集》第3卷，人民出版社2012年版，第98页。

"防止国家和国家机关由社会公仆变为社会主人"①的一个可靠的办法。

在财政制度方面，马克思指出："从公社委员起，自上至下一切公职人员，都只能领取相当于工人工资的报酬。从前国家的高官显宦所享有的一切特权以及公务津贴，都随着这些人物本身的消失而消失了。"他进一步指出："公社实现了所有资产阶级革命都提出的廉价政府这一口号，因为它取消了两个最大的开支项目，即常备军和国家官吏。""公社体制会把靠社会供养而又阻碍社会自由发展的国家这个寄生赘瘤迄今所夺去的一切力量，归还给社会机体。仅此一举就会把法国的复兴推动起来。"②

在法律制度方面，马克思指出："法官的虚假的独立性被取消，这种独立性只是他们用来掩盖自己向历届政府奴颜谄媚的假面具。""法官和审判官，也如其他一切公务人员一样，今后均由选举产生，对选民负责，并且可以罢免。"③

在意识形态方面，马克思指出："公社在铲除了常备军和警察这两支旧政府手中的物质力量以后，便急切地着手摧毁作为压迫工具的精神力量，即'僧侣势力'，方法是宣布教会与国家分离，并剥夺一切教会所占有的财产。""一切教育机构对人民免费开放，完全不受教会和国家的干涉。这样，不但人人都能受教育，而且科学也摆脱了阶级偏见和政府权力的桎梏。"④

3. 实行广泛的民主，同时实行必要的集中

马克思强调，"公社给共和国奠定了真正民主制度的基础。"为了实行民主，规定每一地区处理共同事务的机构是代表会议。他说："每一个地区的农村公社，通过设在中心城镇的代表会议来处理它们的共同事务；这些地

---

① 《马克思恩格斯选集》第3卷，人民出版社2012年版，第2—3页。
② 《马克思恩格斯选集》第3卷，人民出版社2012年版，第98—99、101页。
③ 《马克思恩格斯选集》第3卷，人民出版社2012年版，第99页。
④ 《马克思恩格斯选集》第3卷，人民出版社2012年版，第99页。

区的各个代表会议又向设在巴黎的国民代表会议派出代表,每一个代表都可以随时罢免,并受到选民给予他的限权委托书(正式指令)的约束。"虽然生产者的自治政府中的大多数权力都归还给地方,但马克思强调,"仍须留待中央政府履行的为数不多但很重要的职能,则不会像有人故意胡说的那样加以废除,而是由公社的因而是严格承担责任的勤务员来行使"。①

马克思在论述工人阶级国家民主的同时,强调无产阶级也需要一个强有力的集权的国家来镇压"奴隶主们的一些分散零星的暴动"②。他指出:无产阶级国家是通过民主的途径来建立集权的。公社力求达到集中和自主管理的统一,这种统一应保证无产阶级的民主,保证人民群众实际参加国家管理。他认为新型的国家所以需要强有力的集权的政府,也在于他负有改造和发展经济的任务,"公社要成为铲除阶级赖以存在、因而也是阶级统治赖以存在的经济基础的杠杆"③。

4. 无产阶级国家的社会经济任务

马克思指出:"工人阶级并没有期望公社做出奇迹。他们不是要凭一纸人民法令去推行什么现成的乌托邦。他们知道,为了谋求自己的解放,并同时创造出现代社会在本身经济因素作用下不可遏止地向其趋归的那种更高形式,他们必须经过长期的斗争,必须经过一系列将把环境和人都加以改造的历史过程。"④他在《法兰西内战》初稿中谈到从资本主义到共产主义的政治和经济时,指出无产阶级取得政权,"并不取消阶级斗争,工人阶级正是通过阶级斗争致力于消灭一切阶级,从而消灭一切阶级统治……但是,公社提供合理的环境,使阶级斗争能够以最合理、最人道的方式经历它的

---

① 《马克思恩格斯选集》第3卷,人民出版社2012年版,第99—100页。
② 《马克思恩格斯选集》第3卷,人民出版社2012年版,第143页。
③ 《马克思恩格斯选集》第3卷,人民出版社2012年版,第102页。
④ 《马克思恩格斯选集》第3卷,人民出版社2012年版,第103页。

几个不同阶段"。这些不同阶段之所以必须，是因为"以自由的联合的劳动条件去代替劳动受奴役的经济条件，只能随着时间的推进而逐步完成"。① 这段精彩的语言，精确地、生动地论述了无产阶级专政的历史使命。

5. 无产阶级革命中无产阶级同盟者的极端重要性

马克思强调工人阶级与非无产阶级群众首先是劳动农民的联盟，是无产阶级取得胜利和建设没有剥削的新社会的重要条件。他说："公社对农民说，'公社的胜利是他们的唯一希望'，这是完全正确的。"② 在《法兰西内战》初稿中，马克思还概述了工农联盟的客观基础，指出对农民来说："只有公社这种政府形式才能够保证改变他们目前的经济状况；能够一方面拯救他们免于地主的剥夺，另一方面使他们不至于为了所有权的名义而遭受压榨、苦役和贫困的煎熬；能够把他们名义上的土地所有权变成他们对自己劳动果实的实际所有权；能够使他们既享受产生于社会需要、而目前则作为一种敌对因素不断侵犯着他们利益的现代农艺学之利，又无损他们作为真正独立生产者的地位。"③

《法兰西内战》中，有一个小标题是："代表着社会中一切不靠他人劳动生活的阶级的公社革命"④。马克思说："在历史上破天荒第一次，小资产阶级和中等资产阶级公开地团结在工人革命旗帜下，他们宣布这场革命是拯救他们自己和拯救法国的唯一手段！"⑤ 同时马克思强调无产阶级对这些社会阶层的领导权。他指出，大资产阶级和工人阶级的斗争中，中等资产阶级和小资产阶级面临一个选择，"或者跟着统治阶级走，或者做工人阶级

---

① 《马克思恩格斯选集》第3卷，人民出版社2012年版，第143页。
② 《马克思恩格斯选集》第3卷，人民出版社2012年版，第105页。
③ 《马克思恩格斯选集》第3卷，人民出版社2012年版，第147—148页。
④ 《马克思恩格斯选集》第3卷，人民出版社2012年版，第148页。
⑤ 《马克思恩格斯选集》第3卷，人民出版社2012年版，第149页。

的追随者"①。马克思也注意把知识分子作为无产阶级的同盟者。他认为,只有工人阶级能够"把科学从阶级统治的工具变为人民的力量,把科学家本人从阶级偏见的兜售者、追名逐利的国家寄生虫、资本的同盟者,变成自由的思想家!只有在劳动共和国里面,科学才能起它的真正的作用"②。

现 实 意 义

今天我们重新学习马克思在《法兰西内战》中阐发的这些思想理论,包括新型国家的职能,国家工作人员要成为社会公仆,社会主义民主政治,无产阶级夺取政权后面临着长期的、复杂的经济建设任务,无产阶级要与非无产阶级首先是农民建立广泛的同盟,等等,联系中国特色社会主义道路的实践过程,感到特别亲切,具有现实的指导意义。

例如,马克思说过公社"是终于发现的可以使劳动在经济上获得解放的政治形式"③,可以联想到我们的改革的最终目的正是要解放劳动,推动和发展社会主义劳动力。在传统的计划经济体制下,许多人劳动的自由和权力被束缚住了,而社会主义市场经济则是解放劳动的有效途径。通过诚实劳动富裕起来,把社会的劳动积极性充分调动起来,全国的财富就犹如魔力般地涌现出来。这不正验证了马克思那句"使劳动在经济上获得解放"的话吗?

又如,马克思赞扬巴黎公社公职人员由选举产生并随时可以罢免,只能取相当工人工资的报酬等,防止由"社会公仆"变为"社会主人"的思想和做法,对我们也有启示作用。面对反腐败斗争依然严峻、复杂的形势,

---

① 《马克思恩格斯选集》第3卷,人民出版社2012年版,第139页。
② 《马克思恩格斯选集》第3卷,人民出版社2012年版,第150页。
③ 《马克思恩格斯选集》第3卷,人民出版社2012年版,第102页。

2014年1月，习近平总书记在十八届中央纪律检查委员会第三次全体会议上，强调要"以猛药去疴、重典治乱的决心，以刮骨疗毒、壮士断腕的勇气，坚决把党风廉政建设和反腐败斗争进行到底"[1]。党中央指出，要不断夯实廉洁从政的思想道德基础，筑牢拒腐防变的思想道德的防线；要强化对权力运行的制约和监督，形成不敢腐的惩戒机制、不能腐的防范机制、不易腐的保障机制；要努力实现干部清正、政府清廉、政治清明。学习党中央反腐败斗争的有关决策、措施和目标，我们会发现，一百多年前巴黎公社对公职人员的要求和做法，对今天反腐倡廉建设有一定的借鉴作用。因此，在新的历史条件下，学习《法兰西内战》这一著作，弘扬巴黎公社的公仆精神，对进一步加强执政党的建设是十分必要的。

当然，这种学习并不是照抄照搬。我们也曾有过这方面的教训。1958年掀起过的人民公社的高潮，不仅没有推动而且阻碍了生产力的发展。"文化大革命"中，在张春桥、姚文元的主持下宣布成立"上海人民公社"，《文汇报》还发表了《伟大的历史性的创举——欢呼上海人民公社的诞生》的社论，毛泽东当即批评说，"上海公社如果一发表，各地都叫人民公社了，那党、政、军还要不要？一切都管？"[2] 举这样两个例子，是想说明：学习不能只注意表面，而要抓住实质；不能只抠字眼，而要注意解决实际问题。

---

[1] 《习近平总书记系列重要讲话读本》，学习出版社、人民出版社2014年版，第170页。
[2] 《毛泽东传（1949—1976）》，中央文献出版社2003年版，第1481页。

九、科学社会主义的重要文献
——学习《哥达纲领批判》

《哥达纲领批判》是马克思写于 1875 年 4—5 月的一部著作，原名是《对德国工人党纲领的几点意见》，第一次公开发表于德国社会民主党的理论刊物《新时代》杂志 1890—1891 年第 1 卷第 18 期。

写作背景

巴黎公社失败后，国际工人运动的中心，从法国转移到德国，德国的工人运动蓬勃发展起来。在工人运动内部，由李卜克内西和倍倍尔领导的以马克思主义为指导的德国社会民主党（该党于 1869 年在德国爱森纳赫召开的代表大会上成立，又称爱森纳赫派）和由拉萨尔机会主义为指导的全德工人联合会（又称拉萨尔派），也展开了斗争。拉萨尔机会主义创始人斐迪南·拉萨尔，从 1848 年起，就与马克思建立了通信联系，并自称是马克思的学生，但他并没有真正接受过马克思主义，而是在唯心主义哲学的基础上，创立了一套机会主义理论，其核心思想就是鼓吹在国家帮助下建立生产合作社，企图在不动摇资产阶级国家的前提下实现社会主义。随着德国工人运动不断高涨，阶级斗争日益尖锐化，迫切需要工人运动的团结和统一。德国社会民主党曾多次提出联合的建议，均遭到拉萨尔派的拒绝。直到 1874 年，由于拉萨尔派坚持机会主义路线和分裂的立场，日益遭到工人群众的反对，逐渐陷入孤立境地。为了挽回颓势，拉萨尔派才主动提出与德国社会民主党实行合并，并于 1875 年 5 月在德国哥达召开了实现合并

《新时代》1890—1891年第9年卷第1册第18期发表的《哥达纲领批判》和恩格斯写的序言。

的代表大会。

马克思从工人的整体利益考虑，对两派的合并，在原则上持赞成态度，但同时提醒李卜克内西和倍倍尔等人，联合必须在科学社会主义原则基础上进行，不能拿原则做交易，合并的首要条件是拉萨尔派必须放弃宗派立场，放弃拉萨尔主义。但李卜克内西和倍倍尔并没有听取马克思的告诫，匆忙同拉萨尔派举行会谈，共同起草了一个充满拉萨尔主义观点的纲领草案，提交于1875年5月22—27日在哥达城召开的两派合并代表大会上讨论，并在略加修改以后通过了这个纲领草案，即"哥达纲领"。

当马克思、恩格斯看到这个纲领草案后，十分气愤。恩格斯指出："一个政党的正式纲领没有它的实际行动那样重要。但是，一个新的纲领毕竟总是一面公开树立起来的旗帜，而外界就根据它来判断这个党。"① 马克思

---

① 《马克思恩格斯选集》第3卷，人民出版社2012年版，第350页。

则指出："一步实际运动比一打纲领更重要。""但是，制定一个原则性纲领……这就是在全世界面前树立起可供人们用来衡量党的运动水平的里程碑。"①"但是，这个纲领既不谈无产阶级的革命专政，也不谈未来共产主义社会的国家制度。"②为了彻底批判"哥达纲领"，马克思抱病写了这部著作。

主要内容

在这部著作中，马克思对"哥达纲领"中的一系列机会主义观点，逐条逐句地进行了严肃批判，同时进一步深刻地阐述了科学社会主义的理论。

1. 对"分配决定论"的批判

针对"哥达纲领"中鼓吹的"不折不扣的劳动所得"、"平等的权利"和"公平的分配"等等论调，马克思指出："在所谓分配问题上大做文章并把重点放在它上面，那也是根本错误的。""消费资料的任何一种分配，都不过是生产条件本身分配的结果；而生产条件的分配，则表现生产方式本身的性质。例如，资本主义生产方式的基础是：生产的物质条件以资本和地产的形式掌握在非劳动者手中，而人民大众所有的只是生产的人身条件，即劳动力。既然生产的要素是这样分配的，那么自然就产生现在这样的消费资料的分配。如果生产的物质条件是劳动者自己的集体财产，那么同样要产生一种和现在不同的消费资料的分配。"③马克思针对"哥达纲领"中说的"劳动所得应当不折不扣和按照平等的权利属于社会一切成员"④，辛

---

① 《马克思恩格斯选集》第3卷，人民出版社2012年版，第355页。
② 《马克思恩格斯选集》第3卷，人民出版社2012年版，第373—374页。
③ 《马克思恩格斯选集》第3卷，人民出版社2012年版，第365页。
④ 《马克思恩格斯选集》第3卷，人民出版社2012年版，第357页。

辣地讥讽道:"多妙的结论!"然后,尖锐地提出质问:"属于社会一切成员?""哥达纲领"中强调的"社会一切成员"当然就包括了"不劳动的成员",这就反映了"哥达纲领"维护资本主义剥削的实质。

2. 对混淆敌友界限谬论的批判

针对"哥达纲领"中说的"劳动的解放应当是工人阶级的事情,对它说来,其他一切阶级只是反动的一帮",马克思指出:这话的前半句是从国际章程的导言里抄来的,但经过"修订",那后半句引的是"地道的拉萨尔的话"。拉萨尔曾经说过:"对它(工人阶级)说来,其他一切阶级只是组成反动的一帮。"马克思引用《共产党宣言》的话来批判这个谬论。马克思在《共产党宣言》中是怎样对中间等级做具体分析的?他指出:"中间等级,即小工业家、小商人、手工业者、农民,他们同资产阶级作斗争,都是为了维护他们这种中间等级的生存,以免于灭亡。所以,他们不是革命的,而是保守的。不仅如此,他们甚至是反动的,因为他们力图使历史的车轮倒转。如果说他们是革命的,那是鉴于他们行将转入无产阶级的队伍,这样,他们就不是维护他们目前的利益,而是维护他们将来的利益,他们就离开自己原来的立场,而站到无产阶级的立场上来。"[①]这说明农民和手工业者以及其他小资产阶级具有两面性:一方面,他们作为私有者,要维护自己的小生产的地位;另一方面,他们作为劳动者又不满地主和资本家的统治和压迫,而倾向革命。因此,无产阶级必须联合农民、手工业者以及其他小资产阶级,只有如此才真正谈得上解放全人类。可见,"哥达纲领"中"反动的一帮"的观点是十分荒谬和有害的。

3. 对所谓"铁的工资规律"的批判

"铁的工资规律",是拉萨尔的一个经济学观点。在"哥达纲领"中,

---

① 《马克思恩格斯选集》第1卷,人民出版社2012年版,第411页。

二 天才的头脑

《批判哥达纲领草案》（中国画） 鸥洋 杨之光 作

又提出这个观点。拉萨尔宣称的所谓"铁的工资规律"是：平均工资始终停留在一国人民为维持生存和繁殖后代按照习惯所要求的生活水平上。工人的工资，总是在平均工资周围摆动。而决定工资变动的，是人口增加或减少，即人口增加就会引起工资下降，工资下降到一定水平，又会引起人口减少，工资又可以上升，如此循环往复。马克思、恩格斯早就论述过，工资的变化是与资本主义生产的周期性、产业后备军的多少、劳动时间的长短、劳动生产力的高低、物价和税收等密切相关的。调节工资的规律相当复杂，绝对不是什么"铁"的，而是很有弹性的。因此，马克思尖锐地指出："拉萨尔并不懂得什么是工资，而是跟着资产阶级经济学家把事物的外表当作事物的本质。"马克思认为："工资不是它表面上呈现的那种东西，不是劳动的价值或价格，而只是劳动力的价值或价格的隐蔽形式。……雇佣工人只有为资本家（因而也为同资本家一起分享剩余价值的人）白白地劳动一定的时间，才被允许为维持自己的生活而劳动，就是说，才被允许生存；整个资本主义生产体系的中心问题，就是用延长工作日，或者提高生产率，增强劳动力的紧张程度等等办法，来增加这个无偿劳动；因此，雇佣劳动制度是奴隶制度，而且劳动的社会生产力越发展，这种奴隶制度就越残酷，不管工人得到的报酬较好或是较坏。"① 这些论述说明："哥达纲领"鼓吹"铁的工资规律"，是对科学剩余价值学说和工资理论的公然背叛，其目的是维护资产阶级的统治。马克思还指出，"自从拉萨尔死后，在我们党内，这样一种科学见解已经给自己开辟了道路……竟有人倒退到拉萨尔的教条那里去"，这是"多么令人不能容忍地轻率，多么无耻！"②

4. 对"依靠国家帮助建立生产合作社"谬论的批判

自从《共产党宣言》问世以来，马克思、恩格斯始终认为，无产阶级只有团结起来，在自己政党的领导下，通过无产阶级革命打碎旧的资产阶级国家机器，建立无产阶级专政，才能真正掌握自己的命运。"哥达纲领"提出，"为了替社会问题的解决开辟道路"，要求"依靠国家帮助建立生产合作社"。马克思对于这种把无产阶级的解放寄托于旧的国家机器的帮助的提法，不屑一瞥。他在批判拉萨尔这位"先知"的这种"救世良方"时讽刺说："这真不愧为拉萨尔的幻想：靠国家贷款能够建设一个新社会，就像能够建设一条新铁路一样！"当然，马克思也不是一概反对建立生产合作社。他指出："如果说工人们想要在社会的范围内，首先是在本国的范围内创造合作社生产的条件，这只是表明，他们力争变革现存的生产条件，而这同靠国家帮助建立合作社毫无共同之处！至于现有的合作社，它们只是在工人自己独立创办，既不受政府保护，也不受资产者保护的情况下，才有价值。"③

---

① 《马克思恩格斯选集》第3卷，人民出版社2012年版，第370页。
② 《马克思恩格斯选集》第3卷，人民出版社2012年版，第370—371页。
③ 《马克思恩格斯选集》第3卷，人民出版社2012年版，第371—372页。

5. 对超阶级的"自由国家"的批判

"哥达纲领"第二节有个说法,德国工人党"争取建立自由国家"。针对这个说法,马克思首先尖锐地质问:"自由国家,这是什么东西?"他通过论述说明:自由是有阶级属性的,有统治阶级的自由就没有被统治者的自由。资本主义制度下的"自由国家",正是剥削者可以自由地压迫和镇压劳动人民。马克思针对"哥达纲领"荒谬地滥用"现代国家"、"现代社会"等字眼,明确地指出:"'现代社会'就是存在于一切文明国度中的资本主义社会","'现代国家'却随国境而异。……不管它们的形式如何纷繁,却有一个共同点:它们都建立在现代资产阶级社会的基础上"。而未来就不同了。马克思说:"到那时,'现代国家制度'现在的根基即资产阶级社会已经消亡了。""但是,这个纲领既不谈无产阶级的革命专政,也不谈未来共产主义社会的国家制度。"① 恩格斯对于"自由国家"更是直截了当地说:"当无产阶级还需要国家的时候,它需要国家不是为了自由,而是为了镇压自己的敌人,一到有可能谈自由的时候,国家本身就不再存在了。"② 通过这些论述,马克思、恩格斯深刻地告诉我们:国家是阶级斗争不可调和的产物,是阶级斗争的工具,是一个阶级压迫一个阶级的暴力机器。

通过对"哥达纲领"中的一系列机会主义观点的批判,马克思进一步阐述了科学社会主义理论,提出了两个最重要的观点。

(1)从资本主义到共产主义的过渡时期的国家,只能是无产阶级的革命专政

推翻资本主义后的社会应该是什么样的状态?马克思明确提出在新社会即共产主义社会产生过程中,有一个过渡时期以及与之相适应的政治形式。他写道:"在资本主义社会和共产主义社会之间,有一个从前者变为后

---

① 《马克思恩格斯选集》第3卷,人民出版社2012年版,第372—374页。
② 《马克思恩格斯选集》第3卷,人民出版社2012年版,第349页。

者的革命转变时期。同这个时期相适应的也有一个政治上的过渡时期，这个时期的国家只能是无产阶级的革命专政。"① 在这里，马克思第一次明确提出了"过渡时期"这个概念，指明了这个时期国家的性质，揭示了人类社会根本性的历史转变——从资本主义私有制到共产主义公有制转变的客观规律性。

（2）共产主义社会发展的两个阶段

马克思明确提出了共产主义社会发展的两个阶段，即"第一阶段"和"高级阶段"，并分析了两个阶段的基本经济特征和分配原则。他写道："我们这里所说的是这样的共产主义社会，它不是在它自身基础上已经发展了的，恰好相反，是刚刚从资本主义社会中产生出来的，因此它在各方面，在经济、道德和精神方面都还带着它脱胎出来的那个旧社会的痕迹。所以，每一个生产者，在作了各项扣除以后，从社会领回的，正好是他给予社会的。他给予社会的，就是他个人的劳动量。……他从社会领得一张凭证，证明他提供了多少劳动（扣除他为公共基金而进行的劳动），他根据这张凭证从社会储存中领得一份耗费同等劳动量的消费资料。"② 从这里可以看出，在这一时期，对个人消费品实行的是按劳分配的原则。面对着刚从资本主义脱胎出来的新社会，分配产品的最好尺度只能是劳动，因为按照劳动来分配产品，可以调动人们劳动的积极性。多劳多得，这是保证社会生产、推动社会进步的动力源泉。

马克思在赞扬按劳分配的进步性和必要性的同时，也深刻分析了这一分配原则的局限性和弊病。他指出：按劳分配这个平等的权利，"总还是被限制在一个资产阶级的框框里。生产者的权利是同他们提供的劳动成比例的；平等就在于以同一尺度——劳动——来计量"。"这种平等的权利，对不同等的劳动来说是不平等的权利。……它默认，劳动者的不同等的个人天

---

① 《马克思恩格斯选集》第3卷，人民出版社2012年版，第373页。
② 《马克思恩格斯选集》第3卷，人民出版社2012年版，第363页。

赋，从而不同等的工作能力，是天然特权。"他还举例说："一个劳动者已经结婚，另一个则没有；一个劳动者的子女较多，另一个的子女较少，如此等等。因此，在提供的劳动相同，从而由社会消费基金中分得的份额相同的条件下，某一个人事实上所得到的比另一个人多些，也就比另一个人富些，如此等等。"在等量劳动取得等量报酬的平等权利下，对不同劳动者会形成事实的不平等。这就是马克思所说的，"在这里平等的权利按照原则仍然是资产阶级权利"。所谓资产阶级权利，是指资产阶级国家的法律所确认的权利，它反映的是资本主义经济的关系。但是，这些弊病"在经过长久阵痛刚刚从资本主义社会产生出来的共产主义社会第一阶段，是不可避免的。权利决不能超出社会的经济结构以及由经济结构制约的社会的文化发展"。①

马克思认为共产主义第一阶段按劳分配，并不是人类社会最理想的分配制度。他指出："在共产主义社会高级阶段，在迫使个人奴隶般地服从分工的情形已经消失，从而脑力劳动和体力劳动的对立也随之消失之后；在劳动已经不仅仅是谋生的手段，而且本身成了生活的第一需要之后；在随着个人的全面发展，他们的生产力也增长起来，而集体财富的一切源泉都充分涌流之后，——只有在那个时候，才能完全超出资产阶级权利的狭隘眼界，社会才能在自己的旗帜上写上：各尽所能，按需分配！"②这里，马克思把生产力的发展、集体财富的极大丰富和人的全面发展，看作是实现共产主义的基本条件，这也是人类为之奋斗的最高理想。

---

① 《马克思恩格斯选集》第3卷，人民出版社2012年版，第363—364页。
② 《马克思恩格斯选集》第3卷，人民出版社2012年版，第364—365页。

现实意义

《哥达纲领批判》在全面批判拉萨尔错误观点的同时,完整地科学地阐述了从资本主义社会到共产主义社会过渡时期的理论和共产主义发展阶段的学说,因而成为科学社会主义的光辉文献。

马克思关于无产阶级专政的理论并没有经过他本人的实践。因此,他没有、也不可能给以后的无产阶级专政国家的形式作出十分具体的规定。马克思当时设想无产阶级革命,将会首先在发达的资本主义国家相继或同时取得胜利,由于这些国家原来就具备着较高的生产力水平,因而在取得无产阶级革命胜利后,将在较短的时间内进入到共产主义的第一阶段(社会主义社会)。在国际共产主义运动的实践中,由于第一次世界大战的爆发和俄国的特殊国情,俄国无产阶级在列宁为首的布尔什维克党的领导下,在 1917 年俄历十月最先取得了革命的胜利,为实现人类理想的共产主义开辟了新纪元。在第二次世界大战之后,由于当时的条件,又有近 20 个国家相继确立了社会主义制度。这些国家情况各异,但都是农业与小生产占优势的国家。在生产力落后的国家,进行社会主义革命和社会主义建设,比资本主义发达的国家要困难得多。在苏联,列宁首先从生产力水平与经济基础的角度认识到,过渡时期的艰巨性、复杂性和长期性,采用"新经济政策"来代替"战时共产主义政策",取得了较好的成效。遗憾的是,苏联的后继领导人缺乏这种认识,反而通过社会运动的方式,强行超越生产力水平与历史发展阶段而建成所谓的"社会主义国家",并且急于向共产主义过渡。特别是苏联领导人戈尔巴乔夫放弃了马克思主义指导地位和共产党领导,鼓吹"人道的民主的社会主义",听任西方敌对势力的"和平演变",发生了由社会主义向资本主义的转变,其造成的恶果已被历史和实践反复证明。

在中国,原来经济文化十分落后,进行社会主义革命和社会主义建设是极其艰巨的任务。在中国共产党的领导下，在探索过程中，虽经历严重曲折或失误，但由于不断总结经验教训，不断修正错误，不断攻坚克难，始终坚持社会主义大方向不动摇，取得了辉煌的成就。特别是改革开放30多年中，经过持续的不断探索创新，坚定不移地高举中国特色社会主义伟大旗帜，形成了中国特色社会主义道路、中国特色社会主义理论体系、中国特色社会主义制度，从理论和实践的结合上，回答了在中国这样一个人口众多、底子太薄的东方大国，建设什么样的社会主义和怎么样建设社会主义的根本问题。

马克思提出的过渡时期的理论和共产主义发展阶段的学说是正确的。但一些国家的执政者却在把这些理论和学说转变为现实的过程中，往往脱离了实际，忽视马克思科学预测所必需的条件性和特殊性，只从良好的主观愿望出发，硬性地推动这些预测向现实转化，结果只能使其变成空想。历史的经验值得我们认真吸取。每一个国家必须紧密结合本身的实际，正确地运用和发展马克思的这些理论和学说。应该看到，生产力落后的国家和发达的资本主义国家，进入社会主义的方式必然是多样化的；各个国家实现社会主义国家的模式，也必然是多样化的。

马克思只是从生产力与生产关系的矛盾运动及经济基础与上层建筑的矛盾运动这个人类社会发展的根本矛盾出发，提出了社会主义发展的大方向。他并没有也不可能提出有关社会主义的具体形式或模式。因此，决不能机械地搬用马克思的一些具体的提法。马克思曾设想过一些按劳分配的具体形式，包括发放劳动券、取消商品交换和货币等等，实际上在社会主义相当长的阶段里是行不通的。我们要注重把马克思提出的基本原则和具体实际结合起来。

我们学习马克思观点时，要全面正确地理解，防止出现偏差。例如，马克思在赞扬按劳分配原则的进步性与必要性的同时，也指出了它的缺陷和不足，指出"这里平等的权利按照原则仍然是资产阶级权利"，这在社会主义阶段是不可避免的。而我国在1958年"大跃进"时期就有人提出要

"破除资产阶级法权",当时张春桥还写过这样的文章。"文化大革命"中,1974年12月传达过"毛主席关于理论问题的指示",指出:"我们现在实行的商品制度,工资制度也不平等,有八级工资制,等等,这只能在无产阶级专政下加以限制。"①张春桥据此随意发挥,又写了"破除资产阶级法权"的文章。这是对马克思有关论点的误解或教条式的理解,在实际生活中是有害的、也是行不通的。类似的教训要引以为戒。

上述马克思九篇著作,是马克思主义理论宝库中的经典之作。它们深刻阐述了辩证唯物主义和历史唯物主义的世界观和方法论,揭示了人类社会发展的客观规律,特别是资本主义为社会主义所替代的必然趋势,指明了坚持发展社会主义最后实现共产主义的方向,是改造客观世界和主观世界的锐利思想武器。

中国特色社会主义,正是我们党运用马克思主义的立场观点方法,解决中国现实问题逐步形成和丰富发展起来的。中国的伟大成就,使具有5000多年历史的中华民族以崭新的姿态屹立于世界之林,充分彰显了马克思主义在当代的强大生命力,具有重大的世界意义。

结合中国的历史、现状和时代特征学习马克思著作,必将进一步坚定理想信念,增强中国特色社会主义的道路自信、理论自信、制度自信,使更多的人投入到忠实践行马克思主义中国化的伟大事业中。

---

① 逄先知、金冲及主编:《毛泽东传(1949—1976)》,中央文献出版社2003年版,第1714页。

伟大的人格

马克思(1867)

活着的马克思 The Marx Alive

　　马克思是伟大的无产阶级思想家、理论家，是全世界无产阶级革命和社会主义运动的导师。他的思想博大精深，穿越历史的时空，为全世界无产阶级指明了前进的方向。而他在几十年艰苦卓绝的斗争实践中所显示的崇高而又独特的人格魅力，具有极大的感染力和凝聚力。同他的思想体系一样，是人类文明极其重要的精神遗产，在世界所产生的影响是巨大的、深刻的、长远的。这里，我们按"坚定的理想信念，勤奋的学习精神，无畏的斗争气概，高尚的道德情操，伟大的革命友谊"五个方面，辑录了有关马克思伟大人格的故事、经典评价和点滴撷英，真实地向广大读者介绍。

《帮助法国工人党制定纲领》（素描）　　潘洪海　作

一、坚定的理想信念

纵观马克思为工人阶级的解放事业而奋斗的一生,他是百折不挠、一以贯之地实践着自己年轻时就立下的为人类服务的坚定誓言的。他为革命拼搏抗争的几十年,从青年到终老,一直在欧洲几个国家呼号奔走,同反动统治阶级斗争,同各种机会主义、冒牌社会主义论战,从未停止过斗争的脚步。马克思为了革命,遭到欧洲多个国家统治阶级的驱逐、逮捕和种种迫害,居无定所,生活艰难,曾在几个国家流亡,并且还丢失了国籍。但马克思把自己的生命与无产阶级的斗争事业融合在一起,始终保持着革命者的乐观斗志。在欧洲的流亡生活中,他自称自己是世界公民,走到哪里就把革命活动开展到哪里。斗争的信念和意志如淬火的钢,反而更加坚实而强硬了。

《坚决站在"冲天的巴黎人"一边》(油画) 张文新 作

1838年5月10日,马克思的父亲亨利希·马克思去世。从此马克思全家的经济状况变得困难起来,这时他面临着人生的重大选择。母亲出于一家人生计的考虑,要求他大学期间尽快获得学位,日后便于做官得厚禄,也能为家庭生活提供经济保障。不久,他从柏林大学毕了业,本可以当律师或做官,这无疑能够有很好的报酬,这也正是母亲的希望。可是马克思偏偏违背母亲的愿望,在职业的选择上,走上一条艰辛而伟大之路。他最终选择了从事理论研究,立志在政治经济学和哲学方面攀登学术和理论的高峰。按当时的德国社会,从事这种职业不会有很好的经济收入,甚至无利可图,且还会有一些政治风险。他的母亲坚决反对他的这种选择,还因此而气愤地拒绝分给他一份遗产,通过法庭剥夺了他的继承权。没有了家庭资助,刚刚大学毕业的马克思生活上陷入了困境。他只好离开了父母的家,原已与燕妮定好的婚期也不得不往后推迟了。马克思刚走上社会,就面临着从未体验过的生存窘境,这对他是一个沉重的打击。然而,他坚信自己选择的路没有错,直面艰难险阻,无所畏惧,满怀雄心壮志、义无反顾地走上了为无产阶级解放事业而奋斗的道路。

为了传播革命思想、指导分散在各地的共产主义者同盟盟员开展革命斗争,1848年上半年,马克思积极筹措资金,经过多方面工作,创办了《新莱茵报》。这是一份被盟员称作"优秀的无与伦比的革命无产阶级机关报",马克思和恩格斯等人在报纸上发表大量宣传革命的文章。《新莱茵报》的巨大宣传鼓动作用,引起德国封建势力和大资产阶级的恐慌和敌视,最终被普鲁士政府强行关闭了。为了偿还编辑和职工的薪金,支付房舍租金及报纸停刊造成的损失,马克思不得不卖掉印刷设备,连自己仅有的一点点收入也全部搭了进去,才勉强了结了债务。最后,马克思又当掉了燕妮的一些银餐具和家具,才有了全家再次流亡的路费及花销。此后,他在写给拉法格的信中说:"您知道,我已经把全部财产献给了革命斗争,对于这一点,我丝毫也不感到懊悔。非但如此,要是我重新开始生命的历程,我仍然会这样。"①马克思的行动告诉我们，他是一个为了理想信念而宁可放弃一切的人，是一位无私的革命家。

在极端贫困中，马克思接连失去几个孩子。1849—1855年，过着流亡生活的马克思一家，艰难地度过朝不保夕的日子。马克思跟友人说，他的一家人"过去和现在每分钟都受到确实极端贫困的威胁"②。由于没钱买营养品，孩子们营养不良，体质虚弱，经常发病。加上无钱看医生，孩子们的病也得不到及时的救治，常常只能眼睁睁看着孩子的病情加重。1850年11

《逼债》（油画）　朱乃正　作

月19日，他刚一周岁的儿子因肺炎无钱医治死掉了。1852年4月14日，他一周岁的女儿又因病未及时诊治而死去。马克思的夫人燕妮在日记里写道："1852年复活节，我们可怜的小弗兰契斯卡得了严重的支气管炎。可怜

---

① 引自张聿温：《伟人风范：马恩列斯轶事》，广西人民出版社1989年版，第7页。
② 引自〔英〕戴维·麦克莱伦：《马克思传（插图本）》，王珍译，中国人民大学出版社2006年版，第270页。

的孩子和死亡搏斗了三天，受了许多痛苦。失去生命的小尸体停放在后面小房间里。我们都搬到前面房间来，晚上我们睡在地板上——三个活着的孩子同我们睡在一起，我们都为停放在邻室的冰冷而苍白的小天使痛哭。亲爱的小女儿正是我们生活上最穷困的时期死去的。"[1]这时，马克思连买口小棺材的钱都没有，是燕妮去向一位住在附近的德国流亡者求救，得到两英镑才买了一口小棺材埋葬了女儿。燕妮在日记中还写道："小女孩出世时没有摇篮睡，而死后也好久得不到小棺材。当我们把我们的小女儿送进坟墓时，我们是多么伤心啊！"[2]后来，马克思的儿子患了结核病，又是无钱医治，最后在马克思的怀抱里长眠了。马克思在给恩格斯的信中写道："可怜的穆希已经不在人世了。他在今天五点到六点之间在我的怀抱里睡去了（确实如此）。我永远不会忘记，你的友谊怎样减轻了我们一家在这一可怕的时期的痛苦。孩子的死给了我多么大的痛苦，你是了解的。"[3]他在另一封信中又写道："亲爱的孩子是使全家生趣盎然的灵魂。不消说，自他死后，家里变得一片凄凉冷落了。我无法形容我们是如何一刻也不能离开这个孩子。我已经遭受过许多不幸，但只有现在我才知道什么是真正的不幸。"[4]接连失去几个可爱的孩子，使马克思和夫人燕妮精神上受到了沉重的打击。但是，这种极为惨痛的摧残，没有能把马克思压垮，他仍然全身心地投入到无产阶级解放事业当中，表现出了坚不可摧的革命意志。

马克思的贫困生活不是暂时的，而是经年累月的。马克思在伦敦尝尽了流亡生活的种种不幸遭遇，因为缺钱，有时一连十几天吃的是面包和土

---

[1] 引自〔德〕弗·梅林：《马克思传》，樊集译、持平校，人民出版社1965年版，第281页。
[2] 引自〔德〕弗·梅林：《马克思传》，樊集译、持平校，人民出版社1965年版，第281页。
[3] 引自〔英〕戴维·麦克莱伦：《马克思传（插图本）》，王珍译，中国人民大学出版社2006年版，第11页。
[4] 引自张聿温：《伟人风范：马恩列斯轶事》，广西人民出版社1989年版，第10—11页。

豆，有时甚至连这些也吃不上。连他写作时必看的报纸和用的稿纸都无钱购买。因为交不起房租，他随时有被房东赶出去的危险。为了向当铺借钱，家里稍值点钱的东西，包括衣服、被单等，都曾拿去作过抵押。借了债，到期偿还不了，就硬着头皮向债主赔礼求情。这种人格上的屈尊对马克思和燕妮来说，如同伤口上撒盐。马克思写出《资本论》后，本想立即送出版商出版，可却因上衣和表仍在当铺里未赎回而无衣可穿出不了门。后来由于恩格斯的帮助才使他赎出了当物，并有了旅费才得以出行。《资本论》是马克思历时数十年的经济学研究而获得的丰硕成果，可稿酬却不高。马克思曾对他的女婿拉法格说，《资本论》的稿酬甚至还不够支付他写作过程中吸的雪茄的烟钱。但是，马克思从来不是为金钱而写作的，他把自己的写作看作是工人阶级革命斗争的一部分。他说："《资本论》在德国工人阶级广大范围内迅速受到了欢迎，这是对我的劳动的最好报酬。"①

在马克思逝世后的第三年，恩格斯对马克思关于创立无产阶级革命理论的巨大贡献作了如下描述："我不能否认，我和马克思共同工作四十年，在这以前和这个时期，我在一定程度上独立地参加了这一理论的创立，特别是对这一理论的阐发。但是，绝大部分基本指导思想（特别是在经济和历史领域内），尤其是对这些指导思想的最后的明确的表述，都是属于马克思的。我所提供的，马克思没有我也能够做到，至多有几个专门的领域除外。至于马克思所做到的，我却做不到。马克思比我们大家都站得高些，看得远些，观察得多些和快些。马克思是天才，我们至多是能手。没有马克思，我们的理论远不会是现在这个样子。所以，这个理论用他的名字命名是理所当然的。"②

---

① 引自张聿温：《伟人风范：马恩列斯轶事》，广西人民出版社1989年版，第14页。
② 引自胡志刚编著：《马克思恩格斯珍闻录》，中央编译出版社2010年版，第290—291页。

马克思为无产阶级的解放事业战斗了一生，他牢牢把握斗争的大方向，志向远大，毫无私怨。恩格斯在马克思逝世后的第四天即1883年3月17日的马克思葬礼上，在悼词中说道："……马克思是当代最遭嫉恨和最受诬蔑的人。各国政府——无论专制政府或共和政府，都驱逐他；资产者——无论保守派或极端民主派，都竞相诽谤他，诅咒他。他对这一切毫不在意，把它们当作蛛丝一样轻轻拂去，只是在万不得已时才给以回敬。现在他逝世了，在整个欧洲和美洲，从西伯利亚矿井到加利福尼亚，千百万革命战友无不对他表示尊敬、爱戴和悼念。而我可以大胆地说：他可能有过许多敌人，但未必有一个私敌。"①

马克思的理论为无产阶级革命指明了方向，推动了历史前进，改变着世界的面貌。关于马克思理论的历史作用，恩格斯在致战友李卜克内西的信中讲道："虽然今天晚上我看到他（指马克思。——编者注）仰卧在床上，面孔已经僵硬。但是我仍然不能想象，这个天才的头脑不再用他那强有力的思想来哺育新旧大陆的无产阶级运动了。我们之所以有今天，都应归功于他；现代运动当前所取得的一切成就，都应归功于他的理论、实践的活动；没有他，我们至今还会在黑暗中徘徊。"②

李卜克内西（1826—1900）是德国工人运动的著名活动家，德国社会民主党创始人和领导人之一。他在回忆录中说："……今天，马克思的《资本论》已经像达尔文的自然科学著作那样支配着科学和政治学。在世界所有的国家中，凡是头脑清醒的无产者都懂得，这部《资本论》是一座装满精神武器的军械库，无产阶级使用它们将保证自己获得解放。"③

---

① 引自《回忆马克思》，人民出版社2005年版，第14—15页。
② 引自胡志刚编著：《马克思恩格斯珍闻录》，中央编译出版社2005年版，第34—35页。
③ 引自《回忆马克思》，人民出版社2005年版，第34—35页。

三　伟大的人格

拉法格（1842—1911）是法国工人党创始人之一，马克思、恩格斯的学生和战友，马克思二女儿劳拉的丈夫。拉法格在回忆文章中，盛赞马克思博学和重视实践，他说："马克思的头脑是用多得难以相信的历史及自然科学的事实和哲学理论武装起来的，同时他还非常善于利用它长期脑力劳动所积累的一切知识和观察。无论何时，无论什么问题都可以向马克思提出来，都能够得到你所期望的最详尽的回答，而且总是包含概括性的哲理。他的头脑就像停在军港里升火待发的一艘军舰，准备一接到命令就开向任何思想的海洋。"[1] "马克思是那些罕见的天才之一，他不论在科学或社会学方面都是数一数二的。马克思把这二者结合得十分紧密，除非我们同时把他当作科学家和社会主义战士，我们就永远不能了解他。"拉法格盛赞马克思非常重视理论和实践相结合，强调革命者必须投身革命运动："马克思认为，不论从事哪一种科学研究，都不应该为这种研究会得出什么结果而操心；同时他又认为，如果一个有学问的人不愿意自己堕落，就绝不应该放弃积极参加社会活动，不应该整年整月地把自己关在书斋或实验室里，像一条藏在乳酪里的蛆虫一样，逃避生活，逃避同时代人的社会斗争和政治斗争。"[2]

马克思坚韧不拔的工作态度和毅力，来源于他对无产阶级革命事业的忠诚，来源于他的忘我和无私，来源于他对无产阶级革命前景的追求和渴望。李卜克内西在回忆文章中，关于马克思的工作态度有如下的叙述："我所认识的所有真正伟人，无一不是勤奋好学，刻苦工作的。马克思就完全是这样一种人。马克思的工作十分繁重，而且由于白天常有干扰（尤其是在流亡初期），他便在夜间补上。晚上我们开完会回到家里，他还常常坐下来工作几个小时。而且这几个小时还总是一再延长，到后来成了通宵达

---

[1] 引自《回忆马克思》，人民出版社2005年版，第193—194页。
[2] 引自《回忆马克思》，人民出版社2005年版，第186—187页。

旦，到了清晨才睡觉。他夫人曾因此不止一次地严厉责备他，并透着深情说：'这样做适合他的天性。'"① "马克思工作中的坚韧精神常常使我惊叹不已。他孜孜不倦，即使身体垮了下来，也毫不松懈。如果人的价值是按照他们所完成的工作来计算，像物品的价值按它本身所包含的劳动来计算那样，从这两个角度说，那么马克思所具有的价值最高，在精神巨人之中也是少有的。"② 拉法格在回忆录中则说："……工作变成了马克思的一种癖好；他专心工作，到了废寝忘食的地步……由于思考是他无上的乐事，他的整个身体都为头脑牺牲了。"③

马克思十分厌恶沽名钓誉和空谈，因为革命斗争要求革命者必须有奉献精神，绝不可以计较个人名利；革命斗争要全力以赴地行动起来，空谈却是革命行动的腐蚀剂，只能误事。李卜克内西这样称颂马克思说："他（指马克思。——编者注）讨厌声望，对沽名钓誉的行为极为恼怒。他痛恨吹牛拍马的人，谁在他面前夸夸其谈，谁就会倒霉，在这方面他毫不留情。'空谈家'一词是他嘴里最严厉的谴责语——他只要认为某人是个'空谈家'就再不会理睬这个人了。"④ 弗里德里希·列斯纳（1825—1910）是个裁缝工人，共产主义者，他在回忆时说："马克思是天才的人民领袖。他发表的演说简洁而有条理，逻辑性很强，他绝不浪费笔墨，一字一句都有深刻的含义，都是整个论据中不可缺少的一环。在马克思身上嗅不到一点空谈家的气息。"⑤ 马克思、恩格斯的朋友路德维希·库格曼的女儿弗兰契斯卡·库格曼（1858—约1930）也有类似的评语："真的，没有一种知识领域

---

① 引自《回忆马克思》，人民出版社2005年版，第67页。
② 引自《回忆马克思》，人民出版社2005年版，第68页。
③ 引自《回忆马克思》，人民出版社2005年版，第171页。
④ 引自《回忆马克思》，人民出版社2005年版，第60页。
⑤ 引自《回忆马克思》，人民出版社2005年版，第247页。

马克思没有深入过。没有一种艺术他不喜爱，也没有一种自然界的美不使他神往，他痛恶一切谎言、空谈、吹嘘和虚伪。"①

马克思把毕生的精力和学识都贡献给了无产阶级革命事业，他的学识是逐步积累起来的，最终成为大学者。而且他也是学识和胆魄相结合的典型，他的学识是为斗争服务的，所以成为有胆识的杰出的社会活动家和无产阶级革命的导师。马克思学识的渊博和斗争的胆气这种特质，在年轻时就有突出的表现。德国政论家和哲学家、正义者同盟盟员、后为共产主义者同盟盟员的莫泽斯·赫斯（1812—1875）早在1841年所写的文章里就提到："我所崇拜的马克思博士还是一个很年轻的人（大概不到24岁）。他将给中世纪的宗教和政治以最后的打击。他把最机敏的才智与最深刻的哲学严肃地结合起来。你想一想，卢梭、伏尔泰、霍尔巴赫、莱辛、海涅和黑格尔在一个人身上结合起来了（我说的是结合，不是混合），这就是你将得到的关于马克思博士的概念。"②

马克思用他的思想、理论和行动引领了十九世纪的国际工人运动，因而国际无产阶级公认他的导师和领袖地位。德国教师和新闻工作者、国际工人运动活动家弗里德里希·阿道夫·左尔格（1828—1906）说："……马克思是学者，也是工人阶级的卫士，他的功绩是不需要树碑立传的。证实他的业绩的不是青铜白石，而是世界各地响应他提出的'全世界无产者，联合起来！'这一不朽的战斗号召的庞大的工人队伍。"③

列斯纳说："他不仅拥有非凡的智慧和渊博的学识，而且具备钢铁一

---

① 引自《回忆马克思》，人民出版社2005年版，第340页。
② 引自《回忆马克思》，人民出版社2005年版，第270—271页。
③ 引自《回忆马克思》，人民出版社2005年版，第296页。

般的坚强的性格……他的充满战斗和自我牺牲精神的一生说明了他的英雄本色！"①

德国社会民主党人、新闻工作者和历史学家威廉·布洛斯（1849—1927）说："……他（指马克思。——编者注）把自己高度智慧的全部力量都贡献给了工人运动，因而遭受了种种的苦难，他同阶级统治进行了非常无情的斗争……他为社会主义者的相互关系规定的口号是，'真理、正义和道德'！他自己就为此树立了榜样。"②

"为人类工作"是马克思终生的追求。保尔·拉法格在《忆马克思》的文章中写道："我第一次看见卡尔·马克思是在1865年2月……我那时24岁。我一生将永远不会忘记这第一次的会见所给我的印象，马克思那时常常生病，正在下苦功写作《资本论》第一卷。他担心他也许不能完成这部著作，因此很喜欢接见青年人，时常说：'我应该训练好在我死后继续共产主义宣传的人。'……马克思说过：'科学绝不是一种自私的享乐。有幸能够致力于科学研究的人，首先应该拿自己的学识为人类服务。'他最喜欢说的名言之一是'为人类工作'。"③

---

① 引自《回忆马克思》，人民出版社2005年版，第259—260页。
② 引自《回忆马克思》，人民出版社2005年版，第326页。
③ 引自《回忆马克思》，人民出版社2005年版，第186—187页。

二、勤奋的学习精神

马克思从小就有极强烈的求知欲。小学是在家中跟着父亲学习的,由于喜欢读书,兴趣广泛,所掌握的知识比上学的孩子还要扎实。中学时期的马克思随着年龄的增长,既重视文化学习,又对各种社会问题和自然界千变万化的现象产生了浓厚的兴趣,注意理论和实际的结合。进入大学的马克思,在学好专业的基础上,又惜时如金地自学了大量的历史、经济、科学、艺术等多学科的专著。他每天穿行在教室和图书馆之间,学习的热情达到了废寝忘食的地步。可以说,学习是马克思一生的爱好和追求。

马克思漫长的求知岁月是在英国伦敦的大英博物馆度过的。这里是他

《马克思在英国博物馆查阅资料》(素描)　明科夫　罗曼诺夫　作

撰写《资本论》的基地。1850年6月，马克思高兴地获得了大英博物馆的阅览证。此后，他就成了这里的常客，经常来这里阅读图书，查阅资料，有一个时期几乎每天从早晨9点到晚上7点都待在这里。他看的书种类繁多，从1850年夏天到1853年夏天，仅仅从资产阶级经济学家的著作、官方文件和期刊中所做的摘录就有24本笔记本。可见他精心博览，钩沉索隐，认真摘录是非常用功的。

马克思是精通多种外国语言文字的天才。为了学习外国语言文字，他表现了罕见的坚韧毅力。51岁的时候，他的体质已大不如从前，加上生活的清贫，没有条件及时找名医求良药，也很难补充身体需要的各种营养品，时有病痛的折磨。可这并未妨碍他更多掌握外语的意志。从深研理论出发，为了能看懂多种俄文原著，以便深入了解和研究俄国社会，他决心下功夫攻克俄文。困难可想而知：时间上要挤压出点点滴滴的空余，甚至不得不减少睡眠和休息工夫；精力上要排除一切干扰全神贯注，还要反复背诵加强记忆，并要在语言和语法上认真琢磨，深入领会准确把握。仅仅一年的时间，他就能自如地阅读各种体裁的俄文原著了，从而对俄国社会和历史有了更透彻地了解，也使他的理论著作中关于俄国各阶级的状况有了十分精辟的论述。马克思精通英文、法文、西班牙文、俄文等多国语言文字，是驾驭语言文字的天才。而成就这天才的基本原因就是他一生的无比勤奋和永不松懈的学习劲头。

马克思读书有明确的目的性，总是精选书目。他所选的书都是应该必读的书，而不是可读可不读的书。在读书的过程中，他心无旁骛，精神高度集中，即使环境不很安静，他也能闹中取静，决不让外界的纷扰而影响自己读书。这种专心致志的阅读态度和方法，使他比一般人更能从书中汲取精神养分和人类智慧。马克思本来就是博学强记的人，可他从不满足于自己记性好悟性高，为了加强记忆深化思考，他常常在阅读时发现的重点部分，或折叠书角、或画出重点、或抄录卡片、或记录精要、或扼要写出心得，这已成为他阅读的习惯。温故而强记，温故而知新。马克思读书还经常花费时间复习，从中检索老问题，开拓新见解。

读书中注重独立思考，是马克思治学的最大特点之一，也是他完成其理论体系的重要方法。他不是单纯为读书而读书，而是在阅读中融会贯通地思考理论和社会问题。为了写作《资本论》，他阅读了千部以上的重要典籍，做了常人难以做到的广泛而深刻的思考，多年如一日字斟句酌地写出鸿篇巨制，完成了这部千古不朽的科学论著。

马克思阅读时有个习惯，端坐注目时间长了往往在室内来回走动，既是活动身子，也是换个方式思考问题，领悟和萌生新的见解。多年的这样边走边思考的习惯，竟然在门与窗之间的地毯上踏出一条明显的痕迹，颇似草坪上被人踏出的一条小路，被人们誉为"这是通向智慧之路"。

马克思40岁以后，为了研究政治经济学最终写好《资本论》，又在数学王国里艰苦跋涉。1858年1月11日，马克思在写给恩格斯的一封信中说："在制定政治经济学原理时，计算的错误大大地阻碍了我，失望之余，只好重新坐下来把代数迅速地温习一遍。"[①] 这是马克思为什么要研究数学的自我告白。第一阶段他系统地复习初等数学，主要是复习初等代数，做了不少初等数学的演算札记，同时研究了初等数学发展史。第二阶段，他系统地学习和研究高等数学，主要是学习微积分和研究微积分发展史。直到他去世，作为他钻研数学的第三阶段，写出了许多重要的数学论文。

马克思研究数学前前后后断续达二十多年之久，可见其所花费的功力和坚韧不拔的毅力。作为钻研数学的成果，马克思留下了一千多页的数学

---

① 引自张聿温：《伟人风范：马恩列斯轶事》，广西人民出版社1989年版，第195页。

手稿。恩格斯评价说，马克思是精通数学的，在数学领域中有独到的发现。马克思所有理论著述都达到了无懈可击的程度，与他精研数学是极有关系的。

为了系统地研究政治经济学及其历史，马克思多年如一日地兢兢业业、全力以赴地进行学术钻研和理论探索。为此，他常常夜以继日地忘我工作。许多白天，共产主义者同盟的同志和朋友要到他家里来开会，讨论问题，交流见解，马克思的研究写作常被搅扰，他就只好加班熬夜，延长晚上的工作时间。有时还不得不通宵达旦地学习和写作，过多地消耗了他的精力。1857年12月8日，他写信对恩格斯说："我现在发狂似的通宵总结我的经济学研究"，"我的工作量很大，常常写到早晨4点钟。"① 他有时风趣地对朋友说："我们在努力争取8小时工作制，可是我自己却常常一昼夜做超过两倍于8小时的工作。"② 夫人燕妮对马克思这种学习和研究态度看在眼里，痛在心上，多次提醒他不能不保重自己，光劳不逸对健康不利，但对马克思来说，没有什么比学习和工作更重要的，一投入到学习研究中，就进入了忘我的境界。对于夫人的劝诫，他改进甚微。燕妮有时实在看不下去，忍不住严厉责备丈夫一番。然而，马克思仍然是我行我素，一如既往地学习工作，这成了他一贯的工作风格，可谓呕心沥血。

善于用解剖典型的方法做学术和理论的研究。在研究政治经济学及修订《资本论》的过程中，马克思非常注重解剖典型，这是他探索重大社会经济问题的一个重要的方法。为了研究土地问题，马克思非常注重剖析俄国的土地关系，他说："在《资本论》第二卷关于土地所有制那一篇中，我

---

① 引自张聿温：《伟人风范：马恩列斯轶事》，广西人民出版社1989年版，第157页。
② 引自张聿温：《伟人风范：马恩列斯轶事》，广西人民出版社1989年版，第157页。

打算非常详尽地探讨俄国的土地所有制形式。"①马克思在写给朋友的信中说道:"我不仅从俄国而且也从美国等地得到了大批资料,这些资料使我幸运地得到一个能够继续进行我的研究的'借口',而不是最后结束这项研究以便发表。"②从这里可以清楚地看出,马克思为写政治经济学专著,特别注重典型材料的积累、分析和研究,这也是他的每一部专著都经得起推敲,经得起历史考验的基本原因。

用心遣词造句,坚持字斟句酌,是马克思在学习研究中秉持的严谨态度。马克思在几十年的理论研究中,写作上从来是精益求精,用最准确的语言表达最有分量的思想。他对于语言的简洁和正确使用注重反复推敲,特别重视用语的明朗和贴切,力求表达的生动性和鲜活性。为了修炼写作语言,一段时间他仔细阅读歌德、莱辛、莎士比亚、但丁、塞万提斯的作品,认为这些诗人和作家是自己的语言老师。其实,马克思从年轻时每写一篇文章都在遣词造句上下功夫,而且写作效率很高。然而,他从不满足自己的写作水平和成就,不断用高标准要求自己。这就促使他的理论写作更加成熟、高深和严谨,甚至可以说达到炉火纯青的程度。

---

① 引自胡志刚编著:《马克思恩格斯珍闻录》,中央编译出版社2010年版,第201页。
② 引自胡志刚编著:《马克思恩格斯珍闻录》,中央编译出版社2010年版,第202页。

三、无畏的斗争气概

1848年是欧洲的大革命年代，马克思为了宣传革命创办了《新莱茵报》，并任总编辑。由于该报发表了不少尖锐抨击普鲁士反动政府的文章，并且热情宣传了革命，因而反动政府视《新莱茵报》为眼中钉、肉中刺，进行了诬陷迫害。反动政府在1849年2月初接连向马克思进行了两次起

《公社原则永存》（中国画）　王为政　作

诉，指控马克思等撰稿人诬蔑和诽谤政府官员，有煽动暴乱罪。在法庭上，马克思利用这个讲坛，发表了震撼人心的演说，为出版自由作了生动辩护，痛斥审判官的无理指控。马克思有理有据、雄辩有力的发言，赢得了旁听席上阵阵欢呼，审判员们不得不宣告被告"无罪"。反动政府第二次起诉马克思等人，理由是他们煽动人民拒绝纳税，罪名仍然是煽动暴乱。这是反动政府对被告人进行第一次迫害失败后的第二次迫害。在法庭上，面对大厅里众多前来旁听的听众，马克思以激烈的言辞痛斥了反动政府，并以充满激情的论述，为人民的权利进行辩护。最后，法庭再次宣告马克思等被告人无罪，尤其令人吃惊的是，首席陪审员还为马克思所做的富有说服力的陈述向他表示钦佩。两次审判中，马克思在法庭上所表现的冷静无畏、机智多谋和雄辩才能可谓淋漓尽致，受到人们的广泛赞誉。

马克思的理论著作，既指明了无产阶级的奋斗方向和目标，也是无产阶级向反动统治者进行斗争的强大思想武器。马克思为了指导世界无产阶级革命，写出了《资本论》这一前无古人的理论巨著，还同恩格斯合作写出了《共产党宣言》这一无产阶级纲领的重要文献。在他生活的那个年代，面对各国反动统治者对无产阶级的压迫和剥削，面对各种伪科学的思想理论流派，马克思还写出了《关于费尔巴哈的提纲》、《政治经济学批判》、《国际工人协会成立宣言》、《法兰西内战》、《路易·波拿巴的雾月十八日》等重要理论名著。此外，在当时欧洲的多种报刊上，在多种集会的场合，马克思还发表了大量的政治论文和精彩演说，对无产阶级的敌人，对各种反动流派和各种反动思潮进行了坚决、沉重、深刻的抨击和揭露。马克思的一生是战斗的一生，他以笔做刀枪，写出的每一部巨著和每一篇文章以及所作的每一次演说都是光辉战斗的篇章，都在无产阶级革命斗争史上留下了闪光的印迹。

在革命过程中永远保持高贵的自尊心,实际上是坚强革命意志的自然流露。马克思在1848年德国革命失败后来到了巴黎,这时他和全家的生活仍然处于温饱难以保证的极为拮据的状态之中。也正是在这时候,燕妮带着三个孩子为了从德国赶来巴黎,不得不把刚从当铺赎回的银质餐具再次当掉。为了全家的生活,马克思又不得不去借债度日。在极不情愿的情况下,马克思向朋友拉萨尔去借钱,并请求不要把此事张扬出去。可这位友人未听从马克思的请求,而是在莱茵省的朋友中公开为马克思筹集款项。马克思知道后十分生气,他向拉萨尔提出了抗议。他在写给另一位朋友的信中说:"我宁愿过最贫困的生活,也不愿公开求乞。"① 此后,由于他没有稳定可靠的经济来源,只好较长时间过着节衣缩食、饭菜寡味的清苦日子。即使这样,他每天仍然十分关注欧洲无产阶级斗争的形势,经常笔耕不辍,写出了揭露和批判反动统治者的一篇篇檄文。

几次流亡中的马克思从未低下高贵的头颅,反而冲锋陷阵,斗志弥坚,充满自信地发出强者的声音。1849年8月23日,马克思一家正住在巴黎,这时又第四次被驱逐,警官下令:"必须在24小时内离开巴黎。"马克思一家1845年曾被驱逐出巴黎,1848年被逐出布鲁塞尔,1849年被逐出科隆。由于马克思是当时欧洲无产阶级革命领袖,法国政府一直视他为洪水猛兽,必欲把他赶出法国。这时他写信给恩格斯说:"你知道,我不会同意这个变相的谋杀,所以我要离开法国。"② 于是,他决定到英国伦敦去流亡。法国政府下驱逐令的次日,马克思只身一人踏上了去伦敦的路程。因为没有钱,他只好把即将分娩的妻子和孩子们暂时留在巴黎。尽管这样,马克思也从来没有过丝毫的软弱和屈服,而是鲜明地表现出了与反动势力长期进行战斗的决心。可以说他的每一篇文章,每一次演说,每一次同战友们的磋商,

---

① 引自张聿温:《伟人风范:马恩列斯轶事》,广西人民出版社1989年版,第110页。
② 引自张聿温:《伟人风范:马恩列斯轶事》,广西人民出版社1989年版,第111页。

三 伟大的人格

都闪烁着与反动当局斗争的政治智慧，都尖锐地揭露了反动当局的阴谋诡计，都是射向反动当局的重磅炮弹。

在政治高压之下，在敌对势力的多重迫害下，马克思不怯懦、不犹豫、不妥协，而是抓住敌方的软肋，针锋相对地给予还击。可是，由于长期地斗争，过度地劳累，紧张地应对，损伤了马克思的健康。到 1871 年初，过分透支的马克思的身体，已到了勉强支撑的状况。经友人们的一再劝告，他才暂时放下了手头的工作，到英国的布莱顿这个适合休养的地方休息一下。巴黎公社失败后，由于马克思大义凛然地宣传和支持了公社，他在社会上的声望更加高了，因此英国当局对他严加防备，常派人跟踪他的出行。这次布莱顿之行，英国当局也派人尾随他一直抵达目的地。马克思很快识破了敌人的险恶用心，机智、巧妙、坦荡地面对敌人的各种卑鄙伎俩。他在写给夫人燕妮的信中说："我到这里后的第二天，在我们那条街的拐角处，又遇上了显然是在等人的那个家伙……这个人已经不止一次地跟踪恩格斯和我，恩格斯认为它是密探，对此我们有一次曾给了他'暗示'，可是这个家伙竟公然地处在这里监视我。昨天我对此厌烦了，我就停住脚步，转过头去，以轻蔑的目光透过长柄眼镜打量了一下这个家伙。他怎么样呢？

《伦敦受威胁最大的人》（水粉画）　陈衍宁　作

他恭顺地脱下帽子,而今天就不再照顾我了。"① 马克思大半生都处在被敌暗探跟踪、警察搜查、官方驱逐、敌方的诽谤和攻击、不同派别的攻击和责难之中,但由于他对无产阶级革命事业的坚定自信,对社会发展规律的坚定自信,一生都保持了旺盛的战斗勇气和勇往直前的气概。

---

① 引自胡志刚编著:《马克思恩格斯珍闻录》,中央编译出版社2010年版,第210页。

四、高尚的道德情操

马克思具有包容宽厚的坦荡胸怀。德国革命诗人斐迪南·弗莱里格拉特是在马克思、恩格斯的影响下走上革命道路的,他曾一度为马克思创办的《新莱茵报》写过不少推动无产阶级运动的诗歌。但他并非是马克思、恩格斯观点的坚决拥护者,后来,还曾一度背离了马克思、恩格斯的立场,参与了反对派别的活动。1859—1860年,他在马克思与攻击、诬蔑马克思的一些人进行斗争时,还采取了无原则的中立立场。这清楚地表明他与马克思之间的友情已经结束了。他还给马克思写信说,"党看来是作家的笼子"。对这样一个人,马克思并没有因为他丧失了原则而低估他过去的革命

《马克思一家热情接待公社流亡者》(铜版画)　曹剑峰　作

功绩，仍然给予了客观公正的评价。马克思在1860年2月给弗莱里格拉特的信中，曾说他是无产阶级利益的表达者和捍卫者。从这里可以看出，马克思胸怀的宽广和坦荡，他对朋友功过是非的判断有着科学的考量。

马克思善于帮助和团结曾经犯过严重错误的同志，而不是嫌弃和疏远他们。卡尔·沙佩尔是德国工人运动的老战士。他多次被捕、流亡，但是一直坚贞不屈。他接受了马克思主义后，成为共产主义者同盟的重要领导骨干，在革命斗争中有很突出的贡献。但是后来因沙佩尔错误地分析了形势，走上了分裂主义、冒险主义的道路。在此后的两年中，他同分裂主义分子维利希一道，到处诽谤马克思、恩格斯和共产主义者同盟中拥护马克思、恩格斯的人，最后，斗争形势的发展变化教育了沙佩尔，使他终于认识到了自己的错误。1852年夏天，他通过别人向马克思表示悔悟，希望回到同盟里来。虽然沙佩尔曾给工人运动造成很大危害，但当马克思看到他确实已经真诚检讨了自己的错误，并愿意回到正确道路上来，就对他表示了热烈的欢迎和充分的信赖，还利用一切办法力图使沙佩尔重新参加党的活动。第一国际建立后，马克思又吸收沙佩尔参加国际工人协会的活动，并建议选举他为国际中央理事会理事。马克思的这些做法使沙佩尔极为感动。他临终前，还一再向马克思检讨自己曾犯过的许多错误。这种真诚的忏悔完全是马克思教育和感化的结果。

马克思反对突出自己，从不以无产阶级革命领袖自居。马克思一贯反对过分颂扬个人，当这种颂扬落到自己头上的时候，他坚决予以制止。1865年7月，国际工人协会总委员会接受马克思的建议，决定在伦敦召开主要支部领导人的代表会议，以便筹备代表大会。马克思非常希望德国工人的代表尤其是当时工人阶级的代表人物李卜克内西能够出席代表大会。但是李卜克内西没能出席，而是给代表会议寄去了一份关于德国工人运动的详细报告。在这份报告中，李卜克内西热烈赞扬了马克思的学说对德国

三 伟大的人格

工人运动所产生的巨大推动作用。担任会议组织和领导工作的马克思发现这个报告后,当即扣了下来。会后,他在写给李卜克内西的信中解释说:"至于你的报告,我没有向代表会议宣读,因为关于我个人在其中谈得太多了。"① 由此可见马克思的崇高风格。

马克思一生守着清贫,对金钱有着深刻而清醒的认识。在资本主义社会,金钱被视作具有至高无上的神力,也是人们追求的最高价值观念。马克思和恩格斯却对金钱的社会功能、金钱对人们思想的巨大诱惑力及它对人类社会的反作用,有着全面而透彻的认识。他们在《德意志意识形态》一文中尖锐地指出:"金钱是财产的最一般的形式,它与个人的独特性很少有共同点,它甚至还直接与个人的独特性相对立,关于这一点,莎士比亚要比我们那些满口理论的小资产者知道得更清楚:'金子,只要一点,就可以使黑变成白,丑变成美,错变成对,卑贱变成高贵,懦夫变成勇士,老朽的变成朝气勃勃!啊!这个闪闪发光的骗子手……它使人拜倒于多年不愈的脓疮之前;它使年老色衰的孀妇得到丈夫;那身染毒疮的人,连医院也感到讨厌而要把它逐出门,但它能使他散发芬芳,像三春天气一样的娇艳!……你,我们看得见的神,你可使性格全异的人接近,使他们接吻!……'"②

马克思在巴黎公社失败后,不顾反动当局迫害的高度风险,全力营救巴黎公社的受难者。1871年巴黎公社由于反动统治者的血腥镇压,公社战士们在付出重大牺牲后只能解散。在反动当局斩尽杀绝的威逼之下,公社成员不得不走上逃亡之路。营救这些人是一项极艰巨、极秘密又极冒险的工作,需要周密运作,英勇果断地进行。马克思为此费尽心机,想方设法

---

① 引自张聿温:《伟人风范:马恩列斯轶事》,广西人民出版社1989年版,第44页。
② 《马克思恩格斯全集》,人民出版社1965年版,第254—255页。

找门路、搞护照，他的这一救援行动也得到了许多有正义感人士的大力帮助。马克思把搞到的护照秘密地托人带回法国，交给公社社员，让他们潜出法国，寻求他国避难。然而，流亡者到了异国他乡处境也极为困难，如何谋生就是最现实的难题。为了让流亡者能生存下去，马克思、恩格斯四处奔走，为他们寻找生活的出路，同时还在一般民众中发起了向流亡者的募捐活动。连马克思的大女儿也积极参加了这一活动。为了推动这一活动的开展，马克思起草过一份给美国工人的呼吁书，号召他们为流亡者捐款，取得了很好的成效。不仅如此，马克思还参加了公社流亡者组成的"社会问题研究小组"的工作，对流亡者遇到的生活困境和社会问题给予指导和帮助，大大改善了流亡者的困难处境。同时，马克思非常关心流亡者的政治前途，鼓励和支持他们继续为无产阶级解放事业而奋斗。

马克思对孩子充满仁慈，有一颗最纯净最深沉的爱心。他很喜欢孩子，同孩子们在一起是他最快乐的时光，永远保持未泯的童心。生活中，他不仅是一个亲切温和的父亲，会兴致勃勃地和孩子们一起玩上几个钟头，而且遇见陌生的孩子，尤其是那些穷苦无助的孩子，对他也特别有吸引力，对这些孩子都是一视同仁的爱护。马克思与同事们一起访问贫民住户的时候，曾多次忽然离开同事，去抚摸那些衣衫褴褛的孩子的头，还时常把一便士或半便士钱塞在孩子的小手里。马克思同孩子们一起散步的时候，对他来说是一种愉快的休息。这时候，马克思同孩子们一起跑呀跳呀，和他们玩各种好玩的游戏。这时，马克思似乎也变成了一个孩子。

马克思同父母的情感至深至亲。他的父母悉心照料八个孩子，然而马克思仍然是双亲的宠儿，是父母最疼爱的孩子。1835年10月，17岁的马克思离开了故乡特里尔到达波恩。在波恩大学，他遵从父愿攻读法律，共选学九门课程，包括文学艺术和文化史。父亲既高兴又怕儿子负担过重，因而写信给他说："九门大学课程在我看来是有点过多了，我不希望你选修

三 伟大的人格

超出自己体力和精神所能承担的课程。当然，如果你对此不感到任何困难，倒也未尝不可。须知光阴短促，知识无涯。"① 马克思后来又转入柏林大学法律系，他更全力以赴投入了学习，绝不让父亲失望。在柏林大学的第一个学期，他就精读了堆积如山的专业文献，大大超过正常课程所指定参考的书籍。后来，他经过深思熟虑决定不到司法界服务，而打算在大学里当哲学教授。他的父亲原希望他大学毕业后去当法官，当哲学教授的主意违背了父亲的意愿。但马克思父亲是位通情达理、有教养的老人，同时又深爱着自己的儿子，因而老人家怀着沉重的心情对马克思的职业愿望作了让步。这也让马克思愈发敬重父亲。1838年5月，马克思的父亲去世，让他陷入深深的悲痛之中。父亲留下了一张遗照，马克思总是把父亲的照片带在身边。马克思是以终生感激和热爱的心情怀念父亲的。父亲去世时他仅20岁，在家中又是长子，这样一家人的生活重担就完全落在了母亲肩上。马克思很想尽快结束自己的学业，以便帮助母亲挑起生活的重担，但是他那种极其严格、毫不粗疏的科学精神又妨碍他迅速地完成学业。以后，马克思把毕生精力投入到了革命斗争中，多次流亡，无法照顾母亲，因而内心更加敬重和思念母亲。1863年11月，马克思母亲去世。他闻讯后立即从英国伦敦赶赴故乡德国特里尔奔丧，给母亲献上最后的悼念和眷恋。

马克思和女儿们始终保持着亲切而风趣的关系。1867年4月10日，马克思离开伦敦，在汉堡滞留了一个多月，女儿们十分想念慈爱的父亲。5月8日，22岁的二女儿劳拉给马克思写了一封较长的信，称呼写的是"我的亲爱的主人"，其中调皮地写道："在您的若干封来信里。我注意到有这么一位夫人占了很重要的位置。她年轻吗？聪明吗？漂亮吗？您是不是在同她调情，或者因为她跟您调情而苦恼？看来您对她钦佩不已。如果认为全部钦佩之情都是来自您这一边，这可能（太蠢）。如果我是妈咪的话，我可要妒忌

---

① 引自张聿温：《伟人风范：马恩列斯轶事》，广西人民出版社1989年版，第309页。

了。"落款是:"永远爱您的白鹦鹉"。"白鹦鹉"是马克思爱叫的二女儿劳拉的绰号。马克思收到劳拉的信后,饶有兴趣地读完,于5月13日给劳拉写了回信。信的称呼模仿女儿轻松的笔调,写的是"我的漂亮的小白鹦鹉",在信中,马克思先谈了自己的性格:"你知道,我的性格是不太喜欢感情外露的,我习惯于闭门不出,懒得写信,懒得活动——换句话说,好像古古(马克思三女儿爱琳娜的绰号。——编者注)所说的是一个胆小的人。"①然后回答了劳拉的问题。马克思认真而幽默地写道:"至于田格夫人——她长得怎么样?漂亮吗?我把她的照片藏在我的照片下面寄给了燕妮,她33岁,是五个孩子的母亲,她与其说漂亮,不如说惹人喜欢,并且无疑不是专门喜欢说俏皮话的人。但她是一个杰出的女人。她已于上星期四离开汉诺威。"②在马克思家里,就是充满着这么一种开朗、欢乐、诚挚、幽默的气氛,而这些,又给了环境恶劣、工作艰辛中的马克思多大的安慰啊!

马克思做女儿的朋友和伙伴。马克思的女婿拉法格回忆马克思时这样说:"在他的女儿的眼里他是一个朋友,她们对他就像一个伙伴一样。"③星期天,女儿们是不允许马克思工作的,这一整天他都听她们的指挥。有时他和孩子们一起玩海战,事先用纸折好许多纸船,放在一个大水桶里,作为舰队,然后在孩子们的欢呼声中用火把纸船烧掉。有时他和孩子们玩骑马,孩子们把他"套"在几把椅子上,她们坐在他身后的椅子上,不停地用鞭子驱赶着他,他则拼命地拉着。他的小女儿爱琳娜更喜欢把他当马骑,爱琳娜骑在他的肩上,把手伸进他那略带斑白的浓密乌黑的"鬃毛"里,不停地吆喝着,他则驮着女儿在小花园里来回走动。有时,他还一边散步,一边给孩子们朗诵,三个女儿都听他朗诵过荷马的全部作品,全部《尼贝

---

① 引自张聿温:《伟人风范:马恩列斯轶事》,广西人民出版社1989年版,第315页。
② 引自张聿温:《伟人风范:马恩列斯轶事》,广西人民出版社1989年版,第315页。
③ 引自张聿温:《伟人风范:马恩列斯轶事》,广西人民出版社1989年版,第318页。

龙根之歌》、《古德龙》、《堂·吉诃德》和《一千零一夜》。至于莎士比亚的作品，更是马克思全家的必读之书。他的小女儿爱琳娜在六岁时候就已经能够背诵莎士比亚剧本中许多台词了。马克思就是这样热爱着他的女儿们。他的夫人燕妮曾动情地说，女儿们的"笑声和唠叨，为卡尔驱散了许多忧愁"①。

马克思在贫困中也不失生活的乐趣，乐观的生活态度基于革命者对革命前程的充分自信。伦敦近郊的一个星期天，在路上嘻嘻哈哈过来一群人。其中有男有女也有孩子，他们有时兴高采烈地讲故事，有时边走边做体操，有时轻松愉快地采摘着野花，显得很是痛快。尤其是那位大胡子的人，似乎比谁都高兴。这是流亡伦敦的马克思和他的家人及朋友们郊游来了。当时，马克思一家生活在衣食堪忧之中，而工作重担又沉沉压在马克思的肩头。一周六天，他一直在紧张地研究和写作，只有星期天，才肯放下工作，和家人尤其是孩子们娱乐一番。星期天的开心活动中，最实惠最受欢迎也最简便易行的就

《星期日郊游》（中国画）　林墉　作

---

① 引自张聿温：《伟人风范：马恩列斯轶事》，广西人民出版社1989年版，第318页。

是郊野游玩了，既省钱又可到大自然中享受清新的空气，愉悦精神。在这种悠闲、安静、愉快的郊游中，他们有时还搞一些竞走、摔跤、扔石头等运动。有一次，他们看到一棵果实已经成熟的毛栗树，于是比赛看谁打下来的毛栗子最多。马克思兴趣极浓地连续投打，很有股争第一的劲头。事后，他的右臂有一个多星期因打毛栗子而痛得不能动。马克思向他的朋友们很有兴致地谈论这类事情，他说："穷开心是消愁解闷的最好办法。"①

马克思以极大的毅力戒烟，终于克服了多年的吸烟习惯。马克思的烟瘾很大，由于几十年来他的收入只能购买质量低劣的烟草，这对身体很有害处，随着年龄增大体质每况愈下。19世纪70年代，医生规劝他一定要戒烟。而戒掉几十年的吸烟习惯，对马克思来说是一件很不容易并感到痛苦的事。他曾经说过："《资本论》的稿费甚至还不够偿付我写这部书时所吸雪茄烟的钱。"②从中可以看出他的烟瘾之大。但他完全明白，大量的工作在等待着自己去完成，没有一个比较健康的身体是不行的。为了革命，马克思是什么都可以舍弃的。他以极大的毅力戒了烟。后来，朋友去看他，他高兴地告诉朋友已很久不吸烟了。朋友们无不对他戒烟的决心和毅力表示钦佩。

---

① 引自张聿温：《伟人风范：马恩列斯轶事》，广西人民出版社1989年版，第325页。
② 引自张聿温：《伟人风范：马恩列斯轶事》，广西人民出版社1989年版，第329页。

五、真挚的革命友谊

马克思和恩格斯的友谊堪称最无私、最纯洁、最真挚的革命友谊。他们为了一个共同的伟大事业，风雨同舟、患难与共，相互支持、亲密合作，留下了许多佳话，树立了人类友谊的最光辉的榜样。列宁曾经赞扬说：古老传说中有各种非常动人的友谊故事。欧洲无产阶级可以说，它的科学是

《19世纪70年代的马克思和恩格斯》（素描）　茹科夫　作

由两位学者和战士创造的,他们的关系超过了古人关于人类友谊的一切最动人的传说。

恩格斯是马克思的同乡。他们的结识是从恩格斯为《德法年鉴》撰写稿件开始的。1844 年 8 月,恩格斯从英国返德途中,在法国会见了马克思。在短短的十天里,恩格斯经马克思的介绍,认识了当时在巴黎的许多工人运动活动家,并在马克思的陪伴下,参加了工人社会主义者的集会。这是一次历史性的会面,为两位共产主义战士终生不渝的伟大合作奠定了基础。

马克思和恩格斯为创建科学社会主义理论密切合作。为批判黑格尔的唯心主义、费尔巴哈的机械唯物论以及形形色色的冒牌社会主义而诞生的《德意志意识形态》;为建立无产阶级政党,以"全世界无产者,联合起来"的响亮口号,引领全世界无产阶级为实现共产主义事业而斗争的《共产党宣言》,就是两位革命家共同合作的产物。

《人间知己》(中国画)　王为政　作

恩格斯研究经济学比马克思早,1844 年 2 月恩格斯在《德法年鉴》上发表的《国民经济学批判大纲》,对马克思的影响很大,促使马克思开始从研究经济学入手,撰写《资本论》,揭露资本主义的本质,探索社会发

三 伟大的人格

展规律。在撰写《资本论》的过程中,两位革命战友经常一起切磋、研究、探讨,有时为了弄清一个问题,彻夜不眠;有时为了印证一个观点,互相查阅资料,寻找论据;正是在他们的亲密合作下,《资本论》才得以艰辛完成。马克思逝世后,恩格斯立即停下手中正在撰写的书稿,将整理《资本论》第二卷作为头等大事,全身心投入,经过大量的开创性工作和浩繁的文字整理,完成了出版任务。这种在理论上的支持和担当,在马克思和恩格斯的革命生涯中,随处可见,感人至深。

在马克思和恩格斯的一生中,有频繁的书信往来,在相互通信中,寄托着他们深深的情意。他们互道彼此的牵挂,畅谈学习的体会,分享研究成果的喜悦。马克思在给恩格斯的信中写道:"亲爱的恩格斯:你是在哭还是在笑,是在睡觉还是醒着?最近三个星期,我往曼彻斯特寄了各种各样的信。却没有收到一封回信。但是我相信你都收到了。"[1] 同样,恩格斯如果有几天得不到马克思的音讯,就会发出"连珠炮"似的追问:"老摩尔,老摩尔,大胡子老摩尔!你出了什么事,怎么听不到你一点消息?你有什么不幸,你在做什么事情?你是病了?还是陷入了你的政治经济学的深渊?还是你已任命了小杜西做你的通信秘书?还是别的什么?"[2] 1866年2月20日,马克思在致恩格斯的信中,高度评价了他们的友谊。马克思说:"亲爱的朋友,在所有这一切情况下比任何时候更感觉到,我们之间存在的这种友谊是何等的幸福。你要知道,我对任何关系都没有做过这么高的评价。"[3]

马克思一家的生活无数次处于吃喝无着、就医缺钱、出行无路费、债主上门逼债的窘迫境地。这种情况一旦恩格斯知道了,就会极度的不安,

---

[1] 引自胡志刚编著:《马克思恩格斯珍闻录》,中央编译出版社2010年版,第180页。
[2] 引自胡志刚编著:《马克思恩格斯珍闻录》,中央编译出版社2010年版,第180页。
[3] 引自胡志刚编著:《马克思恩格斯珍闻录》,中央编译出版社2010年版,第181页。

必然是立即想办法筹集钱款，对马克思一家给予及时的援助。恩格斯的父亲同别人合伙经营一家商务公司，经商并非恩格斯所愿，可为了自己也为了马克思一家的生计，他才去这家公司工作，这一去就长达二十年。这期间，恩格斯用于研究科学理论和自然科学的时间受到了不少限制，作出了很大牺牲。正是有了这种牺牲，在经济上支持了马克思，才成就了马克思所从事的伟大事业。而马克思对恩格斯这种无私的帮助，始终是怀着深深的感激之情。

恩格斯对马克思十分钦敬，尤其是对马克思的分析和综合能力深为赞赏。恩格斯曾对拉法格说："当然，资本主义方式机构迟早会被人了解和解释，它的发展规律也会被人发现和阐明。但是，这需要极长的时间，而且这项工作不能一下子完成，而是要一点一滴地来完成。只有马克思一人能够探究一切经济范畴的辩证的发展，把它们的发展动因和制约着这些动因的因素联系起来，并建立起一座完整的经济科学理论的丰碑，其各个部分都是相互支撑，相辅相成的。"① 马克思则多次称赞恩格斯的博学和思想灵敏，对恩格斯能够毫不费力地从一个题目转到另一个题目，予以高度的评价。对于恩格斯的为人，马克思更是特别钦佩，而且这种敬佩是恒久的，终生不变。

到监狱门口去迎接出狱但并不熟知的战友，凸显了马克思对志同道合朋友的敬重和关怀。1874年9月，身患多种疾病的马克思在卡尔斯巴德休养后，归途和女儿爱琳娜来到莱比锡。马克思是为了满足德国社会民主工党领袖李卜克内西的请求而来的。李卜克内西一再恳求马克思在德国复杂的形势下到莱比锡来一次，目的是为了给德国革命予以指导。马克思来到后，向李卜克内西详细打听德国工人阶级的状况，也介绍了同反对派拉萨尔及其信徒的斗争情形，郑重劝告李卜克内西无论如何不要向拉萨尔机会

---

① 引自张丰温：《伟人风范：马恩列斯轶事》，广西人民出版社1989年版，第275页。

主义让步。在交谈中，他听说党内一个年轻的编辑威廉·布洛斯将从监狱释放出来，虽然马克思并不认识这位同志，他还是决定到监狱门口去迎接他。布洛斯出狱这天，马克思带上女儿爱琳娜，李卜克内西带上小儿子，四个人早早等在监狱门前。当获得自由的布洛斯走出监狱时，一眼辨认出了是国际工人运动之父的马克思在这里迎接他时，感动至极。一种从未有过的幸福感和激情涌上心头，他向伟大的马克思表示了深深的敬意和感激。从此，这位无产阶级的英勇战士更加积极地投入到革命洪流中去，成为工人阶级队伍中的先锋和骨干。

《探望亲密战友》（中国画） 谢志高 作

痛惜战友的逝世，把怀念郑重镌刻在《资本论》的扉页上。1864年5月9日，威廉·沃尔弗在英国曼彻斯特病逝了。流亡伦敦的马克思为失去一个亲密的老战友而陷入了深深的悲哀之中。沃尔弗出生在德国一个农奴家庭，早在学生时代就投身革命活动，曾因支持波兰民族解放运动被监禁五年。沃尔弗是共产主义同盟的创建人和领导人之一，1848年大革命时是《新莱茵报》编辑部的重要成员。大革命失败以后，沃尔弗历尽艰辛，辗转流亡到曼彻斯特，一度靠当私人教师谋生。在曼彻斯特的日子里，他收入微薄，生活清苦，而且重病缠身。在这种朝不保夕的境况中，他仍然节衣缩食，想方设法省出一点点钱来资助非常贫困的马克思一家。不仅如此，他在临终前，还在遗嘱中决定把大部分遗产约合820英镑赠给马克思一家。沃尔弗毕生忠诚于无产阶级革命事业，弥留之际念念不忘与马克思一家的友谊，这使马克思异常感动。他曾想为沃尔弗写一篇传记，纪念并颂扬他光荣战斗的一生，为此马克思还拟定了写作提纲。可是，正赶上他手头的工作实在太忙，写作计划一直没有如愿，这使马克思多有不安和憾意。1867年，凝结着马克思半生心血的《资本论》第一卷终于将出版了，在第一卷的扉页上，马克思怀着对战友的深情厚谊写下了这样一行字："献给我的不能忘记的朋友、勇敢的忠实的高尚的无产阶级先锋战士威廉·沃尔弗。"① 马克思以这种方式，特别郑重地表达了对朋友的深切怀念之情。

马克思具有宽宏大量的胸怀，对战友有着一颗真诚的心，对志同道合的朋友绝不计较前嫌。在1850年和1851年间，马克思应李卜克内西等人的要求，给一个政治经济学讲习班讲课。后来，这个班钻进了一些宗派主义分子，马克思对他们很不满意；加上这是个很狭小的活动圈子，马克思还有重要的事情去做，于是就决定不再去这个讲习班讲课。为这件事有人从中煽动，李卜克内西与马克思发生了争执，以至于李卜克内西这位马克思家的常客，竟好几个月连门也不登了。一天，李卜克内西在街上遇见了马克思的几个孩子，孩子们围住他，半责怪半发问地说：为什么好长时间不去家里了？孩子们的真诚使李卜克内西很是感动，突然唤醒了他与马克思在战斗中结下的深情厚谊，顿时觉得疏远马克思并与之论战十分欠妥。于是，他马上决定拜访马克思。见到老战友的到来，马克思马上高兴地同李卜克内西热烈握手，表示了战友间的亲切欢迎。马克思的宽宏大度让李卜克内西十分感动。不独对李卜克内西，只要是志向相同的战友，虽有过歧见、甚或争议，马克思都是注重团结同志，从大局着想，处理好同志间的革命关系。马克思逝世后，李卜克内西回忆说："马克思这个人，从共产主义观点来看，是最宽宏大量的——他能够容忍反对意见。"②

---

① 引自胡志刚编著：《马克思恩格斯珍闻录》，中央编译出版社2010年版，第188页。
② 引自张聿温：《伟人风范：马恩列斯轶事》，广西人民出版社1989年版，第267—268页。

三 伟大的人格

马克思对同志诚恳无私，热情帮助。流亡伦敦期间，马克思夫妇自己手头是十分拮据的，生活处在困境之中。在开始的最艰难的几年里，他们曾穷到近乎挨饿，连买面包和蔬菜的钱都要外借，害了病也请不起医生，连买药的钱也没有，以致常常要靠典当衣物过日子。日子尽管难到这个地步，他也千方百计接济更困难的同志。有些走投无路的革命者，有时在马克思家一住就是几个月，马克思夫妇毫无怨言，靠四处筹措善待这些共患难的朋友。帮助马克思料理家务的琳蘅的姐姐因为生活无着无靠，实在无法只好寄居在马克思家中，而且一住就是几年，马克思夫妇对她总是像亲人那样无微不至的关照。由于马克思夫妇的无比善良和忠诚，同志们和朋友们也都喜欢到他们家里来，在这里虽然生活条件并不好，可总是充满着热情愉快的氛围。到1864年，马克思一家的物质生活稍有好转，不再发愁吃饭和日常的花费了。这时，马克思夫妇就更加悉心关照和帮助朋友了。当时，全世界的工人领袖们常在马克思家聚会，共产主义者同盟的老盟员和国际工人协会的久经考验的战友们都是马克思家的常客。在他家进进出出的还有工人运动的代表、著名的科学家和民主主义政治家。即使有些人不同意、不承认他的思想，他也不冷待他们，可见马克思有一颗多么宽厚善良的心！在与友人的交往中，他很善于在个别交流的过程中阐明自己的观点，说明这种观点的来龙去脉，完全敞开自己的心扉。马克思一生有一批这样的朋友——观点、思想同他相左，但这批朋友对马克思的品德无可挑剔，对他是敬重的。著名的工人运动活动家弗里德里奇·列斯纳是马克思家里的常客，他动情地这样描述了马克思夫妇的好客："马克思的家为每一个可以信赖的同志开放着。我和许多别的人同他及其家人相处时，愉快心情是难以忘怀的。"[①]

　　马克思作为国际工人运动的导师，在交友方面有着非凡的感染力。他

[①] 引自《回忆马克思》，人民出版社2005年版，第265页。

对待朋友，即使是一般工人，也特别热情，并在和他们交谈中了解形势，以做出正确的判断。他从来都是理性地面对反对意见和不同声音，合情合理地掌握斗争的分寸，因而赢得了朋友们的高度信任和广泛的敬佩。裁缝工人、共产主义者同盟盟员弗里德里奇·列斯纳说："马克思同一切真正的伟大人物一样，毫不自负……他向来注意倾听普通工人对工人运动的意见；因此，饭后他常来我家，找我一同散步，和我谈各个方面的问题。我当然尽量让他多讲话，因为对我来说，听他闲谈和深入发挥，确是一件乐事。我常常听得出神，很不愿意同他分手。总之，他非常健谈，他可以把任何一个同他谈话的人紧紧地吸引住。他富于幽默感，他的笑声是发自内心的。当我们的同志在某个国家取得胜利时，他都毫不掩饰地大声欢笑，并以此感染周围的一切人。"①

德国教师和新闻工作者、国际工人运动活动家弗里德里希·阿道夫·佐尔格说："在私人交往方面，马克思总是坦诚相见，和蔼可亲，凡是有幸和这位不平凡的人有过亲密接触的人都有这样的印象。但是马克思对那些假仁假义、不学无术和大言不惭的人，是铁面无私的。"②

马克思非常看重革命友情，培育它，维护它，因而深厚的革命情谊伴随着马克思战斗的一生。弗兰契斯卡·库格曼撰文说："马克思把友谊看作是神圣不可侵犯的。有一个党内同志来看望马克思，他冒昧地谈到弗里德里希·恩格斯，说像恩格斯这样有钱的人应该为马克思摆脱困苦的物质生活多操些心。马克思当即严厉地打断他说：'恩格斯和我的友谊是深厚而真挚的，谁都没有权利来干预。'"③

---

① 引自《回忆马克思》，人民出版社2005年版，第265页。
② 引自《回忆马克思》，人民出版社2005年版，第299页。
③ 引自《回忆马克思》，人民出版社2005年版，第340页。

三 伟大的人格

马克思的大女儿燕妮·马克思的儿子埃德加·龙格在追忆马克思和恩格斯的友谊时说:"马克思和恩格斯的友谊像古老传说中的奥列斯特和史拉德(奥列斯特和史拉德是古希腊神话中的两位英雄的名字,后来成了忠实友谊的代名词)的友谊一样,是值得列入史册的。实际上,恩格斯大半生都被迫在曼彻斯特他父亲的公司里经商,这是他极端讨厌的工作;他这样做,完全是为了帮助马克思,使马克思能完成自己的著作。毫无疑问,没有恩格斯,马克思和她的全家都会饿死。"[1]

马克思的崇高品德和高尚情操,铸就了他的伟大人格。如洁白无瑕的美玉,光照人间;似巍巍喜马拉雅,高山仰止!

这是马克思奉献给全世界无产阶级的一部无字之书,他告诉我们,什么是理想信念,什么叫无私奉献,什么谓奋斗终生。

这是马克思留给全人类的宝贵精神财富,为我们加强世界观改造,永葆革命青春,提供了鲜活的教材。

这是一面镜子,更是一面旗帜。点滴中见高尚,平凡中见伟大,马克思熠熠生辉的伟大人格,为我们树立了人生的榜样。它必将转化为巨大的精神能量,纯洁人们的心灵,启迪人们的心智,坚定人们的信念,引领和鼓舞着全世界的无产阶级和劳动人民,为实现共产主义美好理想而拼搏奉献!

---

[1] 引自《回忆马克思》,人民出版社2005年版,第232—233页。

结　束　语

　　时代呼唤理论，理论指引时代。马克思的理论，从空想到科学，从探索到发展，在斗争中磨砺，在实践中检验，逐步形成一个完整的思想体系——马克思主义。马克思通过对资本主义的具体解剖，深刻揭示了共产主义取代资本主义的历史必然性，并通过对资本主义社会阶级矛盾的分析，阐明了无产阶级的历史使命和实现人类解放的具体道路。这是一个很长的历史过程，道路是艰辛的、曲折的。从世界范围看，时代的主题会随着形势的发展而有所变化，例如从战争与革命转到和平与发展。各个国家、各个地区，也会从本国、本地区历史与现实的情况出发，确定不同阶段的奋斗目标。人类发展的历史雄辩地证明，从资本主义走向社会主义的社会历史发展总趋势，是不可阻挡的，不能改变的，不会过时的。

　　学习马克思主义理论要着重掌握其立场、观点、方法，领会精神实质。马克思的论述，大体可分为四种情况：第一种情况是，在当时是正确的，现在依然正确，例如关于世界观方法论的论述、关于人类社会发展规律的论述、关于人民群众的论述、关于共产主义根本特征是实现每个人自由而全面发展的论述等等，这方面的论述是大量的；第二种情况是，当时的认识是正确的，随着形势的发展，后来已不适用或者不完全适用；第三种情况是，当时提出的预测或设想，不符合或不完全符合后来发展的实际；第四种情况是，马克思的原意未被完全理解，甚至理解错了。马克思主义基本原理是颠扑不破的真理，具有强大生命力，仍然是我们当前的行动指南。我们不能因被机械搬用或错误理解产生过不好后果而抛弃真理。正反历史经验告诉我们，学习马克思主义理论,要准确把握,善于思辨,绝不能照搬照套。

解放思想,实事求是,与时俱进,是马克思主义的灵魂。实践是检验真理的唯一标准。在革命和建设中,应当从现实出发,创造性地运用和发展马克思的理论。马克思只是揭示了科学社会主义的基本原理,没有也不可能规定未来社会的具体制度和行动方案。正如马克思自己所说的,"在将来某个特定的时刻应该做什么,应该马上做些什么,这当然完全取决于人们将不得不在其中活动的那个既定的历史环境。"[1] 科学社会主义原理的运用,要以具体的历史条件为转移。社会主义是前无古人的伟大事业,没有现成的道路可以借鉴,只能在实践中不断探索前进。

我们党紧紧依靠人民,把马克思主义基本原理同中国实际和时代特征结合起来,独立自主走自己的路,历经千辛万苦,付出巨大代价,开创和发展了中国特色社会主义事业,为实现中华民族伟大复兴的中国梦铺设了康庄大道。中国特色社会主义就是当代中国的马克思主义。现在我们迎来了民族复兴的曙光,我们比历史上任何时期都更加接近实现中华民族伟大复兴的目标,比历史上任何时期都更有信心、更有能力实现这个目标。但是要走的路还很长,任务还非常艰巨,斗争还异常复杂。我们必须倍加珍惜,始终坚持,不断发展,接过前辈的"接力棒",坚定不移沿着中国特色社会主义道路走下去。

要完成中国特色社会主义这项波澜壮阔的伟大事业,必须加强学习。首先要认真学习马克思主义理论,要把马克思主义理论的学习同学习毛泽东思想、邓小平理论、"三个代表"重要思想、科学发展观结合起来,同学习习近平总书记系列重要讲话结合起来。这是我们做好一切工作的看家本领,也是领导干部必须掌握的工作制胜的看家本领。

---

[1] 《马克思恩格斯选集》第4卷,人民出版社2012年版,第541页。

2013年1月5日，习近平总书记在新进中央委员会的委员、候补委员学习贯彻党的十八大精神研讨班上所作的《毫不动摇坚持和发展中国特色社会主义》的讲话中指出："共产党员特别是党员领导干部要做共产主义远大理想和中国特色社会主义共同理想的坚定信仰者和忠实践行者。我们既要坚定走中国特色社会主义道路的信念，也要胸怀共产主义的崇高理想，矢志不移贯彻执行党在社会主义初级阶段的基本路线和基本纲领，做好当前每一项工作。革命理想高于天。没有远大理想，不是合格的共产党员；离开现实工作而空谈远大理想，也不是合格的共产党员。衡量一名共产党员、一名领导干部是否具有共产主义远大理想，是有客观标准的，那就是要看他能否坚持全心全意为人民服务的根本宗旨，能否吃苦在前、享受在后，能否勤奋工作、廉洁奉公，能否为理想而奋不顾身去拼搏、去奋斗、去献出自己的全部精力乃至生命。一切迷惘迟疑的观点，一切及时行乐的思想，一切贪图私利的行为，一切无所作为的作风，都是与此格格不入的。"[1]

习近平总书记的重要指示，为我们坚持马克思主义，坚定理想信念，实现中华民族的伟大复兴梦，指出了奋斗的方向和根本遵循。我们坚信，以马克思主义为指导思想的中国共产党，在建设中国特色社会主义的新征程中，一定会把马克思主义中国化这篇大文章做得更精彩，书写出更加富有活力、更具创造力的新篇章。

---

[1]《习近平谈治国理政》，外文出版社2014年版，第23—24页。

编 后 话

写一本宣传马克思主义的通俗读物，是程建宁多年的愿望。2014年初他发出倡议，五位志同道合的编写者即相聚一起，历经三个月读书、三个月写作、四个月修改，浸透着大家心血的书稿，就要结出硕果付梓出版了。对于我们这些最年长83岁、最年轻63岁、平均年龄73岁的编写者来说，喜悦的心情是难以言表的。在耄耋和花甲之年，能为实现马克思主义大众化尽一点力，这是我们做的一件很有意义的事情，感到莫大荣幸！

在编写《活着的马克思》中，尽管我们付出了艰辛努力，但由于学识所限，不足和欠缺之处在所难免。我们愿以虚心诚恳的态度，认真听取读者的批评建议，以便再版时加以补充修改。马克思主义是永远活着的，宣传和践行马克思主义，对于共产党人来说，是终身使命，生命不息，践行不止。我们将继续努力！

本着虚心求教、写出一本高质量的通俗读物的初衷，《活着的马克思》初稿完成后，我们先后和从事宣传理论教育的老同志，国防大学、空军指挥学院、中央编译局、中国社会科学院马克思主义研究院、清华大学马克思主义学院的专家学者，对外经济贸易大学研究生院的青年学生近百人进行了座谈，广泛征求意见。同时还寄送样书给理论宣传部门的领导、专家、学者，听取他们的意见。令我们感动的是，老领导、老将军、专家、教授和青年学生，都非常重视，认真审阅书稿。他们或是通过电话，或是写成文字，或是直面坦言，表达了对马克思的深厚感情和对马克思主义的忠诚，提出了许多中肯、有见地的意见。这对提高书稿质量，起到了重要作用。在此，我们表示深深的谢意。同时还要感谢中央编译局和中央编译出版社的领导。他们对《活着的马克思》予以充分肯定,并提供图片,为图书的出版给予大力支持。

为表示我们的敬意,特列感谢名单如下:

邵华泽	李慎明	叶小文	方　立	俞可平	许志功
朱增泉	糜振玉	梅其仪	张慕津	艾四林	郑一明
陈胜华	周　涛	陆　恂	毕文波	徐天亮	魏斯晴
周弘勃	俞　源	蔡红硕	刘金萍	郝一星	张　彬
张江宁	肖东松	刘绥虎	郭凤海	李海涛	贡　健
尚金锁	陶传友	张文焕	李　振	朱亚伟	苗润奇
叶海源	王峰明	刘敬东	李成旺	王传利	周其悦
余启元	李展怀	李世铭	叶苑榛	梅定璋	陈显增
苑福诚	温景恒	刘惠珍	盛祖宏	叶　苹	陈世基
沈入群	朱　坚	芦晓萍	杨　钢	李惠斌	冯　雷
廉　思	乔　慈	吉哲韵	罗瑞汉	边彩虹	褚凤媛
冯奕祺	李思静	罗万金	邱醒杰	景　晨	吴浩曦
魏晓璇	祝艺萌	李孟一	思　政	卢嘉方俪	

我们衷心期待,《活着的马克思》能为马克思主义大众化的传播,作出积极贡献。

附 录

雕塑作品《沉思中的马克思》(2015)

- 马克思名言
- 《活着的马克思》编写散记
- 《活着的马克思》评介文章

附录一

马克思名言

一、科学的世界观和方法论

二、物质与意识

三、实践与认识

四、事物运动的规律性

五、社会发展基本规律

六、人民群众与个人的历史作用

七、社会主义和共产主义

八、品格和道德

一、科学的世界观和方法论

1. 任何真正的哲学都是自己时代的精神上的精华,因此,必然会出现这样的时代:那时哲学不仅在内部通过自己的内容,而且在外部通过自己的表现,同自己时代的现实世界接触并相互作用。

马克思《〈科隆日报〉第179号的社论》(1842年6月28日—7月3日),《马克思恩格斯全集》第2版第1卷第220页,人民出版社1995年版。

2. 哲学家并不像蘑菇那样是从地里冒出来的,他们是自己的时代、自己的人民的产物,人民的最美好、最珍贵、最隐蔽的精髓都汇集在哲学思想里。

马克思《〈科隆日报〉第179号的社论》(1842年6月28日—7月3日),《马克思恩格斯全集》第2版第1卷第219-220页,人民出版社1995年版。

3. 在历史科学中,专靠一些公式是办不了什么事的。

马克思《哲学的贫困》(1847年上半年),《马克思恩格斯全集》第1版第4卷第166页,人民出版社1965年版。

4. 观念的东西不外是移入人的头脑并在人的头脑中改造过的物质的东西而已。

马克思《〈资本论〉第1卷第2版跋》(1873年1月24日),《马克思恩格斯文集》第5卷第22页,人民出版社2009年版。

5. 辩证法在对现存事物的肯定的理解中同时包含对现存事物的否定的理解,即对现存事物的必然灭亡的理解;辩证法对每一种既成的形式都是从不断的运动中,因而也是从它的暂时性方面去理解;辩证法不崇拜任何东西,按其本质来说,它是批判的和革命的。

马克思《〈资本论〉第1卷第2版跋》（1873年1月24日），《马克思恩格斯文集》第5卷第22页，人民出版社2009年版。

6. 哲学家们只是用不同的方式解释世界，问题在于改变世界。

马克思《关于费尔巴哈的提纲》（1845年春），《马克思恩格斯文集》第1卷第502页，人民出版社2009年版。

7. 对实践的唯物主义者即共产主义者来说，全部问题都在于使现存世界革命化，实际地反对并改变现存的事物。

马克思恩格斯《德意志意识形态》（1845年秋—1846年5月），《马克思恩格斯文集》第1卷第527页，人民出版社2009年版。

8. 哲学把无产阶级当做自己的物质武器，同样，无产阶级也把哲学当做自己的精神武器；思想的闪电一旦彻底击中这块素朴的人民园地，德国人就会解放成为人。

马克思《〈黑格尔法哲学批判〉导言》（1843年10月中—12月中），《马克思恩格斯文集》第1卷第17-18页，人民出版社2009年版。

二、物质与意识

9. 人并没有创造物质本身。甚至人创造物质的这种或那种生产能力，也只是在物质本身预先存在的条件下才能进行。

马克思恩格斯《神圣家族》（1844年9—11月），《马克思恩格斯全集》第1版第2卷第58页，人民出版社1957年版。

10. 在物质固有的特性中，第一个特性而且是最重要的特性是运动，——不仅是物质的机械的和数学的运动，而且更是物质的冲动、活力、张力。

马克思恩格斯《神圣家族》（1844年9—11月），《马克思恩格斯文集》第1卷第331页，人民出版社2009年版。

11. 自然界，就它自身不是人的身体而言，是人的无机的身体。人靠自然界生活。

马克思《1844年经济学哲学手稿》（1844年4—8月），《马克思恩格斯文集》第1卷第161页，人民出版社2009年版。

12. 没有自然界，没有感性的外部世界，工人什么也不能创造。自然界是工人的劳动得以实现、工人的劳动在其中活动、工人的劳动从中生产出和借以生产出自己的产品的材料。

马克思《1844年经济学哲学手稿》（1844年4—8月），《马克思恩格斯文集》第1卷第158页，人民出版社2009年版。

13. 人直接地是自然存在物。人作为自然存在物，而且作为有生命的自然存在物，一方面具有自然力、生命力，是能动的自然存在物；这些力量作为天赋和才能、作为欲望存在于人身上；另一方面，人作为自然的、肉体的、感性的、对象性的存在物，和动植物一样，是受动的、受制约的和受限制的存在物……

马克思《1844年经济学哲学手稿》（1844年4—8月），《马克思恩格斯文集》第1卷第209页，人民出版社2009年版。

14. 一当人开始生产自己的生活资料，即迈出由他们的肉体组织所决定的这一步的时候，人本身就开始把自己和动物区别开来。

马克思恩格斯《德意志意识形态》（1845年秋—1846年5月），《马克思恩格斯文集》第1卷第519页，人民出版社2009年版。

15. 意识在任何时候都只能是被意识到了的存在，而人们的存在就是他们的现实生活过程。

马克思恩格斯《德意志意识形态》（1845年秋—1846年5月），《马克思恩格斯文集》第1卷第524-525页，人民出版社2009年版。

16. 意识并非一开始就是"纯粹的"意识。"精神"从一开始就很倒霉，受到物质的"纠缠"，物质在这里表现为振动着的空气层、声音，简言之，即语言。

马克思恩格斯《德意志意识形态》（1845年秋—1846年5月），《马克思恩格斯文集》第1卷第533页，人民出版社2009年版。

17. 人们自己创造自己的历史，但是他们并不是随心所欲地创造，并不是在他们自己选定的条件下创造，而是在直接碰到的、既定的、从过去承继下来的条件下创造。

马克思《路易·波拿巴的雾月十八日》（约1851年12月中—1852年3月25日），《马克思恩格斯文集》第2卷第470-471页，人民出版社2009年版。

18. 我们必须从实际情况出发，也就是说，必须通过一种符合于改变了的环境的办法来利用革命热情。

马克思《致路·库格曼》（1866年8月23日），《马克思恩格斯全集》第1版

第31卷第523页,人民出版社1972年版。

19. 因为同一个国家各行各业的工人的发展水平和不同国家的工人阶级的发展水平都必然是极不相同的,所以,实际运动也必然以十分不同的理论形式反映出来。

马克思《致恩格斯》(1869年3月5日),《马克思恩格斯文集》第10卷第301页,人民出版社2009年版。

20. 由工人自己进行的对各国工人阶级状况的统计调查,将是一项伟大的国际联合行动。显然,为了行动起来有些把握,应该熟悉所要涉及的材料。同时工人也将通过亲手进行这样一项伟大的工作来证明他们能够把自己的命运掌握在自己手中。

马克思《国际工人协会共同章程和组织条例草案》(1871—1872年),《马克思恩格斯全集》第1版第44卷第584页,人民出版社1982年版。

三、实践与认识

21. 从前的一切唯物主义（包括费尔巴哈的唯物主义）的主要缺点是：对对象、现实、感性，只是从客体的或者直观的形式去理解，而不是把它们当做感性的人的活动，当做实践去理解，不是从主体方面去理解。

马克思《关于费尔巴哈的提纲》（1845年春），《马克思恩格斯文集》第1卷第499页，人民出版社2009年版。

22. 直观的唯物主义，即不是把感性理解为实践活动的唯物主义，至多也只能达到对单个人和市民社会的直观。

马克思《关于费尔巴哈的提纲》（1845年春），《马克思恩格斯文集》第1卷第502页，人民出版社2009年版。

23. 最蹩脚的建筑师从一开始就比最灵巧的蜜蜂高明的地方，是他在用蜂蜡建筑蜂房以前，已经在自己的头脑中把它建成了。劳动过程结束时得到的结果，在这个过程开始时就已经在劳动者的表象中存在着，即已经观念地存在着。他不仅使自然物发生形式变化，同时他还在自然物中实现自己的目的，这个目的是他所知道的，是作为规律决定着他的活动的方式和方法的，他必须使他的意志服从这个目的。

马克思《资本论》第1卷（1867年），《马克思恩格斯文集》第5卷第208页，人民出版社2009年版。

24. 环境的改变和人的活动或自我改变的一致，只能被看做是并合理地理解为革命的实践。

马克思《关于费尔巴哈的提纲》（1845年春），《马克思恩格斯文集》第1卷第500页，人民出版社2009年版。

25. 为了进行生产，人们相互之间便发生一定的联系和关系；只有在这些社会联系和社会关系的范围内，才会有他们对自然界的影响，才会有生产。

马克思《雇佣劳动与资本》（1847年12月下半月），《马克思恩格斯文集》第1卷第724页，人民出版社2009年版。

26. 人是最名副其实的政治动物，不仅是一种合群的动物，而且是只有在社会中才能独立的动物。孤立的一个人在社会之外进行生产——这是罕见的事，在已经内在地具有社会力量的文明人偶然落到荒野时，可能会发生这种事情——就像许多个人不在一起生活和彼此交谈而竟有语言发展一样，是不可思议的。

马克思《〈1857—1858年经济学手稿〉导言》（1857年8月下旬），《马克思恩格斯文集》第8卷第6页，人民出版社2009年版。

27. 说到生产，总是指在一定社会发展阶段上的生产——社会个人的生产。

马克思《〈1857—1858年经济学手稿〉导言》（1857年8月下旬），《马克思恩格斯文集》第8卷第6-7页，人民出版社2009年版。

28. 全部社会生活在本质上是实践的。凡是把理论引向神秘主义的神秘东西，都能在人的实践中以及对这种实践的理解中得到合理的解决。

马克思《关于费尔巴哈的提纲》（1845年春），《马克思恩格斯文集》第1卷第501页，人民出版社2009年版。

29. 共产党人的理论原理，决不是以这个或那个世界改革家所发明或发现的思想、原则为根据的。

这些原理不过是现存的阶级斗争、我们眼前的历史运动的真实关系的一般表述。

马克思恩格斯《共产党宣言》(1847年12月—1848年1月底),《马克思恩格斯文集》第2卷第44-45页,人民出版社2009年版。

30. 理论的方案需要通过实际经验的大量积累才臻于完善。

马克思《资本论》第1卷（1867年）,《马克思恩格斯文集》第5卷第437页,人民出版社2009年版。

31. 思想本身根本不能实现什么东西。思想要得到实现,就要有使用实践力量的人。

马克思恩格斯《对法国革命批判的战斗》,《马克思恩格斯文集》第1卷第320页,人民出版社2009年版。

32. 理论的对立本身的解决,只有通过实践方式,只有借助于人的实践力量,才是可能的；因此,这种对立的解决绝对不只是认识的任务,而是现实生活的任务,而哲学未能解决这个任务,正是因为哲学把这仅仅看做理论的任务。

马克思《1844年经济学哲学手稿》(1844年4—8月),《马克思恩格斯文集》第1卷第192页,人民出版社2009年版。

33. 人的思维是否具有客观的真理性,这不是一个理论的问题,而是一个实践的问题。

马克思《关于费尔巴哈的提纲》（1845年春）,《马克思恩格斯文集》第1卷第500页,人民出版社2009年版。

34. 批判的武器当然不能代替武器的批判,物质力量只能用物质力量来摧毁；但是理论一经掌握群众,也会变成物质力量。理论只要说服人,就能掌握群众；而理论只要彻底,就能说服人。所谓彻底,就是抓住事物的根本。

马克思《〈黑格尔法哲学批判〉导言》(1843年10月中—12月中),《马克思恩格斯文集》第1卷第11页，人民出版社2009年版。

35．理论在一个国家实现的程度，总是取决于理论满足这个国家的需要的程度。

马克思《〈黑格尔法哲学批判〉导言》（1843年10月中—12月中），《马克思恩格斯文集》第1卷第12页，人民出版社2009年版。

36．我们必须彻底揭露旧世界，并积极建立新世界。

马克思《致阿尔诺德·卢格》（1843年5月［上半月］），《马克思恩格斯全集》第2版第47卷第63页，人民出版社2004年版。

37．人类活动的一个方面——人改造自然。另一方面，是人改造人……

马克思恩格斯《德意志意识形态》（1845年秋—1846年5月），《马克思恩格斯文集》第1卷第540页，人民出版社2009年版。

38．无论为了使这种共产主义意识普遍地产生还是为了实现事业本身，使人们普遍地发生变化是必需的，这种变化只有在实际运动中，在革命中才有可能实现；因此，革命之所以必需，不仅是因为没有任何其他的办法能够推翻统治阶级，而且还因为推翻统治阶级的那个阶级，只有在革命中才能抛掉自己身上的一切陈旧的肮脏东西，才能胜任重建社会的工作。

马克思恩格斯《德意志意识形态》（1845年秋—1846年5月），《马克思恩格斯文集》第1卷第543页，人民出版社2009年版。

39．人创造环境，同样，环境也创造人。

马克思恩格斯《德意志意识形态》（1845年秋—1846年5月），《马克思恩格斯文集》第1卷第545页，人民出版社2009年版。

40．在革命活动中，在改造环境的同时也改变着自己。

马克思恩格斯《德意志意识形态》(1845年秋—1846年5月),《马克思恩格斯全集》第1版第3卷第234页,人民出版社1965年版。

41. 工人阶级并没有期望公社做出奇迹。他们不是要凭一纸人民法令去推行什么现成的乌托邦。他们知道,为了谋求自己的解放,并同时创造出现代社会在本身经济因素作用下不可遏止地向其趋归的那种更高形式,他们必须经过长期的斗争,必须经过一系列将把环境和人都加以改造的历史过程。

马克思《法兰西内战》(1871年5月),《马克思恩格斯文集》第3卷第159页,人民出版社2009年版。

42. 一步实际运动比一打纲领更重要。

马克思《〈哥达纲领批判〉给威廉·白拉克的信》(1875年5月5日),《马克思恩格斯文集》第3卷第426页,人民出版社2009年版。

43. 如果其他阶级出身的这种人参加无产阶级运动,那么首先就要求他们不要把资产阶级、小资产阶级等等的偏见的任何残余带进来,而要无条件地掌握无产阶级世界观。

马克思恩格斯《给奥·倍倍尔、威·李卜克内西、威·白拉克等人的通告信》(1879年9月16日—18日之间),《马克思恩格斯文集》第3卷第484页,人民出版社2009年版。

四、事物运动的规律性

44．两个相互矛盾方面的共存、斗争以及融合成一个新范畴，就是辩证运动。

马克思《哲学的贫困》（1847年上半年），《马克思恩格斯文集》第1卷第605页，人民出版社2009年版。

45．每一种有用物，如铁、纸等等，都可以从质和量两个角度来考察。

马克思《资本论》第1卷（1867年），《马克思恩格斯文集》第5卷第48页，人民出版社2009年版。

46．一切发展，不管其内容如何，都可以看做一系列不同的发展阶段，它们以一个否定另一个的方式彼此联系着。比方说，人民在自己的发展中从君主专制过渡到君主立宪，就是否定自己从前的政治存在。任何领域的发展不可能不否定自己从前的存在形式。

马克思《道德化的批判和批判化的道德》（1847年10月底），《马克思恩格斯选集》第1版第1卷第169页，人民出版社1972年版。

47．过时的东西总是力图在新生的形式中得到恢复和巩固。

马克思《致弗里德里希·波尔特》（1871年11月23日），《马克思恩格斯文集》第10卷第367页，人民出版社2009年版。

48．如果斗争只是在机会绝对有利的条件下才着手进行，那么创造世界历史未免就太容易了。另一方面，如果"偶然性"不起任何作用的话，那么世界历史就会带有非常神秘的性质。这些偶然性本身自然纳入总的发展过程中，并且为其他偶然性所补偿。但是，发展的加速和延缓在很大程度上是取决于这些"偶然性"的，其中也包括一开始就站在运动最前面的那些人物的性格这样一种"偶然情况"。

马克思《致路德维希·库格曼》（1871年4月17日），《马克思恩格斯文集》第10卷第354页，人民出版社2009年版。

49．在将来某个特定的时刻应该做些什么，应该马上做些什么，这当然完全取决于人们将不得不在其中活动的那个既定的历史环境。

马克思《致斐迪南·多梅拉·纽文胡斯》（1881年2月22日），《马克思恩格斯文集》第10卷第458页，人民出版社2009年版。

50．正确的理论必须结合具体情况并根据现存条件加以阐明和发挥。

马克思《致达哥贝尔特·奥本海姆》（1842年8月中—9月下半月），《马克思恩格斯全集》第2版第47卷第35页，人民出版社2004年版。

51．在政治上为了一定的目的，甚至可以同魔鬼结成联盟，只是必须肯定，是你领着魔鬼走而不是魔鬼领着你走。

马克思《科苏特、马志尼和路易-拿破仑》（1852年11月16日），《马克思恩格斯全集》第2版第11卷第552页，人民出版社1995年版。

52．不管最近25年来的情况发生了多大的变化，这个《宣言》中所阐述的一般原理整个说来直到现在还是完全正确的。某些地方本来可以作一些修改。这些原理的实际运用，正如《宣言》中所说的，随时随地都要以当时的历史条件为转移……

马克思恩格斯《〈共产党宣言〉1872年德文版序言》（1872年6月24日），《马克思恩格斯文集》第2卷第5页，人民出版社2009年版。

五、社会发展基本规律

53. 不是意识决定生活，而是生活决定意识。

马克思恩格斯《德意志意识形态》（1845年秋—1846年5月），《马克思恩格斯文集》第1卷第525页，人民出版社2009年版。

54. 人们为了能够"创造历史"，必须能够生活。但是为了生活，首先就需要吃喝住穿以及其他一些东西。因此第一个历史活动就是生产满足这些需要的资料，即生产物质生活本身，而且，这是人们从几千年前直到今天单是为了维持生活就必须每日每时从事的历史活动，是一切历史的基本条件。

马克思恩格斯《德意志意识形态》（1845年秋—1846年5月），《马克思恩格斯文集》第1卷第531页，人民出版社2009年版。

55. 意识的一切形式和产物不是可以通过精神的批判来消灭的，不是可以通过把它们消融在"自我意识"中或化为"怪影"、"幽灵"、"怪想"等等来消灭的，而只有通过实际地推翻这一切唯心主义谬论所由产生的现实的社会关系，才能把它们消灭；历史的动力以及宗教、哲学和任何其他理论的动力是革命，而不是批判。

马克思恩格斯《德意志意识形态》（1845年秋—1846年5月），《马克思恩格斯文集》第1卷第544页，人民出版社2009年版。

56. 人们不能自由选择自己的生产力——这是他们的全部历史的基础，因为任何生产力都是一种既得的力量，是以往的活动的产物。可见，生产力是人们应用能力的结果，但是这种能力本身决定于人们所处的条件，决定于先前已经获得的生产力，决定于在他们以前已经存在、不是由他们创立而是由前一代人创立的社会形式。

马克思《致帕维尔·瓦西里耶维奇·安年科夫》（1846年12月28日），《马克思恩格斯文集》第10卷第43页，人民出版社2009年版。

57. 人的本质不是单个人所固有的抽象物，在其现实性上，它是一切社会关系的总和。

马克思《关于费尔巴哈的提纲》（1845年春），《马克思恩格斯文集》第1卷第501页，人民出版社2009年版。

58. 个人隶属于一定阶级这一现象，在那个除了反对统治阶级以外不需要维护任何特殊的阶级利益的阶级形成之前，是不可能消灭的。

马克思恩格斯《德意志意识形态》（1845年秋—1846年5月），《马克思恩格斯文集》第1卷第570页，人民出版社2009年版。

59. 我决不用玫瑰色描绘资本家和地主的面貌。不过这里涉及的人，只是经济范畴的人格化，是一定的阶级关系和利益的承担者。……不管个人在主观上怎样超脱各种关系，他在社会意义上总是这些关系的产物。

马克思《资本论》第1卷（1867年），《马克思恩格斯文集》第5卷第10页，人民出版社2009年版。

60. 至今一切社会的历史[①]都是阶级斗争的历史。

自由民和奴隶、贵族和平民、领主和农奴、行会师傅和帮工，一句话，压迫者和被压迫者，始终处于相互对立的地位，进行不断的、有时隐蔽有时公开的斗争，而每一次斗争的结局都是整个社会受到革命改造或者斗争的各阶级同归于尽。

[①] 恩格斯在1888年英文版上加了一个注："这是指有文字记载的全部历史。"——编者注

马克思恩格斯《共产党宣言》(1847年12月—1848年1月底),《马克思恩格斯文集》第2卷第31页,人民出版社2009年版。

61. 我们的时代,资产阶级时代,却有一个特点:它使阶级对立简单化了。整个社会日益分裂为两大敌对的阵营,分裂为两大相互直接对立的阶级:资产阶级和无产阶级。

马克思恩格斯《共产党宣言》(1847年12月—1848年1月底),《马克思恩格斯文集》第2卷第32页,人民出版社2009年版。

62. 革命是历史的火车头。

马克思《1848年至1850年的法兰西阶级斗争》(1849年底—1850年3月底和1850年10月—11月1日),《马克思恩格斯文集》第2卷第161页,人民出版社2009年版。

63. 将近40年来,我们一贯强调阶级斗争,认为它是历史的直接动力,特别是一贯强调资产阶级和无产阶级之间的阶级斗争,认为它是现代社会变革的巨大杠杆;所以我们决不能和那些想把这个阶级斗争从运动中勾销的人们一道走。

马克思恩格斯《给奥·倍倍尔、威·李卜克内西、威·白拉克等人的通告信》(1879年9月16日—18日之间),《马克思恩格斯文集》第3卷第484页,人民出版社2009年版。

64. 生产方式既表现为个人之间的相互关系,又表现为他们对无机自然的一定的能动的关系,表现为一定的劳动方式……

马克思《〈政治经济学批判〉(1857—1858年手稿)》(1857年底—1858年5月),《马克思恩格斯文集》第8卷第146页,人民出版社2009年版。

65. 从物质生产的一定形式产生:第一,一定的社会结构;第二,人对自然的一定关系。

马克思《1861—1863年经济学手稿》(1861年8月—1863年7月),《马克思恩格斯全集》第2版第33卷第346页，人民出版社2004年版。

66．不论生产的社会的形式如何，劳动者和生产资料始终是生产的因素。但是，二者在彼此分离的情况下只在可能性上是生产因素。凡要进行生产，它们就必须结合起来。实行这种结合的特殊方式和方法，使社会结构区分为各个不同的经济时期。

马克思《资本论》第2卷（1885年7月），《马克思恩格斯文集》第6卷第44页，人民出版社2009年版。

67．在一切生产工具中，最强大的一种生产力是革命阶级本身。革命因素之组成为阶级，是以旧社会的怀抱中所能产生的全部生产力的存在为前提的。

马克思《哲学的贫困》（1847年上半年），《马克思恩格斯文集》第1卷第655页，人民出版社2009年版。

68．现代自然科学和现代工业一起对整个自然界进行了革命改造，结束了人们对自然界的幼稚态度以及其他幼稚行为……

马克思恩格斯《〈新莱茵报。政治经济评论〉第2期上发表的书评》（1850年1—2月），《马克思恩格斯全集》第2版第10卷第254页，人民出版社1998年版。

69．正像单个人必须正确地分配自己的时间，才能以适当的比例获得知识或满足对他的活动所提出的各种要求一样，社会必须合乎目的地分配自己的时间，才能实现符合社会全部需要的生产。因此，时间的节约，以及劳动时间在不同的生产部门之间有计划的分配，在共同生产的基础上仍然是首要的经济规律。这甚至在更加高得多的程度上成为规律。

马克思《1857—1858年经济学手稿》（1857年底—1858年5月），《马克思恩格斯全集》第2版第30卷第123页，人民出版社1995年版。

70．一种不费资本分文的生产力，是科学力量。

马克思《1857—1858年经济学手稿》（1857年底—1858年5月），《马克思恩格斯全集》第2版第31卷第168页，人民出版社1998年版。

71. 随着大工业的发展，现实财富的创造较少地取决于劳动时间和已耗费的劳动量，较多地取决于在劳动时间内所运用的作用物的力量，而这种作用物自身——它们的巨大效率——又和生产它们所花费的直接劳动时间不成比例，而是取决于科学的一般水平和技术进步，或者说取决于这种科学在生产上的应用。

马克思《1857—1858年经济学手稿》(1857年底—1858年5月)，《马克思恩格斯文集》第8卷第195-196页，人民出版社2009年版。

72. 自然界没有造出任何机器，没有造出机车、铁路、电报、自动走锭精纺机等等。它们是人的产业劳动的产物，是转化为人的意志驾驭自然界的器官或说在自然界实现人的意志的器官的自然物质。它们是人的手创造出来的人脑的器官；是对象化的知识力量。固定资本的发展表明，一般社会知识，已经在多么大的程度上变成了直接的生产力，从而社会生活过程的条件本身在多么大的程度上受到一般智力的控制并按照这种智力得到改造。它表明，社会生产力已经在多么大的程度上，不仅以知识的形式，而且作为社会实践的直接器官，作为实际生活过程的直接器官被生产出来。

马克思《1857—1858年经济学手稿》(1857年底—1858年5月)，《马克思恩格斯文集》第8卷第197-198页，人民出版社2009年版。

73. 在固定资本中，劳动的社会生产力表现为资本固有的属性；它既包括科学的力量，又包括生产过程中社会力量的结合，最后还包括从直接劳动转移到机器即死的生产力上的技巧。

马克思《1857—1858年经济学手稿》(1857年底—1858年5月)，《马克思恩格斯文集》第8卷第206页，人民出版社2009年版。

74. 真正的节约——经济=劳动时间的节约=生产力的发展。

马克思《我自己的笔记本的提要》(1861年6—7月)，《马克思恩格斯全集》

第2版第31卷第619页，人民出版社1998年版。

75．过程的这三个要素：过程的主体即劳动，劳动的要素即作为劳动作用对象的劳动材料和劳动借以作用的劳动资料，共同组成一个中性结果——产品。

马克思《1861—1863年经济学手稿》（1861年8月—1863年7月），《马克思恩格斯全集》第2版第32卷第65页，人民出版社1998年版。

76．[提高劳动生产力的]主要形式是：协作、分工和机器或科学的力量的应用等等。

马克思《1861—1863年经济学手稿》（1861年8月—1863年7月），《马克思恩格斯全集》第2版第32卷288-289页，人民出版社1998年版。

77．随着资本主义生产的扩展，科学因素第一次被有意识地和广泛地加以发展、应用并体现在生活中，其规模是以往的时代根本想象不到的。

马克思《1861—1863年经济学手稿》（1861年8月—1863年7月），《马克思恩格斯文集》第8卷第359页，人民出版社2009年版。

78．简单协作的实质始终是行动的同时性，这种行动的同时性所取得的结果，是各个独自行动的单个工人按时间依次进行他们的劳动所根本不可能达到的。

马克思《1861—1863年经济学手稿》（1861年8月—1863年7月），《马克思恩格斯全集》第2版第32卷第298页，人民出版社1998年版。

79．劳动生产力是由多种情况决定的，其中包括：工人的平均熟练程度，科学的发展水平和它在工艺上应用的程度，生产过程的社会结合，生产资料的规模和效能，以及自然条件。

马克思《资本论》第1卷（1867年），《马克思恩格斯文集》第5卷第53页，人民出版社2009年版。

80. 劳动过程的简单要素是：有目的活动或劳动本身，劳动对象和劳动资料。

马克思《资本论》第1卷（1867年），《马克思恩格斯文集》第5卷第208页，人民出版社2009年版。

81. 各种经济时代的区别，不在于生产什么，而在于怎样生产，用什么劳动资料生产。劳动资料不仅是人类劳动力发展的测量器，而且是劳动借以进行的社会关系的指示器。

马克思《资本论》第1卷（1867年），《马克思恩格斯文集》第5卷第210页，人民出版社2009年版。

82. 如果整个过程从其结果的角度，从产品的角度加以考察，那么劳动资料和劳动对象二者表现为生产资料，劳动本身则表现为生产劳动。

马克思《资本论》第1卷（1867年），《马克思恩格斯文集》第5卷第211页，人民出版社2009年版。

83. 许多人在同一生产过程中，或在不同的但互相联系的生产过程中，有计划地一起协同劳动，这种劳动形式叫作协作。

……这里的问题不仅是通过协作提高了个人生产力，而且是创造了一种生产力，这种生产力本身必然是集体力。

马克思《资本论》第1卷（1867年），《马克思恩格斯文集》第5卷第378-379页，人民出版社2009年版。

84. 一切规模较大的直接社会劳动或共同劳动，都或多或少地需要指挥，以协调个人的活动，并执行生产总体的运动——不同于这一总体的独立器官的运动——所产生的各种一般职能。一个单独的提琴手是自己指挥自己，一个乐队就需要一个乐队指挥。

马克思《资本论》第1卷（1867年），《马克思恩格斯文集》第5卷第384页，人民出版社2009年版。

85. 由协作和分工产生的生产力，不费资本分文。它是社会劳动的自然力。

马克思《资本论》第1卷（1867年），《马克思恩格斯文集》第5卷第443页，人民出版社2009年版。

86. 单个人如果不在自己的头脑的支配下使自己的肌肉活动起来，就不能对自然发生作用。正如在自然机体中头和手组成一体一样，劳动过程把脑力劳动和体力劳动结合在一起了。后来它们分离开来，直到处于敌对的对立状态。

马克思《资本论》第1卷（1867年），《马克思恩格斯文集》第5卷第582页，人民出版社2009年版。

87. 农业劳动是其他一切劳动得以独立存在的自然基础和前提。

马克思《剩余价值理论》（1861年8月—1863年7月），《马克思恩格斯全集》第2版第26卷第28-29页，人民出版社2003年版。

88. 劳动生产力是随着科学和技术的不断进步而不断发展的……

马克思《资本论》第1卷（1867年），《马克思恩格斯文集》第5卷第698页，人民出版社2009年版。

89. 正像只要提高劳动力的紧张程度就能加强对自然财富的利用一样，科学和技术使执行职能的资本具有一种不以它的一定量为转移的扩张能力。

马克思《资本论》第1卷（1867年），《马克思恩格斯文集》第5卷第699页，人民出版社2009年版。

90. 每一个社会中的生产关系都形成一个统一的整体。

马克思《哲学的贫困》（1847年上半年），《马克思恩格斯文集》第1卷第603页，人民出版社2009年版。

91. 人们在生产中不仅仅影响自然界，而且也互相影响。他们只有以一定的方式共同活动和互相交换其活动，才能进行生产。

马克思《雇佣劳动与资本》（1847年12月下半月），《马克思恩格斯文集》第1卷第724页，人民出版社2009年版。

92. 一定的生产决定一定的消费、分配、交换和这些不同要素相互间的一定关系。当然，生产就其单方面形式来说也决定于其他要素。

马克思《〈政治经济学批判〉导言》（1857年8月下旬），《马克思恩格斯文集》第8卷第23页，人民出版社2009年版。

93. 人们的生活自古以来就建立在生产上面，建立在这种或那种社会生产上面，这种社会生产的关系，我们恰恰就称之为经济关系。

马克思《1857—1858年经济学手稿》（1857年底—1858年5月），《马克思恩格斯文集》第8卷第139页，人民出版社2009年版。

94. 分配关系本身是由生产关系产生的，并且是从另一个角度表现的生产关系本身。

马克思《1857—1858年经济学手稿》（1857年底—1858年5月），《马克思恩格斯全集》第2版第31卷第160页，人民出版社1998年版。

95. 一定的分配形式是以生产条件的一定的社会性质和生产当事人之间的一定的社会关系为前提的。因此，一定的分配关系只是历史地规定的生产关系的表现。

马克思《资本论》第3卷（1894年），《马克思恩格斯文集》第7卷第998页，人民出版社2009年版。

96. 庸俗的社会主义仿效资产阶级经济学家（一部分民主派又仿效庸俗社会主义）把分配看成并解释成一种不依赖于生产方式的东西，从而把社会主义描写为主要是围绕着分配兜圈子。

马克思《哥达纲领批判》(1875年4月底—5月7日),《马克思恩格斯文集》第3卷第436页,人民出版社2009年版。

97. 消费资料的任何一种分配,都不过是生产条件本身分配的结果;而生产条件的分配,则表现生产方式本身的性质。

马克思《哥达纲领批判》(1875年4月底—5月7日),《马克思恩格斯文集》第3卷第436页,人民出版社2009年版。

98. 人们所达到的生产力的总和决定着社会状况,因而,始终必须把"人类的历史"同工业和交换的历史联系起来研究和探讨。

马克思恩格斯《德意志意识形态》(1845年秋—1846年5月),《马克思恩格斯文集》第1卷第533页,人民出版社2009年版。

99. 社会关系和生产力密切相联。随着新生产力的获得,人们改变自己的生产方式,随着生产方式即谋生的方式的改变,人们也就会改变自己的一切社会关系。手推磨产生的是封建主的社会,蒸汽磨产生的是工业资本家的社会。

马克思《哲学的贫困》(1847年上半年),《马克思恩格斯文集》第1卷第602页,人民出版社2009年版。

100. 生产方式,生产力在其中发展的那些关系,并不是永恒的规律,而是同人们及其生产力的一定发展相适应的东西,人们生产力的一切变化必然引起他们的生产关系的变化。

马克思《哲学的贫困》(1847年上半年),《马克思恩格斯文集》第1卷第613页,人民出版社2009年版。

101. 社会的物质生产力发展到一定阶段,便同它们一直在其中运动的现存生产关系或财产关系(这只是生产关系的法律用语)发生矛盾。于是这些关系便由生产力的发展形式变成生产力的桎梏。那时社会革命的时代就到来了。

马克思《〈政治经济学批判〉序言》(1859年1月),《马克思恩格斯文集》第2卷第591—592页,人民出版社2009年版。

102. 资产阶级赖以形成的生产资料和交换手段,是在封建社会里造成的。在这些生产资料和交换手段发展的一定阶段上,封建社会的生产和交换在其中进行的关系,封建的农业和工场手工业组织,一句话,封建的所有制关系,就不再适应已经发展的生产力了。这种关系已经在阻碍生产而不是促进生产了。它变成了束缚生产的桎梏。它必须被炸毁,它已经被炸毁了。

起而代之的是自由竞争以及与自由竞争相适应的社会制度和政治制度、资产阶级的经济统治和政治统治。

马克思恩格斯《共产党宣言》(1847年12月—1848年1月底),《马克思恩格斯文集》第2卷第36—37页,人民出版社2009年版。

103. 社会不是以法律为基础的。那是法学家们的幻想。相反地,法律应该以社会为基础。法律应该是社会共同的、由一定物质生产方式所产生的利益和需要的表现,而不是单个的个人恣意横行。

马克思《对民主主义者莱茵区域委员会的审判》(1849年2月8日),《马克思恩格斯全集》第1版第6卷第291—292页,人民出版社1961年版。

104. 在不同的财产形式上,在社会生存条件上,耸立着由各种不同的、表现独特的情感、幻想、思想方式和人生观构成的整个上层建筑。整个阶级在其物质条件和相应的社会关系的基础上创造和构成这一切。通过传统和教育承受了这些情感和观点的个人,会以为这些情感和观点就是他的行为的真实动机和出发点。

马克思《路易·波拿巴的雾月十八日》(1851年12月中—1852年3月25日),《马克思恩格斯文集》第2卷第498页,人民出版社2009年版。

105. 法的关系正像国家的形式一样,既不能从它们本身来理解,也不能从所谓人类精神的一般发展来理解,相反,它们根源于物质的生活关系，这种物质的生活关系的总和，黑格尔按照18世纪的英国人和法国人的先例，概括为"市民社会"，而对市民社会的解剖应该到政治经济学中去寻求。

马克思《〈政治经济学批判〉序言》（1859年1月），《马克思恩格斯文集》第2卷第591页，人民出版社2009年版。

106. 生产关系的总和构成社会的经济结构，即有法律的和政治的上层建筑竖立其上并有一定的社会意识形式与之相适应的现实基础。……随着经济基础的变更，全部庞大的上层建筑也或慢或快地发生变革。在考察这些变革时，必须时刻把下面两者区别开来：一种是生产的经济条件方面所发生的物质的、可以用自然科学的精确性指明的变革，一种是人们借以意识到这个冲突并力求把它克服的那些法律的、政治的、宗教的、艺术的或哲学的，简言之，意识形态的形式。我们判断一个人不能以他对自己的看法为根据，同样，我们判断这样一个变革时代也不能以它的意识为根据；相反，这个意识必须从物质生活的矛盾中，从社会生产力和生产关系之间的现存冲突中去解释。

马克思《〈政治经济学批判〉序言》（1859年1月），《马克思恩格斯文集》第2卷第591-592页，人民出版社2009年版。

107. 这种具有契约形式的（不管这种契约是不是用法律固定下来的）法的关系，是一种反映着经济关系的意志关系。这种法的关系或意志关系的内容是由这种经济关系本身决定的。

马克思《资本论》第1卷（1867年），《马克思恩格斯文集》第5卷第103页，人民出版社2009年版。

108. 任何时候，我们总是要在生产条件的所有者同直接生产者的直接关系——这种关系的任何当时的形式必然总是同劳动方式和劳动社会生产力的一定的发展阶段相适应——当中，为整个社会结构，从而也为主权关系和依附关系的政治形式，总之，为任何当时的独特的国家形式，发现最隐蔽的秘密，发现隐藏着的基础。不过，这并不妨碍相同的经济基础——按主要条件来说相同——可以由于无数不同的经验的情况,自然条件,种族关系,各种从外部发生作用的历史影响等等,而在现象上显示出无穷无尽的变异和彩色差异,这些变异和差异只有通过对这些经验上已存在的情况进行分析才可以理解。

马克思《资本论》第3卷(1894年),《马克思恩格斯文集》第7卷第894-895页,人民出版社2009年版。

109. 现代的国家政权不过是管理整个资产阶级的共同事务的委员会罢了。

马克思恩格斯《共产党宣言》(1847年12月—1848年1月底),《马克思恩格斯文集》第2卷第33页,人民出版社2009年版。

110. 物质生活的生产方式制约着整个社会生活、政治生活和精神生活的过程。不是人们的意识决定着人们的存在,相反,是人们的社会存在决定人们的意识。

马克思《〈政治经济学批判〉序言》(1859年1月),《马克思恩格斯文集》第2卷第591页,人民出版社2009年版。

111. 人们的观念、观点和概念,一句话,人们的意识,随着人们的生活条件、人们的社会关系、人们的社会存在的改变而改变,这难道需要经过深思才能了解吗?

马克思恩格斯《共产党宣言》(1847年12月—1848年1月底),《马克思恩格斯文集》第2卷第50-51页,人民出版社2009年版。

112. 要研究精神生产和物质生产之间的联系,首先必须把这种物质生产本身不是当作一般范畴来考察,而是从一定的历史的形式来考察。例如,与资本主义生产方式相适应的精神生产,就和与中世纪生产方式相适应的精神生产不同。如果物质生产本身不从它的特殊的历史的形式来看,那就不可能理解与它相适应的精神生产的特征以及这两种生产的相互作用。

马克思《1861—1863年经济学手稿》(1861年8月—1863年7月),《马克思恩格斯全集》第2版第33卷第346页,人民出版社2004年版。

113. 毫不奇怪,各个世纪的社会意识,尽管形形色色、千差万别,总是在某些共同的形式中运动的,这些形式,这些意识形式,只有当阶级对立完全消失的时候才会完全消失。

马克思恩格斯《共产党宣言》(1847年12月—1848年1月底),《马克思恩格斯文集》第2卷第51-52页,人民出版社2009年版。

114. 工人创造的商品越多,他就越变成廉价的商品。物的世界的增值同人的世界的贬值成正比。

马克思《1844年经济学哲学手稿》(1844年4—8月),《马克思恩格斯文集》第1卷第156页,人民出版社2009年版。

115. 统治阶级的思想在每一时代都是占统治地位的思想。这就是说,一个阶级是社会上占统治地位的物质力量,同时也是社会上占统治地位的精神力量。支配着物质生产资料的阶级,同时也支配着精神生产资料,因此,那些没有精神生产资料的人的思想,一般地是隶属于这个阶级的。占统治地位的思想不过是占统治地位的物质关系在观念上的表现,不过是以思想的形式表现出来的占统治地位的物质关系;因而,这就是那些使某一个阶级成为统治阶级的关系在观念上的表现,因而这也就是这个阶级的统治的思想。

马克思恩格斯《德意志意识形态》(1845年秋—1846年5月),《马克思恩格斯文集》第1卷第550-551页,人民出版社2009年版。

116. 思想的历史除了证明精神生产随着物质生产的改造而改造,还证明了什么呢?任何一个时代的统治思想始终都不过是统治阶级的思想。

马克思恩格斯《共产党宣言》(1847年12月—1848年1月底),《马克思恩格斯文集》第2卷第51页,人民出版社2009年版。

117. 时间是人类发展的空间。一个人如果没有自己处置的自由时间，一生中除睡眠饮食等纯生理上必需的间断以外，都是替资本家服务，那么，他就还不如一头役畜。他不过是一架为别人生产财富的机器，身体垮了，心智也变得如野兽一般。现代工业的全部历史还表明，如果不对资本加以限制，它就会不顾一切和毫不留情地把整个工人阶级投入这种极端退化的境地。

马克思《工资、价格和利润》（1865年5月20日—6月24日之间），《马克思恩格斯文集》第3卷第70页，人民出版社2009年版。

118. 货币占有者要把货币转化为资本，就必须在商品市场上找到自由的工人。这里所说的自由，具有双重意义：一方面，工人是自由人，能够把自己的劳动力当做自己的商品来支配，另一方面，他没有别的商品可以出卖，自由得一无所有，没有任何实现自己的劳动力所必需的东西。

马克思《资本论》第1卷（1867年），《马克思恩格斯文集》第5卷第197页，人民出版社2009年版。

119. 平等地剥削劳动力，是资本的首要的人权。

马克思《资本论》第1卷（1867年），《马克思恩格斯文集》第5卷第338页，人民出版社2009年版。

120. 人创造了宗教，而不是宗教创造了人。

马克思《〈黑格尔法哲学批判〉导言》（1843年10月中—12月中），《马克思恩格斯选集》第2版第1卷第1页，人民出版社1995年版。

121. 宗教，一种颠倒的世界意识，因为他们就是颠倒的世界。

马克思《〈黑格尔法哲学批判〉导言》（1843年10月中—12月中），《马克思恩格斯选集》第2版第1卷第1页，人民出版社1995年版。

122. 宗教里的苦难既是现实的苦难的表现，又是对这种现实的苦难的抗议。宗教是被压迫生灵的叹息，是无情世界的情感，正像它是无精神活力的制度的精神一样。

马克思《〈黑格尔法哲学批判〉导言》（1843年10月中—12月中），《马克思恩格斯文集》第1卷第4页，人民出版社2009年版。

123. 基督教的社会原则颂扬怯懦、自卑、自甘屈辱、顺从驯服，总之，颂扬愚民的各种特点，但对不希望把自己当愚民看待的无产阶级说来，勇敢、自尊、自豪感和独立感比面包还要重要。

基督教的社会原则带有狡猾和假仁假义的烙印，而无产阶级却是革命的。

马克思《"莱茵观察家"的共产主义》（1847年9月5日），《马克思恩格斯全集》第1版第4卷第218页，人民出版社1965年版。

六、人民群众与个人的历史作用

124. 我们知道个人是微弱的,但是我们也知道整体就是力量。

马克思《第六届莱茵省议会的辩论(第一篇论文)》(1842年4月),《马克思恩格斯全集》第1版第1卷第80页,人民出版社1965年版。

125. 劳动是一切财富和一切文化的源泉。

马克思《德国工人党纲领批注》,《马克思恩格斯选集》第2版第3卷第299页,人民出版社1995年版。

126. 劳动生产了宫殿,但是给工人生产了棚舍。劳动生产了美,但是使工人变成畸形。

马克思《1844年经济学哲学手稿》(1844年4—8月),《马克思恩格斯文集》第1卷第158-159页,人民出版社2009年版。

127. 任何一个民族,如果停止劳动,不用说一年,就是几个星期,也要灭亡,这是每一个小孩子都知道的。

马克思《致路德维希·库格曼》(1868年7月11日),《马克思恩格斯文集》第10卷第289页,人民出版社2009年版。

128. 历史什么事情也没有做,它"不拥有任何惊人的丰富性",它"没有进行任何战斗"!其实,正是人,现实的、活生生的人在创造这一切,拥有这一切并且进行战斗。并不是"历史"把人当做手段来达到自己——仿佛历史是一个独具魅力的人——的目的。历史不过是追求着自己目的的人的活动而已。

马克思恩格斯《神圣家族》(1844年9—11月),《马克思恩格斯文集》第1卷第295页,人民出版社2009年版。

129．如爱尔维修所说的，每一个社会时代都需要有自己的大人物，如果没有这样的人物，它就要把他们创造出来。

马克思《1848年至1850年的法兰西阶级斗争》（1849年底—1850年3月底和1850年10月—11月1日），《马克思恩格斯文集》第2卷第137页，人民出版社2009年版。

130．由于厌恶一切个人崇拜，在国际存在的时候，我从来都不让公布那许许多多来自各国的、使我厌烦的歌功颂德的东西；我从来也不予答复，偶尔答复，也只是加以斥责。

马克思《致威廉·布洛斯》（1877年11月10日），《马克思恩格斯文集》第10卷第422-423页，人民出版社2009年版。

131．历史活动是群众的活动，随着历史活动的深入，必将是群众队伍的扩大。

马克思恩格斯《神圣家族》（1844年9—11月），《马克思恩格斯文集》第1卷第287页，人民出版社2009年版。

132．无产阶级能够而且必须自己解放自己。但是，如果无产阶级不消灭它本身的生活条件，它就不能解放自己。

马克思恩格斯《神圣家族》（1844年9—11月），《马克思恩格斯文集》第1卷第262页，人民出版社2009年版。

133．在创立国际时，我们明确地制定了一个战斗口号：工人阶级的解放应当是工人阶级自己的事情。所以，我们不能和那些公开说什么工人太没有教养，不能自己解放自己，因而必须由仁爱的大小资产者从上面来解放的人们一道走。

马克思恩格斯《给奥·倍倍尔、威·李卜克内西、威·白拉克等人的通告信》（1879年9月16—18日），《马克思恩格斯文集》第3卷第484页，人民出版社2009年版。

134. 过去的一切运动都是少数人的，或者为少数人谋利益的运动。无产阶级的运动是绝大多数人的，为绝大多数人谋利益的独立的运动。

马克思恩格斯《共产党宣言》（1847年12月—1848年1月），《马克思恩格斯文集》第2卷第42页，人民出版社2009年版。

135. 应该严格地分清：群众对目的究竟"关注"到什么程度，群众对这些目的究竟怀有多大"热情"。"思想"一旦离开"利益"，就一定会使自己出丑。

马克思恩格斯《神圣家族》（1844年9—11月），《马克思恩格斯文集》第1卷第286页，人民出版社2009年版。

136. 有识之士往往通过无形的纽带同人民的机体联系在一起。

马克思《致齐格弗里特·迈耶尔》（1871年1月21日），《马克思恩格斯全集》第1版第33卷第178页，人民出版社1973年版。

137. 工人阶级的团结就是工人胜利的首要前提。

马克思《道德化的批评和批评化的道德》（1847年10月），《马克思恩格斯全集》第1版第4卷第346页，人民出版社1957年版。

138. 工人阶级在它反对有产阶级联合权力的斗争中，只有组织成为与有产阶级建立的一切旧政党对立的独立政党，才能作为一个阶级来行动；

工人阶级这样组织成为政党是必要的，为的是要保证社会革命获得胜利和实现这一革命的最终目标——消灭阶级；

……

马克思恩格斯《1871年9月17日至23日在伦敦举行的国际工人协会代表会议的决议》（1871年9月），《马克思恩格斯全集》第1版第17卷第455页，人民出版社1965年版。

139．为了保证革命的成功，必须有思想和行动的统一。

马克思恩格斯《社会主义民主同盟和国际工人协会》（1873年10月8日），《马克思恩格斯全集》第1版第18卷第385页，人民出版社1965年版。

140．我们现在必须绝对保持党的纪律，否则将一事无成。

马克思《致恩格斯》（1859年5月18日），《马克思恩格斯全集》第1版第29卷第413页，人民出版社1965年版。

141．全世界无产者，联合起来！

马克思恩格斯《共产党宣言》，《马克思恩格斯文集》第2卷第66页，人民出版社2009年版。

七、社会主义和共产主义

142. 生产关系总合起来就构成所谓社会关系，构成所谓社会，并且是构成一个处于一定历史发展阶段上的社会，具有独特的特征的社会。古典古代社会、封建社会和资产阶级社会都是这样的生产关系的总和，而其中每一个生产关系的总和同时又标志着人类历史发展中的一个特殊阶段。

马克思《雇佣劳动与资本》（1847年12月下半月），《马克思恩格斯文集》第1卷第724页，人民出版社2009年版。

143. 一个社会即使探索到了本身运动的自然规律——本书的最终目的就是揭示现代社会的经济运动规律——，它还是既不能跳过也不能用法令取消自然的发展阶段。但是它能缩短和减轻分娩的痛苦。

马克思《〈资本论〉第1卷第一版序言》（1867年7月25日），《马克思恩格斯文集》第5卷第9-10页，人民出版社2009年版。

144. 在我们这个时代，每一种事物好像都包含有自己的反面。我们看到，机器具有减少人类劳动和使劳动更有成效的神奇力量，然而却引起了饥饿和过度的疲劳。财富的新源泉，由于某种奇怪的、不可思议的魔力而变成贫困的源泉。技术的胜利，似乎是以道德的败坏为代价换来的。随着人类愈益控制自然，个人却似乎愈益成为别人的奴隶或自身的卑劣行为的奴隶。甚至科学的纯洁光辉仿佛也只能在愚昧无知的黑暗背景上闪耀。我们的一切发明和进步，似乎结果是使物质力量成为有智慧的生命，而人的生命则化为愚钝的物质力量。

马克思《在〈人民报〉创刊纪念会上的演说》（1856年4月14日），《马克思恩格斯文集》第2卷第580页，人民出版社2009年版。

145. 由此可见，不管工人的报酬高低如何，工人的状况必然随着资本的积累而恶化。最后，使相对过剩人口或产业后备军同积累的规模和能力始终保持平衡的规律把工人钉在资本上，比赫斐斯塔司的楔子把普罗米修斯钉在岩石上钉得还要牢。这一规律制约着同资本积累相适应的贫困积累。因此，在一极是财富的积累，同时在另一极，即在把自己的产品作为资本来生产的阶级方面，是贫困、劳动折磨、受奴役、无知、粗野和道德堕落的积累。

马克思《资本论》第1卷（1867年），《马克思恩格斯文集》第5卷第743-744页，人民出版社2009年版。

146. 随着这种集中或少数资本家对多数资本家的剥夺，规模不断扩大的劳动过程的协作形式日益发展，科学日益被自觉地应用于技术方面，土地日益被有计划地利用，劳动资料日益转化为只能共同使用的劳动资料，一切生产资料因作为结合的、社会的劳动的生产资料使用而日益节省，各国人民日益被卷入世界市场网，从而资本主义制度日益具有国际的性质。随着那些掠夺和垄断这一转化过程的全部利益的资本巨头不断减少，贫困、压迫、奴役、退化和剥削的程度不断加深，而日益壮大的、由资本主义生产过程本身的机制所训练、联合和组织起来的工人阶级的反抗也不断增长。资本的垄断成了与这种垄断一起并在这种垄断之下繁盛起来的生产方式的桎梏。生产资料的集中和劳动的社会化，达到了同它们的资本主义外壳不能相容的地步。这个外壳就要炸毁了。资本主义私有制的丧钟就要响了。剥夺者就要被剥夺了。

马克思《资本论》第1卷（1867年），《马克思恩格斯文集》第5卷第874页，人民出版社2009年版。

147. 如果说资本主义生产方式是发展物质生产力并且创造同这种生产力相适应的世界市场的历史手段，那么，这种生产方式同时也是它的这个历史任务和同它相适应的社会生产关系之间的经常的矛盾。

马克思《资本论》第3卷（1894年），《马克思恩格斯文集》第7卷第278-

279页，人民出版社2009年版。

148．新思潮的优点又恰恰在于我们不想教条地预期未来，而只是想通过批判旧世界发现新世界。

马克思《致阿尔诺德·卢格》（1843年9月），《马克思恩格斯文集》第10卷第7页，人民出版社2009年版。

149．共产主义对我们来说不是应当确立的状况，不是现实应当与之相适应的理想。我们所称为共产主义的是那种消灭现存状况的现实的运动。这个运动的条件是由现有的前提产生的。

马克思恩格斯《德意志意识形态》（1845年秋—1846年5月），《马克思恩格斯文集》第1卷第539页，人民出版社2009年版。

150．随着大工业的发展，资产阶级赖以生产和占有产品的基础本身也就从它的脚下被挖掉了。它首先生产的是它自身的掘墓人。资产阶级的灭亡和无产阶级的胜利是同样不可避免的。

马克思恩格斯《共产党宣言》（1847年12月—1848年1月底），《马克思恩格斯文集》第2卷第43页，人民出版社2009年版。

151．当人们谈到使整个社会革命化的思想时，他们只是表明了一个事实：在旧社会内部已经形成了新社会的因素，旧思想的瓦解是同旧生活条件的瓦解步调一致的。

马克思恩格斯《共产党宣言》（1847年12月—1848年1月底），《马克思恩格斯文集》第2卷第51页，人民出版社2009年版。

152．（1）阶级的存在仅仅同生产发展的一定历史阶段相联系；（2）阶级斗争必然导致无产阶级专政；（3）这个专政不过是达到消灭一切阶级和进入无阶级社会的过渡……

马克思《致约瑟夫·魏德迈》（1852年3月5日），《马克思恩格斯文集》第10卷第106页，人民出版社2009年版。

153. 在以交换价值为基础的资产阶级社会内部，产生出一些交往关系和生产关系，它们同时又是炸毁这个社会的地雷。有大量对立的社会统一形式，而这些形式的对立性质决不是通过平静的形态变化就能炸毁的。另一方面，如果我们在现在这样的社会中没有发现隐蔽地存在着无阶级社会所必需的物质生产条件和与之相适应的交往关系，那么一切炸毁的尝试都是唐·吉诃德的荒唐行为。

马克思《政治经济学批判（1857—1858年手稿）》（1857年底—1858年5月），《马克思恩格斯文集》第8卷第54页，人民出版社2009年版。

154. 资本主义生产一方面神奇地发展了社会的生产力，但是另一方面，也表现出它同自己所产生的社会生产力本身是不相容的。它的历史今后只是对抗、危机、冲突和灾难的历史。结果，资本主义生产向一切人（除了因利益而瞎了眼的人）表明了它的纯粹的暂时性。欧洲和美洲的一些资本主义生产最发达的民族，正力求打碎它的枷锁，以合作生产来代替资本主义生产，以古代类型的所有制最高形式即共产主义所有制来代替资本主义所有制。

马克思《给维·伊·查苏利奇的复信——二稿》（1881年2月18日—3月8日之间），《马克思恩格斯全集》第2版第25卷，第471-472页，人民出版社2001年版。

155. 各代所遇到的这些生活条件还决定着这样的情况：历史上周期性地重演的革命动荡是否强大到足以摧毁现存一切的基础；如果还没有具备这些实行全面变革的物质因素，就是说，一方面还没有一定的生产力，另一方面还没有形成不仅反抗旧社会的个别条件，而且反抗旧的"生活生产"本身、反抗旧社会所依据的"总和活动"的革命群众，那么，正如共产主义的历史所证明的，尽管这种变革的观念已经表述过千百次，但这对于实际发展没有任何意义。

马克思恩格斯《德意志意识形态》（1845年秋—1846年5月），《马克思恩格斯文集》第1卷第545页，人民出版社2009年版。

156. 在这种普遍繁荣的情况下，即在资产阶级社会的生产力正以在整个资产阶级关系范围内所能达到的速度蓬勃发展的时候，也就谈不到什么真正的革命。只有在现代生产力和资产阶级生产方式这两个要素互相矛盾的时候，这种革命才有可能。

马克思《1848年至1850年的法兰西阶级斗争》（1849年底—1850年3月底和1850年10月—11月1日），《马克思恩格斯文集》第2卷第176页，人民出版社2009年版。

157. 无论哪一个社会形态，在它所能容纳的全部生产力发挥出来以前，是决不会灭亡的；而新的更高的生产关系，在它的物质存在条件在旧社会的胎胞里成熟以前，是决不会出现的。

马克思《〈政治经济学批判〉序言》（1859年1月），《马克思恩格斯文集》第2卷第592页，人民出版社2009年版。

158. 工人革命的第一步就是使无产阶级上升为统治阶级，争得民主。

马克思恩格斯《共产党宣言》（1847年12月—1848年1月底），《马克思恩格斯文集》第2卷第52页，人民出版社2009年版。

159. 无产阶级将利用自己的政治统治，一步一步地夺取资产阶级的全部资本，把一切生产工具集中在国家即组织成为统治阶级的无产阶级手里，并且尽可能快地增加生产力的总量。

马克思恩格斯《共产党宣言》（1847年12月—1848年1月底），《马克思恩格斯文集》第2卷第52页，人民出版社2009年版。

160. 生产劳动同智育和体育相结合，它不仅是提高社会生产的一种方法，而且是造就全面发展的人的唯一方法。

马克思恩格斯《相对剩余价值的生产〈工厂立法（卫生条款和教育条款）它在英国的普遍实行〉》，《马克思恩格斯全集》第2版第44卷第556-557页，人民出版社2001年版。

161. 未来教育对所有已满一定年龄的儿童来说，就是生产劳动同智育和体育相结合，它不仅是提高社会生产的一种方法，而且是造就全面发展的人的唯一方法。

马克思《资本论》第1卷（1867年），《马克思恩格斯文集》第5卷第556-557页，人民出版社2009年版。

162. 从资本主义生产方式产生的资本主义占有方式，从而资本主义的私有制，是对个人的、以自己劳动为基础的私有制的第一个否定。但资本主义生产由于自然过程的必然性，造成了对自身的否定。这是否定的否定。这种否定不是重新建立私有制，而是在资本主义时代的成就的基础上，也就是说，在协作和对土地及靠劳动本身生产的生产资料的共同占有的基础上，重新建立个人所有制。

马克思《资本论》第1卷（1867年），《马克思恩格斯文集》第5卷第874页，人民出版社2009年版。

163. 只有工人阶级能够……把科学从阶级统治的工具变为人民的力量，把科学家本人从阶级偏见的兜售者、追逐名利的国家寄生虫、资本的同盟者，变成自由的思想家！只有在劳动共和国里面，科学才能起它的真正的作用。

马克思《〈法兰西内战〉初稿》（1871年4月中—5月上半月），《马克思恩格斯文集》第3卷第204页，人民出版社2009年版。

164. 旧政权的纯属压迫性质的机关予以铲除，而旧政权的合理职能则从僭越和凌驾于社会之上的当局那里夺取过来，归还给社会的承担责任的勤务员。

马克思《法兰西内战》（1871年4月中旬—5月底），《马克思恩格斯文集》第3卷第156页，人民出版社2009年版。

165. 只有在没有阶级和阶级对抗的情况下，社会进化将不再是政治革命。

马克思《哲学的贫困》（1847年上半年），《马克思恩格斯文集》第1卷第655页，人民出版社2009年版。

166．平等，作为共产主义的基础，是共产主义的政治的论据。

马克思《私有财产和需要（增补）》，《马克思恩格斯全集》第2版第3卷第347页，人民出版社2002年版。

167．个人的全面发展，只有到了外部世界对个人才能的实际发展所起的推动作用为个人本身所驾驭的时候，才不再是理想、职责等等，这正是共产主义者所向往的。

马克思恩格斯《德意志意识形态》（1845年秋—1846年5月），《马克思恩格斯全集》第1版第3卷第330页，人民出版社1965年版。

168．在共产主义社会里，任何人都没有特殊的活动范围，而是都可以在任何部门内发展，社会调节着整个生产，因而使我有可能随自己的兴趣今天干这事，明天干那事，上午打猎，下午捕鱼，傍晚从事畜牧，晚饭后从事批判，这样就不会使我老是一个猎人、渔夫、牧人或批判者。

马克思恩格斯《德意志意识形态》（1845年秋—1846年5月），《马克思恩格斯文集》第1卷第537页，人民出版社2009年版。

169．代替那存在着阶级和阶级对立的资产阶级旧社会的，将是这样一个联合体，在那里，每个人的自由发展是一切人的自由发展的条件。

马克思恩格斯《共产党宣言》（1847年12月—1848年1月底），《马克思恩格斯文集》第2卷第53页，人民出版社2009年版。

170．共产主义否认阶级存在的必要性；它要消灭任何阶级，消除任何的阶级差别。

马克思恩格斯《论波兰问题》（1848年2月22日），《马克思恩格斯全集》第

1版第4卷第535页，人民出版社1958年版。

171．个性得到自由发展，因此，并不是为了获得剩余劳动而缩减必要劳动时间，而是直接把社会必要劳动缩减到最低限度，那时，与此相适应，由于给所有的人腾出了时间和创造了手段，个人会在艺术、科学等等方面得到发展。

马克思《1857—1858年经济学手稿》（1857年底—1858年5月），《马克思恩格斯文集》第8卷第197页，人民出版社2009年版。

172．阶级统治一旦消失，目前政治意义上的国家也就不存在了。

马克思《巴枯宁〈国家制度和无政府状态〉一书摘要》（1874—1875年初），《马克思恩格斯文集》第3卷第406页，人民出版社2009年版。

173．在共产主义社会高级阶段，在迫使个人奴隶般地服从分工的情形已经消失，从而脑力劳动和体力劳动的对立也随之消失之后；在劳动已经不仅仅是谋生的手段，而且本身成了生活的第一需要之后；在随着个人的全面发展，他们的生产力也增长起来，而集体财富的一切源泉都充分涌流之后，——只有在那个时候，才能完全超出资产阶级权利的狭隘眼界，社会才能在自己的旗帜上写上：各尽所能，按需分配！

马克思《哥达纲领批判》（1875年4月底—5月7日），《马克思恩格斯文集》第3卷第435-436页，人民出版社2009年版。

八、品格和道德

174. 在选择职业时，我们应该遵循的主要指针是人类的幸福和我们自身的完美。不应认为，这两种利益会彼此敌对、互相冲突，一种利益必定消灭另一种利益；相反，人的本性是这样的：人只有为同时代人的完美、为他们的幸福而工作，自己才能达到完美。如果一个人只为自己劳动，他也许能够成为著名的学者、伟大的哲人、卓越的诗人，然而他永远不能成为完美的、真正伟大的人物。

马克思《青年在选择职业时的考虑》（1835年8月12日），《马克思恩格斯全集》第2版第1卷第459页，人民出版社1995年版。

175. 历史把那些为共同目标工作因而自己变得高尚的人称为最伟大的人物；经验赞美那些为大多数人带来幸福的人是最幸福的人；宗教本身也教诲我们，人人敬仰的典范，就曾为人类而牺牲自己——有谁敢否定这类教诲呢？

马克思《青年在选择职业时的考虑》（1835年8月12日），《马克思恩格斯全集》第2版第1卷第460页，人民出版社1995年版。

176. 如果我们选择了最能为人类而工作的职业，那么，重担就不能把我们压倒，因为这是为大家作出的牺牲；那时我们所享受的就不是可怜的、有限的、自私的乐趣，我们的幸福将属于千百万人，我们的事业将悄然无声地存在下去，但是它会永远发挥作用，而面对我们的骨灰，高尚的人们将洒下热泪。

马克思《青年在选择职业时的考虑》（1835年8月12日），《马克思恩格斯全集》第2版第1卷第460页，人民出版社1995年版。

177. 您知道，我已经把我的全部财产献给了革命斗争。我对此一点不感到懊悔。相反地，要是我重新开始生命的历程，我仍然会这样做……

马克思《致保尔·拉法格》（1866年8月13日），《马克思恩格斯全集》第1版第31卷第521页，人民出版社1957年版。

178. 我不得不利用我还能工作的每时每刻来完成我的著作，为了它，我已经牺牲了我的健康、幸福和家庭。我希望，这样解释就够了。我嘲笑那些所谓"实际的"人和他们的聪明。如果一个人愿意变成一头牛，那他当然可以不管人类的痛苦，而只顾自己身上的皮。但是，如果我没有全部完成我的这部书（至少是写成草稿）就死去的话，那我的确会认为自己是不实际的。

马克思《致齐格弗里德·迈耶尔》（1867年4月30日），《马克思恩格斯文集》第10卷第253页，人民出版社2009年版。

179. 任何的科学批评的意见我都是欢迎的。而对于我从来就不让步的所谓舆论的偏见，我仍然遵守伟大的佛罗伦萨人的格言：走你的路，让人们去说罢！

马克思《〈资本论〉第1卷第一版序言》（1867年7月25日），《马克思恩格斯文集》第5卷第13页，人民出版社2009年版。

180. 人应该追求真理。

马克思恩格斯《绝对的批判的批判或布鲁诺先生所体现的批判的批判》，《马克思恩格斯文集》第1卷第283页，人民出版社2009年版。

181. 在科学上没有平坦的大道，只有不畏劳苦沿着陡峭山路攀登的人，才有希望达到光辉的顶点。

马克思《〈资本论〉第1卷法文版序言和跋》（1872年3月18日），《马克思恩格斯文集》第5卷第24页，人民出版社2009年版。

182. 在科学的入口处，正像在地狱的入口处一样，必须提出这

样的要求:

"这里必须根绝一切犹豫;

这里任何怯懦都无济于事。"

马克思《〈政治经济学批判〉序言》(1859年1月),《马克思恩格斯全集》第1版第13卷第11页,人民出版社1967年版。

183. 如果您想得到艺术的享受,那你就必须是一个有艺术修养的人。如果你想感化别人,那你就必须是一个实际上能够鼓舞和推动别人前进的人。

马克思《私有财产和需求(货币)》,《马克思恩格斯全集》第2版第3卷第364—365页,人民出版社2002年版。

184. 人与人之间的兄弟情谊在他们那里不是空话,而是真情,并且他们那由于劳动而变得坚实的形象向我们放射出人类崇高精神之光。

马克思《私有财产和需求(增补)》,《马克思恩格斯全集》第2版第3卷第348页,人民出版社2002年版。

185. 作家当然必须挣钱才能生活,写作,但是他也绝不应该为了挣钱而生活,写作。

马克思《第六届莱茵会议的辩论(第一篇论文)》(1842年4月),《马克思恩格斯全集》第2版第1卷第87页,人民出版社2002年版。

186. 科学上的招摇撞骗和政治上的投机,都是和这种观点[①]分不开的。对这种人来说,只有一种动力,那就是虚荣心,像一切爱虚荣的人一样,他们所关心的只是眼前的成功、一时的风头。

马克思《论蒲鲁东》(1865年1月),《马克思恩格斯全集》第1版第16卷第

---

① 指蒲鲁东的小资产阶级观点——编者注

36页，人民出版社1965年版。

187． 精神的最主要形式是欢乐、光明，但你们却要使阴暗成为精神的唯一合适的表现；精神只准穿着黑色的衣服，可是花丛中却没有一支黑色的花朵。

马克思《评普鲁士最近的书报检查令》，《马克思恩格斯全集》第2版第1卷第111页，人民出版社1995年版。

188． 天才的谦逊是要忘掉谦逊和不谦逊，使事物本身突现出来。精神的谦逊总的说来就是理性，就是按照事物的本质特征去对待各种事物的那种普遍的思想自由。

马克思《评普鲁士最近的书报检查令》，《马克思恩格斯全集》第2版第1卷第112页，人民出版社1995年版。

189． 如果一个时代的风尚，自由和优秀品质受到损害或者完全衰落了，而贪婪、奢侈和放纵无度之风却充斥泛滥，那么这个时代就不能称为幸福时代。

马克思《青年在选择职业时的考虑》，《马克思恩格斯全集》第2版第1卷第463页，人民出版社1995年版。

附录二

《活着的马克思》编写散记

程建宁

一、为什么要编这本书

1. 历史经验的反思

我们党和军队有一个好传统,就是理论和实际结合,用马克思主义去改造客观世界和主观世界。许多同志,都是通过理论的指导在革命和建设的实践中,树立世界观人生观价值观而奋斗终生。

但是,在一个相当长的时期里出现了这样的问题,理论和实践脱节,学习马克思主义理论只是单纯地为了学点知识,装潢门面,应付考试,而不联系自己的思想实际,理论失去了指导的作用;有的认为经典著作难学难懂,学习理论是耽误时间,学不学无所谓,以致逐渐边缘化。

正反两方面的经验说明,需要有一本通俗的大众化的马克思主义读物,吸引广大读者去学习,联系自己的实际去思考。

2. 个人成长的体验

我1951年抗美援朝参加空军,经历过半年入伍教育,除军事训练外,主要学习社会发展史。通过老师讲课、学员联系实际讨论,逐步明确了辩证唯物主义和历史唯物主义的基本观点,明确了人类社会发展的基本规律,明确了一个人应该怎么样生活才有意义。这段学习给我一生的生活、工作奠定了基础。60多年过去了,现在仍然非常珍惜那段学习,体会到马克思主义理论对个人的成长实在太重要了。

这里还可以补充一个细节。今年已经97岁高龄的空军第一任宣传部长朱鸿告诉我，那段入伍教育计划，空军宣传部原设想配合抗美援朝的情况搞形势政策教育。毛主席要当时中央宣传部长陆定一提意见，陆提出，搞社会发展史教育。朱当时思想不通，觉得应该配合形势进行教育，讲社会发展史是不是太远了。陆坚持说，你这个空军宣传部长要听我中央宣传部长的意见。按照陆定一部长的意见制订的计划，经毛主席批准在部队实行了。从实践看，陆定一的意见是高瞻远瞩的，把世界观解决了，其他问题就好解决。

3. 先进典型的引导

1985年我任总政宣传部副部长，分管学校教育和理论教育，发现一个理论联系实际的典型——空军雷达学院（现称预警学院）。该院招收大学本科生，毕业后都要分配到高山海岛等边远地区担任基层技术工作，为了适应这一情况，他们重视理论教育，解决世界观人生观的问题，提出自觉地"到基层去、到边疆去、到祖国最需要的地方去，长期为雷达部队服务"（即三到一长期）的口号。几年来成千上万的毕业学员都能主动要求到最边远的地方去。总政于1986年7月在该院召开了"全军高等专业技术院校学员思想教育座谈会"。之后，中央各新闻单位联合到学院采访报道。中宣部、国家教委、总政治部、共青团中央等单位联合发文件推广他们的经验，在全国全军引起很大反响。

4. 当前现实的要求

习近平总书记多次强调要巩固马克思主义在意识形态领域的指导地位，号召广大党员干部认真学习马克思主义。但是应该看到，在当前社会思潮多元化的形势下，一些同志忽视马克思主义学习，有的盲目接受西方传播的非马克思主义的观点，离马克思越来越远。在一些青年中，甚至不知马克思主义为何物，马克思为何许人也。有的老同志感叹："在我们这个靠马克思主义获取革命胜利的国家，这种现象很不正常，也不可思议，一个人、一个革命者没有理想信念，长此下去是很可怕的。"

基于上述几方面的思考，编写一本宣传马克思主义的通俗读物，既是我多年的愿望，也是当前的急迫要求。

二、书是怎么编出来的

编书的几个人有热忱，但编这样的书却都是第一次，是门外汉。我虽长期从事部队宣传教育工作，读过一些经典著作，但不精，有许多地方没有弄懂。丁宏远、刘常仁同志都是印刷工人出身，多次立功受奖，有的还是全国劳动模范，他们长期从事出版工作，有经验、接地气，而共同的短板也是对经典著作缺乏深入的学习和钻研。开始时我们三个人志同道合、信心不可谓不大，但底气不足，感到难度太大。我说"三个臭皮匠顶一个诸葛亮"，大家鼓劲说，只要齐心努力，总可以拼出一个诸葛亮来。后来我们又找到军事科学院刚退休的研究员袁德金同志，他是科班出身，一辈子从事经典著作的研究，是享受国务院特殊津贴的博士生导师。这样，我们三个人拼出的诸葛亮再加上一个有真才实学的诸葛亮，还有一个较年轻的王磊同志负责插图和事务工作，编写好书的信心大增。

我们自知任务艰巨，原想用一年时间读书、一年时间写作、一年时间修改，三年完成。能出版，最好；不能出版，就算一次学习，也会有很大收获。

我们还对自己提出"三心"的要求：热心、虚心、耐心。热心，就是满腔热忱地去从事这项工作；虚心，就是听取各个方面、各种不同类型人士的意见，特别是不同的意见；耐心，就是不浮躁、不厌烦，直到自己认为满意之后才出手。

实践结果出乎我们意外。由于大家努力，三个月读书、三个月写作，就拿出一个初稿来了。虽然还有不完善的地方，但作为一个基础材料，还是可以的。为了集思广益，我们采取两条腿走路的办法，一是，召开不同层次的五个座谈会，听取了近百人的意见；二是，专门致函请一些专家学者提出意见。使我们感动的是，大家对这件事情都非常热心，或是直面坦言、或是写成文字、或是通过电话，对编写者给予鼓励，对书稿给予肯定，同时提出了许多中肯、有见地的意见。

我们边征求意见，边修改书稿。先分头修改，然后综合讨论修改。大的修改有三次，经历了五个月的时间。修改的重点是两个方面，一是通俗化，力求写得浅显易读，使读者能看懂；二是现实化，就是用马克思的论述来回答当前的一些现实问题。

准确地说，这本书能够写成，得益于各方面人士特别是专家学者的指教。编写组只是搞了一个初坯，最后形成的书稿，是集体智慧的结晶。在此，我们要感谢所有对这本书稿提出意见的同志。我们还要特别感谢中央编译局和中央编译出版社的领导，他们对书稿充分肯定，积极支持该书的出版，在一个多月的时间里就顺利出版了。2014年是马年，在马年之首上马，马年之末下马。在吉祥的"龙马之年"完成了这本宣传马克思主义的大众化通俗读物，我们是非常幸运的。

三、这本书的内容

全书分三个部分："历史的巨人"，"天才的头脑"，"伟大的人格"。第一、三部分主要是用讲述马克思故事的方式，介绍马克思的革命生涯和伟大人格。我初略统计了一下，大概有100多个故事，有些故事虽然很细小但亲切感人，把这些故事汇集起来就彰显了一个睿智的马克思、崇高的马克思。有些故事至今久久不能忘怀。可以举几个例子。

马克思的天资聪明令人难忘。少年马克思对一切都感觉新奇，总是寻根问底。初次接触哲学时，就问妈妈"什么叫具体？什么叫抽象"？妈妈说："具体就是看得见、摸得着；抽象就是看不到、摸不到。"他就在作文簿上写道："今天早上起来，看见妈妈在烧饭，我打开具体的窗户，吸了一口抽象的空气。"他带着这个问题又看了好多的书，直到弄清这两个词的含义。联想到我们学校的教育，往往强调死记硬背，而不启发学生的思考，这个例子会给我们很多启示。

活着的马克思 The Marx Alive

马克思年轻时的崇高志向令人难忘。他17岁中学毕业论文《青年在选择职业时的考虑》就反映了他的理想抱负。在论文结尾写了一段至今为后人传诵的名言："如果我们选择了最能为人类而工作的职业，那么，重担就不能把我们压倒，因为这是为大家作出的牺牲；那时我们所享受的就不是可怜的、有限的、自私的乐趣，我们的幸福将属于千百万人，我们的事业将悄然无声地存在下去，但是它会永远发挥作用，而面对我们的骨灰，高尚的人们将洒下热泪。"

马克思的勤奋学习令人难忘。马克思只活了65年，他却用40年的时间钻研、创作人类的巨著《资本论》。在前15年主要是学习、研究各方面的资料，1850—1853年，这三年时间摘录的材料就有24个笔记本。他在大英博物馆看书，数十年如一日，几乎每天早上9点到晚上7点都在这里。由于长年累月坐在固定的地方，座位下的水泥地被磨去一层，留下了永远的"痕迹"。他有边走边思考的习惯，竟然在门与窗之间的地毯上踏出一条明显的印记，颇似草坪上被人踏出的一条小路，被人们誉为这是"智慧之路"。为了写好《资本论》，马克思40岁以后又精心研究数学前后达20多年。他留下1000多页的数学手稿，恩格斯曾评价说，马克思精通数学，而且有独到的发现。为了了解各国的情况，他学习多国的语言文字，精通英文、法文、拉丁文、西班牙文。51岁时他为了研究俄国社会情况，又下功夫攻克俄文，竟用一年时间就能阅读俄文原著。为了用准确的语言表达丰富的思想，他在遣词造句上下功夫，仔细阅读歌德、莱辛、莎士比亚、但丁、塞万提斯的作品。马克思有时风趣地对朋友说："我们在努力争取8小时工作制，可是我自己却常常一昼夜做超过两倍于8小时的工作。"

马克思的艰苦奋斗令人难忘。他从青年到老年，一直在欧洲各国呼号奔走，同反动统治阶级斗争，同机会主义、冒牌社会主义论战，屡遭驱赶迫害逮捕，到处流亡，失去国籍后以"世界公民"自居。马克思和燕妮均出生在富裕之家，但他们常处在饥寒交迫之中，靠借贷、典当、战友接济为生。他在极端贫困中，由于无法及时治疗，接连失去了几个孩子。他曾经对自己的女婿拉法格说,"我把全部的财产献给了革命斗争,但丝毫不感到后悔,要是重新开始生命的历程,仍然会这样"。1849年2月,普鲁士反动政府两次起诉马克思在《新莱茵报》的所谓"罪行",经过马克思充满激情而又理智地辩驳,不仅被宣告无罪,而且首席陪审员为马克思富有说服力的陈述表示钦佩。

马克思同战友的真挚友谊令人难忘。特别是马克思、恩格斯的友谊,列宁曾称赞说:他们的关系超过了古人关于人类友谊的一切传说。许多经典著作都是马克思、恩格斯共同写作或反复磋商完成的。两人分离时,频繁通信寄托深情。马克思几个星期收不到恩格斯的信就急着问,"亲爱的恩格斯,你是在哭或是在笑,是在睡觉还是醒着?""我们之间存在的这种友谊是何等的幸福。你要知道,我对任何关系都没有做过这么高的评价。"恩格斯为了马克思的生计,违背自己的意愿,在父亲的工厂工作20年,牺牲了自己的精力和心血来支持和成就马克思的事业。马克思逝世后,恩格斯毅然放弃手头一切工作,包括正在写作的《自然辩证法》,把整理出版《资本论》作为最紧迫的任务。除了完成第一卷的整理外,还用12年的时间修改整理第二、三卷。但恩格斯把一切荣誉都归于马克思,《资本论》的作者只有马克思一个人的名字。马克思对其他战友同样满怀深情,听说一个不熟知的年轻编辑出狱,他亲自去迎接;他把资助过自己的战友沃尔弗的名字镌刻在《资本论》的扉页上。还有马克思和燕妮的恋情也是令人难忘的。他把自己炽热的感情倾注在一篇篇诗文中,在两年内就写过三本送给燕妮的诗文集。

书的第二部分"天才的头脑"主要是介绍马克思的思想理论,按照他本人思想发展的脉络,大体按照文章写作时间的顺序,选择了九篇著作,基本上包括了马克思主义的三个组成部分,即哲学、政治经济学、科学社会主义。

第一篇《〈黑格尔法哲学批判〉导言》。当时黑格尔的法哲学代表资产阶级的利益,幻想通过和平手段改变当时德国封建社会制度。当时宗教一直统治着德国，并成为封建社会的辩护士，因此，这篇著作首先对宗教展开批判，并把这种批判转向对封建社会制度的批判。接着提出德国在资产阶级革命后应当进行全人类的革命，即社会主义革命。在这里第一次提出了无产阶级的历史使命。

第二篇《1844年经济学哲学手稿》。"人怎样才是像人一样的活着？"这是青年马克思一直苦苦追问的一个问题。这篇手稿比较系统地涉及到了对于人的理解，对资本主义生产中人的异化劳动进行了系统的分析批判，开始揭露隐藏在私有制背后的本质。当时马克思生活十分艰苦，买不起笔记本，只能在自制的小本子上写作，手稿生前未发表，直到1932年才发表。

第三篇《关于费尔巴哈的提纲》。费尔巴哈和黑格尔不同，他是个唯物主义者，但没有把人的活动看成实践活动，而看成是脱离社会的一种生物、生理的活动。马克思的这个提纲，文字不多，只有11条，但实践的观点构成了这个提纲的核心内容，建立了自己新的世界观。恩格斯称赞这是包含着新世界观的天才萌芽的第一个文献。

第四篇《德意志意识形态》。这是马克思和恩格斯合作完成的一部著作，他们通过对德国哲学的批判和从法国、英国流入德国的所谓"真正社会主义"的批判，根据对生产力和生产关系、经济基础和上层建筑的分析，第一次比较系统地提出了历史唯物主义的基本思想。

第五篇《共产党宣言》。这是马克思、恩格斯合作完成的又一部著作。这是对马克思主义第一次系统的表述，是全世界第一个共产党的纲领。它科学论证了社会主义代替资本主义历史的必然性，系统阐述了科学社会主义的一般原理，奠定了无产阶级政党学说的基础。写作《共产党宣言》的时候，马克思只有29岁，恩格斯只有27岁。时间已经过去了160多年，这仍然是全世界共产党人必须读的基本著作。

第六篇《〈政治经济学批判〉导言》。《政治经济学批判》是一篇写于1857年的未完成的著作，直到1962年发现1963年才发表。这是马克思

《资本论》的最初草稿,为此进行了15年的科学研究工作。马克思曾在一封信中称这部手稿是他"一生中的黄金时代的研究成果"。1857年爆发了世界经济危机。马克思在给恩格斯的一封信中说,他写这篇"导言""为的是在洪水之前至少把一些基本问题搞清楚"。这篇"导言"除了阐述政治经济学研究对象、方法外,着重对生产与分配、交换、消费的关系进行分析,为马克思主义政治经济学的形成奠定了理论基础。

第七篇《资本论》。马克思写《资本论》前后花了40年,包括前15年各方面的科学研究时间。共分三卷:第一卷"资本的生产过程",主要研究资本的生产过程和剩余价值的产生,揭示了剩余价值的奥秘;第二卷"资本的流通过程",主要是揭示剩余价值通过什么手段又重新回到资本家手中的奥秘;第三卷"资本主义生产总过程",主要揭示资本家如何分配剩余价值的奥秘。本书只介绍了第一卷的主要内容。

第八篇《法兰西内战》。主要介绍这篇著作中阐发的思想理论观点,包括新型国家的职能,国家工作人员要成为社会公仆,社会主义民主政治,无产阶级夺取政权后面临的经济建设任务,无产阶级要与非无产阶级首先是农民建立广泛同盟,等等。

第九篇《哥达纲领批判》。这篇著作在批判哥达纲领之后,提出了两个最重要的观点,一是从资本主义到共产主义的过渡时期的国家只能是无产阶级的革命专政,二是共产主义发展有两个阶段即"第一阶段"和"高级阶段",因而成为社会主义的光辉文献。

这部分写作过程中,主要在通俗化和现实化两个方面下了很大的功夫。通俗化就是要让读者能读得懂。现实化就是用马克思主义的论述回应人们关切的一些现实问题。

通俗化方面,我们在以下四点做了较大的努力:

一是,在语言表达上,力求外国话用中国话讲,费解的话用群众语言讲,同时保持"原汁原味",对一些观点尽量用马克思著作中的名言警句进行阐述。例如,在《〈黑格尔法哲学批判〉导言》中,马克思说:"宗教是人民的鸦片。""物质力量只能用物质力量来摧毁。""理论一经掌握群众，也会变成物质力量。""理论只要说服人，就能掌握群众；而理论只要彻底，就能说服人。所谓彻底，就是抓住事物的根本。""哲学把无产阶级当作自己的物质武器，同样，无产阶级也把哲学当成自己的精神武器。"这些论述，我们觉得读者完全能够理解，就不做任何解释而在书中直接引用。

二是，有些难以理解的名词术语，如"异化"、"类存在物"等我们就在叙述中加以解释，有些还举例说明。

三是，有些容易混淆的国名、地名。例如普鲁士和德国同时出现，我们就说明其联系和区别。

四是，在马克思思想发展中，同一概念有时用不同的表达形式，初看时容易混淆。比如在使用"生产关系"之前，马克思曾用过"社会关系"、"市民关系"、"交往方式"等等。我们在书中就作出解释，说明这种不统一的表述是马克思试图从诸多概念中筛选出最恰当的表达方式。"生产关系"形成的过程，是从"社会关系"向"市民社会"、"交往方式"、"交往形式"、"交往关系"过渡，再从"交往关系"向"生产关系"过渡。

现实化方面，在解读每篇著作中都写了一段"现实意义"，除了较全面的论述以外，还力求回答一些人们关切的问题。例如：

在学习《〈黑格尔法哲学批判〉导言》中，对宗教问题我们强调要把政治上对反动统治阶级的批判和对信教群众的思想引导区分开来。既要从理论上弄清宗教的来源和作用，更要坚定地执行党的宗教政策，尊重信教群众的习俗，正确处理因宗教问题引起的矛盾和冲突。马克思提出宗教是"一种颠倒的世界观"，是"人民的鸦片"，面对广大的信教群众，应当如何宣传？针对这个问题，我和前国家宗教局局长、现任中央社会主义学院党委书记的叶小文同志，通过四次电话进行探讨。他提出，要把马克思批判宗教的背景讲清楚，同时要把理论和政策的联系和区别讲清楚，给我很大启发。为此我们查阅了马克思关于宗教的一系列的论述，认识到马克思对宗教从世界观高度进行批判是一以贯之的，同时又重视对信教群众的思想引导。他曾说过,"意识的一切形式和产物不是可以通过精神的批判来消灭的……而只有通过实际地推翻这一切唯心主义谬论所由产生的现实的社会关系,才能把它们消灭"。这段话我们在书中也引用了。

在学习《1844年经济学哲学手稿》中,除联系当今发达资本主义国家,无法根本消除劳动异化现象外,也指出在我国也存在异化劳动现象。扭转收入差距拉大的现象,只有沿着保护劳动者所得的方向迈进,才能逐步减少劳动异化的现象。至于消除劳动异化,则是一个长远的目标。

在学习《关于费尔巴哈的提纲》中,主要说明党的思想路线和群众路线是马克思主义实践观的生动而具体的体现。还以1978年我国开展"实践是检验真理的唯一标准"的大讨论,由此开辟了改革开放的通道,说明实践观的极端重要性。

在学习《德意志意识形态》中,主要联系建设中国特色社会主义同样要不断解决生产力和生产关系、经济基础和上层建筑这个人类社会的基本矛盾,而解决这个矛盾的基本方法是主动地进行改革,从而认识《中共中央关于全面深化改革若干重大问题的决定》的重大意义。

在学习《共产党宣言》中,我们引用了毛泽东27岁时读了《共产党宣言》讲过的一句话,他说:"我才知道人类自有史以来就有阶级斗争,阶级斗争是社会发展的原动力,初步地得到认识问题的方法论。可是这些书上,并没有中国的湖南、湖北,也没有中国的蒋介石和陈独秀。我只取了四个字,'阶级斗争',老老实实地来开始研究实际的阶级斗争。"他还说,从此我对马克思的信仰就没有动摇过。邓小平也说过,他的入门教师是《共产党宣言》并指导了他一生的革命生涯。强调我们要向中国的两位伟人学习。特别是党的十八大指出新形势下党面临的"四个考验"、"四种危险",广大党员、干部更应该在《共产党宣言》的引导下,树立正确的世界观、人生观、价值观。

《共产党宣言》从历史唯物主义原理出发,科学论证了人类社会发展的各个历史阶段和总趋势,深刻阐明了"两个必然",即"资产阶级的灭亡和无产阶级的胜利是同样不可避免的"科学论断。根据资本主义的新变化，马克思、恩格斯对资本主义的生命力和扩张力有了新思考。马克思从资本主义渡过1857年危机并得到进一步发展的事实中意识到了这个问题，因而1859年在《〈政治经济学批判〉序言》中，从理论上提出了"两个决不会"的思想，即："无论哪一个社会形态，在它所能容纳的全部生产力发挥出来以前，是决不会灭亡的；而新的更高的生产关系，在它的物质存在条件在旧社会的胎胞里成熟以前，是决不会出现的。"这"两个必然"、"两个决不会"，深刻揭示了社会主义代替资本主义的历史必然性和长期性。强调这是我们观察世界大局和形势变化的根本出发点和落脚点。

在学习《〈政治经济学批判〉导言》中，强调要深刻认识到生产在经济社会发展中的决定性意义，把发展生产放在第一位，牢牢扭住经济建设这个中心，不断解放和发展社会生产力，为发展中国特色社会主义奠定坚实的物质基础。同时要注重消费对生产所具有的重要作用，为生产提供目的和动力。特别是中国经济已进入"新常态"，模仿式、排浪式消费阶段基本结束，个性化、多样化消费渐成主流，市场竞争逐步转向质量型、差异型为主的竞争，这就为生产提出了更高的要求。

在学习《资本论》中，指出伴随着时间的推移，剥削的形式会发生千变万化，但是，马克思科学论证的资本主义社会本身根本无法解决的固有矛盾，资本主义制度必将为社会主义制度所代替这一规律，已经为无数新的事实所证明，是绝不会过时的。资本是生产的一个重要要素，当前又面临着资本全球化的新形势，如何认识这个问题？书中指出资本全球化是一把双刃剑。一方面，国际金融垄断资本主义在世界范围内加剧了剥削。西方发达资本主义国家利用它们在资金和技术以及政治、军事、文化等的优势，掠夺发展中国家的资源，控制发展中国家的经济命脉，导致发展中国家贫困加剧、南北差距持续扩大。另一方面，发展中国家也可以抓住机遇，运用国际资本推进本国的经济建设。在中国特色社会主义建设中，注重引进资本、技术和管理经验，建成"世界工厂"，并进一步成为一个贸易大国。中国也开始向外投资,这当然有获取更多原材料和更多的资金,以满足国内经济迅速增长需要的考虑,同时也给落后国家带来世界视野、经济发展和社会进步,向发达国家表达中国希望世界和谐与发展的理念。这是一种双赢的举措。

在学习《法兰西内战》中,强调要弘扬巴黎公社的公仆精神,进一步加强执政党的建设。中央提出,要不断夯实廉洁从政的思想道德基础,筑牢拒腐防变的思想道德的防线;要强化对权力运行的制约和监督,形成不敢腐的惩戒机制、不能腐的防范机制、不易腐的保障机制。一百多年前巴黎公社对公职人员的要求和做法,对今天反腐倡廉建设有一定的借鉴作用。

在学习《哥达纲领批判》中,强调马克思提出的过渡时期的理论和共产主义发展阶段的学说是正确的。但一些国家的执政者却在把这些理论和学说转变为现实的过程中,往往脱离了实际,忽视马克思科学预测所必需的条件性和特殊性,只从良好的主观愿望出发,硬性地推动这些预测向现实转化,结果只能使其变成空想。历史的经验值得我们认真吸取。每一个国家必须紧密结合本身的实际,正确地运用和发展马克思的这些理论和学说。应该看到,生产力落后的国家和发达的资本主义国家,进入社会主义的方式必然是多样化的;各个国家实现社会主义的模式,也必然是多样化的。中国特色社会主义制度,从理论和实践的结合上,回答了在中国这样一个人口众多、底子太薄的东方大国,建设什么样的社会主义和怎么样建设社会主义的根本问题。新中国的日益强大,彰显了马克思主义的强大生命力,具有重大的世界意义。

四、编写的感受

1. 时刻记住老祖宗

追根溯源,中国的革命、建设和改革都离不开马克思主义的指引,中国特色社会主义的形成和发展同样离不开马克思的指引。在编写过程中,我们亲切感受到马克思就活在我们的时代,他活在我们的党、我们的国家、我们的军队中，也活在我们的社会、我们的家庭中，活在我们每个人心中。习近平总书记2013年1月5日，在新进中央委员会的委员、候补委员学习贯彻党的十八大精神研讨班上所作的《毫不动摇坚持和发展中国特色社会主义》讲话中用很长的篇幅回顾社会主义发展史。通过编写，我们感受到其深远意义就在于要我们的党、国家和军队，要我们的党员、干部，都牢记这段历史，继往开来，时刻不忘老祖宗。

2. 时刻注重掌握立场观点方法

在编写过程中，我们亲身体会到马克思的论述大体可分四种情况：第一种情况是，在当时是正确的，现在依然正确，例如关于世界观方法论的论述、关于人类社会发展规律的论述、关于人民群众的论述、关于共产主义根本特征是实现每个人自由而全面发展的论述等等，这方面的论述是大量的；第二种情况是，当时的认识是正确的，随着形势的发展，后来已不适用或者不完全适用；第三种情况是，当时提出的预测或设想，不符合或不完全符合后来发展的实际；第四种情况是，马克思的原意未被完全理解，甚至理解错了。我们有过因机械搬用或错误理解马克思的论述而产生不好后果的教训。学习马克思主义，必须掌握其立场观点方法，领会其精神实质。马克思主义基本原理具有强大的生命力，始终是我们的行动指南。

3. 时刻联系自己的思想实际

只有联系自己的思想实际去学习马克思的论述，才能领会其真谛，融会贯通。我们感受到，编写的过程同时也是自我教育、自我净化的过程，对自己理想信念的坚定、人格情操的洗练、基本理论水平的提高都是极大的推动。我在部队高级机关工作多年，有幸接触党和军队的领导同志，包括开国元勋和身经百战的老红军。同首长近距离的接触和交谈，我深深感到他们是智者、是勇士、是英雄。我写过一篇记叙首长对我教诲的文章，曾概括了三句话：同智者同行就如沐春风，同勇士为伍就无所畏惧，同英雄结伴灵魂就会升华。这次编写《活着的马克思》又有一种新的感受，就是追随伟人，既深感自己平庸渺小、才疏学浅，同时又志存高远、心明眼亮。

4. 时刻关注两个重要观点

马克思的著述鸿篇巨制，思想博大精深。在编写中，我们深深感到，在马克思主义整个理论体系中，有两个观点具有重大的现实意义，值得大家时刻关注。

一个观点是：实现人的全面解放和自由发展。《共产党宣言》中的一句话，"代替那存在着阶级和阶级对立的资产阶级旧社会的，将是这样一个联合体，在那里，每个人的自由发展是一切人的自由发展的条件"，就道出了马克思毕生为之奋斗的目标。马克思正是为了实现这个目标，才去研究人类社会发展的历史及其规律。在马克思生活的那个年代，面对资产阶级对无产阶级的残酷压迫和剥削的现实，他强调阶级斗争、强调无产阶级专政，不是为了造成新的阶级对抗，而是为了消灭这一对抗，直至消灭阶级，以实现人的全面解放和自由发展。这正是建立在历史唯物主义基础上的博大而深刻的人文情怀。一些人对马克思主义关于阶级斗争和无产阶级专政理论的种种曲解和责难，其中一个重要原因就是忘记了马克思追求的终极目标。我们党提出的"以人为本"，正是体现了最终实现人的全面解放和自由发展的宗旨，同马克思主义是一脉相承，并有新的发展。

再一个重要观点是：为实现共产主义而奋斗，既要有远大的理想，又要有当下的实践。通过编写，我们对共产主义是从以下三个层面来理解的。第一个层面是，共产主义是马克思、恩格斯通过分析人类社会发展运动的基本矛盾，揭示人类社会发展的普遍规律和发展趋势，在总结和概括无产阶级的革命斗争经验的基础上，提出的无产阶级思想体系和人类最理想的社会制度。共产主义的实现，是一个相当漫长的历史过程，但它不是空想的而是现实的。因此，要坚定这一伟大理想。第二个层面是，共产主义也是对社会不断进行变革和改造的一种运动。正如马克思、恩格斯不仅仅把共产主义看作是一种思想体系和社会制度，而且还看作是一种"消灭现实状况的现实的运动"。实现共产主义的过程是由许多不同的革命阶段组成的，完成这一阶段的革命目标和任务，正是向共产主义不断迈进。对于我们每个人来说，坚定共产主义的远大理想，首先就体现在扎扎实实地做好当前工作。第三个层面是，在共产主义运动中，会不断涌现出具有共产主义思想意识、道德品质的新人。正如马克思、恩格斯指出的，在先进的工人阶级中"产生出必须实行彻底革命的意识，即共产主义的意识"。在我国革命战争中出现的无数革命先烈，在我国革命和建设中出现的大量焦裕禄式的干部、雷锋式的战士，以及在各条战线上的英雄模范典型，都是具有共产主义思想意识和道德品质的新人。我们应该以他们为榜样，把自己锻炼成共产主义的新人。因此，共产主义既是远大的理想，又是当下的实践活动，两者是有机统一的一个整体。

最近中央提出要"有针对性地编写一批通俗理论读物"，这反映了当前的急迫需要。按照中央的要求，我们不仅要编好通俗读物，而且要宣传好、使用好，期盼《活着的马克思》能在广大读者中发挥积极作用。

（作者为中央军委办公厅原主任，2015年1月22日撰写，本书正式出版后又进行了充实。）

附录三

《活着的马克思》评介文章

为什么马克思还活着？！
一部凝魂聚气、强基固本的活教材《活着的马克思》出版发行

2015年3月10日下午，由中央编译出版社主办的"《活着的马克思》新书发布会暨出版座谈会"在中共中央编译局成功举行。来自国防大学、军事科学院、解放军后勤指挥学院、空军指挥学院、中国社会科学院、教育部、对外经济贸易大学等单位德高望重的老专家和知名学者，以及《解放军报》、《光明日报》、《北京日报》和新华网、中国军网、全军政工网等媒体代表，共有40余人参加了会议。会议由中央编译出版社刘明清总编辑主持，中央编译局秘书长杨金海出席。

杨金海秘书长在致辞中介绍了中央编译局作为中央直属部门，近年来在翻译、研究、传播马克思主义方面主要做的工作，表示马克思主义的研究和传播光靠中央编译局一家还不够，还要靠全国各个大学、各个研究机构、各个战线同志包括军队研究工作者共同支持才能做好这件事情。要使马克思主义活起来、传下去，五百年之后乃至一千年之后在生活中发挥作用，就应借鉴传统的做法，特别是加强载体建设，把马克思主义讲"活"，这本书就是推进马克思主义大众化的很好尝试。

中央编译出版社社长助理董巍在介绍本书的出版过程时，着意突出了这是一本彰显军人本色、汇聚集体智慧的结晶，也是一本有温情有感动的主旋律图书。该书的编著者都已步入耄耋之年，多数出身行伍，平均年龄已高达74岁，他们抱持多年马克思的情怀，历经三个月读书、三个月写作、五个月修改，按照真实性、鲜明性、生动性、普及性的编写原则，并在广泛征询专家学者基础上交出一部浸透热情和心血的书稿，最终编出了这本图文并茂、质量好分量重、宣扬正能量又紧接地气的马克思主义通俗读物。

在特邀嘉宾发言环节，本书的第一编著者程建宁老先生结合自己的人生经历发表了热情洋溢的讲话，围绕"为什么要编、编什么、怎么编"分享了编写心得和思想感悟；国防大学原副校长许志功在发言中援引美国著名经济学家萨缪尔森说过的一句话："马克思主义是我们观察社会历史问题的解剖刀，每一个想要洞察社会历史底蕴的人都必须向马克思主义学习"，认为该书为我们培育和弘扬社会主义核心价值观提供了一本鲜活的教材；教育部党组成员、武汉大学原校长顾海良教授希望这本书的出版能在广大读者中间起到"真信马克思主义、真学马克思主义、真懂马克思主义"的作用；解放军后勤指挥学院邵维正教授通过援引恩格斯在安葬马克思仪式上发表的庄重讲话："他可能有过许多敌人，但未必有一个私敌。他的英名和事业将永垂不朽"和举例法国年轻的经济学家皮凯蒂的新作《21世纪资本论》法文、英文、中文版的相继面世，认为马克思虽然已经逝世但他的事业是永生的，一百多年过去了，马克思的思想、精神和理论永远活在人们的心中，马克思主义超越了时代的声音，是我们这个时代的最强音。著名艺术家闫肃结合自己的经历深情地说，这本书太好了，可惜看到的晚了。上个世纪60年代我去陕北深入生活，见到上山下乡的王岐山、李建国正在看《资本论》，他们向我请教，可我哪懂呀？后来空军举办学习班学习马克思主义理论，让我做小组辅导员，也是力不从心。如果当时有这本书，哪该多好呀！此外，军事科学院原副院长糜振玉、空军指挥学院原政治部主任梅其仪、解放军总政治部干部部原副局长余启元、对外经济贸易大学研究生院副院长廉思、中央编译局马克思主义研究部主任季正聚、教育部社科中心原主任田心铭教授、中央编译局《马克思主义与现实》杂志主编李惠斌研究员等分别从各自关心的角度给予本书高度赞誉，都认为这是一部凝魂聚气、强基固本，彰显马克思当代价值的好书。

座谈会最后，光明日报社新闻研究所原所长盛祖宏老先生向记者爆料：第一编者程建宁，今年83岁，两三年前得了癌症，他是在积极治疗的过程中编著了这本书，在编这本书之前还曾主编了一本《悠悠蓝天情》，就是讲一代空军知识分子群体为空军事业奋斗的个人回忆录，他组织上一本书时，花了近一年时间才完成，他当时说这是我向党交的最后一份合格的答卷，但是这次又不是最后一次了，第二个最后一次了，把这个《活着的马克思》交给了党……盛老一席话，很短但掷地有声，这一幕后故事引起了几乎所有参会人员感情上的共鸣。

《活着的马克思》一书图文并茂、通俗易懂、观点鲜明、文笔流畅，具有时代感和鲜活感，融思想性与可读性为一体，编著者尤其在通俗化和现实针对性方面下了很大的功夫，既有大量亲切感人的故事，也阐释了独到深刻的理论见解，它能提醒读者：马克思就活在我们身边，活在我们党、我们国家里边，也活在我们社会、我们家庭、我们每个人心中。

（中央编译出版社新闻稿）

适应时代与生活的需要
实现马克思主义大众化的创新
——读程建宁等编著《活着的马克思》

郑一明

尽管20世纪80年代末与90年代初发生了苏东剧变的悲剧,但几乎在同时,即1989年在法国巴黎的一次国际会议上,人们便喊出"马克思没有死,他还活着"的口号。2008年世界金融危机爆发以后,更多的人喊出了这个口号。"马克思还活着"已成为时代的强音。

"马克思还活着"不仅是一个时代的口号与符号,更主要反映了以马克思命名的马克思主义所揭示的世界观、历史观与方法论,体现了时代的需要,汇聚了人类文明的优秀成果,指引着人类解放的道路,因而它的基本理论和精神力量是永存的、鲜活的。

在当代中国,毛泽东同志领导中国共产党和全国各族人民,把马克思主义普遍真理同本国革命实践相结合,取得新民主主义革命的胜利,建立起社会主义基本制度。十一届三中全会以后,以邓小平同志为核心的中央集体,进一步把马克思主义普遍真理同本国建设实践相结合,开创出一条中国特色社会主义道路,取得举世瞩目的成就。

由于中国共产党以马克思主义为指导,领导中国各族人民,经历革命、建设和改革,彻底改变了中国的面貌和命运,使中国由一个昔日的东亚病夫成为一个新的巨人屹立于东方,受到世界各国人民的敬仰,马克思主义理所当然地载入《中国共产党章程》和《中华人民共和国宪法》,成为我们党和国家的指导思想。今天,习近平总书记反复强调,要巩固马克思主义在意识形态领域的指导地位,并号召广大党员和干部,要认真学习马克思主义。

应该看到，虽然今天马克思主义已经成为我们党和国家的主流意识形态，但在当前社会思潮多元化的形势下，一些同志忽视马克思主义的学习，有的人对马克思知之甚少，却盲目接受西方传播的诸多非马克思主义的错误观点，这是造成理想信念缺失现象的重要原因之一。

当前，要克服理想信念缺失现象，首先是要加强对广大党员、干部和群众的理想信念教育，最根本的是要加强马克思主义的学习与教育。对广大党员、干部和群众来说，要加强马克思主义的学习与教育，目前亟须的是要有既能适应时代和生活的需要，又能够大众化的创新性读物。程建宁等同志编著的《活着的马克思》（中央编译出版社，2015年2月），可以说在这一方面作出了有益的尝试。就这方面说，该书的编著和出版，完全满足了当今时代的现实生活的要求。

该书的编著，也有对过往经验的反思。所谓对过往经验的反思，是因为编者认识到，我们党有一个好传统，就是理论和实际相结合，以马克思主义理论为指导，教育广大党员、干部和群众，改造客观世界与改造主观世界，引导他们在革命和建设实践中树立正确的世界观、人生观和价值观并为理想而奋斗终身。可是，在一个相当长的时间里，马克思主义的理论学习与教育，出现了理论与实际脱节的问题，甚至认为学不学无所谓，以致经典著作的学习边缘化。因此，在当前形势下，要搞好马克思主义理论的学习和教育工作，迫切需要编写出宣传马克思主义的新式通俗读物，这种读物必须是理论联系实际的，也就是接地气的，同时，在把握经典著作的中心思想时，又应该是尽可能大众化的和通俗的。

综观全书，应该说，《活着的马克思》较好地达到了上述要求，圆满地完成了编著者所提出的目标。全书分三个部分："历史的巨人"、"天才的头脑"和"伟大的人格"。其中，第一和第三部分主要用讲述马克思故事的方式，介绍马克思的革命生涯和伟大人格。读过这些故事会更加增添人们对马克思和他与恩格斯创立的马克思主义的敬仰和信仰。书的第二部分"天才的头脑"，主要介绍了马克思的思想理论，大体按照文章写作时间的顺序和马克思本人的思想发展的脉络，共计选择了《〈黑格尔法哲学批判〉导言》、《1844年经济学哲学手稿》、《德意志意识形态》、《共产党宣言》、《〈政治经济学批判〉导言》、《资本论》、《法兰西内战》和《哥达纲领批判》等九编篇著作或其中的重点章节，基本上涵括了马克思主义的三个组成部分，即哲学、政治经济学和科学社会主义。

通过编写《活着的马克思》，作者告诉人们，追根溯源，中国的革命、建设和改革都离不开马克思主义的指引，中国特色社会主义的形成和发展同样离不开马克思主义的指引。今天，学习马克思主义，对广大党员、干部和群众来说，关键是要通过学习，掌握好马克思主义的立场、观点和方法，用马克思主义武装头脑，牢固树立科学、正确的世界观、历史观和价值观，从而在根本上解决理想、信念问题，真正像习近平总书记2013年1月5日，在新进中央委员会的委员和候补委员学习贯彻党的十八大精神研讨班所作的《毫不动摇坚持和发展中国特色社会主义》讲话中提出的，做共产主义远大理想和中国特色社会主义共同理想的坚定信仰者和忠实践行者。因此，在这个意义上说，马克思主义老祖宗是永远不能丢的。

除了在经典著作的解释和通俗化上花功夫之外，编著者还重视结合实际来阐释理论的现实意义。这也是对学习马克思的论述中，作者努力贯彻他们自己提出的自觉区分马克思论述的四种情况的生动体现。

在学习《共产党宣言》中，编者指出，马克思从历史唯物主义原理出发，科学论证了人类社会发展的各个阶段和总趋势，深刻阐明了"两个必然"，即"资产阶级的灭亡和无产阶级的胜利是同样不可避免的"科学论断。根据资本主义的新变化，马克思和恩格斯对资本主义的生命力和扩张力有了新思考。马克思从资本主义渡过1857年危机并得到进一步发展的事实中意识到这个问题，因而在1859年在《〈政治经济学批判〉序言》中，从理论上提出了"两个决不会"的思想，即："无论哪一个社会形态，在它所能容纳的全部生产力发挥出来以前，是决不会灭亡的；而新的更高的生产关系，在它的物质存在条件在旧社会的胎胞里成熟以前，是决不会出现的。"这"两个必然"、"两个决不会"思想，深刻揭示了社会主义代替资本主义的历史必然性和长期性。这应该是我们观察世界大局和形势变化的根本出发点和落脚点。

在学习《哥达纲领批判》中，编写者强调，马克思提出的过渡时期的理论和共产主义发展阶段的学说是正确的。但一些国家的执政者却在把这些理论和学说转变为现实的过程中，往往脱离了实际，忽视马克思科学预测所必需的条件性和特殊性，只从良好的主观愿望出发，硬性地推动这些预测向现实转化，结果只能使其变成空想。历史的经验值得我们认真吸取。每一个国家必须紧密结合本身的实际，正确地运用和发展马克思的这些理论和学说。应该看到，生产力落后的国家和发达的资本主义国家，进入社会主义的方式必然是多样化的；各个国家实行社会主义的模式，也必然是多样化的。中国特色社会主义制度，从理论和实践的结合上，回答了在中国这样一个人口众多、底子太薄的东方大国，建设什么样的社会主义和怎样建设社会主义的根本问题。新中国的日益强大，彰显了马克思主义的强大生命力，具有重大的世界意义。

此外，在学习《法兰西内战》中，编者强调要弘扬巴黎公社的公仆精神，进一步加强执政党的建设。按照党中央提出的要求，要不断夯实廉洁从政的思想道德基础，筑牢拒腐防变的思想道德防线；要强化对权力运行的制约和监督，形成不敢腐的惩戒机制、不能腐的防范机制、不易腐的保障机制。一百多年前巴黎公社对公职人员的要求和做法，对今天反腐倡廉建设仍有一定的借鉴作用。

总之，无论从思想、语言、风格哪一方面看，该书确实是一本适应当今生活与时代的优秀的马克思主义通俗读物，体现了马克思主义大众化的创新性成果。

（作者为中国社会科学院马克思主义研究院研究员，载《人民日报》2015年5月26日第24版，收入该书时作者充实了新的内容。）

学习马克思主义的生动教材

——《活着的马克思》简评

田心铭

中国共产党成立94年来的历史,是马克思主义基本原理同中国具体实际日益结合的历史。党成功地实现了马克思主义中国化,开创和发展了中国特色社会主义,迎来了实现中华民族伟大复兴的光明前景。对马克思主义的信仰,对社会主义和共产主义的信念,是中国共产党人的政治灵魂,也是鼓舞全中国人民前进的精神动力。马克思是以他的名字命名的工人阶级科学世界观的伟大创立者。邓小平说,我们没有丢马克思,"老祖宗不能丢啊!"中国特色社会主义是马克思创立的科学社会主义的理论逻辑和中国社会发展历史逻辑的辩证统一。正在中国特色社会主义道路上奋勇前进的中国人民,需要不断地从马克思那里接受智慧的滋养,汲取精神的力量。党的领导干部要按照党中央的要求把系统掌握马克思主义基本原理作为看家本领,需要老老实实、原原本本地研读经典原著。广大党员和群众也很有必要按照"要精"、"要管用"的要求选读一点马克思的著作,了解一些马克思的生平事迹、闪光思想和崇高精神。

今年出版的《活着的马克思》为我们提供了一本学习马克思主义的生动教材。该书作者按照真实性、鲜明性、生动性、通俗性的要求,选取最能反映马克思的思想和实践的著作和史料,用大众化的语言领读马克思的科学理论观点,阐释原著中的名言警句,用简洁的叙述和生动的描写介绍马克思宏伟壮丽的事业和他光彩照人的精神气质、道德情操,帮助读者了解和学习真实的马克思、睿智的马克思、崇高的马克思。

这本20多万字的著作分为"历史的巨人"、"天才的头脑"、"伟大的人格"三部分，分别讲述马克思的事迹、马克思的著作和马克思的精神。该书第一部分从马克思的出生和家庭环境、求学生涯讲起，着重介绍他创立新的世界观，创建世界上第一个马克思主义政党共产主义者同盟，投身1848年革命风暴，支持1871年巴黎公社革命并总结革命经验，反对拉萨尔机会主义、巴枯宁无政府主义，领导国际工人协会、指导国际工人运动的历程，还描写了他晚年在同疾病的顽强抗争中殚精竭虑坚持工作的感人情景，展现出马克思辉煌的一生。在该书第二部分，作者选取了九篇马克思各个时期的代表性著作，加以扼要的介绍和简明的解读。其中既有宣告马克思主义问世的传播最广的共产主义文献《共产党宣言》，也有马克思思想形成时期的《1844年经济学哲学手稿》、标志着新世界观天才萌芽的第一个文件《关于费尔巴哈的提纲》和标志着历史唯物主义形成的《德意志意识形态》；既有倾注了马克思一生数十年心血的主要著作、揭示资本主义社会经济运行规律的《资本论》，也有指导无产阶级打碎资产阶级国家机器、建立自己的新型国家，实现从资本主义社会到共产主义社会过渡的科学社会主义的光辉篇章《法兰西内战》和《哥达纲领批判》。这些著作引领我们走进马克思主义宏伟的理论殿堂，初步领略到这一科学体系形成、发展的历程，它的主要组成部分和基本观点，看到了一个令人惊叹不已的博大精深的精神世界。该书第三部分从"坚定的理想信念"、"勤奋的学习精神"、"无畏的斗争气概"、"高尚的道德情操"和"真挚的革命友谊"五个方面，通过一系列生动感人的故事，同时代人的深情讲述、回忆和评说，展示出极富感染力的马克思的伟大人格。

马克思既是伟大的科学家、思想家，又是伟大的革命家和工人运动领袖。他认为不仅要解释世界，更重要的是改变世界。他实现了人类思想史上最伟大的变革，使社会主义从空想变成了科学；他的理论指导亿万人民的实践把社会主义从理论变成了现实，开辟了人类历史的新时代。马克思主义特有的理论品格决定了理解马克思的理论不能离开马克思的实践，践行马克思主义的理论应该与学习马克思的精神相统一。《活着的马克思》将马克思的事迹、著作和精神三方面结合在一起,呈现出鲜活的马克思和马克思主义,这样的结构安排,是同马克思集思想家和革命家于一身,马克思主义的科学性与革命性、理论与实践相统一的品格完全符合的。在传播马克思主义的大众化读物中,该书特有的结构,是一种有益的尝试。这样的安排,使读者可以联系马克思的生平阅读马克思的著作,结合马克思的实践理解马克思的思想,透过马克思的事迹和著作感受他的崇高精神和人格魅力,结识一个有血有肉的"活着的马克思",进而读懂马克思,敬仰马克思,树立对马克思主义的信仰和对社会主义、共产主义的信念。

该书的四名作者都是已经退休的老同志。第一作者程建宁是一位80多岁的老将军,长期在军队中担任领导工作,曾任中央军委办公厅主任。几位作者以对马克思主义的坚定信念,对党的事业的忠诚,对人民的热忱,不辞辛劳地潜心钻研、埋头著书。他们有感于现实生活中有些年轻人不知马克思主义为何物、马克思为何许人的现象,力求外国话用中国话讲,难懂的话用群众语言讲,同时保持"原汁原味",面对当今时代发展和中国特色社会主义实践,通过解读马克思的论述回应人们关切的现实问题。作者们的精神,正是今天在中国共产党人和中国人民中发扬光大的马克思的精神。

习近平同志指出:"马克思主义基本原理是普遍真理,具有永恒的思想价值,但马克思主义经典作家并没有穷尽真理,而是不断为寻求真理和发展真理开辟道路。"马克思还活着,因为他的思想是具有永恒价值的普遍真理。马克思主义理论是一棵常青树,因为它是植根于社会实践之中随着实践不断发展的科学理论。马克思活在坚持马克思主义的人民群众中,活在以他的思想为指导的亿万人民的事业中。中国特色社会主义正是这样的事业。让我们走近活着的马克思,沿着中国化马克思主义指引的方向,不断推进中国特色社会主义伟大事业。

(作者为教育部高等学校社会科学发展研究中心原主任,载《人民日报》2015年11月12日第7版,收入本书时作者充实了新的内容。)

《活着的马克思》读后感

顾海良

在英国伦敦郊外的海格特公墓,安葬着一代伟人卡尔·马克思。墓地上,马克思的青铜头像端放在花岗岩墓碑上方,墓碑正面刻着青年马克思《关于费尔巴哈的提纲》中的名言:"哲学家们只是用不同的方式解释世界,而问题在于改变世界。"这一"墓志铭"诠释了马克思主义的科学本质,也宣示了马克思主义的历史使命。近百年来,马克思主义无论是在中国的传播中,还是在与中国具体实际相结合的过程中,都体现了"解释"中国的理论指导意义,体现了中国化马克思主义"改变"中国的实践指导意义。马克思主义将永葆其青春活力,马克思还活在当代世界。

《活着的马克思》作为通俗理论读物,力图通过对马克思的革命生涯、思想理论和伟大人格,向广大读者再现"真实的马克思、睿智的马克思、崇高的马克思",深化对马克思主义"解释世界"和"改变世界"内涵的理解,提升掌握和运用中国化马克思主义的自觉和自信,增强坚持和发展中国特色社会主义的信心和信念。

《活着的马克思》开始就以"历史的巨人"为题,对马克思诞生的时代、马克思勤奋好学的青少年生活、为真理而奋斗的毕生经历、实现人类思想伟大革命的实践和理论过程等内容作了叙述,再现了恩格斯所言的马克思的"英名和事业将永垂不朽"的意蕴。如果想到《活着的马克思》主要作者程建宁将军已是80多岁老人,从1951年抗美援朝参加空军以来,60余年坚持不懈学习和研究马克思主义,就可以清楚,《活着的马克思》所说所言,实际上汇聚了他们对马克思生平事迹的真情,蕴含了作者们对马克思主义的信念。我读《活着的马克思》后,首先感受到的就是,只有马克思主义真信者才能为之。

《活着的马克思》接着以"天才的头脑"为题，集中以马克思（包括马克思和恩格斯合作）的九篇经典著作为线索，对马克思的思想精粹、马克思主义的理论精髓作了阐释。按照这九篇经典著作的写作时间，对马克思主义哲学、政治经济学和科学社会主义理论作了既力求保持"原汁原味"的、又富有中国话语特色的阐发，在内容的准确性、叙述的完整性上花了很大的功夫。《活着的马克思》的四位作者，几十年来勤勉于马克思主义理论学习，孜孜于马克思主义经典著作研究，对这九篇著写作背景、主要内容和现实意义等等的阐释，结合了他们在共和国建设和改革发展过程中积累的真知，实际是他们这几十年来学习和研究体会的凝练，对后学者会有极大的帮助和启示。以此来读《活着的马克思》，我深刻的感受就是，只有马克思主义真知者才能选之。

《活着的马克思》最后以"伟大的人格"为题，从坚定的理想信念、勤奋的学习精神、无畏的斗争气概、高尚的道德情操、真挚的革命友谊，真实地再现了马克思的伟大人格。通过品读马克思的故事，确实如作者们所说的，能使我们对什么是理想信念、什么叫无私奉献、什么谓奋斗终生等人生哲理会有新的感悟。马克思的故事给我们启迪就在于："这是一面镜子，更是一面旗帜。点滴中见高尚，平凡中见伟大，马克思熠熠生辉的伟大人格，为我们树立了人生的榜样。"《活着的马克思》的作者，年长者83岁、年轻者63岁，平均年龄73岁多，他们讲述马克思的故事，更多地融入了他们的人生感悟，也更多地包含了他们对实现中华民族伟大复兴中国梦的真实情感。读毕《活着的马克思》，我相信读者们都会有同感，只有马克思主义真懂者才能述之。

（作者为全国人大教科文卫委员会委员、教育部社会科学委员会副主任，载《光明日报》2015年6月23日第10版。）

认真讲好马克思的故事
——读《活着的马克思》有感

许志功

有机会参加这个座谈会感到非常高兴,这对我来说是一个很好的学习机会。83岁高龄的中央军委办公厅原主任程建宁同志带领平均年龄73岁的几位老同志编写的《活着的马克思》一书由中央编译出版社出版了,这很不容易,非常重要,是一件很有意义的大好事。我在这里首先对这本书的出版表示祝贺,对作者和出版社同志的辛勤工作表示感谢。

古今中外的历史经验告诉我们,一个民族,一个国家,一个政党,不能没有一个统一的指导思想。有了统一的指导思想,就会有明确的方向,就会凝聚起强大的力量;没有一个统一的指导思想,就不可能有明确的方向,也不可能凝聚起强大的力量,甚至会散沙一片。而我们统一的指导思想就是马克思主义。中国共产党是以马克思主义为其理论基础建立起来的党,没有马克思主义就没有中国共产党,只要有共产党就必然坚持和发展马克思主义,这是我们党和马克思主义的内在逻辑。

马克思主义虽然诞生至今已160多年了,但由于它揭示了人类历史的发展规律,依然是科学的,它的世界观方法论依然是有效管用的。我们革命和建设的成功,一代代人的成长进步的一个重要原因,就在于马克思主义的学习运用。但是,一个时期以来,一些同志却不那么重视马克思主义的学习运用了,一些人甚至不知道马克思主义为何物,因而出现了很多不该发生且令人痛心的问题,这些问题从另一角度告诉我们,马克思主义是须臾不可离开的。

基于这样的思想认识,几位老同志不惧年高,在深入学习研究的基础上写作了《活着的马克思》一书。他们夜以继日地奋战了几个月,写成了该书的初稿。初稿写出后，几位老同志又到机关、院校乃至基层召开了多个大小不等的座谈会，听取了100多人对书稿的意见建议，然后又数易其稿。他们对该书的要求是要准确系统，要跟上时代，要有针对性和可读性。为着这三个"要"，他们用尽了心思，绞尽了脑汁。读了之后就会体味到，《活着的马克思》一书是同类书籍中的上乘之作，是作者的呕心沥血之作，其中饱含着对马克思主义真挚、浓烈的思想情感，饱含着对我们良好的党风和社会风气的深切热盼。

《活着的马克思》一书用讲故事的方式，概括介绍并深刻反思了马克思的生平业绩。该书通过"特里尔小公民"、"勤奋的求学生涯"、"点亮共产主义明灯"、"为真理而斗争"、"奋斗不熄的晚年"、"永生的马克思"这样几个小的栏目，得出了一个重要的历史结论：马克思是一个"伟大的历史巨人"。马克思之所以是一个伟大的历史巨人，之所以在他去世若干年后，该书作者还称他是活着的马克思，就在于马克思的历史贡献是超出那个特定历史时代的，他所创立和发现的唯物主义历史观和剩余价值学说，在人类历史文化的宝库中其价值是永恒的。在这两大发现的基础上，马克思在恩格斯的帮助下，创立了完整的马克思主义理论体系，为全人类特别是为无产阶级提供了强大的思想武器。这个思想武器非常重要，值得好好珍惜运用。正如美国著名经济学家萨缪尔森所说："马克思主义是我们观察社会历史的解剖刀，每一个想要洞察社会历史底蕴的人都必须向马克思主义学习。"资产阶级有头脑的思想家尚且如此，我们共产党人呢？我们更应该有这样的见识，有这样的信仰，有这样的追求。

《活着的马克思》一书深入浅出地解读了马克思主义的理论体系和基本内容，向人们展现了马克思的天才头脑。该书按照马克思本人思想发展的脉络，依照写作时间顺序，选择了马克思的九篇经典著作进行解读。这九篇著作，是马克思理论宝库中的经典之作，在马克思主义理论的整个体系中具有举足轻重的地位。正是这些著作，深刻阐述了辩证唯物主义和历史唯物主义的世界观方法论，深刻揭示了资本主义社会的内在矛盾，科学反映了人类社会发展的客观规律，设想了未来社会的科学发展。这九篇著作所提出和阐发的重要思想观点，构成了整个马克思主义理论之网的网上纽结，学习把握了这些重要著作，就能很好地提起、把握马克思主义的理论之网。

在马克思主义的理论体系中，哲学是基础，政治经济学是核心，科学社会主义是实质。马克思主义哲学为我们提供了科学的世界观、方法论。坚持实事求是、群众路线、独立自主是毛泽东思想的活的灵魂，也是马克思主义的活的灵魂，是社会主义事业取得胜利的根本。《活着的马克思》一书在着重阐述马克思主义哲学的基础上，更加重视对科学社会主义的学习理解。该书在这一方面的阐述别有新意。马克思主义的根本追求就是为着实现社会主义乃至共产主义，强调在建设社会主义的过程中，必须坚持人民主体地位、坚持解放和发展社会生产力、坚持推进改革开放、坚持维护社会公平正义、坚持走共同富裕道路、坚持促进社会和谐、坚持和平发展、坚持党的领导。这八个坚持系统地回答了社会主义的建设主体、根本任务、发展动力、价值追求、领导力量等一系列重大问题，对于我们深化对社会主义的认识具有重要意义。

现在有人说，马克思主义的核心内容是人的全面而自由的发展，这无疑是对的，这是从马克思主义的最终奋斗目标上讲的，但就马克思主义的奋斗过程而言，他的核心内容又是分层次的。马克思主义的最终目的是实现共产主义，实现人的全面而自由的发展。那么怎样实现人的全面而自由的发展呢？在广大无产阶级被压迫的情况下，只能通过阶级斗争实现无产阶级专政，在这种情况下，阶级斗争就是马克思主义的核心内容。在无产阶级取得政权之后，巩固强化无产阶级专政必须要有实力，必须推动经济发展。在这种情况下，解放发展生产力就是马克思主义的核心内容。不同时期，不同阶段，不同领域的问题，既不能相互等同，也不能相互排斥。

马克思主义是随着实践的发展而不断发展的。有原本的马克思主义和我们党发展了的中国化了的马克思主义。今天我们学习"活着的马克思"，需要正确处理这两者之间的关系，既要认真坚持原本的马克思主义，更要坚持我们党结合中国实际创新发展了的马克思主义。既不能用原本的马克思主义来否定我们党结合中国实际创新发展了的马克思主义，也不能用我们党结合实际创新发展了的马克思主义取代原本的马克思主义。这是因为，没有原本的马克思主义，就不可能有我们党结合中国实际创新发展了的马克思主义，而没有我们党结合中国实际创新发展了的马克思主义，原本的马克思主义就只能成为僵化的教条而失去存在的价值。总之，我们要在发展中完整准确地理解马克思主义。在这方面，《活着的马克思》一书作了很好的阐述。

《活着的马克思》一书概括阐释了马克思的人生价值追求，为我们培育和弘扬社会主义核心价值观提供了鲜活教材。培育和弘扬社会主义核心价值观，引导人们树立正确的价值追求，离不开榜样的力量。该书从"坚定的理想信念"、"勤奋的学习精神"、"无畏的斗争气概"、"高尚的道德情操"、"伟大的革命友谊"这样五个方面，真实地向我们展现了马克思的伟大人格，颂扬了马克思矢志不渝追求共产主义的伟大理想，为实现自由、民主、公正的人类社会而奋斗终身的伟大壮举，以及他对待工人、亲人、战友表现出的敬业、诚信、友善的良好道德，为我们树立了一个可亲可敬可学的光辉榜样。为夯实中国特色社会主义的思想道德基础，今天我们正广泛开展社会主义核心价值观的宣传教育，《活着的马克思》一书可以说是一部凝魂聚气、强基固本的好教材。

《活着的马克思》一书内容集中，观点鲜明，文笔流畅，尤其在通俗化和现实针对性方面下了很大的功夫，既讲了大量亲切感人的故事，又谈了独到而深刻的理论见解，思想性与可读性高度统一，所以说是很值得认真研读的一部好书。

（作者为国防大学原副校长，载《解放军报》2015年4月13日第6版，收入本书时作者对内容作了充实。）

当代学子值得一读的好书

——读《活着的马克思》

邵维正

不久前,中央编译出版社推出由程建宁等编著的《活着的马克思》,面世后社会反响强烈,好评如潮。这本书以丰富翔实的史料和形象生动的语言,诠释了马克思的革命生涯、理论观点、人格魅力,彰显出真实的马克思、睿智的马克思、崇高的马克思,值得当代学子关注和阅读。

当我看到这本散发着墨香的新书时,一股新颖、鲜亮、深邃的感觉油然而生。特别使我感动的是,《活着的马克思》四位作者平均年龄已过73岁,而且都不是专业理论工作者,其中两位是工人出身。他们满腔热忱投入这件意义深、创意新的事,边学习边构思边写作,克服重重困难,用不长时间就把这本书奉献给读者。这种志同道合的精神,崇尚主流的选择,老有所为的努力,难能可贵,感人至深。

一、为什么说马克思还活着

1883年3月14日,革命导师马克思坐在工作室里与世长辞了,享年65岁。这是全世界无产阶级和劳动人民难以挽回的损失,相当一段时间在报纸和集会上人们都在缅怀马克思的丰功伟绩。他的亲密战友恩格斯在安葬仪式上发表庄重的讲话:"在整个欧洲和美洲,从西伯利亚矿井到加利福尼亚,千百万革命战友无不对他表示尊敬、爱戴和悼念,而我可以大胆地说:他可能有过许多敌人,但未必有一个私敌。他的英名和事业将永垂不朽。"恩格斯还沉痛地说:"人类失去了一个头脑,而且是人类在当代所拥有的最重要的头脑。""现代运动当前所取得的一切成就,都应归功于他的理论活动和实践活动;没有他,我们至今还会在黑暗中徘徊。"回顾历史和现实,人们可以看到:在世间的芸芸众生里,有的人还活着,但他的灵魂已经死了;而马克思虽然已经逝世,但他的事业是永生的。100多年过去了,马克思的思想、精神和理论永远活在人们的心中。

马克思逝世34年后,列宁领导的俄国十月革命取得胜利,马克思的社会主义理论首次在一个大国得到了成功的实践;马克思逝世38年后,以马克思主义作为指导思想的中国共产党诞生了,深刻地改变了中国革命的历史走向。这两件大事,马克思都未能亲眼见到,但都是在他的思想的引领和熏陶下实现的,雄辩地证明了恩格斯的论断:"他的英名和事业将永垂不朽!"

时间又过去了半个多世纪,1989年在法国巴黎召开的一次国际会议上,有人发出了响亮的呐喊"马克思没有死,他还活着"。20世纪和21世纪之交,英国广播公司在国际互联网上评选千年最伟大、最有影响的思想家,马克思排在第一位,这个公正评价使亿万人诚服。2008年金融危机席卷全球,人们痛定思痛、深刻反思,100多年前出版的《资本论》,一再重印,成为西方的畅销书。不久前,法国年轻的经济学家皮凯蒂的新作《21世纪资本论》轰动一时,法文、英文、中文版相继面世。他用300年间的相关数据,说明资本主义是一个制造贫富差距的机器,这又引起了新一轮的思考和探讨。

《活着的马克思》站在时代的前列,以高度的政治敏锐感和主流意识形态的责任担当,精心构思,严谨论证,有针对性地回答了马克思离开我们有多远,马克思主义还灵不灵等热点问题,直言马克思主义没有"过时"。这本书的字里行间彰显着马克思主义的当代价值,充分反映出马克思超越时空的生命力,切中时弊,独树一帜,喊出时代的最强音。

二、学习马克思论著如何做到少而精

马克思主义是科学,科学理论是不可能自发产生的,要靠学习、靠灌输。只有真学、真信、真用,把握马克思的思想精髓和理论要义,才能自觉地信奉和坚持马克思主义，才能在大风大浪面前辨别是非、认准方向。

《活着的马克思》作者尤其是首倡者程建宁经历丰富，视野开阔，曾担任过多项重要职务。他从几十年革命生涯中深切感到，学习马克思主义坚定理想信念是根本，是马克思永远活着的前提，尤其是在社会思潮多元化的当今，马克思主义的学习淡漠了，人们的思想观念庞杂了，人心浮躁，诸多质疑，甚至把马克思主义边缘化。为此，习近平总书记多次强调要巩固马克思主义在意识形态领域的指导地位，号召广大党员干部认真学习马克思主义。这是继承发扬党和国家政治优势的必然要求，也是面对各类挑战的迫切需要。本书作者在新形势下以学习传播马克思主义为己任，旗帜鲜明地发出学习马克思主义的呼声，拿出这本书主要篇幅介绍马克思的思想理论，激起人们学习马克思主义的热忱。

马克思主义是一门大学问，鸿篇巨制，博大精深，对大多数人来说，按部就班的系统学习不论时间还是精力都是困难的。本书作者曾长期在基层工作，深知学习靠抓善挤，点滴积累，本着少而精的原则，精选出有代表性的经典著作。收入书中有《〈黑格尔法哲学批判〉导言》《1844年经济学哲学手稿》《关于费尔巴哈的提纲》《德意志意识形态》《共产党宣言》《〈政治经济学批判〉导言》《资本论》《法兰西内战》《哥达纲领批判》九篇论著，基本涵盖了马克思主义哲学、政治经济学、科学社会主义三个组成部分，从中能初步领悟马克思的主要思想观点。

本书作者为了帮助广大读者学习领会，读懂弄通，在理论大众化通俗化方面下了很大功夫，对上述九篇论著分别从三个层次进行学习解读。首先介绍"写作背景"，说明马克思的这篇文章是在什么情况下写的，针对什么问题，回答当时哪些方面的谬误和疑惑；接着概括"主要内容"，对每篇论著的思想精髓和理论观点作出精当摘介，深入浅出，通俗易懂，解读蕴涵在马克思著作中的科学论断，阐述其中的名言警句，尽量用中国话语表达费解的翻译文字，使马克思主义在更大范围普及传播；最后评述"现实意义"，紧密围绕时代发展的特征，着眼于中国革命、建设和改革的实践，阐明在当代坚持中国特色社会主义就是坚持马克思主义，要善于灵活运用马克思的相关论述，有的放矢地回答当代的实际问题，澄清模糊认识，提高政治辨别力和思想理论水平。

作者在本书的第一部分"历史的巨人"和第三部分"伟大的人格"，同样着力于通俗化，全书写了 100 多个故事，以群众喜闻乐见的方式和生动形象的语言，以小见大，以情感人，从点滴中见高尚，从平凡中显伟大，为广大读者介绍了活生生的马克思，作为真理的化身，他的人格魅力和奋斗精神，成为人们敬仰和学习的光辉榜样，永远活在亿万革命者的心中。

三、青年学子怎样读好这本书

青年兴则国家兴，青年强则国家强。一代又一代中国共产党人为青年创新发展、建功立业搭建了广阔的舞台，为青年放飞中华民族伟大复兴的中国梦创造了有利的条件。当代青年在实现"两个一百年"奋斗目标的历史进程中，承担着义不容辞的责任，尤其是正在高等院校深造的青年学子理应为挑起更沉重的担子而做好充分准备。青年要担当起这副时代重任，首先要坚定理想信念，确立正确的人生方向，这就必须以科学理论武装头脑，自觉践行社会主义核心价值观，而学习马克思主义正是为着奠定思想理论基础。《活着的马克思》是一本很好的入门书，能够帮助青年学子跨进学习马克思主义的门槛。

联系时代特征，读好《活着的马克思》。马克思、恩格斯从来不把自己的著作当成"教条"。两位导师早在 160 年前就提醒人们，对于《共产党宣言》所阐述的基本原则的实际运用，"随时随地都要以当时的历史条件为转移"。这就引导我们立足于当今的时代特征，领会、理解和运用马克思主义的革命理论。马克思所处的时代已经过去了 100 多年，人类社会发生了巨大而又深刻的变化，从社会主义的诞生，资本主义的调整到科学技术的进步，都不可避免地改变着国际政治、经济和人民大众的日常生活。但是，万变不离其宗，资本主义的固有矛盾并没有从根本上改变，1997 年和 2008

年出现的两次国际金融危机，再次证明了马克思揭示资本主义内在矛盾的深刻性，揭示资本主义制度存在的弊端。我们要认真学习和把握马克思主义的立场、观点和方法，透过表面现象认清事物的本质，进而坚定不移地领悟社会发展的必然规律。在当今中国，中国特色社会主义理论体系是科学社会主义与当代特征和中国社会主义现代化建设实际相结合的产物，中国特色社会主义道路是实现中华民族伟大复兴中国梦的必由之路，正是在这样的基础上建立我们的道路自信、理论自信、制度自信。

联系社会热点，读好《活着的马克思》。当今社会处在一个大发展的年代，又处在一个信息大开放的年代。大发展催化着各种社会矛盾，大开放又通过多种渠道把社会矛盾反映到人们的头脑里，加之当前意识形态领域斗争复杂尖锐，产生诸多的困惑、质疑就不可避免了。不少现实生活中存在的热点和难点，是回避不了的，只有敢于直面问题、分析矛盾，才能解疑释惑找到正确的答案。马克思主义的本质是批判的革命的，在比较中鉴别，在斗争中发展，就能够辨别纷繁复杂的社会现象，找到开启疑惑的钥匙。这样的理论才具有彻底性和战斗性，正如马克思所说："理论只要说服人，就能掌握群众；而理论只要彻底，就能说服人。"当代学子要通过学习马克思主义，树立正确的世界观、人生观、价值观和方法论，拧紧"总开关"，扎牢精神支柱，以历史唯物主义和辩证唯物主义观察分析社会现实，回答人们关切的各种问题，坚定前进的方向。

联系自身思想，读好《活着的马克思》。马克思的崇高思想品格，贯穿于他的革命生涯之中，为我们树立了光辉的榜样，是当代学子激扬青春、铸就精彩人生的巨大动力。马克思从青年到终老所遭受的政治迫害和贫困生活是当代人难以体验到的。他由于坚持革命斗争，被欧洲多国驱逐、逮捕，曾在几个国家流亡，以致丢失了国籍，幽默地自称是世界公民。他没有固定收入，有时一连十几天以面包和土豆充饥，交不起房租，买不起报纸，尤其令全家伤心的是几个年幼的孩子因贫病交加相继去世。马克思没有被压垮，仍然全身心地投入到无产阶级解放的事业中去，直到生命的最后一刻。青年学子的当前任务主要是学习,马克思的勤奋好学精神同样是我们的榜样。马克思为了研究和撰写《资本论》,中年以后又重新学起了数学,从复习初等代数到系统学习微积分,直到去世前还写出重要的数学论文。他把大英博物馆作为吸取知识、收集素材的基地,三年间就摘录了24本笔记。当代学子要从马克思全神贯注的治学态度中吸取营养,知难而进,发奋图强,为将来开拓事业、奉献社会提高学识和本领,为实现"两个一百年"的奋斗目标做好充分准备。

(作者为中国人民解放军后勤指挥学院教授,载《思想理论教育导刊》2015年第8期。)

高山流清泉　绿野出新枝
——读《活着的马克思》有感

余启元

这本书的出版，它触动了我的心灵，为此我写下了捧读之后的感言："高山流清泉，绿野出新枝。"我也很激动，终于能亲眼目睹这一"拓荒之举"的盛事、好事成为现实。几位作者圆了一个"红色之梦"，广大读者将成为"追梦之人"。我相信凡是有相当政治敏感的人，都会衷心欢迎并接受这一新生事物，积极主动地去宣传它、推广它，在我们这个具有伟大前途和希望的事业中，让马克思这盏明灯光芒万丈，普照大地！

老战友专程来访，拿来一本他和几位朋友合作编写的书稿，书名为《活着的马克思》。希望我抽时间看看，说点想法和意见。我抱着学习的态度，看了两遍。非常意外，居然顺畅地把它读完了。我的第一印象是：通俗易懂，大众化，接受起来并不难；第二，深感在当前的社会思潮下，出这本书，把马克思和他的革命理论，用通俗的笔法去介绍它，普及它，太有必要了；第三，对于几位作者的良苦用心和勇气，我深表敬佩。

我不禁想起40多年前的一段往事。那是上个世纪60年代末70年代初的事情，我从领导机关调到一个师政治部工作，我按照自己的职责分工，布置下属单位的政治理论学习，除了一般的时事政策之外，动员大家挤出点时间，用心读点书，学习马列，提高政治理论水平。还告诉他们，一开始可能有点难，不大习惯，希望大家不要怕，不要急，可以一句一句地抠，一个一个问题地琢磨，一段一段地去理解，直到搞通弄懂。我也告诉机关搞宣传工作的同志，给予指导帮助。

这之后，一些基层单位的官兵确实把这当回事，真的行动起来了。他们选择了先读《共产党宣言》这本小册子。一个月，两个月，他们努力坚持着，开始培养了读书的习惯，这种状态具有相当的吸引力和凝聚力，围在一起读书的人逐渐多了起来。他们也慢慢有了兴趣，觉出了点味道，比过去明白了一些道理。正在他们上劲儿的时候，上级领导机关一位高级干部来我们部队检查了解工作。他不以为然地说：听说你们在学习马克思的著作，这是一门高深的理论，有些我们都读不懂，我劝你们别浪费时间和精力了，还不如干点实事为好。给群众泼了一盆冷水。

为此，我到基层单位认真做了一次调查，无论是干部还是战士，每一个人我都问到，听听他们有什么想法和看法，是不是真能坚持学下去？普遍反映这位领导太官僚、太主观了，马、恩的书是写给谁看的？是给工农劳苦大众看的，为我们指明了翻身求解放的道路，告诉我们革命的方向和目标，教给我们革命的道理，我们不学，谁学？有的同志尖锐地指出，为什么有人读不懂，我们也应该读不懂？这未免有点太自以为是了。

它向我们提出了一个十分尖锐的问题：如何对待马克思主义？在一些人看来，马克思主义是高不可攀的领域，是专属于教授、专家、学者们的专业区，一般群众不宜问津。当今，这种模糊认识大有蔓延之势，马克思主义被供奉在神秘的殿堂，学习它的人越来越少。尤其是在当今多元化思潮的冲击下，忽视马克思主义基本理论学习的情况大量存在，在一些青年人中，甚至不知马克思主义为何物，也不知马克思为何许人也。在我们这样一个靠马克思主义获取革命和建设胜利的国家，这种现象很不正常，也不可思议。长此以往，是很可怕的。

我觉得，马克思诞生在一百多年前，那时的国情、世情与现在相去甚远，加上外国语言的特点，学习马克思的理论的确要花费力气，但这绝不是我们远离马克思的理由。依我的体会，关键是一个理想信念的问题。刚解放时，我们许多同志有的是刚从战场上走下来的，有的是从地方各行各业刚入伍的，文化程度偏低。而当时全军正在开展文化普及教育运动，毛主席多次提出要学习马克思主义经典著作并列出书目，大家学习的目的很明确，攻克文化关，攀登理论山。经过艰辛努力都有很大收获，许多同志后来成为军队和国家建设的栋梁之才。时至今日，老同志们对那段经历还记忆犹新，深感那段学习为一生的成长奠定了基础。再往远里说，井冈山的丛林间，延安的窑洞里，抗日的战场上，在那样的艰难岁月，红军和八路军还坚持马克思主义的学习，这是信念的力量。当前我国的改革开放进入了深水区，各种矛盾的凸显，意识形态领域多种思想的交锋，同贪腐行为的严重斗争，迫切需要马克思主义的指导。我们要清醒认识到，马克思的本本里，虽然没有"改革开放"，没有"中国特色社会主义"等这样一些词句，但马克思主义的科学原理是永恒的，具有强大的生命力。过去我们依靠它取得了革命和建设的伟大胜利，今后也永远是指引我们前进的胜利旗帜。

　　马克思主义是用来指导实践的，必须坚持理论联系实际的学风。比如学习马克思的实践观，就要联系我们党从实际出发，理论联系实际，实事求是的思想路线，联系一切为了群众，从群众中来到群众中去的群众路线，联系我们党全心全意为人民服务的宗旨。看到改革开放中一些人脱离群众、思想扭曲、奢靡贪腐，最后成为阶下囚，这发人深省的教训，说明坚持马克思主义的世界观、人生观对我们每个人是多么的重要。再比如，学习马克思对资本主义生产中异化劳动的分析论述，这个问题在我国理论界曾引起激烈争论。当时我也不甚明了，这次看到书中专门做了阐述。我们既要看到消除异化是一个长远的目标，在我国社会主义初级阶段这种现象的存在不可避免；但更要看到，我们坚持中国特色社会主义道路，是要走共同富裕的道路，改革的红利要惠及亿万人民，对两极分化要加以限制。党的十八大以来，党和政府严格规范分配秩序，限制垄断行业过高收入，缩小收入差距等等举措，都是践行马克思主义的生动体现。只要联系历史，联系实际，联系思想，深入学习马克思主义，我们就会发现，马克思就在我们的事业中，就在我们身边。

　　这本书的一大特点，就是通俗易懂，而且紧密结合实际回答现实问题。书的第一部分"历史的巨人"和第三部分"伟大的人格"用讲故事的方式，介绍马克思的革命生涯和人格魅力，使人们看到一个真实的、亲近的、崇高的马克思。书的第二部分"天才的头脑"，介绍马克思的思想理论。作者下了很大功夫，既介绍写作的时代背景，又坚持外国话用中国话讲，费解的语言用群众语言讲，准确通俗地阐述理论观点，同时还结合现实回答一些人们关切的问题，为我们学习马克思主义铺垫了一条很好的路径。

习近平同志强调要巩固马克思主义在意识形态领域的指导地位，对党员、干部学习马克思主义提出了明确要求，并率先垂范。最近中央政治局围绕辩证唯物主义和历史唯物主义进行了两次集体学习；今年1月，中央举办的第一批县委书记培训班，学习理论基础部分首选的就是《共产党宣言》。我记得，十八大刚结束不久，习总书记在新进中央委员会委员研讨班的讲话中，用很长的一段话回顾社会发展史，强调要做共产主义远大理想和中国特色社会主义的坚定信仰者和忠实践行者。其深远意义就在于要我们的党员、干部都要牢记历史，继往开来，时刻不忘老祖宗。这些，都使我受到深刻教育。现在出版这本《活着的马克思》，应当说是恰逢其时。

我作为一个有66年军龄、60年党龄的老兵、老党员，深感我们党践行马克思主义的奋斗历史要倍加珍惜，要让它永世长存。我衷心期盼这本通俗读物能为马克思主义的大众化作出积极贡献。

（作者为总政老干部局原副局长，载《战友讯息》2015年第38期。）

唱响马克思的一曲理想信念之歌

刘常仁

马克思离我们有多远,马克思主义还灵不灵?由中央编译出版社新近出版的《活着的马克思》,开宗明义,喊出了"马克思没有死,他还活着"的时代强音。

全书分"历史的巨人"、"天才的头脑"、"伟大的人格"三部分,通过深入浅出的理论阐释,亲切感人的故事讲述,感悟伟人的魅力,领略真理的力量,讴歌了真实的马克思、睿智的马克思、崇高的马克思;凸显了马克思活在历史,活在当下,活在我们的事业中的时代主题。

学习是马克思一生的坚持。书中以大量的小故事和具体的事例,生动地介绍了马克思刻苦学习的感人事迹。青年时期的马克思,学习兴趣广泛,勤奋且善思,执着而热烈,在知识的海洋中遨游,在社会广阔的大课堂中汲取营养,追求真理,蓬勃向上。晚年的马克思,在身患重病的情况下,仍孜孜不倦地坚持学习和进行理论研究。他发现美国学者摩尔根出版的《古代社会》一书,对唯物史观提供了新的历史依据,利用两年时间对该书作了详细的摘要,深入探讨和说明了社会制度的演变。马克思有一句名言,在科学上没有平坦的大道,只有不畏劳苦沿着陡峭山路攀登的人,才有希望达到光辉的顶点。马克思在学习上,就是一位不畏艰难,永不懈怠的攀登者。他在大英博物馆看书和写作,十年如一日,长年累月,废寝忘食,固定座位下的水泥地被磨掉了一层,留下了永远的"足迹"。他有边走边思考的习惯,在书房门与窗之间的地毯上踏出了一条明显的印迹,颇似草坪被人踏出的一条小路,被人们誉为"智慧之路"。在写作《资本论》时马克思的肝病发作,有时连坐起来的力气都没有,握笔都极为困难。即使在这样的情况下,他仍以顽强的毅力,阅读了大量经济史资料。马克思的学习精神，感人至深，催人泪下，为我们树立了坚持不懈和学无止境的典范。

科学理论的创立，是马克思对人类的最宝贵的贡献。书中追循着马克思的足迹，以其向共产主义思想的转变，无产阶级世界观的形成，唯物史观的确立等思想发展的脉络，令人信服地讲述了马克思探索科学理论的艰辛历程。读者从真实和朴实的文字中，可以感悟到，科学社会主义理论，不是从书斋中得出的现成结论，它是马克思通过学习思考，从社会复杂的变迁史中寻觅探索；从深入工人运动和参加革命斗争中寻找答案；从研究生产力和生产关系的矛盾、探索人类社会发展的必然规律中得出的科学结论。科学社会主义理论，也不是单凭聪慧关在屋里杜撰出来的，它是马克思在投身革命运动、批判旧世界中产生的，也正是在尖锐复杂的斗争中，其锐利思想武器，磨砺得愈加锋利，显示出无比威力。科学社会主义理论，又是马克思在斗争和实践中不断完善和发展的。刚刚步入社会时的马克思，还是一个民主主义者，曾是黑格尔的狂热追捧者，又被称为"费尔巴哈派"。斗争的实践使他认识到，虽然黑格尔的辩证法、费尔巴哈的唯物论是合理的，但是黑格尔哲学自相矛盾的唯心主义体系，费尔巴哈缺乏实践观点的旧唯物主义，在哲学上是错误的，在实践上是反动的。他以大无畏的气概，断然与之决裂，进行了无情的批判。这种坚持在实践中检验真理，在批判中扬弃错误，不断深化认识，完善理论的科学态度，充分体现了马克思在攀登思想理论高峰中实事求是的探索精神和追求真理的理论勇气。百多年的实践证明，马克思所创立的科学社会主义理论，运用辩证唯物主义和历史唯物主义的世界观方法论，深刻揭示了社会发展的客观规律，指出了实现共产主义这个人类发展的美好方向，是颠扑不破的真理，具有着无比强大的生命力。

马克思的一生，是革命的一生，战斗的一生。书中以"革命风暴中的雄鹰"、"巴黎公社的英勇旗手"为题，介绍了马克思在1848—1849年欧洲大革命和巴黎公社起义中，高瞻远瞩，指引斗争方向，并亲身投入斗争的革命实践。在欧洲大革命中，他时刻注视着革命运动的发展，几乎天天开会研究形势，积极参加群众的集会，还在生活拮据的情况下，捐款支援工人购买武器。他克服重重困难创办《新莱茵报》，为革命摇旗呐喊。维也纳发生流血事件后，他亲自动身前往了解斗争情况，指导斗争深入发展。在巴黎公社起义的伟大斗争中，起义前，他本认为还不具备条件，不赞成贸然行动。但当起义举行后，他激情地为"冲天的巴黎人"欢呼，号召全世界的无产阶级予以支持。他虽然预见到起义可能遭到失败，却义无反顾地投入到起义中，为公社的建立出谋划策。当起义失败后，他又挺身而出，积极营救受迫害的公社社员。马克思还以无产阶级革命家的理论勇气和胆略，同机会主义和冒牌社会主义进行了不懈的斗争，为捍卫科学社会主义理论，保证无产阶级革命的正确方向，作出了卓越的贡献。马克思为推翻旧世界，同反动的统治阶级斗；为创立和捍卫科学理论，同各种各样的歪理邪说斗；为捍卫革命的旗帜，同形形色色的错误思潮斗；斗争和胜利是镌刻在马克思主义鲜红旗帜上的耀眼大字。

马克思逝世后，恩格斯曾说过这样两句话：一句是"人类失去的不只是一个头脑，而是当代拥有的最重要的一个头脑"；另一句是"我们之所以有今天，都应归功于他，现代运动当前所取得的一切成就，都应归功于他的理论、实践的活动，没有他，我们至今还会在黑暗中徘徊"。恩格斯还称赞"马克思是天才"，"天才的头脑"。该书借用恩格斯的话，作为第二部分的标题，介绍马克思的科学理论。介绍不是分门别类地阐释马克思的科学理论，而是按照马克思思想发展的脉络和马克思主义的三个组成部分（哲学、政治经济学、科学社会主义）基本内容，依照时间顺序，选择九篇经典著作，以学习和解读的方式，分三个层面做了学习引导。第一个层面"写作背景"，介绍了马克思在什么情况下写的这部著作，要回答当时哪些问题；第二个层面"主要内容"，择其精要，对蕴藏在马克思著作中的科学理论，用恰当的语言做了通俗性的解读，力求外国话用中国话讲，费解的语言用群众语言解释，同时保持原汁原味，尽量用马克思的经典表述，名言警句进行阐释；第三个层面"现实意义"，紧紧围绕时代发展和中国特色社会主义，运用马克思的论述回答人们关切的一些问题。这一部分，既严格遵循原著的思想观点，注重内容学习解读的准确性；更着眼现实，在理论联系实际，回应现实问题方面，有新意和亮点。作者的良苦用心旨在通过这样的学习引读，辟出一条路径，让读者亲身感悟到马克思主义就在我们的事业中，就在我们的身边，激发学习热情，坚定理论自信，自觉走进马克思主义的理论殿堂。

马克思的崇高思想品质贯穿他的革命生涯。该书的第三部分，用网络语言的形式，通过叙述感人的故事，回忆精彩的片段，摘取经典评价，真实生动地介绍了马克思的崇高品质。正如作者充满感情的结束语中所讲：点滴见高尚，平凡中见伟大，马克思熠熠生辉的伟大人格，为我们树立了人生的光辉榜样。这是马克思奉献给全人类的一部无字之书，他告诉我们，什么是理想信念，什么叫无私奉献，什么谓奋斗终生。这一部分极富现实意义，是加强世界观改造，反对形式主义、官僚主义、享乐主义、奢靡之风的鲜活教材。

在当前意识形态领域斗争复杂尖锐，马克思主义面临诸多质疑、责难、边缘化的情况下，《活着的马克思》生逢其时，为广大读者了解马克思、学习马克思、践行马克思主义，提供了精神补钙的鲜活教材；对全党全国全军正在贯彻习总书记系列重要讲话精神、践行党的群众路线乃至反对"四风"，也是非常及时和富有教益的参考读物。

《活着的马克思》是唱响马克思的一曲理想信念之歌，愿这嘹亮歌声唱响长城内外，响彻大江南北，回响在亿万人民的心中！

（作者为蓝天出版社原总编室主任，载《军队党的生活》2015年第4期。）

摘　　录

2016年9月24日，本书领衔主编程建宁将军率编写组部分成员及中央编译出版社葛海彦社长一行，来到云南省昆明艺卓艺术学校开展公益赠书和宣讲活动。图为程老将军现场挥毫泼墨，鼓励师生们"在新的长征路上奋勇前行"。

《活着的马克思》读后感·精彩片段

  本部分摘录的是台州学院马克思主义学院学生们写出100多篇"读后感"中的若干精彩片段。这些莘莘学子表现出极大的热情，纷纷表达对马克思的敬仰之情，畅谈用马克思主义武装头脑，加强世界观改造，做共产主义接班人的理想信念。他们思想活跃，感情真挚，文字质朴，语言鲜活，透着一股清风正气，燃烧着熊熊的信仰之火。这对推动马克思主义进学校、进工厂、进农村，有启示作用。我们坚信，马克思主义真理的巨大力量和马克思伟大的人格魅力，一经掌握群众，就会焕发出无穷的智慧和无比的创造力。坚持马克思主义，坚持马克思主义中国化的最新理论成果——习近平新时代中国特色社会主义思想，我们的党和国家就会从胜利走向胜利。

摘 录

　　1883年3月14日，当代最伟大的思想家——马克思面容平静，不声不响，沉沉睡去，他的身体冰冷，热血不再沸腾。痛恨他的政界小丑躲在角落里暗喜，深爱他的万千战友在抗争的道路上愈加执着大步向前。斗争与胜利永远是马克思挥舞的旗帜。在为万千人民福利的抗争中，探索与勇敢是马克思永远唱着的豪迈战歌。寻找真理是他的毕生信念，为人民献身是他的坚定信仰。时代的洪流里，他是最伟大的领航员。无产阶级革命这一艘巨轮，以共产主义为航向，以马克思主义理论为风帆，以人民群众为动力，在历史的海洋中乘风破浪、扬帆济海。

—— 虞　辉《真正的永生》

　　时代在变，时间在变，我们年轻的马克思主义者也在不断变化的历史潮流中砥砺向前。我们没有建立新中国先烈们的奋斗经历，但我们拥有着我们自己的历史责任。

　　革命先辈们的理想就是建立一个无产阶级劳动者不被封建地主外国列强压迫的新中国，因此先烈们拼尽了一切才建立了新中国。新中国已经建立了，但是新中国也得发展啊，如何建设新时代中国特色社会主义，如何让14亿国民过上小康生活，这就是我们作为社会主义新中国新一代年轻人所肩负的责任了。……马克思还在自己仅仅是一个"年轻人"的时候，就有着"毫不留情地挑战"当时资产阶级黑暗旧世界的革命精神。

—— 陈逸然《鼓起勇气　奋力向前》

我们无法去探究和感受马克思的生活和过往，我们只能从后人撰写的些许文字和他留下的智慧结晶，来悟到正确的理想和价值对于推动人类社会的发展有多么重要。正是他经历了无比痛苦的岁月，目睹了无比残忍的现实，心怀无比高尚的信念，才让我们寻找到了一条出路。他是勇敢无畏的，也是智慧全能的，他在为了全人类的发展燃烧自己。生而为人，我们需要思考自我的价值和意义，不仅仅是为了活着，更应该思考自己能为这样一项伟大的事业奉献什么。

马克思主义实践观认为，人类社会是实践的，实践是社会的基础。当今时代，我们要做的是将马克思主义中国化进程加快，让马克思主义永远熠熠生辉。一代人一代人在变化，不变的是我们对于信仰的忠诚和对价值的坚守。我们没有理由停下和畏怯，因为马克思主义永远活着照耀我们前行。

—— 钱　琳《信仰的出路》

对马克思的日渐熟识是从上了大学之后才开始的，读完《活着的马克思》一书后才发现原来中学课本里的那个囿于文字的马克思是活得这样鲜明生动。父亲不懂马克思，但他鼓励并期盼着我能早日加入中国共产党，其实他不知道我们党的灵魂里就住着一个马克思。

浮华的社会生活里，我们不应被太多欲望羁绊，物质虽必不可抛，但我们更多的是要追求精神层面的升华。我们是个人，手只握一缕光，但滴水尚可穿石，微小却也极其重要。心里装着小梦，汇聚成国家的大梦，不耽于前人留下的美好生活，继续奋斗，扬起共产主义的船帆，在波涛汹涌的大海上，为理想、为祖国、为人民济沧海。

—— 胡　亮《扬起一个时代的风帆》

马克思是怎么样的形象呢？有人说他十恶不赦，有人说他是世纪伟人，截然不同的答案比比皆是。对于我们当代的大学生来说，在学习了马克思的理论后，我们就应该深刻地体会到马克思思想之深刻，他的理论作用意义之伟大，正是在马克思主义的指导下，才有我们现在幸福的生活。所以我们要坚信马克思主义，把他与我们中国实际相结合。作为新青年，我们应该有信仰，信仰是精神世界中发出的巨大力量，它能托起即将沉沦的人生，点亮心灵的灯盏，它是生命的活水。

世纪伟人马克思为论证资本社会必然死灭，系统地武装无产者的必要性，进行经典的科学解剖，穷搜博览有关的资料。他那样艰苦卓绝，给我们带来了不可思议的现代唯物主义和现代科学社会主义。所以我们无需徘徊和迷茫，跟着正确的理论和中国共产党走，未来必定更加璀璨和辉煌！

—— 朱芳玲 《命运如斯》

马克思是一个历史造就的巨人，一个造就历史的巨人，马克思主义也是我们坚定的信仰。马克思他活着，他活在了当代，马克思主义在中国的大地上生长，不断开花结果，其真理的光芒穿越100多年的风烟云雾，更加灿烂辉煌。

生命，需要一个支点，因为生命的脆弱，有了支点，便会强劲起来，便会挺拔和旺盛起来。而信仰，便是最好的"生命支点"，指引着个人世界观、人生观、价值观的树立。信仰，于民族是凝聚民心的精神，于政党是政党精神的旗帜，于国家是国家意志的核心。作为新时代的青年，我们选择信仰，坚守马克思主义的信仰，全心全意为人民服务，始终坚持共产党的理想信念不动摇。无论历史如何变迁，无论时代如何丰富和完善，要始终保持对信仰的忠诚和实践，保持先进、纯洁和优秀。

—— 牟月璐 《让信仰之花生长》

  一种精神能够在瞬息万变的时代被定义下来一定是经受过了千锤百炼，而一种精神能够横跨地域、纵穿时空地被永久保留与流传一定是在被历史打磨之后仍然会发光发亮。时代的更替速度是令人无法想象的，能在这个瞬息万变的时代不被历史与历史里的人们忘记与抛弃的人物或精神实难得可贵。我很荣幸能在这个最好的时代生存，在这个物粹能被完好地保留与传承的时代，我经历了与马克思主义精神的一次相遇。这注定是一场没有结尾的相遇，因为马克思主义精神需要相遇过的人们一直传承下去。

  这个时代需要马克思式的人物，需要马克思的灵魂，需要马克思的精神。而我与它的相遇的同时，也学会了什么是坚定。正值肆意青春年华的自己也许未来会磕磕绊绊，成长的道路总是遇不了几个晴天。前景是迷雾般但路永远只有一个方向。那种独一无二的精神指引着自己，教会了自己即使被周围的所有否定也要勇敢地呐喊，也许我做不到像几百年前的那个伟人一样喊得惊天动地，鼓舞人心，但至少可以让自己变得更加强大，荆棘再多也不会觉得害怕了。这也许，是成为了肩负光荣使命的群体的一员所带给自己的责任感和独有的温暖吧。

—— 徐晓莹 《和传奇的相遇》

小学的时候学过臧克家先生为纪念鲁迅先生所写的抒情诗歌《有的人》，从那时候开始，我就一直熟记着这首诗。"有的人死了，他还活着；有的人活着，他已经死了"，记得当时背诵这首诗歌时，我的脑海里总是会想起鲁迅先生。但当读完《活着的马克思》，我对这句话有了更深的感触，似乎这句话正是为马克思而写的。马克思的一生，可以说是命途多舛，本该无忧无虑，衣食无忧，但他却为了理想与信念，到处奔波。马克思逝世后，他为人们所留下的思想却仍然活着，我们阅读他的作品，从字里行间中，仿佛与其进行对话和交流，他的思想在一代又一代的人身上进行传承与发扬。

　　马克思虽早已逝世，但他却仍然活在我们这个时代中，为这个时代带来理想与信念。后人在继承着他的思想，不断地去践行。这也恰恰证明了"马克思死了，他还活着"！

—— 骆圣洁 《活着》

　　"马克思没有死，他还活着。"一个时代的巨人在长时间历史岁月的无情冲刷下丝毫未被飞速发展的时代淘汰，相反他的独特睿智思想、精神、理念仍然根植在人们心中，仍然象征着这个和那个时代的强音、超越时空的力量。

　　《活着的马克思》带我们探索马克思的人生轨迹和精神世界、追随世界伟人在革命道路的前进步伐。

—— 邱祯莹 《哲学的人生——不一样的马克思》

初见《活着的马克思》徒然生出一丝畏惧,初读之后对马克思骤然敬畏,如今再读亦品出无限滋味。在这本不厚的书中我却品出了人生百态,也了解到了一代伟人的生平,纵然已过百余年,他仍活在我们心中,他的一生仍是不朽的传奇。

　　马克思是活着的,虽然他沉沉睡去,但他的思想仍存留在人民心中。十月革命的胜利、新中国的建立、新时代的开辟都借鉴他那宝贵而不朽的思想,就如星辰明月替黑暗中寻路的人们指引着方向。

———— 王钰莹 《不朽》

　　生命的存在有许多的方式,如何选择把握在自己的手中,道路如何也由自己抉择。崇拜马克思一生只爱一件事,专注于研究社会主义,为人类谋幸福的精神;羡慕他的努力最终被世人所认可、所赞颂。我曾对着海,拿起脚边遗落的贝壳许了个愿望:希望如今的执着也能有所回报与成就,它或大或小,或深或浅……

———— 何嘉祺 《彼岸辰星,不落尘俗》

　　作为一个新青年,学习是永无止境的,但正因为如此,成长也是永无止境的。马克思的进步观在时代中凝聚着魂魄,国家、民族凝着中国魂、民族魂,而我,要努力凝着师魂。教师的道路荆棘重重,但任何阻碍都不能使我的脚步停滞,以马克思为信仰,向着前进的方向。

马克思的存在，是为了千千万万无产阶级人民。想想我这一生的走向，不可能与马克思的道路重叠，但一生的事业，希望像马克思为共产主义事业奋斗一样，无所谓艰难，也无所谓放弃。

—— 徐嘉贞 《所谓信仰》

今年，是"人类灵魂的导师"——马克思诞辰200周年；今年，是"工人阶级的圣经"——《共产党宣言》发表170周年；今年，是"久梦初醒的雄狮"——中国改革开发40周年。朝斯夕斯，念兹在兹，我不由思索脚下路去何方？

《活着的马克思》一书曾提及这样一个问题："人怎样才是像人一样的活着"？很多人对此付之一笑。他们中有不少是象征朝气和蓬勃的90后，却疲于奔命，夙兴夜寐，庸庸碌碌了大半年却不知道自己在忙什么。试想这真的是我们年轻一代要的生活吗？我说，绝不是！

既然我们有幸生而为人，那么就应如人而活。在选择职业时，多问自己几个为什么。为什么要做这份工作？我喜欢这份工作吗？我怎么样才能在这份工作中实现自我？或许我们不能像马克思一样，选择最能为人类福利而劳动的职业，不能为大家献身，不能创造属于千千万万同胞的幸福。但是我们能从事自己喜欢的工作，在平凡的岗位上发光发热，哪怕这束光芒只照亮了一处墙角，仍无怨无悔。

—— 邢 莲 《生而为人，如人而活》

《活着的马克思》带我们探索马克思的人生轨迹和精神世界、追随世界伟人的前进步伐。在当今社会，世界需要马克思，中国需要马克思，他存在在每个人的心中，他的思想精神理论应当引导读者走入科学理论的殿堂，站在巨人的肩膀上辩证批判理性地看待事物，学习其中伟大的人格。人的一生如潮起潮落，起落难定，在潮头风光时要看到落到潮底的危险性，在潮底的时候则要有向高峰冲击的信心和行动。

—— 陈嘉敏 《历史的巨人　永生的马克思》

　　读了《活着的马克思》，我终于放下书思考，马克思主义哲学观认为世界是物质的，物质决定意识。但是别忘了，相反，意识也具有对物质的能动作用。信仰，就像每个人心里那片海上的灯塔，在茫然海雾中透出一束光，给你希望，也给你方向。因为相信，所以仰望。马克思主义认为人活着为了探究真理以把握现实去改造世界。而这，也是我的信仰，坚持马克思主义，相信共产主义。

　　人可以死亡。骨肉的身躯腐朽，但是钻石般闪耀的思想永存。

—— 钟　雯 《信而仰》

时代的发展，给人的选择多了，人的纠结与犹豫也多了。选择职业时围绕着我们的往往是稳定、轻松、报酬等等的字样，但难以一一实现。这时候我翻开《活着的马克思》封面，看看马克思对职业选择的回答——"为人类服务"。

伟人的伟大不仅仅在于他思想上的卓尔不群，更体现着他伟大的人格上。自确定了自己的事业，马克思就从未停止过"为人类服务"的努力，几十年如一日的创作，点亮共产主义的明灯，高举革命的旗帜，为真理而斗争。面对当权者的迫害，颠沛流离；放弃稳定高薪的职业，贫穷苦楚；遭受子女英年早逝，痛彻心扉；对抗病痛的折磨，身残志坚。

马克思的伟大在于他坚定的理想信念和无畏的斗争精神，再大磨难也不足以让他退却。

—— 罗一超 《伟人眼中的人生路》

在通读《活着的马克思》一书时，最让我感到震撼向往、最让我信仰的，不是马克思在他那辉煌的一生中所取得的无可比拟的成就，而是他一生都致力于解放全人类，为了这个理想始终坚持奋斗，纵使在万般艰苦的生活压迫之下仍然不放弃的伟大精神！

每个人都是有理想的，这些理想或大或小，总需要我们去坚持奋斗才有可能实现。然而可惜的是，不少人都在追求理想的路途上选择中途放弃，能够像马克思一样坚持到底的人实在少之又少。在我看来，《活着的马克思》之所以说他至今仍然活着，很大程度上就是因为马克思所具有的这种为了理想而坚持奋斗的精神。或许作为普通人，我们并没有像马克思那样希望解放全人类那样的伟大的理想，但是，我们却可以从马克思身上学到那种活着的、为理想而献出一切的奋斗精神,而如果我们每个人都可以为了自己的理想而坚持奋斗,那么这些微小的理想,到最后就会汇成一股洪流,朝着解放全人类这个最终目标汹涌而去。这便是马克思所带给我们的,那种至今还活着的,并且永远不会死去的东西。为了理想而坚持奋斗,这就是《活着的马克思》带给我们的信仰,这是真正的永不会逝去的信仰。

—— 沈子琼 《信仰理想》

马克思曾经说过:"青春的光辉,理想的钥匙,生命的意义,乃至人类的生存、发展全包含在这两个字之中,奋斗!只有奋斗,才能治愈过去的创伤;只有奋斗,才是我们民族的希望和光明所在。"虽然我现在很年轻,做事不够严谨,缺乏社会经验,但是我想我的一生才刚刚开始,我有大把的年华可以奋斗,有大把的时间可以为了国家贡献。而作为一名团员,我认识到了我们身上的责任之重。我或许没有马克思卓越的才能,但是我和他一样,充满了激情,充满了对民族未来的期盼。作为青年,我们要坚定理想信念,志存高远,将我们的热情化作火焰,为民族的未来燃烧。

正如书名说的一样,马克思依然活着,活在我们的青春里,活在我们的奋斗里。他的理想和事业,由我们继承。他的理论与实践,成为我们的指向标,将永远为我们照亮前方的路。

—— 杨安琪 《圣者不朽》

摘 录

马克思还活着,他的思想、理论、信仰仍然并将永久地影响着人类社会。科学社会主义、马克思主义哲学、马克思主义政治经济学等思想理论走过两个世纪的漫漫长路,在时代的舞台上依旧散发着耀眼的光芒。马克思主义不是抽象的,而是具体的,更是与时俱进、不断创新和开放的。中国特色社会主义理论、道路、制度是中国在向共产主义社会奋进的过程中对马克思主义理论和具体国情相结合的灵活创造的成果。时代的发展、社会主义国家在坚定不移地高举马克思主义旗帜的过程中为马克思主义注入了新的血液。

马克思不仅仅是全世界无产阶级革命的伟大导师,也是千千万万人心中永远的精神榜样。

—— 余柳绿 《永远的导师——马克思》

生命的意义为何?这是一个哲学命题。身为青年的我们在这个问题上并没有太多太深的见解或疑问,但是成长路上,我们定会发出疑问,我们追求的是什么?我该如何生活让人生更加精彩。

《活着的马克思》这本书在这个问题上给予了我们灵感。这本书展示了青年该有的社会责任感与担当感,并在人生奋斗的道路上为我们做了楷模。

我们身为共产主义事业的接班人,应该时刻牢记着中华民族伟大复兴的历史任务,树立为集体奉献的价值观。在社会大众的面前,个人是渺小的,个人的突出成就也是通过被大众认可的情况下才显现出来的。个人的利益是渺小的,当我们老去,回首往事,会发现以往取得的个人成绩是多么的微不足道,轻易地被时间的洪流所淹没;而当我们的事业是投入到为大众谋福祉的奋斗中，我们会发现自己的人生是多么的有意义。

—— 陈　源　《人生的引路灯》

　　我最羡慕的是马克思与恩格斯之间的长达一生的友谊。不仅是因为它长久，更因为它真实。
　　其实再伟大的人也会奢望拥有平凡而深刻的情感，也会需要他人关心和帮助，也离不开友情的扶持。在我们身边，一直有一些默默相伴，不离不弃以致常常被我们忽略了的朋友，以及一段段令人难忘，始终不变的友谊，这些一直在支持和激励着我们。君子之交淡如水，淡淡的友情就如淡淡的茶香令人沉醉，友情也像酿酒一般，经过时间的沉淀，越发让人沉醉。让我们珍惜身边的人，安静地感受这份静谧微暖的情感，用心经营这份我们离不开的友谊。

—— 赖肖扬　《永不褪色的友谊》

　　《活着的马克思》这本书以生动传神且简介通俗的文字概括介绍了马克思的生平及其业绩。马克思从"特里尔小公民"，经过了"勤奋的求学生涯"，而后"点亮共产主义明灯"，之后为梦想而奋力拼搏"为真理而奋斗"。而马克思的奋斗是永不停歇的，他有一个"奋斗不息的晚年"。如此精彩而伟大的一生成就了"永生的马克思"。
　　马克思的伟大首先在于他的历史贡献是超出那个特定的历史时代的，

他所创立和发现的唯物主义历史观和剩余价值学说，其价值在人类历史文化的宝库中是永恒的。

—— 陈凯丽 《源于平凡而高于平凡的伟人》